职 业 教 育 智 慧 康 养 相 关 专 业 系 列 教 材

老年活动策划与组织

主编　迟玉芳　李红梅　王惠礼

山东科学技术出版社
·济南·

图书在版编目（CIP）数据

老年活动策划与组织 / 迟玉芳，李红梅，王惠礼主编. -- 济南 : 山东科学技术出版社，2025. 7. --（职业教育智慧康养相关专业系列教材）. -- ISBN 978-7-5723-2819-0

Ⅰ. C936

中国国家版本馆 CIP 数据核字第 2025171FP9 号

老年活动策划与组织

LAONIAN HUODONG CEHUA YU ZUZHI

责任编辑：李文靖
装帧设计：孙小杰

主管单位：山东出版传媒股份有限公司
出 版 者：山东科学技术出版社
地址：济南市市中区舜耕路 517 号
邮编：250003　电话：（0531）82098088
网址：www.lkj.com.cn
电子邮件：sdkj@sdcbcm.com
发 行 者：山东科学技术出版社
地址：济南市市中区舜耕路 517 号
邮编：250003　电话：（0531）82098067
印 刷 者：山东华立印务有限公司
地址：济南市莱芜高新区钱塘江街 019 号
邮编：271100　电话：（0531）76216033

规格：16 开（210 mm × 285 mm）
印张：21　　**字数**：500 千
版次：2025 年 7 月第 1 版　**印次**：2025 年 7 月第 1 次印刷
定价：79.80 元

编 委 会

主 编

迟玉芳　民政职业大学
李红梅　滨州职业学院
王惠礼　济南护理职业学院

副主编

王新月　山东青年政治学院
赵　瑾　济南市养老服务指导中心
苏存军　济南市社会福利院
王晓燕　山东海事职业学院
黎　霞　济南市历城区养老服务中心

编　委（以姓氏笔画为序）

于光齐　山东圣翰财贸职业学院
于蕙熔　烟台文化旅游职业学院
王园园　滨州职业学院
刘焕新　济南市历城区养老服务中心
孙　浩　山东省社区发展与社会工作研究中心
李　瑜　山东药品食品职业学院
张子琪　泰山护理职业学院
林　娜　石家庄银隆养老院
周　琳　山东海事职业学院
孟浩然　济南护理职业学院
郭培培　滨州职业学院
程燕飞　安徽省淮南卫生学校

序 言

人口老龄化的浪潮正以前所未有的速度重塑中国的产业结构、职业谱系与教育生态。面对“银发浪潮”，我们比以往任何时候都更需要一支既懂老年人身心特点，又精熟现代照护技术，并能在真实场景中迅速做出科学决策的高素质技术技能人才队伍。山东科学技术出版社策划出版的“职业教育智慧康养相关专业系列教材”恰逢其时，它以国家职业教育改革“岗课赛证”综合育人理念为纲，以行业真实岗位标准为目，以学习者认知规律为径，构建了一套兼具前瞻性、系统性、实用性的教学解决方案。作为长期深耕老年医学与康复护理领域的科研与教育工作者，我欣然受邀为这套教材作序，并向广大职业院校师生、康养机构从业者郑重推荐。

一、岗位导向：从“知识本位”到“能力本位”的范式跃迁

传统康养类教材往往侧重理论铺陈，而本系列教材在顶层设计之初，便由院校骨干教师与医养一线专家共同拆解“老年照护师”“健康照护师”“老年人能力评估师”等新职业的岗位任务，提炼出八大典型工作领域、百余项核心能力指标，并将其转化为可测可评的学习成果。例如，《老年人生活与基础照护实务》以“进食照护”为项目主线，嵌入口腔评估、吞咽障碍识别、辅助餐具选择、误吸应急处置四个递进式任务；《老年人常见急症照护与急救》则将心肺复苏、气道梗阻解除等急救流程拆解为“情境—判断—处置—记录”四步闭环。学生在完成项目的同时，同步达成岗位能力要求与证书考核要点，实现“所学即所用、所练即所考”。

二、课程重构：用“思维导图+微课+操作视频”打通隐性知识

老年人照护工作大量依赖程序性知识与情境判断，这些内容难以通过传统文本完整呈现。本系列教材创新性地引入全彩印刷与富媒体资源：

· 每章以思维导图勾勒知识框架，帮助学生快速建立“老年人生理—心理—社会”的整体观；

· 关键技能点配套 3 ～ 8 分钟微课，由专家、全国技术能手亲自示范，镜头聚焦手部细节与面部表情，方便学生反复观摩、模仿、纠错；

· 复杂操作流程（如轮椅—床转移、胰岛素笔注射、认知功能训练游戏）则采用“一镜到底”4K 操作视频的形式呈现，嵌入二维码，实现“书—屏”无缝切换。

这种设计不仅符合 Z 世代学习者“视觉优先、碎片化、即时反馈”的认知习惯，更有效地解决了“课堂学得到、岗位用不出”的脱节难题。

三、赛证融通：把竞赛标准转化为教学情境

教材同步对接全国职业院校技能大赛健康与社会照护赛项、养老服务技能赛项的评分细则，将“以赛促学、以赛促教”落到实处。例如，《老年人活动策划与设计》在“认知症老人小组活动”项目中，引入国赛“蒙台梭利疗法”任务单，要求学生从需求评估、方案设计、风险预案到现场实施全流程演练；教师则可直接使用教材配套的评分表进行课堂即时评价，实现课堂与赛场的“同标同质”。

四、心理—社会视角：让“照护”回归“人”的本质

值得称道的是，本系列教材并未止步于技术层面，而是将老年心理护理、人际沟通礼仪、社会参与活动设计等内容独立成册，强调“身心社灵”全人照护理念。《老年心理护理实务》以真实案例为引，系统梳理了抑郁、谵妄、孤独、丧亲哀伤等常见心理问题的识别—评估—干预—转介路径；《老年服务礼仪与沟通》则通过情景剧式脚本，示范如何与认知障碍老人进行“尊重式沟通”、如何与家属开展“坏消息告知”谈话。这些设计有助于学生在技术之外，培养“同理心、职业尊严、伦理敏感性”等核心素养。

五、持续更新：数字教材与产业技术同步迭代

教材中的视频、课件、案例将随行业标准、技术指南的更新而动态优化；同时开放教师社群，鼓励一线教师分享校本化改造资源，形成“出版—教学—产业”的良性反馈闭环。这种“活页式、工作手册式、融媒体化”的教材形态，正是职业教育“三教改革”的生动范例。

“莫道桑榆晚，为霞尚满天。”让每一位老年人都能享有质量与尊严兼具的晚年生活，既是时代命题，也是教育使命。山东科学技术出版社出版的这套“职业教育智慧康养相关专业系列教材”，以系统化的内容、立体化的资源、人性化的表达，为培养“有温度、有技术、有创新”的新时代康养人才提供了坚实支撑。我相信，它的出版将有力推动中国智慧健康养老专业的内涵式发展，并在全球积极应对人口老龄化的中国方案中留下浓墨重彩的一笔。

谨此为序。

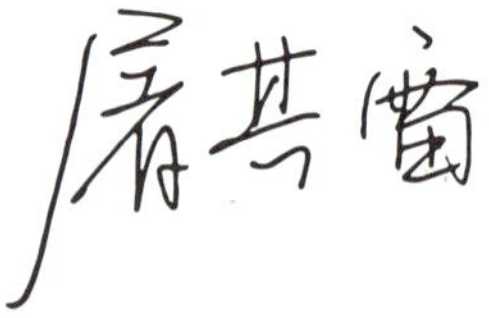

2025 年 5 月

前言

随着全球老龄化进程的加速，老年人的身心健康受到社会的广泛关注。老年人对活动的需求日益提升，科学、专业地策划与组织老年活动，对于提高老年人的健康水平、改善老年人的生活质量具有重要意义。

《老年活动策划与组织》教材以老年人为中心，始终秉持“尊重、参与、赋能”的核心理念，紧密围绕老年群体的生理、心理及社会需求展开，系统构建老年活动策划与组织的知识体系，旨在为养老服务行业从业者及相关专业学习者提供既有理论深度又具备实践指导性的参考用书。

本教材包含 8 个项目，分别为老年活动策划与组织初识、老年教育活动策划与组织、老年康健活动策划与组织、老年音乐活动策划与组织、老年手工活动策划与组织、老年展示活动策划与组织、老年节庆活动策划与组织、老年出游活动策划与组织。全书既涵盖老年活动的基本概念、分类及功能等理论内容，又深入探讨各类活动（如教育、康健、音乐、手工、出游等）的策划要点、组织技巧与安全管控策略，形成“理论认知—方案设计—落地执行”的完整知识链。

每个项目包括若干个任务，每个任务通过案例导入、任务描述、相关知识、活动举例的模块化设计，引导读者在具体情境中理解理论知识应用，强化问题解决能力。例如，针对认知障碍老年人的认知活动设计、慢性疾病患者的运动健身方案等，均提供可复制的实践模板，体现教材的实用性与针对性。

本教材在编写过程中坚持以下原则：一是进行创新延伸，纳入智慧养老、代际融合等前沿理念，如老年智慧生活教育活动、跨代际音乐互动等，呼应科技发展与社会变迁对老年活动的新要求。二是各章节贯穿适老化设计原则，强调活动内容与老年人身心特点的适配性，如在园艺活动中注重低强度操作与选用适老化园艺工具，在歌唱活动中关注音域适配与呼吸训练，充分体现对老年群体特殊性的尊重。

本教材的编写凝聚了养老服务领域专家、一线从业者、院校教师及教材编辑团队的心血。感谢所有提供案例素材与专业建议的机构和个人，正是他们的实践经验为本教材注入了生命力！

老年活动的策划与组织在逐步发展，与之相关的服务工作也在不断完善和探索，以及受本教材编写人员水平所限，书中难免有不当和疏漏之处，恳请各位读者批评指正！

编者

2025 年 5 月

CONTENTS

目　录

项目一

老年活动策划与组织初识

学习目标

素质目标

1. 培养学生接纳、尊重老年人的职业素养。
2. 提高学生职业认同感，强化使命感。

知识目标

1. 了解老年活动策划与组织的含义、分类及功能。
2. 熟悉老年活动策划的方法及现场管理要求。
3. 掌握老年活动策划的步骤及注意事项。

能力目标

1. 能够独立撰写老年活动策划方案。
2. 能够根据策划方案组织、实施老年活动。
3. 能够顺利开展老年活动，并合理应对突发状况。

知识导读

- 老年活动策划与组织初识
  - 老年活动初识
    - 老年活动的概念、特点和现状
    - 老年活动工作者应具备的职业素养
    - 老年活动的功能
    - 老年活动的分类
    - 老年活动的理论
    - 老年活动的伦理原则
  - 老年活动策划与组织初识
    - 老年活动策划的概念
    - 老年活动策划的特点
    - 常见的老年活动策划方法
    - 老年活动策划的基本流程
    - 老年活动策划方案的撰写内容
    - 老年活动策划与组织原则
    - 老年活动策划与组织的现场管理要求

任务一　老年活动初识

案例导入

王爷爷，82 岁，高中学历，汉族，江苏南京人，退休前是一名技术工人。王爷爷性格开朗，喜欢下棋、听戏曲和散步。3 年前，王爷爷因中风导致右侧肢体活动不便，语言表达能力也有所下降，日常生活需要部分协助。尽管他仍然对下棋和戏曲感兴趣，但由于行动不便和语言障碍，他逐渐减少了社交活动，变得沉默寡言，甚至有时会表现出烦躁和沮丧的情绪。家人为了帮助他恢复社交能力和改善情绪，决定为他寻找合适的老年活动。

根据案例，请思考：

1. 如何通过老年活动帮助王爷爷恢复社交兴趣，改善他的情绪状态？

2. 对于王爷爷这类行动不便且存在语言障碍的老年人，适合策划哪些类型的活动？如何根据他的兴趣和身体状况组织与实施这些活动？

任务描述

1. 根据王爷爷的身体状况、兴趣爱好和情绪特点，策划一个以社交互动为核心的活动方案，明确活动的目标和预期效果。

2. 依据方案组织与实施活动，观察王爷爷在活动中的参与度、情绪变化及身体反应，并根据实际情况调整活动形式，确保活动的安全性和趣味性。

相关知识

扫一扫

一、老年活动的概念、特点和现状

对老年人而言，他们可以支配的自由时间普遍比年轻时多，但过多的空闲时间及长期远离社会活动不利于老年人身心健康的发展，如果没有适当的活动填补老年人的空虚与孤独，可能会加速老年人的身心衰退。如何通过活动来满足老年人的身心需求，有赖于正确地认识并组织适当的活动。

（一）老年活动的概念

活动是指为实现特定社会功能而组织起来的行为集合，其核心要素包括目标设定、行为实施及群体协作，通常具备完整的结构系统。针对老年群体设计的活动，是依据其身心特点与社会需求，在专业人员的引导下，通过社会组织、社区平台及养老服务机构等多方主体实施的文化康乐项目。其通常涵盖公益服务、文艺创作、兴趣培养、社交互动及体能锻炼等多元化形式的社会实践，旨在综合提升老年人身心健康水平、延缓认知衰退并增强生活幸福感，从而提高老年群体生活品质。

综上所述，老年活动是以老年人为主体，针对老年人特定的生理、心理和社会特征，在老年活动工作者的协助下，由团体、社区、养老机构等组织开展的各类公益、文娱、兴趣、语言交流、体育等活动，目的是促进老年人身心健康、提升认知能力和增强幸福感，提高老年人的生活质量和满意度（图 1–1–1）。

图 1–1–1　老年活动

（二）老年活动的特点

1. 安全性

安全性是老年活动的首要考量。在活动场地的选择上，优先考虑地面平坦、无尖锐边角、照明通风良好的场所，如社区活动中心。对活动器材的选用也注重安全性，确保质量合格、操作简便。活动内容设计要避免高强度、高风险动作，如舞蹈活动的动作编排应相对简单、舒缓。此外，活动现场需配备基本的急救设备和专业的医护人员，提前制订应急预案，以应对可能出现的突发疾病或意外情况，保障老年人的人身安全。

2. 目的性

老年活动有着明确且多元的目的。从健康角度出发，许多活动旨在改善老年人的身体功能，如组织太极拳、健身操活动能帮助他们增强肌肉力量、提高身体柔韧性和平衡能力，预防和缓解一些慢性疾病。在心理层面，活动意在丰富老年人的精神生活，减轻孤独感，如定期举办茶话会可以为老年人提供交流空间，让他们分享生活点滴，获得情感支持。同时，部分活动还注重老年人自我价值的实现，如老年大学的课程学习让他们能不断学习新知识、新技能，实现自我提升。

3. 计划性

在活动筹备前期，组织者需充分调研老年人的兴趣爱好、身体状况和时间安排。依据调研结果制订详细的活动计划，涵盖活动主题、内容、时间、地点、参与人员等。例如，策划一场为期 3 天的老年出游活动，要提前规划好行程路线，预订合适的交通工具和住宿，安排好每天的活动内容，还要考虑到老年人可能出现的身体不适，配备必要的医疗保障。活动过程中，根据实际情况灵活调整计划，确保活动能按预期达成目标。

4. 参与性

鼓励老年人积极参与活动是老年活动的重要特点。活动组织者会采用多种方式提升老年人的参与度，如提前宣传活动信息，通过社区公告、老年活动中心通知等渠道，让更多老年人知晓。在活动设计上，充分考虑老年人的能力和需求，设置简单易懂、趣味性强的环节，让每位老年人都能找到适合自己的参与方式。对于一些集体活动，如合唱比赛，会组织多次排练，让老年人在准备过程中逐渐融入，增强他们的参与感和归属感，使活动真正成为他们生活的一部分。

5. 多样性

老年活动形式丰富多样，以满足不同老年人的兴趣爱好。文化方面，有书法、绘画、诗词朗诵等活动，让热爱文化艺术的老年人施展才华；在体育领域，除了常见的散步、慢跑，还有门球、柔力球等适合老年人的运动项目；社交活动方面，包括老年俱乐部聚会、社区志愿服务等，可以促进老年人之间的交流互动；在教育层面，老年大学开设涵盖计算机、外语、历史等多学科的课程，满足老年人的求知需求。多样的活动形式，让老年人能依据自身喜好自由选择。

6. 社会性

老年活动具有显著的社会性。一方面，活动促进了老年人之间的社交互动，打破了个体之间的孤立状态，形成了良好的社区老年社交网络，增强了老年人的社会联系和归属感。另一方面，这些活动也加强了老年人与社会其他群体的交流，如组织老年人参与社区公益活动，与年轻人共同为社区建设出力，促进了代际沟通与融合。此外，社会各界力量也积极参与老年活动的组织与支持，如企业赞助、志愿者服务等，体现了社会对老年人的关怀，凸显了老年活动的社会价值。

（三）老年活动开展的现状

1. 政策支持与服务体系逐步完善

在政策推动下，我国老年活动的开展逐步形成多层次服务体系。国家相继出台了《“十四五”国家老龄事业发展和养老服务体系规划》等政策，明确将老年教育与文化活动纳入养老服务体系，鼓励居家、社区、机构三方联动开展活动。以北京市为例，社区养老服务设施覆盖率显著提升，日间照料中心和文化活动室成为老年人社交与娱乐的重要场所。部分地区如山东省构建了省、市、县、乡镇、村五级老年教育工作网络，年均培训老年人超百万人次，活动形式涵盖健康讲座、兴趣课程等。

2. 活动形式多样化与科技赋能趋势明显

老年活动从传统的棋牌、健身向多元化、智能化发展。居家养老领域依托智能设备（如远程医疗监测、健康管理 APP）实现线上互动与健康管理；社区活动引入线上线下融合（Online-Merge-Offline，OMO）模式，通过线上课程与线下实践结合，覆盖舞蹈、绘画、数字技能等新兴领域。老年大学课程需求旺盛，全国老年大学学员超 2 000 万人，但仅占老年人口的 6%，供需失衡问题突出。此外，“时间银行”等互助养老模式在部分地区试点，通过志愿服务积分兑换活动资源，增强了社区凝聚力。

3. 社会力量参与与协同机制得到发展

政府通过财政补贴、项目合作等方式鼓励社会力量参与老年活动组织。民办老年大学、企业康养项目逐渐兴起，如江西省开发“康养游学专线”，结合地域文化设计特色活动。

4. 区域创新与典型案例增加

部分地区通过政策创新破解老年活动资源分布不均衡难题。例如，北京市推动“国家老年大学”建设，搭建全国老年教育资源共享和公共服务平台。浙江等地试点智能养老设备普及，通过人工智能（artificial intelligence，AI）技术优化活动匹配度，提升参与体验。

二、老年活动工作者应具备的职业素养

（一）知识素养

老年活动策划组织者应具备扎实的老年服务知识，了解老年人的生理和心理特点，熟悉老年常见疾病的基础知识，包括症状识别、简单急救措施等，以便在活动中能及时察觉老年人的身体异常并做出初步应对。同时，掌握活动策划与组织的专业知识，涵盖活动设计原则、流程安排、资源调配等内容，确保活动顺利开展。此外，还需对当地的老年政策法规有清晰的认知，保证活动合法合规，维护老年人的合法权益。

（二）能力素养

老年活动策划组织者的能力素养是指活动中策划组织者在专业价值观方面的运用能力，主要包括以下能力。①活动策划与执行能力：能够根据老年人的兴趣和需求，设计出富有吸引力、安全可行的活动方案，并有效组织实施，把控活动各个环节，处理现场突发状况。②沟通交流能力：与老年人沟通时，要具备耐心、同理心，善于倾听他们的想法和需求，用通俗易懂的语言交流。同时，还需与其他活动策划与组织人员、合作单位等进行良好沟通，协调各方资源。③应急处理能力：面对老年人在活动中可能出现的身体不适、突发疾病或其他意外事件，能够迅速做出反应，冷静、科学地采取急救措施，并及时联系医疗救援人员。

（三）素质素养

老年活动策划组织者的素质素养直接影响活动的开展效果。具体包括以下方面。①责任心：将老年人的安全和活动体验放在首位，认真对待每一项工作任务，对活动的各个环节负责到底。②团队合作精神：与同事密切配合，共同完成活动的策划、组织与实施，相互支持，发挥各自优势，为老年人提供优质服务。③学习能力：老年服务领域不断发展，新的理念、方法和技术层出不穷，工作者应保持学习热情，不断更新知识，提升自身专业水平。

（四）伦理素养

老年活动策划组织者在工作中应始终秉持高度的伦理素养，以确保活动的安全性、公平性和人文关怀。首先，策划组织者应尊重老年人的尊严与自主权，充分尊重其意愿和选择，避免任何形式的强制或忽视。其次，策划组织者需遵循公平原则，确保活动资源的合理分配，避免因年龄、性别、健康状况等因素产生歧视或不公。策划组织者还应具备强烈的责任意识，在活动设计和管理中优先考虑老年人的安全与健康，制订完善的应急预案，确保突发情况下的及时响应与妥善处理。同时，策划组织者应保持诚信与透明，与老年人及其家属保持开放、清晰的沟通，确保信息的准确传递，避免误解或隐瞒。关注老年人的心理需求，在活动中体现人文关怀，营造温暖、包容的氛围，帮助老年人获得归属感与幸福感。通过践行这些伦理素养，老年活动策划组织者不仅能够提升活动质量，还能为老年人创造更加安全、尊重和有意义的生活体验。

三、老年活动的功能

开展老年活动能够帮助老年人在晚年顺利实现全方位的社会适应，避免与社会产生脱节，同时获得身体健康和心灵安宁。

（一）促进身体健康

老年活动一般会包含一定的身体锻炼元素，如散步、太极拳、健身操等活动，能有效提升老年人的身体功能。规律参与这类活动，可增强肌肉力量，改善关节灵活性，预防骨质疏松和肌肉萎缩。同时，适当运动还能促进血液循环，提升心肺功能，有助于控制血压、血糖和血脂，降低心血管疾病、糖尿病等慢性疾病的发生风险。例如，每天坚持参加社区组织的太极拳活动的老年人，其身体的平衡能力和柔韧性都有明显改善。

（二）改善心理健康

随着年龄增长，老年人容易出现孤独、焦虑、抑郁等心理问题。丰富多样的老年活动为他们提供了情感宣泄和心理调适的途径。比如绘画、书法、音乐欣赏等艺术活动，能让老年人沉浸其中，忘却烦恼，获得精神上的满足和愉悦，帮助他们缓解压力，放松身心，保持积极乐观的心态。而且在活动过程中设定并完成一些小目标，还能增强老年人的自信心和自我认同感。

（三）增强社交互动

老年活动是老年人拓展社交圈、增进人际交往的重要平台。在活动中，他们能结识志同道合的朋友，交流生活经验和兴趣爱好，减少孤独感和疏离感。比如读书分享会、手工制作小组等活动，大家共同参与、互相协作，不仅增进了彼此之间的友谊，还能形成互助支持的社交网络，让老年人感受到社会的关爱和温暖，提升他们的归属感。

（四）延缓认知衰退

益智类老年活动，如棋类游戏、拼图、数字游戏等，对老年人的认知功能有很好的锻炼作用。这些活动能刺激大脑思维，提高记忆力、注意力、逻辑思维能力和反应速度，有效延缓认知衰退，预防老年痴呆等认知障碍疾病。通过不断学习新的活动技能和知识，还能激发老年人的好奇心和求知欲，保持大脑的活跃状态。

（五）丰富精神文化生活

老年活动极大地丰富了老年人的精神文化世界，满足他们对文化娱乐的需求。观看文艺演出、参观博物馆和艺术展览、参与戏曲表演等活动，能让老年人接触到各种优秀的文化艺术作品，提升文化素养和审美水平，充实晚年生活，让他们的生活更加丰富多彩、有滋有味。

四、老年活动的分类

（一）根据年龄划分的老年活动

老年活动应根据不同年龄阶段及健康状况进行科学规划，以满足差异化需求（表 1–1–1）。

表 1–1–1　根据年龄划分的老年活动

类别	适用年龄范围	活动特点与功能	活动示例
低龄老年活动	60 ~ 69 周岁	多样化综合活动，排除高体力强度	游泳、慢跑、读书会、棋牌等
中龄老年活动	70 ~ 79 周岁	中等强度有氧与肌肉强化	步行、健身舞、太极拳等
高龄老年活动	80 周岁以上	低运动量，侧重认知与舒缓活动	静养、手工创作、语言交流、书法等

续表

类别	适用年龄范围	活动特点与功能	活动示例
病患老年活动	不限年龄（疾病患者）	功能康复训练，恢复四肢能力	带绳足球训练、关节拉伸、平衡练习等

（二）根据活动内容划分的老年活动

老年活动可依据内容类型划分为六大功能性板块，以满足多元身心需求（表 1–1–2）。

表 1-1-2　根据活动内容划分的老年活动

类别	活动特点	活动示例
智力类活动	锻炼认知能力，延缓大脑衰退	棋牌游戏、拼图、知识竞赛等
运动类活动	增强体能与协调性	太极拳、广场舞、步行、瑜伽等
操作类活动	提升手部精细动作与创造力	手工编织、陶艺、木工等
音乐类活动	通过音乐调节情绪与社交	合唱团、乐器演奏、音乐欣赏等
节日类活动	结合节日主题增强归属感	春节联欢会、中秋赏月、重阳登高等
出游类活动	体验地域文化的魅力，拓展社交圈	参观历史文化景点、赏自然风光、民俗风情体验等

（三）根据社会工作方法划分的老年活动

针对不同需求的老年人，依据专业方法构建服务分层体系，助力老年人安享晚年（表 1–1–3）。

表 1-1-3　根据社会工作方法划分的老年活动

类别	适用对象	活动目标与形式	服务示例
老年个别活动	不喜欢集体活动或严重活动能力缺失的老年人	个性化服务，一对一解决需求	卧床老年人心理疏导、居家康复训练
老年小组活动	需社交支持或治疗的老年人	建立互助网络，通过小组互动改善心理与社会功能	丧偶支持小组、慢性疾病管理小组
老年社区活动	独居、高龄、伤残、困难老年人	整合社区资源，提供全方位生活支持	健康讲座、法律援助、志愿者陪伴、社区食堂

（四）根据活动功能划分的老年活动

老年活动依据功能分别以促进自我成长、应对生活事件和解决心理问题为目标，通过多样化形式满足老年人的不同需求，助力其身心健康与社会融入（表 1–1–4）。

表 1-1-4　根据活动功能划分的老年活动

类别	活动目标	实施形式与特点	活动示例
发展型活动	促进自我成长与社会适应	提供展示平台，增强自信心	老年人才艺表演、技能培训课程
支持型活动	帮助应对重大生活事件（如患病、丧偶）	小组形式，鼓励倾诉与互助	丧偶互助会、疾病适应小组
治疗性小组活动	解决心理问题，调适情绪	专业干预手段（如人生回顾、现实辨识）	往事缅怀小组、认知行为治疗小组

五、老年活动的理论

老年活动是一项以老年人为主体，有目的、有计划、有步骤的社会协调活动，以个别活动、小组活动和社区活动的形式，满足老年人身心健康需要，推进老年人的自我实现与社会参与，提高老年人的生活质量。老年活动的设计与实施需要科学的理论支撑，既关注个体心理调适与社会角色重构，又强调资源整合与潜能开发，共同构成老年服务工作的理论基础与实践框架，为促进老年人社会融入、提升生命质量提供多维支撑。老年活动策划与组织的主要理论体系分述如下（表 1–1–5）。

表 1–1–5　老年活动的理论

理论名称	理论内容	意义
活动理论	活动理论认为，老年人的生活满足感与活动之间有积极的联系。因此，主张老年人应通过新的参与、新的角色来改善老年人由社会角色中断所引发的情绪低落，用新的角色取代因丧偶或退休而失去的角色，在社会参与中重新认识自我，从而把自身与社会的距离缩小到最低程度	“用进废退”属于生物界自然规律。老年工作者不仅要在态度和价值取向上鼓励老年人积极参与他们力所能及的一切社会活动，而且更需要为老年人的社会参与提供更多的机会和条件
优势视角理论	“优势视角”是指老年活动工作者所应该做的一切，在某种程度上要立足于发现、寻求、探索及利用案主的优势和资源，协助他们达到自己的目标，实现他们的梦想，并面对他们生命中的挫折和不幸，抗拒社会主流的控制。这一视角强调人类精神的内在智慧，强调即便是最弱势的人都具有内在的转变能力	在老年活动中，应挖掘老年人的优势，协助老年人从关注自己的问题和弱点转向关注自身及环境当中存在的可利用的资源，培养老年人识别资源和优势的能力，并树立老年人关于优势和资源的自我认识和自我认可，引导老年人用自身优势和能力解决问题，增强个人问题解决的积极性，帮助老年人达成和实现目标
角色理论	角色理论认为，当个体经历老化过程所带来的变化时，他们会丧失象征中年的社会角色和社会关系。例如，丧偶或同辈人死亡所带来的关系和角色的变化。他们会因为退休而失去职业角色，他们需接纳象征晚年的新的社会角色和社会关系。这一理论认为，成功的老年人在很高程度上取决于对角色变化和角色丧失的调整适应	老年活动工作者在活动中要帮助老年人调整自己，适应新角色、发展新角色、替代失去的角色。老年活动工作者可以在社区中经常开展一些针对老年人的社区活动、针对社区退休人员的小组活动，帮助老年人结交新朋友，融入社会，适应角色转换

六、老年活动的伦理原则

（一）尊敬老年人原则

在组织和开展老年活动时，活动组织者必须从价值观的高度深刻理解并践行尊敬老年人的理念。尊敬老年人不仅是一种道德要求，更是活动设计的核心指导思想。活动组织者应认识到老年人是社会的重要组成部分，他们拥有丰富的生活经验和智慧，是文化传承和社会发展的宝贵资源。因此，活动的设计和实施应以尊重老年人的自主性、尊严和需求为前提，确保他们能够在活动中感受到被重视和关怀。同时，活动组织者应秉持“以人为本”的理念，充分倾听老年人的声音，尊重他们的兴趣和选择，避免将活动强加于人。例如，在活动策划阶段，可以通过问卷调查或座谈会了解老年人的真实需求，设计符合其身心特点的活动内容。

此外，组织者还应注重活动的包容性，确保不同身体状况、文化背景和经济条件的老年人都能平等参与，体现社会公平。此外，尊敬老年人也意味着关注他们的情感需求，在活动中营造温暖、友好的氛围，让老年人在参与过程中感受到归属感和幸福感。通过践行尊敬老年人的价值观，活动组织者不仅能够提升活动的质量和效果，还能为社会树立尊老敬老的典范，推动老龄化社会和谐发展。

（二）自主权原则

尊重老年人自主决定参与活动的权利，包括是否参与、参与何种活动及活动中的具体选择等。充分告知活动的内容、流程、风险和获益，确保老年人在知情的情况下做出自愿且理性的决策，不强迫或诱导老年人参与他们不愿意参加的活动。例如，在组织老年出游活动时，应详细介绍旅游路线、行程安排、住宿条件、费用明细及可能存在的身体不适风险等，让老年人根据自身情况自由选择是否报名。

（三）保密原则

对于老年人在活动中透露的个人信息、健康状况、家庭情况等隐私内容，活动组织者和活动策划人员必须严格保密，未经老年人本人同意，不得向任何第三方披露。这不仅是对老年人隐私权的尊重，也是建立信任关系的重要基础。例如，在组织老年健康讲座时，对于涉及老年人个人疾病史的案例分享，应事先征求老年人的意见，并对个人信息进行匿名处理，保护其隐私安全。

（四）有利原则

活动的设计与实施应以促进老年人的利益和福祉为核心目标。这意味着活动要能够为老年人带来身体、心理、社交等多方面的积极影响，如通过健身活动增强体质，通过文化活动丰富精神生活，通过社交活动拓展人际关系等。活动组织者需充分考虑老年人的身体状况、兴趣爱好和实际需求，精心策划活动内容和形式，确保活动对老年人有益。例如，为有轻度认知障碍的老年人设计专门的认知训练活动，通过拼图、记忆游戏等活动方式延缓认知衰退。

活动举例

一、活动参与对象评估

针对前述案例中的王爷爷，通过采访照护人员、与老年人深入交流、整理护理人员对王爷爷的功能评估结果等方式，收集整理王爷爷的个人情况如下（表 1-1-6）。

表 1-1-6　王爷爷评估结果

姓名	王 ××	性别	男	年龄	82 岁
兴趣爱好	下棋、听戏曲、散步	文化程度	高中	退休前职业	技术工人
功能评估	认知功能	1. 记忆力：长期记忆保留较好（可清晰回忆工厂技术细节），短期记忆受损（近 3 天饮食内容回忆模糊） 2. 定向力：时间定向偏差（常误判上午 / 下午时段），空间定向良好（可辨识家庭与社区常去地点） 3. 计算能力：基础算术保留（如零件加工量计算），连续运算易出错（如多工序耗时叠加计算）			

续表

功能评估	身体功能	1. 肢体活动：抓握精度下降（硬币拾取成功率 62%） 2. 协调性：双手协作能力受限（右侧动作延迟 0.8 秒）
	思维能力	1. 社会参与：周均社交互动 2.3 次（主要为家人），社区活动参与率近 3 个月为 0 次 2. 自我认知：自评社会价值感 3.2 分（总分 5 分）（“现在帮不上忙了”），技术身份认同 4.8 分（总分 5 分）（“厂里技术难题都找我”）
	活动参与适配性分析	1. 优势资源及干预方向 （1）技术记忆优势：设计机械主题认知训练（如零件分类计算） （2）戏曲兴趣驱动：开发戏曲元素康复活动（如唱词填空、身段模仿） （3）家庭支持系统：建立子女协同训练机制（如技术口述史记录） 2. 功能限制及代偿策略 （1）右侧肢体障碍：定制左侧主导活动工具（如磁性棋盘） （2）语言表达受限：引入非语言沟通系统（如技术图纸标注交流板）
评估结果总体评价	1. 认知功能 （1）轻度认知障碍［蒙特利尔认知评估（Montreal Cognitive Assessment，MoCA）评分：18 分（总分 30 分）］ （2）优势领域：机械逻辑思维、长期情景记忆 （3）待强化领域：工作记忆、时间定向、语言流畅性 2. 活动适配性 （1）适合技术怀旧类认知活动（兴趣匹配度 92%） （2）需规避复杂多任务场景（挫败风险系数较高） （3）建议单次活动时长≤ 45 分钟（疲劳阈值监测） 3. 参与意愿 （1）主动参与意向评分：4 分（总分 5 分）（“想教年轻人技术”） （2）潜在抗拒点：涉及右侧精细动作的任务（需渐进式暴露）	

二、活动策划方案

“金龄雅趣”多维康复活动方案

活动背景

王爷爷因中风导致右侧肢体活动受限及语言表达障碍，社交参与度显著下降。基于活动理论与优势视角理论，结合其技术工人背景与戏曲爱好，制订本认知康复计划。通过结构化活动延缓认知衰退，重建社交网络，激活技术经验优势，提升自我效能感。

活动目的

1. 功能改善

通过适应性活动提升记忆、定向与逻辑思维能力，改善语言表达流畅度。

2. 情绪调节

借助兴趣驱动活动缓解沮丧情绪，恢复开朗性格特质。

3. 社会重建

构建代际互动与技术传承场景，重获“技术导师”社会角色。

活动内容

1. 身体康复活动

（1）简单肢体运动：借助康复球，进行右手抓握练习，每次 10 分钟，以增强右侧肢体力量。利用助行器，在家人或护理人员陪同下进行短距离慢走训练，每次 15 分钟。

（2）关节活动操：带领王爷爷做右侧肢体的关节活动操，包括腕关节、肘关节、肩关节及髋关节、膝关节、踝关节，每个关节活动 10 次，每天进行 2 组，帮助改善关节灵活性。

2. 兴趣激活活动

（1）线上戏曲欣赏：每周安排 3 次，每次 30 分钟，通过电视或平板电脑为王爷爷播放他喜欢的戏曲节目，如京剧《霸王别姬》、越剧《梁山伯与祝英台》等，并在观看后与他简单交流戏曲情节，激发他表达的欲望。

（2）简易棋类游戏：准备特制的大棋盘和棋子，进行简单的棋类游戏，如五子棋。棋子设计为方便王爷爷抓握的大尺寸，棋盘线条清晰。每次游戏时间 20 分钟，可与家人或护理人员对弈，锻炼思维的同时增加互动。

3. 社交互动活动

（1）家庭茶话会：每周日下午组织家庭茶话会，家庭成员围坐在一起分享近期生活趣事，鼓励王爷爷参与讨论，引导他表达自己的想法和感受，每次茶话会持续 40 分钟。

（2）老年活动中心交流：每月安排 2 次，由家人陪同王爷爷前往老年活动中心，与其他老年人一起参与手工制作活动，如制作简单的纸艺花朵。在活动过程中，鼓励王爷爷与他人交流合作，每次活动时间 1 小时。

4. 语言训练活动

（1）日常用语练习：每天设定 15 分钟，由家人或护理人员与王爷爷进行日常用语对话练习，如“今天天气怎么样”“你想吃什么”等，并引导他完整回答。

（2）故事复述：给王爷爷讲述简单有趣的故事，如《小红帽》《龟兔赛跑》等，讲完后请他尝试复述故事的主要内容，根据他的情况逐渐增加故事难度，每次训练 20 分钟。

5. 认知强化活动

（1）物品分类：准备与老年人记忆背景相关的记忆卡片，如工厂技术问题卡、厂区平面拼图、日期填写转盘等进行老年人认知训练，通过技术计算、场景定向等活动锻炼认知和思维能力。

（2）拼图游戏：选择画面简单、块数较少的拼图，如 4 ~ 6 块的动物拼图，让王爷爷进行拼图游戏，帮助提升注意力和空间认知能力，每次拼图时间 15 分钟。

活动时间及计划

1. 第一阶段活动计划

周一至周五，每天 10：00—11：00，每周 5 次，持续 4 周时间，具体安排如下（表 1-1-7）。

表 1-1-7　老年康复活动第一阶段计划

时间	周一	周二	周三	周四	周五	周六、周日
活动项目	1. 身体康复活动（关节活动操、助行器慢走训练） 2. 语言训练活动（日常用语练习）	1. 兴趣激活活动（线上戏曲欣赏） 2. 认知强化活动（物品分类）	1. 身体康复活动（右手抓握练习、关节活动操） 2. 社交互动活动（与家人简单交流）	1. 兴趣激活活动（简易棋类游戏） 2. 语言训练活动（故事复述）	1. 社交互动活动（家庭茶话会部分环节交流准备） 2. 认知强化活动（拼图游戏）	休息或家人陪伴自由活动

2. 第二阶段活动计划

周一至周五，每天 9：30—10：30，每周 3 次，每 2 周 1 个循环，持续 8 周时间，具体安排如下（表 1-1-8）。

表 1-1-8　老年康复活动第二阶段计划

时间	周一	周二	周三	周四	周五	周六、周日
单周活动项目	1. 身体康复活动（助行器慢走训练、关节活动操） 2. 兴趣激活活动（线上戏曲欣赏）	1. 社交互动活动（老年活动中心交流准备） 2. 认知强化活动（物品分类）	1. 身体康复活动（右手抓握练习、关节活动操） 2. 语言训练活动（日常用语练习）	1. 兴趣激活活动（简易棋类游戏） 2. 社交互动活动（家庭茶话会）	1. 语言训练活动（故事复述） 2. 认知强化活动（拼图游戏）	休息或家人陪伴自由活动
双周活动项目	1. 身体康复活动（助行器慢走训练、关节活动操） 2. 社交互动活动（与家人深入交流）	1. 兴趣激活活动（线上戏曲欣赏） 2. 认知强化活动（物品分类）	1. 身体康复活动（右手抓握练习、关节活动操） 2. 语言训练活动（日常用语练习）	1. 社交互动活动（老年活动中心交流） 2. 兴趣激活活动（简易棋类游戏）	1. 语言训练活动（故事复述） 2. 认知强化活动（拼图游戏）	休息或家人陪伴自由活动

活动地点

该养老机构老年大学 201 活动室。

参加人员

王爷爷、活动工作者，周末可邀请家人。

活动流程

1. 活动前

（1）与王爷爷沟通，了解其基本情况及参与活动意愿。

（2）与照护人员沟通，了解王爷爷的照护级别、身体活动能力、家人及社会支持系统，以及认知功能评估状况、精神行为状况等信息。

（3）制作活动所需的卡片等物品。

2. 活动中

（1）第一、二周：带领王爷爷按前述第一阶段活动计划实施各项活动，让其初步体验活动中各项游戏的玩法和乐趣。

（2）第三至十周：带领王爷爷按前述第二阶段活动计划实施各项活动，并观察记录其活动表现，动态调整活动内容。

3. 活动后

整理王爷爷每次活动后表现的记录资料，了解其在整个活动中的表现变化。应用能力评估量表测评王爷爷的认知状况。

物品使用及支出费用

老年康复活动物品使用及支出费用见表1-1-9。

表1-1-9　老年康复活动物品使用及支出费用

物品名称	数量	费用/元	备注
适合活动的桌椅	1张桌子、2把椅子	0	机构自备，确保桌椅高度合适，方便王爷爷就座与活动操作
电子设备及支架	1台平板电脑（或智能电视）、1个可调节支架	0	用于展示老照片、戏曲唱段视频等，支架可调节角度，方便王爷爷观看
大尺寸特制棋盘、棋子	1套五子棋（棋盘格子边长约5 cm，棋子直径约4 cm）	50	材质厚实，棋子便于王爷爷抓握，棋盘线条清晰醒目
活动卡片	老照片若干、戏曲唱段卡片20张、下棋步数计算卡片10张、戏曲演出费用计算卡片10张、日历信息卡片10张	25	老照片可从王爷爷家人处收集并打印，或直接在电子设备上展示；其他卡片用厚卡纸制作，文字和图案清晰
白板及白板擦	各1块（白板60 cm×90 cm）	50	用于记录活动信息、日期等，不反光且易擦除字迹
白板笔	4支（红、黄、蓝、黑）	10	粗细适中，方便王爷爷书写
轻柔音乐播放设备	1台小型蓝牙音箱	50	播放轻柔音乐，营造干扰环境，辅助棋类专注训练
小摆件	5个（如小型玩偶、装饰球等）	10	用于设置棋盘周边干扰元素
戏曲、棋类知识文章资料	若干	0	可通过网络下载打印，选取内容简洁易懂、字号较大的资料
合计		195	

安全管理

1. 活动过程中要关注老年人的身体状况和情绪变化，如有老年人感到不适或疲劳，应及时安排休息或提供医疗帮助。

2. 活动场地地面要防滑，保持清洁干燥，避免积水或杂物。

3. 活动场地内桌椅等家具没有尖锐边角，摆放稳固。环境安静，光线充足。

活动评价

1. 过程评价

每次活动后，活动工作者可观察、记录老年人在活动中的专注力、记忆力及思维推理能力等方面的表现，以及老年人对认知活动的接受程度和反馈情况。

2. 效果评价

整个活动后，通过与老年人照护人员沟通及借助量表等方式测评老年人认知状况，通过评估—计划—实施—评价—改进的动态循环，不断修订和完善认知活动方案。

三、活动操作技能

以上述方案中的“认知强化活动”为例，展示活动操作技能（表 1-1-10）。

表 1-1-10　老年认知强化活动操作技能

活动名称	老年认知强化活动	
使用物品及数量	工厂技术问题卡 4 张，含零件加工、设备运行等应用题；厂区平面拼图 1 套，磁性可拆分（含车间 / 食堂等标识）；日期填写转盘 1 个，大字体的年 / 月 / 日旋转盘；抓握辅助计算器 1 台，右侧肢体专用，防滑握柄设计；白板与书写工具 1 套，白板笔含 3 cm 加粗笔头	
场地要求	环境安静、光线充足、适合开展活动的房间，房间内地面防滑，无杂物，桌椅摆放稳固，无尖锐边角	
具体操作过程	接送及活动前期（5 分钟）	王爷爷到达活动房间后，活动工作者引导填写日期转盘：“今天是____年____月____日”。然后，展示厂区老照片，唤起技术记忆
	活动导引部分（3 分钟）	活动工作者播放 30 秒车间环境音效，然后明确任务，告诉王爷爷：“咱们今天要当回车间主任，解决技术难题。”同时介绍此次活动的游戏规则
	活动核心技能部分（20 分钟）	1. 第一阶梯：技术计算 （1）出示基础题卡：“加工 10 个零件需 2 小时，30 个需要多久？” 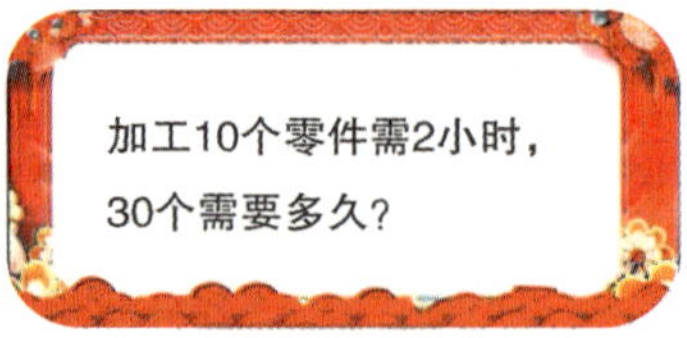 （2）进阶题卡：“车床 200 转 / 分，15 分钟总转数是多少？” 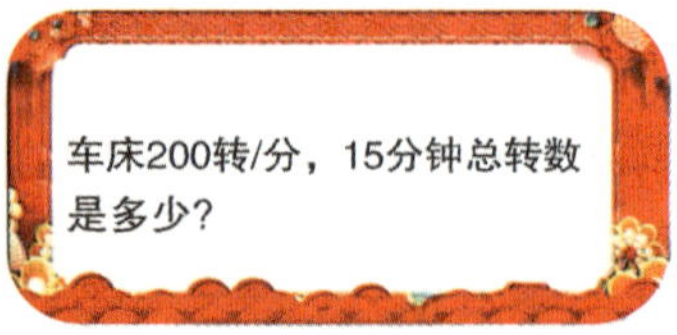

续表

具体操作过程	活动核心技能部分 （20 分钟）	2. 第二阶梯：场景定向 （1）拼图任务："从车间到食堂的安全路线" 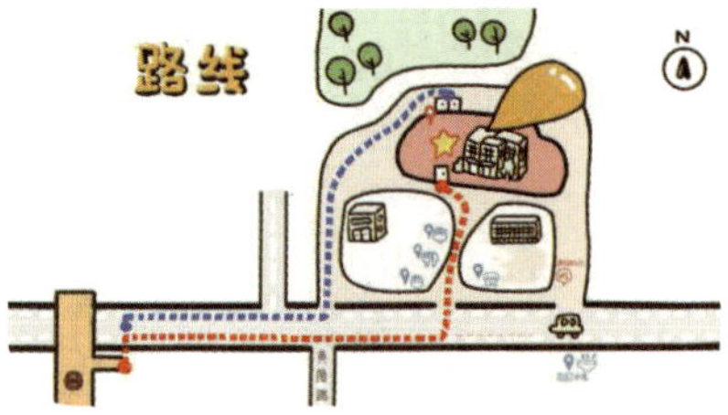 （2）时间匹配："早班时间对应钟表指针位置" 
	总结部分 （2 分钟）	1. 播放《咱们工人有力量》片段 2. 颁发"优秀车间主任"纸质奖状
注意事项	1. 认知适配 根据简易精神状况检查（mini–mental state examination，MMSE）评分动态调整题卡难度（24 分以上用文字题，20 ～ 24 分用图示题）。允许使用"计算三步法"提示卡：①读题→②找关键数字→③选公式 2. 身体支持 每完成 5 分钟计算训练，穿插 2 分钟右手抓握球练习。拼图模块尺寸≥ 8 cm×8 cm（适配关节活动范围） 3. 情绪维护 设置"求助锦囊"：含子女录音提示 / 简化版解题思路。建立双轨评价体系：完成度评分（客观）+ 努力度评分（主观） 4. 文化融合 将技术术语转化为戏曲念白节奏（如"车床转呐，转起来，15 分钟几千转?"）。在厂区平面图中嵌入戏曲人物彩蛋（如食堂位置标注"霸王用膳处"）	

【练习题】

一、单项选择题（在每小题给出的四个选项中，只有一项是符合题目要求的，请将所选答案的字母填写在括号内）

1. 老年活动的首要考量是（　　）。

A. 目的性　　　　B. 安全性

C. 参与性　　　　D. 多样性

答案：B

解析：上文中明确提出"安全性是老年活动的首要考量"，在活动场地、器材、内容设计及现场保障等方面都围绕安全性展开。

2. 以下哪种活动属于发展型活动？（　　）

A. 为丧偶老年人开展的心理支持小组　　B. 老年人才艺表演活动

C. 针对失能老年人的床旁文化活动　　D. 社区组织的老年健康讲座

答案：B

解析：发展型活动是让老年人通过参加活动最终掌握一些处理问题的方法，促进自身成长，老年人才艺表演活动（B 选项）能为老年人提供发展平台，帮助他们重新肯定自我，获得生活满足感，符合发展型活动定义。A 选项是支持型活动；C 选项是针对特定老年群体的分层适配活动；D 选项是普及知识的活动，不属于发展型活动。

3. 老年活动策划组织者应具备的知识素养不包括（　　）。

A. 老年学知识　　B. 活动策划与组织知识

C. 计算机编程知识　　D. 老年政策法规知识

答案：C

解析：老年活动策划组织者应具备扎实的老年学知识、活动策划与组织的专业知识及对当地老年政策法规的清晰认知，计算机编程知识不属于必备知识素养。

二、判断题（正确的请在答题括号中画✓，错误的画 ×）

1. 老年活动的多样性特点主要体现在活动场地的多样化。（　　）

答案：×

解析：老年活动的多样性特点主要体现在活动形式丰富多样，涵盖文化、体育、社交、教育等多个领域，以满足不同老年人的兴趣爱好，并非活动场地的多样化。

2. 优势视角理论强调关注老年人的问题和弱点。（　　）

答案：×

解析：优势视角理论着眼于个人的优势，以利用和开发人的潜能为出发点，协助老年人从关注自己的问题和弱点转向关注自身及环境当中存在的可利用的资源。

3. 老年个别活动适用于所有老年人。（　　）

答案：×

解析：老年个别活动主要适用于不喜欢参加集体活动或活动能力缺失较严重的老年人，如有长年卧床、四肢活动能力缺失等情况的老年人，并非适用于所有老年人。

三、论述题

●老年活动对老年人心理健康有哪些改善作用？

1. 缓解孤独与抑郁，增强社会支持

（1）促进社交互动：老年活动（如兴趣小组、集体运动、社区聚会）为老年人提供了与同龄人交流的机会，减少因退休、子女离家或丧偶导致的孤独感。

（2）重建社会角色：通过担任活动志愿者、小组长等角色，老年人重新获得价值感和被需要感，抵消因退休带来的角色缺失。

2. 延缓认知衰退，提升大脑活力

（1）刺激认知功能：智力类活动（如棋牌、读书会、手工制作）可激活大脑前额叶和海马体，延缓阿尔茨海默病的病理进程。

（2）改善执行能力：团体活动中的规则遵守、任务分工（如合唱排练、团队游戏）能锻炼计划、协调和问题解决能力。

3. 调节情绪，提升积极心态

（1）释放压力与焦虑：身体活动类活动（如广场舞、太极拳）能促进内啡肽分泌，降低皮质醇水平，缓解焦虑。艺术疗愈类活动（如绘画、音乐）能帮助表达情感，减少情绪压抑。

（2）增强生活满意度：参与有意义的活动（如园艺、志愿服务）能让老年人感受到生活目标感，降低对衰老的消极认知。

4. 增强自我效能感与心理韧性

（1）提升自信心：学习新技能（如智能手机课程、烹饪课）的成功体验可以增强自我效能感，打破“老了学不会”的刻板印象。

（2）培养适应性心态：活动中遇到的挑战（如团队合作冲突）能通过引导转化为心理韧性训练，帮助老年人更从容地应对生活变化。

拓展阅读

健康老龄化

健康老龄化（healthy aging）是从生命全过程的角度来阐述的，是指从生命早期开始，对所有影响健康的因素进行综合、系统的干预，营造有利于老年人健康的社会支持和生活环境，达到延长老年人预期寿命、维护老年人功能、提高老年人健康水平的目的。也就是说，健康老龄化就是要在社会老龄化的背景下，通过全社会的共同努力，尽可能改善老年群体的生活和生命质量，使老年人身心健康地度过晚年，实现健康长寿的美好夙愿。

随着医学进步和社会发展，人的预期寿命显著增加，健康老龄化的定义和标准也在不断地演变和完善，健康老龄化应以老年人的躯体和心理无疾病为基础，以具备完好的躯体和认知功能为前提，并具有一定的社交能力，能为社会作出一定的贡献，能积极应对生活，主观上生活幸福满意。建立符合我国国情和文化的健康老龄化标准是改善老年人健康状况和提高生活质量的基础和前提。

目前认为健康老龄化至少应该从老年人的躯体疾病（一般医学评估）、躯体功能、认知功能、情绪情感、社会参与和自我感受等方面予以评价。要想全面、科学地认识健康老龄化，需要理解和掌握以下 6 个要点。

1. 健康老龄化的宗旨是使老年群体中大多数人能健康长寿，以达到健康预期寿命逐步提高的目的。

2. 健康老龄化的目标不仅是使老年人长寿，更重要的是老年人生命质量的提高。

3. 健康老龄化是要实现“以疾病为中心”向“以健康为中心”服务理念的转变，充分考虑到社会、经济和文化等方面对健康的影响。

4. 健康老龄化体现“全人”的理念。健康老龄化是与各个年龄段的人群及各行各业都有关系的一项全民保健的社会系统工程，需要全民长期不懈地努力才能逐步实现。

5. 健康老龄化需要用“全程”的观点来认识。人口老龄化是一个过程，老年人的健康状况是其从婴幼儿、青少年、成年到老年各阶段所有制约健康因素最综合、最集中和最终的表现，要从个体和群体增龄的过程中认识老年人群健康状况的前因后果、来龙去脉及发展趋势。健康老龄化是一项系统的、长期的健康工程，应历史地、全面地认识老年人的健康，它同每个人的每一个成长阶段都息息相关。

6. 健康老龄化是人类面对人口老龄化的挑战，是建立在科学认识老龄化问题的基础上提出的一项战略目标和战略决策。对我国而言，实现健康老龄化是实现健康中国战略的一个重要组成部分。

点燃思考

70 岁的张奶奶，高中学历，3 年前老伴去世后搬去女儿家，与双职工女儿、女婿及外孙女同住。因喜欢绘画，她常和邻居李奶奶看电视、听收音机、做家务，还去社区老年大学练习绘画。半年多以前，张奶奶渐感疲倦、体重骤减，检查后确诊肠癌，经全麻手术切除肿瘤，未发生转移。但术后听力下降，医生推测或因耳部小血管在麻醉时出现障碍所致。女儿和外孙女说话音调高，靠近她耳边时能听清，可女婿声音较低，说话时她便听不清，由此担心女婿嫌弃自己。听力问题使张奶奶不再去老年大学绘画班，减少了与同龄群体的交流。看电视也成了难题，需紧闭门窗放大音量，还因忘关门窗被邻居投诉有噪音，进而怀疑邻居故意为难她。在家无事可做的张奶奶愈发烦躁，夜里睡不好，常做噩梦。

请结合情境思考，张奶奶有什么活动需求？什么特点的活动适合张奶奶参加呢？

任务二　老年活动策划与组织初识

案例导入

李爷爷，72 岁，初中学历，汉族，山东济南人。李爷爷退休前是工人，平时喜欢下棋、遛鸟。3 年前体检时发现患有高血压，一直靠药物控制，但由于对高血压知识了解不足，日常生活中饮食和作息不规律，血压波动较大。他的子女工作繁忙，无法时刻关注他的健康状况，李爷爷独自居住，在血压管理方面存在诸多困难。在走访过程中了解到，李爷爷所在社区有不少患有高血压的老年人。《中国居民营养与慢性病状况报告（2020 年）》显示，我国 18 岁及以上居民高血压患病率为 27.5%，其中不同年龄段的高血压患病率分别为：18 ~ 44 岁 13.3%、45 ~ 59 岁 37.8%、60 岁及以上 59.2%。全国约有 2.45 亿成人患有高血压，但控制率仅为 16.8%。

根据案例，请思考：

1. 如何提高老年人对高血压的管理意识，使其主动参与血压管理？

2. 对于患有高血压的老年人，适合开展哪些活动来帮助他们更好地控制血压？这些活动又该如何策划与组织实施？

任务描述

1. 根据老年人高血压状况，并结合其生活习惯，策划具有明确目标的高血压健康管理活动方案。

2. 依据方案组织与实施活动。观察记录老年人的活动表现，根据实际调整活动内容。

相关知识

一、老年活动策划的概念

扫一扫

老年活动策划是指根据老年人的生理、心理特点及社会需求，通过科学的规划与设计，制订出一系列适合老年人参与的活动方案。其核心目标是通过丰富多样的活动形式，满足老年人的精神文化需求，促进其身心健康，增强社会参与感，提升生活质量。老年活动策划不仅包括活动内容的设计，还涉及资源的整合、人员的组织、场地的安排及效果的评估等多个环节，是一个系统性、综合性的过程。

老年活动策划的意义在于，它不仅是老年人生活质量提升的重要手段，也是社会养老服务体系建设的重要组成部分。通过精心策划的活动，老年人能够在参与中感受到自身的价值，增强自信心，延缓身心衰老，同时也有助于构建和谐的社会环境，推动老年友好型社会的发展。

二、老年活动策划的特点

老年活动策划通过精准把握老年人的需求、协同各方资源、依循实证研究、明确目标导向及突破传统模式，结合多种工具与方法，实现活动的有效设计与实施，为老年人提供高质量的服务体验。老年活动策划的特点见表 1-2-1。

表 1-2-1　老年活动策划的特点

核心要素	定义与核心	关键实施要点	工具与方法	案例参考
适用性	以老年人生理、心理特征为基础的需求响应机制	1. 开展老年综合能力评估 2. 建立分层需求模型（基础 / 发展 / 超越） 3. 设计适应性活动模块（强度分级 / 时长控制）	1. 老年用户画像技术 2. 适老化设计标准	日本“通心粉体操”（运动强度分级系统）
整体性	组织战略与老年服务的系统化协同	1. 制订战略协同矩阵（资源 – 需求匹配度） 2. 构建三方协作平台（机构 – 社区 – 家庭） 3. 建立动态调整机制	1. 平衡计分卡（Balanced Score Card，BSC） 2. 利益相关者分析矩阵	荷兰 Humanitas 养老院代际融合项目

续表

核心要素	定义与核心	关键实施要点	工具与方法	案例参考
科学性	基于实证研究的系统化决策体系	1. 实施 PESTEL 环境扫描 2. 构建动态监测指标体系 3. 建立 PDCA–E 循环改进机制	1. 德尔菲法 2. 系统动力学模型 3. 蒙特卡罗模拟	新加坡“乐龄智慧中心”AI 行为预测系统
目的性	目标导向的精准化活动管理	1. 设定 SMART 三级目标体系 2. 建立 OKR 执行框架 3. 开发数字化评估仪表盘	1. 逻辑框架法（logical framework approach，LFA） 2.Gantt–PERT 整合模型 3.BSC–KPI 系统	美国“银发健身房”会员留存率提升计划
创新性	突破传统模式的可持续价值创造	1. 开展设计思维工作坊 2. 构建四维创新矩阵（形式 / 内容 / 技术 / 模式） 3. 建立快速原型测试机制	1.TRIZ 矛盾矩阵 2. 蓝海战略画布 3. 用户体验地图	CCTV《养生堂》互动诊疗模式

三、常见的老年活动策划方法

在老年活动策划与组织中，以老年人需求为中心，注重活动的实用性和针对性。科学合理的策划方法是活动成功的关键。以下是几种常见的老年活动策划方法，适用于不同的活动目标和场景（图 1–2–1）。

（一）需求分析法

需求分析法是通过深入了解老年人的实际需求，设计符合其兴趣和能力的活动。适用于社区活动、养老机构日常活动等场景。

具体步骤：调研阶段通过问卷调查、访谈或座谈会等方式，收集老年人的兴趣爱好、身体状况及社会参与需求；分析阶段整理调研数据，明确老年人核心需求，如健康管理、社交互动、文化娱乐等；设计阶段根据需求分析结果，制订活动主题和内容，确保活动具有针对性和实用性。

（二）主题策划法

主题策划法是以某一特定主题为核心，围绕主题设计系列活动。主题鲜明，活动形式多样，易于吸引老年人参与。适用于节日庆典、健康教育活动、文化体验活动等场景。

具体步骤：根据老年人的兴趣或社会热点确定主题，选择具有吸引力的主题，如“健康养生月”“传统文化周”等；围绕主题设计多样化的活动形式，设计活动如讲座、手工制作、文艺表演等；结合主题需求整合资源，整合场地、人员、物资等，确保活动顺利进行。

（三）模块化策划法

模块化策划法是将活动内容分为多个独立模块，老年人可以根据自身兴趣选择参与，灵活性强，满足老年人的个性化需求。适用于老年大学、社区活动中心等长期活动项目等场景。

具体步骤：将活动内容划分为多个模块活动设计，如健康模块（健身操、养生讲座）、文化模块

（书法、绘画）、社交模块（茶话会、兴趣小组）等；老年人根据个人兴趣和时间安排自由选择参与特定模块；根据参与者的反馈灵活动态调整模块内容，提高活动吸引力。

（四）资源整合策划法

资源整合策划法是通过整合内、外部资源，设计低成本、高效能的活动。适用于资源有限的社区或机构等场景。

具体步骤：资源盘点，梳理现有资源，如场地、设备、志愿者等；积极与外部合作，如与社区、企业、公益组织等合作，获取更多资源支持；优化配置，设计符合老年人需求的活动，如联合义诊、公益讲座等。

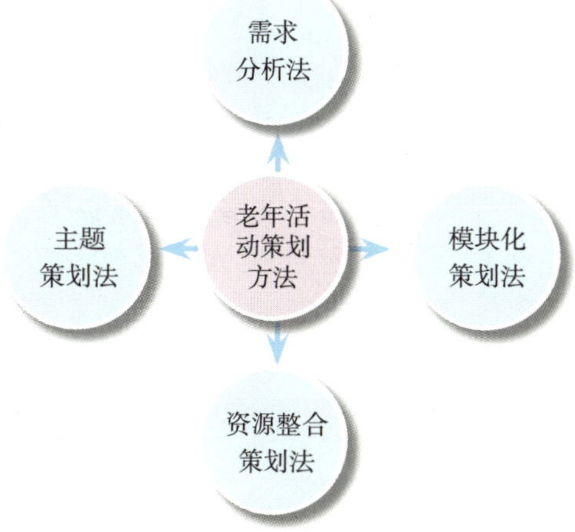

图 1-2-1　老年活动策划方法

四、老年活动策划的基本流程

老年活动策划的基本流程大致分为以下 6 个阶段。

1. 开展老年活动调研。充分考虑老年人的需求及问题、兴趣爱好；了解利益相关者（举办方、赞助者、媒体、观众等）的参与动机和目的。

2. 明确活动策划诸问题，如目标、主题、宗旨、规模、类型等。

3. 设计具体活动。按照实际操作的需要进行细节策划和设计，对活动的时间、地点、协办单位、赞助单位、主体内容、配套活动、邀请名单、参与者、组织人员分工、宣传计划、实施计划（财务、安全、接待）、现场布置、紧急事件处理、效果评价进行详尽考虑。

4. 撰写活动策划书。

5. 审查和批复活动。

6. 评估活动效果。活动策划组织者需要对活动的策划及实施从参与人数、图文征集数量、转发数量进行数据分析，通过活动满意度调查表分析活动结果，运用活动执行评估表梳理活动总结，回顾活动预设目标，评估是否达到预期结果。

五、老年活动策划方案的撰写内容

老年活动策划方案是对活动组织的预先规划，旨在达成特定目标。撰写时需遵循科学、系统、可行等原则，秉持科学创新理念，从老年人实际情况出发，兼顾主题、形式、人员协作与资源利用，注重参与性和互动性。理念是策划的灵魂，基于对老年人身心及传统文化的了解，以“以人为本”和“和谐理念”为核心。撰写前要调研分析，评估老年人需求，确定活动方式和内容，兼顾宏观调控与微观调节，确保活动顺利。老年活动策划方案的撰写内容见表 1-2-2。

表 1-2-2　老年活动策划方案的撰写内容

要素		说明	要求	示例	注意事项
1. 标题	主标题 + 副标题	主标题突出主题，副标题补充说明	主标题居中，字号较大；副标题在主标题下，用破折号连接，字体区分	《金秋送暖　重阳传情——×××社区重阳节文艺汇演》	避免副标题过长，保持整体视觉平衡
	基本部分 + 限定部分	基本部分描述活动类型，限定部分说明时间、范围等	基本部分在后，限定部分在前	《2023 年全国老年书画大赛策划方案》	限定部分需准确（如年份、地域）
	事由 + 文种	事由说明活动内容，文种标明活动性质	语言简洁，直接点明核心	《社区老年健康讲座活动策划方案》	避免模糊表述（如“活动方案”需具体化）
	组织主体 + 事由 + 文种	增加活动组织单位信息	组织主体列于标题开头	《××市“重阳敬老月”老年人文化节暨“健康伴我行”健身活动策划方案》	组织单位名称需完整准确
2. 背景		活动基本情况、动因、目标群体分析等	结合 SWOT 分析法，突出内、外部环境分析	背景需包含： – 老龄化现状数据 – 社区养老需求调研结果	数据需注明来源，环境分析避免主观臆断
3. 目的及意义		明确活动目标及社会价值	分点阐述，语言精练	目的： 1. 提升老年人社交参与率 30% 2. 普及健康知识覆盖率 90%	避免空泛表述（如“提高幸福感”需量化）
4. 主题		活动核心理念的凝练表达	简短有力，具备感染力	“守护银发，传递温暖” “绿色生活，健康同行”	避免使用生僻词汇，确保主题易于传播
5. 举办机构		主办、承办、协办等单位信息	按参与程度排序：主办→承办→协办→支持→赞助	主办单位：××市民政局 承办单位：××老年协会	需提前与各单位确认授权
6. 组织管理架构		组委会 / 筹委会设置及部门分工	明确领导职务与部门职责	组委会主任：××（主办单位领导） 后勤组：负责物资调配、场地布置	建议附组织结构图，注明联系方式
7. 目标受众		参与人群特征分析	结合年龄、健康状态、文化背景等细分	受众：65 ~ 75 岁社区老年人，具备基础行动能力，兴趣为书画、健身	需提前调研，避免预设偏差
8. 规模界定		影响力范围、场地面积、参与人数	量化预测	规模： – 影响力：全市范围 – 场地：500 m^2 礼堂 – 人数：200 人	预留 10% ~ 15% 弹性空间

续表

要素	说明	要求	示例	注意事项
9. 场地选址	活动地点选择标准	交通便利、安全标识清晰	地址：×× 社区文化中心（附交通路线图）	需实地考察，确保无障碍设施完善
10. 时间安排	活动起止时间及分项时间	精确到年、月、日、时，24 小时制	时间：2023 年 10 月 23 日 9：00—17：00 分项：健康讲座（14：00—15：30）	考虑老年人作息，避免晚间活动
11. 进度安排	活动流程、人员分工、时间节点	甘特图形式呈现，标注关键里程碑	附进度表： – 筹备期（1 ~ 2 周） – 宣传期（3 ~ 4 周）	总时间预留 10% 缓期，应对突发情况
12. 经费预算	活动收支明细	分项列支，注明来源与用途	预算： – 场地租赁：5 000 元 – 宣传物料：2 000 元	需附报价单，预留 5% 备用金
13. 宣传推广	传播渠道与策略	多平台覆盖，突出活动亮点	渠道： – 微信公众号推文 – 社区公告栏海报	宣传周期需持续至活动结束后 1 周
14. 风险评估	潜在风险类型及应对措施	按概率与影响分级处理	风险：天气突变（预案：备用室内场地）	需制订应急预案联系人清单
15. 落款	策划单位、策划人、完成时间	右对齐，注明完整信息	策划单位：×× 社工服务中心 策划人：张三 日期：2023 年 8 月 1 日	需单位盖章，策划人签名
16. 附件	支持性文件	编号排列，与正文对应	附件 1：场地平面图 附件 2：安全预案	附目录清单，确保文件完整

六、老年活动策划与组织原则

（一）科学原则

策划虽具艺术性，但必须以科学方法为基础，确保活动设计符合科学理论和方法。活动策划需依据老年人的生理和心理特点，运用科学的调研方法了解老年人的需求和兴趣，同时参考相关领域的研究成果，如老年学、心理学、社会学等，以确保活动的科学性和合理性。

（二）系统原则

策划应强调整体性，注重各部分之间的相互联系与影响，统筹安排策略，实现最优目标。活动策划需从整体出发，考虑活动的目标、内容、形式、时间、地点、人员等各个要素之间的相互关系，确保各部分协调一致，形成一个有机的整体，以达到最佳的活动效果。

（三）可行原则

活动设计需结合实际，考虑参与者的年龄、性别、体能等特点，确保内容具有吸引力和可操作性。活动策划需充分考虑老年人的实际情况，避免活动内容过于复杂或难度过高，确保老年人能够积极参与并从中受益。

（四）协调原则

策划需注重活动主题、形式、内容、地点及参与者之间的协调，确保活动目标与社会实际相符。活动策划需确保活动的主题明确、形式多样、内容丰富，同时要与老年人的兴趣和需求相匹配，与社会文化和价值观相契合。

（五）资源原则

充分利用现有资源，发掘新资源，设计符合老年人兴趣和需求的活动，特别关注特殊群体的需求。活动策划需充分挖掘社区、社会和家庭等各方面的资源，为老年人提供多样化的活动选择，同时要关注特殊群体的需求，确保活动的公平性和包容性。

（六）参与原则

活动应注重老年人的参与感，体现其价值，并让相关利益群体代表参与策划，充分听取意见。活动策划需充分尊重老年人的意愿，鼓励他们积极参与活动的策划和组织，同时要听取相关利益群体的意见和建议，确保活动能够满足各方的需求。

七、老年活动策划与组织的现场管理要求

（一）老年活动场地选择依据

适合做活动的场地很多，按场地的位置分有室内场地和露天场地；按场地的功能分有会议室、展览馆、活动中心、电影院、宴会厅、酒店、会所等。活动场地的选择是活动策划方案的重要内容之一，合适的场地对活动的成功举办具有非常重要的意义。

根据活动规模选择场地：参与活动的嘉宾数量是选择活动场地大小的第一个重要因素。主办单位应首先考虑参加活动的人数，根据人数选择适合的场地，避免场地过大造成浪费，也避免场地过小造成拥挤。

根据活动类型选择场地：举办不同主题活动的类型是选择场地的第二个重要因素。如老年活动可选择在固定的建筑物内举办，如会议室、展览馆、活动中心、电影院、宴会厅等。这种场地往往是永久性的、多功能的，经过装饰和调整可以举办不同类型的活动。

根据交通成本选择场地：参与活动嘉宾的交通方式是选择场地的第三个重要因素。如果是自己前来，场地一般选择在市内交通方便的地方，最好邻近环路或者地铁。如果是主办方统一安排车辆，场地一般选择在环境优美的地方，体现主办方的别出心裁。

根据费用预算选择场地：费用预算是选择场地的第四个重要因素。

根据提供的服务选择场地：服务是选择场地的第五个重要因素。老年人参加活动要考虑活动场地的照明强度、温度与湿度、卫生间设施、电梯等。对于出入口，要选择宽敞平坦、台阶少、有残疾人通道的场地；尤其是疏散通道、急救车辆的通行区一定要保持畅通无阻。

（二）老年活动场地选择的主要要求

活动场地的选择需从空间属性与功能定位两个维度进行考量。按空间属性可分为室内场所与露天场地，按功能类别则涵盖会议中心、展览场馆、文体活动中心、影剧院、宴会厅及星级酒店等多种类型。科学选址作为活动策划的核心环节，直接影响活动效果呈现与参与者体验，需系统考量多重要素。

1. 容量适配性

基于活动预期规模进行空间测算为首要考量。主办方需通过人员邀约统计建立容量模型，优先选择容纳量 20% 弹性区间的场地。建议采用“人均占地面积 = 基础功能面积 + 活动特性面积”的公式进行精准测算，既避免资源闲置浪费，又可规避空间局促引发的安全隐患。

基础功能面积是指无论进行何种活动都必须保证的、服务于老年人基本生理和安全需求的空间，它是活动空间的“基础设施”。活动特性面积是老年人实际进行某项特定活动时，完成该活动核心动作所需的人均最小净空间，这部分面积直接与活动内容相关。例如，假设一个 200 人的社区，基础功能面积为每人 0.8 m^2，舞蹈活动每人需 0.9 m^2，总需求就是（0.8+0.9）$m^2 \times 200=340$ m^2。

2. 功能匹配性

活动主题与场地功能的契合度是选址的关键指标。以老年群体活动为例，应优先选择基础设施完善的永久性建筑，如配备无障碍设施的会议中心或多功能厅。此类场地可通过模块化空间布局实现场景转换，满足文娱演出、健康讲座、社交活动等多样化需求。

3. 交通可达性

自主出行场景：选址半径 3 000 m 内应覆盖地铁站点或城市主干道，步行可达距离不超过 800 m，周边需配置充足停车位（建议车位数量不少于预估车辆的 1.2 倍）。

集体接驳场景：侧重环境品质与特色体验，可选择近郊生态园区或文化地标建筑，接驳路线应避开交通高峰路段，单程耗时控制在 45 分钟以内。

（三）老年活动的场地布置

1. 剧院礼堂式

剧院礼堂式以主席台为核心区域，采用阶梯式观众席排列方式，中央通道保持通行宽度（图 1–2–2）。该布局特别适合较大规模的典礼及政策宣讲活动等，其阶梯结构确保后排观众视线不受阻挡。需注意配备可折叠书写板或定制座椅收纳袋，以解决传统剧院式布局缺乏桌面系统的缺陷。

图 1–2–2　剧院礼堂式

2. 教室式

教室式模拟现代智慧教室格局，配置书写桌与座椅，前区设置投影屏幕或白板，接着是主席台，主席台后面有桌子和椅子，中间留有走道，方便深入观众席进行实时互动（图 1–2–3）。适用于新闻发布会、研讨会及讲座等。

图 1–2–3　教室式

3. 宴会式

宴会式这种开放型布局通过环形设计促进非正式交流，特别适合敬老宴、答谢会等需要营造氛围的场合（图 1–2–4）。

图 1–2–4　宴会式

图 1–2–5 长方形式

4. 长方形式

将桌子围成长方形，中空，围上桌布，中间放置一些绿色植物，桌子外面摆放椅子（图 1–2–5）。前方放置投影，并设置主持人位置，在每个座位前面的桌子上放置麦克风，以方便不同位置的参会者发言。此模式容纳人数较少，适用于小型的学术研讨会、座谈会、茶话会等。

5. 体育馆式

大多数的赛事采取体育馆式布置形式，座位设置在赛场四周，这种布置能提高观众对比赛的参与度（图 1–2–6）。

图 1–2–6 体育馆式

6. “T” 形台式

“T” 形台式即主席台向观众区延伸，三面被观众席所包围，能拉近表演者和观众的距离，便于欣赏（图 1–2–7）。如老年时装秀可采取这种布置形式。

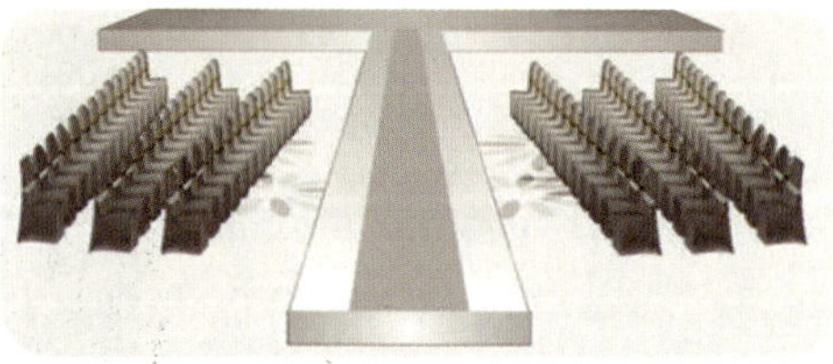

图 1–2–7 “T” 形台式

7. “U” 形式

桌子按 “U” 形摆放，椅子摆在桌子外面，中间放置绿色植物（图 1–2–8）。这种形式可以把观众和组织者连在一起，感觉更自然随意，如茶话会。

图 1–2–8 “U” 形式

（四）老年活动时间规划

在策划老年活动时，需对活动的持续时间进行科学估算，以确保活动安排合理且不影响老年人的日常生活。活动时间的估算需基于现有条件，并结合老年人的身体状况和活动内容进行综合考量。常用的估算方法是类比法（又称 “经验比较法”），即由活动负责人或具有丰富组织经验的人员，参考以往类似活动的实际时间进行推测。这种方法简单有效，能够为活动的时间安排提供可靠依据。要结合该次活动的类型、老年人的作息习惯等因素确定时间段。

若时间估算不准确，可能导致活动超时，影响老年人的正常作息，甚至降低活动效果。因此，活动时间一般应控制在 1.5 小时以内，不超过 2 小时为宜。若活动时间较长，需安排适当的休息时间，以避免老年人感到疲劳。例如，某次老年麻将比赛因未准确估算每局时间，导致活动拖延至食堂开饭时间，最终不得不仓促结束，影响了活动体验。

活动举例

一、活动参与对象评估

通过与老年人深入交流、资料收集，社区具体情况如下（表 1–2–3）。

表 1–2–3 老年认知活动参与对象评估

统计分类	具体项目	数据分布 / 功能状态	典型案例 / 活动建议
1. 参与者概况	性别	男性：22 人（44%） 女性：28 人（56%）	—
	年龄分布	60 ～ 70 岁：18 人（36%） 71 ～ 80 岁：25 人（50%） 81 岁及以上：7 人（14%）	高龄老年人需重点关注
	文化程度	中专及以上：15 人（30%） 高中：20 人（40%） 初中及以下：15 人（30%）	示例：中专（幼儿园教师背景）
	退休前职业	教师：12 人（24%） 技术人员：10 人（20%） 工人：18 人（36%） 其他：10 人（20%）	职业背景与活动设计关联性分析
	兴趣爱好	唱歌：28 人（56%） 阅读：35 人（70%） 手工：15 人（30%） 健身：20 人（40%）	活动设计参考兴趣分布
2. 认知功能评估	记忆力	正常：5 人（10%） 轻度减退：30 人（60%） 明显减退：15 人（30%）	多数老年人近期事件记忆模糊，但对早年经历清晰（例：忘记前一天晚餐内容，能描述年轻时的工作细节）
	注意力	正常：8 人（16%） 轻度减退：25 人（50%） 明显涣散：17 人（34%）	访谈中 40% 老年人易被环境干扰（例：评估中多次询问“刚才说到哪里了？”）
	思维能力	正常：10 人（20%） 轻度迟缓：28 人（56%） 明显迟缓：12 人（24%）	65% 老年人解答逻辑问题需较长时间（例：无法完成“按颜色和形状分类卡片”任务）
	计算能力	简单计算正常：35 人（70%） 复杂运算困难：15 人（30%）	仅 12 人（24%）能完成“100–7 连续递减 5 次”
	语言能力	表达流畅：40 人（80%） 偶有词汇障碍：10 人（20%）	例：描述“水杯”时短暂停顿，经提示后准确表达
	定向力	时间定向障碍：42 人（84%） 地点 / 人物定向正常：50 人（100%）	所有老年人均能辨识家人和回家路线，仅 8 人（16%）能准确说出当前日期

续表

统计分类	具体项目	数据分布 / 功能状态	典型案例 / 活动建议
3. 健康与适应性	高血压控制情况	稳定：35 人（70%） 波动：10 人（20%） 未规律服药：5 人（10%）	建议：避免剧烈运动，设置血压监测环节；为血压波动者安排座位时靠近医护人员
	疲劳耐受度	可坚持 1 小时：25 人（50%） 需间歇休息：20 人（40%） 易疲劳：5 人（10%）	建议：分 3 阶段进行活动，每 20 分钟休息 5 分钟（提供茶点、放松音乐）
	特殊需求	需定时服药：12 人（24%） 需陪同：8 人（16%） 助行器辅助：5 人（10%）	建议：安排志愿者一对一协助用药提醒和行动支持，设置无障碍通道
4. 总体建议	记忆力与注意力	—	设计短时任务（≤ 15 分钟），如记忆卡片配对、小组问答
	定向力障碍	—	设置显眼时钟，每个环节前口头强调时间（如“现在是上午 10 点，开始手工环节”）
	兴趣适配	—	阅读爱好者（70%）：健康知识问答；唱歌爱好者（56%）：怀旧歌曲接龙
	安全管理	—	为 10 名血压波动者佩戴便携式血压仪；配备 2 名医护人员、急救箱、轮椅
	个体化支持	—	定向力严重障碍者（5 人）：志愿者全程陪同；复杂计算困难者（3 人）：提供计算器

二、活动策划方案

根据社区内调研情况，结合老年人的个人特质，为社区内高血压老年人做如下活动方案。

“扬着高帆起航”高血压老年人活动方案

活动背景

随着我国老龄化进程的加快，老年人口比例逐年上升，高血压已成为威胁老年人健康的主要慢性疾病之一。据统计，我国 60 岁以上老年人的高血压患病率超过 50%，且呈现持续增长趋势。高血压不仅严重影响老年人的生活质量，还可能导致心脑血管疾病等并发症，给家庭和社会带来沉重的负担。因此，特制订此老年认知活动计划，为老年人搭建一个交流健康经验的平台，促进社区健康服务的完善，为老年人健康生活保驾护航。

活动目的

1. 帮助老年人了解高血压疾病及保健知识，形成健康的生活方式。

2. 缓解老年人因疾病带来的心理压力，共同解决遇到的问题。

3. 增加高血压老年人之间的沟通与交流，促进老年人的社会参与。

活动内容

1. 健康知识普及活动

（1）高血压防治讲座：邀请专业医生或健康专家，为老年人讲解高血压的成因、危害及日常管理方法，帮助老年人掌握科学的健康知识。

（2）健康问答竞赛：设计高血压相关的健康知识问答，以小组竞赛的形式进行，激发老年人的参与热情，巩固健康知识。

2. 身体活动

（1）轻量运动训练：设计适合高血压老年人的低强度运动，如太极拳、八段锦、散步等，帮助老年人增强体质，促进血液循环。

（2）手指操与放松训练：通过简单的手指操和放松训练，帮助老年人缓解压力，改善身体协调性。

3. 认知与记忆活动

（1）健康日记记录：鼓励老年人每天记录血压值、饮食情况及身体感受，帮助老年人养成自我监测的习惯，同时锻炼记忆力。

（2）健康食谱分享：让老年人分享自己的健康食谱或饮食心得，促进交流，同时加深对健康饮食的理解。

4. 社交与娱乐活动

（1）健康主题茶话会：组织老年人围绕健康话题进行交流，分享生活中的健康小妙招，增进彼此的情感联系。

（2）音乐疗法与歌唱活动：通过播放舒缓音乐或组织老年人合唱，帮助老年人放松心情，缓解压力。

5. 定向与思维活动

（1）健康迷宫游戏：设计以健康知识为主题的迷宫游戏，让老年人在游戏中学习健康知识，同时锻炼定向能力。

（2）情景模拟与问题解决：设计与日常生活相关的情景问题（如突发血压升高时的应对措施），让老年人讨论并提出解决方案，提升逻辑思维能力。

活动时间及计划

1. 第一阶段活动计划

周一至周五，每天 9：30—10：00，每周 4 ～ 5 次，持续 2 周时间，具体安排如下（表 1-2-4）。

表 1-2-4　老年认知活动第一阶段计划

时间	周一	周二	周三	周四	周五	周六、周日
活动项目	1. 身体活动 2. 健康知识普及活动（记录当天日期）	1. 认知与记忆活动 2. 健康知识普及活动（记录当天日期）	—	1. 社交与娱乐活动 2. 健康知识普及活动（记录当天日期）	1. 定向与思维活动 2. 健康知识普及活动（记录当天日期）	—

2. 第二阶段活动计划

周一至周五，每天 9：00—9：30，每周 2 ~ 3 次，每 2 周 1 个循环，持续 8 周时间，具体安排如下（表 1-2-5）。

表 1-2-5　老年认知活动第二阶段计划

时间	周一	周二	周三	周四	周五	周六、周日
单周活动项目	1. 身体活动 2. 健康知识普及活动（记录当天日期）	—	—	1. 定向与思维活动 2. 健康知识普及活动（记录当天日期）	—	—
双周活动项目	—	1. 认知与记忆活动 2. 健康知识普及活动（记录当天日期）	—	—	1. 社交与娱乐活动 2. 健康知识普及活动（记录当天日期）	—

若老年人的家人周末有时间陪伴，可以将某一项活动安排在周末，来自家人的情感支持更有利于活动效果。

活动地点

社区活动中心。

参加人员

社区内患有高血压疾病的老年人、活动工作者，可邀请老年人的家人。

活动流程

1. 活动前

（1）需求调研与评估：

①与老年人及其家属沟通，了解老年人的健康状况、兴趣爱好及参与活动的意愿。

②与照护人员沟通，获取老年人的照护级别、身体活动能力、认知功能、精神行为状况及社会支持系统等信息。

③对老年人进行基础健康评估，包括血压监测、日常用药情况及生活习惯等，确保活动设计符合老年人的健康需求。

（2）活动准备：

①根据调研结果，制订详细的活动计划，明确活动目标、内容及时间安排。

②准备活动所需物资，如健康知识卡片、血压监测记录表、运动器材、音乐播放设备等。

③邀请专业医生或健康专家参与活动设计，确保活动的科学性和专业性。

2. 活动中

（1）第一、二周：健康知识普及与初步体验。开展高血压防治讲座，向老年人普及高血压的基本知识及日常管理方法。组织轻量运动训练（如太极拳、八段锦）和手指操，帮助老年人初步体验活动的乐趣。通过健康问答竞赛和健康日记记录活动，激发老年人的参与热情，培养自我监测习惯。

（2）第三至八周：多样化活动实施与动态调整。按计划开展多样化的活动，包括健康主题茶话会、音乐疗法、健康迷宫游戏等，丰富老年人的活动体验。观察并记录老年人在活动中的表现，重点关注其血压变化、参与积极性及身心状态。根据老年人的反馈和表现，动态调整活动内容和强度，确保活动的安全性和有效性。

3. 活动后

（1）活动总结与效果评估：

①整理老年人在每次活动中的表现记录，包括血压数据、参与情况及身心状态变化。

②对活动效果进行评估，分析活动对老年人健康管理的实际影响，总结成功经验和改进方向。

③撰写活动总结报告，向老年人及家属反馈活动成果，并提出后续健康管理建议。

（2）后续跟进与支持：

①为老年人制订个性化的健康管理计划，帮助其巩固活动成果。

②定期回访老年人，了解其健康状况及活动后的生活变化，提供持续的健康支持。

③建立老年人健康档案，记录其长期健康数据，为后续活动设计提供参考。

物品使用及支出费用

1. 活动前准备

活动前物品使用及支出费用见表 1-2-6。

表 1-2-6　活动前物品使用及支出费用

物品及人员名称	数量	费用 / 元	用途说明
健康知识宣传手册	50 份	200	用于高血压防治讲座及健康知识普及
血压监测记录表	50 份	50	用于老年人日常血压记录及活动中的健康监测
活动报名表	50 份	50	用于老年人报名参与活动
健康评估问卷	50 份	100	用于活动前的老年人健康状况评估
活动宣传海报	5 张	150	用于活动宣传及通知
活动物资采购清单	1 份	10	用于活动物资采购及管理
医疗专家志愿者	3 人	0	用于健康讲座
合计		560	

2. 活动中使用

活动中物品使用及支出费用见表 1–2–7。

表 1-2-7　活动中物品使用及支出费用

物品名称	数量	费用 / 元	用途说明
血压计	2 台	600	用于活动中血压监测
运动器材（太极扇等）	20 套	800	用于轻量运动训练
健康知识卡片	50 套	200	用于健康问答竞赛及认知训练
音乐播放设备	1 套	300	用于音乐疗法及活动背景音乐
白板及白板笔	1 套	100	用于健康讲座及活动讲解
茶话会茶点	50 份	500	用于健康主题茶话会
活动奖品（小礼品）	20 份	300	用于健康问答竞赛及活动总结表彰
活动记录本	5 本	50	用于记录老年人在活动中的表现及反馈
合计		2 850	

3. 活动后总结

活动后物品使用及支出费用见表 1–2–8。

表 1-2-8　活动后物品使用及支出费用

物品名称	数量	费用 / 元	用途说明
活动总结报告模板	10 份	50	用于活动总结报告的撰写
健康档案文件夹	50 个	200	用于建立老年人健康档案
回访记录表	50 份	100	用于活动后的老年人回访及健康跟进
合计		350	

安全管理

1. 活动过程中要关注老年人的身体状况和情绪变化，如有老年人感到不适或疲劳，应及时安排休息或提供医疗帮助。

2. 活动场地地面要防滑，保持清洁干燥，避免积水或杂物。

3. 活动场地内桌椅等家具没有尖锐边角，且摆放稳固。环境安静，光线充足。

活动评价

1. 过程评价

每次活动后，活动工作者可观察、记录老年人在活动中的高血压健康保健能力的提升，分析活动对老年人健康管理的实际影响，以及老年人对活动的接受程度和反馈情况。

2. 效果评价

整个活动后，通过与老年人及家人沟通，以及监测老年人血压变化情况，通过评估—计划—实施—评价—改进的动态循环，不断修订和完善老年人高血压活动方案。

三、活动操作技能

以上述方案中的“健康知识问答竞赛”为例，详细展示活动操作技能（表 1-2-9）。

表 1-2-9　高血压健康知识问答竞赛活动操作技能

<table>
<tr><td>活动名称</td><td colspan="2">高血压健康知识问答竞赛</td></tr>
<tr><td>使用物品及数量</td><td colspan="2">1 张桌子、2 把椅子、1 块白板、1 支白板笔、50 张健康知识卡片、20 份小礼品</td></tr>
<tr><td>场地要求</td><td colspan="2">环境安静、光线充足、适合开展活动的房间，桌椅摆放整齐，便于老年人参与和互动</td></tr>
<tr><td rowspan="5">具体操作过程</td><td>接送及活动前期
（5 分钟）</td><td>老年人到达活动房间后，活动工作者引导其入座，并发放健康知识卡片；活动工作者在白板上书写活动主题——“高血压健康知识问答竞赛”，并简要介绍活动规则</td></tr>
<tr><td>活动导引部分
（3 分钟）</td><td>活动工作者向老年人说明活动规则，每次出示 1 张健康知识卡片，老年人举手抢答，答对者获得 1 分，最终根据积分排名发放小礼品；强调活动以趣味为主，鼓励老年人积极参与</td></tr>
<tr><td>活动核心技能部分
（20 分钟）</td><td>1. 活动工作者出示第一张健康知识卡片，提问：“高血压的标准值是多少？”老年人举手抢答，活动工作者记录得分</td></tr>
<tr><td>活动核心技能部分
（20 分钟）</td><td>2. 活动工作者出示第二张卡片，提问：“日常生活中，哪些食物有助于控制血压？”老年人抢答，活动工作者记录得分

3. 活动工作者出示第三张卡片，提问：“高血压患者应避免哪些不良生活习惯？”老年人抢答，活动工作者记录得分

4. 根据老年人的参与情况，逐步增加问题难度，如“高血压患者如何进行日常血压监测？”</td></tr>
<tr><td>总结部分
（2 分钟）</td><td>1. 活动工作者统计得分，宣布获奖名单，并发放小礼品
2. 对老年人的积极参与给予肯定，告知下次活动的时间和地点</td></tr>
<tr><td>注意事项</td><td colspan="2">1. 问题难度应根据老年人的认知水平逐步调整，避免过于复杂
2. 鼓励所有老年人参与，即使答错也给予积极反馈，避免挫败感
3. 活动过程中注意老年人的情绪变化，确保氛围轻松愉快</td></tr>
</table>

【练习题】

一、单项选择题（在每小题给出的四个选项中，只有一项是符合题目要求的，请将所选答案的字母填写在括号内）

1. 老年活动策划的核心目标不包括以下哪一项？（　　）

A. 促进老年人身心健康　　B. 提高企业短期利润

C. 增强社会参与感　　D. 提升生活质量

答案：B

解析：老年活动策划的核心目标是满足老年人的精神文化需求，促进其身心健康和社会参与感，而非以营利为目的。

2. 以下哪种策划方法强调老年人根据兴趣选择独立模块参与？（　　）

A. 需求分析法　　B. 主题策划法

C. 模块化策划法　　D. 资源整合策划法

答案：C

解析：模块化策划法将活动分为多个独立模块（如健康、文化、社交模块），老年人可自由选择参与，灵活性高。

3. 活动策划方案中“SWOT 分析法”主要用于评估什么？（　　）

A. 活动预算　　B. 活动背景中的环境特征

C. 活动宣传效果　　D. 活动奖项设置

答案：B

解析：SWOT 分析法用于评估活动背景中的内部优势（strengths）与劣势（weaknesses）和外部机遇（opportunities）与威胁（threats）。

二、判断题（正确的请在答题括号中画✓，错误的画 ×）

1. 老年活动策划的时间应尽量控制在 3 小时以内，无须安排休息。（　　）

答案：×

解析：活动时间一般应控制在 1.5 小时以内，若超过需安排休息，避免老年人疲劳。

2. 协调原则要求老年活动主题与主办机构意愿一致，但无须考虑活动形式与地点的协调。（　　）

答案：×

解析：协调原则需关注活动主题、形式、内容、地点及参与者等多方面的协调性。

3. 体验式策划法主要通过理论讲解提升老年人的参与感。（　　）

答案：×

解析：体验式策划法通过沉浸式场景设计和多感官刺激（如视觉、听觉）增强参与体验，而非依赖理论讲解。

三、论述题

●请简述老年活动策划程序的基本思路？

1. 开展老年活动调研。充分考虑老年人的需求及问题、兴趣爱好；了解利益相关者（举办方、赞助者、媒体、观众等）的参与动机和目的。

2. 明确活动策划诸问题，如目标、主题、宗旨、规模、类型等。

3. 设计具体活动。按照实际操作的需要进行细节策划和设计，对活动的时间、地点、协办单位、赞助单位、主体内容、配套活动、邀请名单、参与者、组织人员分工、宣传计划、实施计划（财务、安全、接待）、现场布置、紧急事件处理、效果评价进行详尽考虑。

4. 撰写活动策划书。

5. 审查和批复活动。

6. 评估活动效果。活动策划组织者需要对活动的策划及实施从参与人数、图文征集数量、转发数量进行数据分析，通过活动满意度调查表分析活动结果，运用活动执行评估表梳理活动总结，回顾活动预设目标，评估是否达到预期结果。

●作为老年活动策划组织者，如果老年人在活动中发生了冲突，你该如何处理?

1. 保持冷静和专业态度

（1）控制情绪：首先，自己要保持冷静，不能被冲突双方的情绪所影响。因为活动组织者的慌乱可能会加剧冲突的紧张氛围，让双方更加激动。

（2）明确身份和立场：清楚地表明自己是活动组织者的身份，让冲突双方知道你是来解决问题的，而不是参与争吵的。可以简单地说“大家先冷静一下，我是这次活动的组织者，我们来好好解决这个问题”。

2. 隔离冲突双方

（1）物理隔离：如果冲突比较激烈，比如双方有肢体动作或者面对面大声争吵，要尽快将他们分开。可以请其他工作人员或者身体条件较好的志愿者协助，避免冲突升级到肢体冲突。

（2）情绪隔离：避免让冲突双方在情绪激动的状态下继续交流。可以分别和他们单独谈话，让他们先冷静下来。在谈话过程中，不要让他们互相听到对方的抱怨或者指责，以免情绪再次被激发。

3. 了解冲突原因

（1）分别询问：分别听取冲突双方的陈述。在询问过程中要保持中立，不要打断他们，让他们充分表达自己的想法和感受。可以使用开放式问题，如“您能详细说说刚才发生了什么吗？”“您觉得对方的哪些行为让您感到不舒服？”通过这种方式，能够更全面地了解冲突的起因，可能是由于活动安排不合理（比如座位安排、活动顺序等），也可能是因为双方性格不合或者之前的矛盾积累。

（2）观察现场情况：回顾冲突发生时的现场情况，查看是否有其他旁观者或者监控设备可以提供线索。如果是在游戏活动中发生冲突，了解游戏规则是否被正确执行，是否有误解导致的矛盾。

4. 解决问题

（1）针对原因采取措施：如果是因为活动安排问题，比如活动环节时间安排不合理导致老年人着急，那么及时调整活动安排，向老年人解释清楚调整的原因。如果是因为老年人之间的误解，比如一方认为另一方占用了自己的座位，那么可以向双方澄清事实，说明座位安排的初衷，消除误解。

（2）引导和解：在双方冷静下来并且问题得到初步解决后，可以尝试让他们和解。可以采用一些温和的方式，比如让双方互相道歉，或者一起完成一个小任务，增进彼此的互动和理解。

5. 后续跟进

（1）关注情绪变化：在活动后续过程中，持续关注冲突双方的情绪变化。如果发现他们又有不愉快的迹象，及时进行沟通和调解。

（2）总结经验教训：活动结束后，对这次冲突事件进行总结。分析活动安排中是否存在漏洞，比如在活动规则制订上是否足够清晰，座位安排是否考虑到老年人之间的关系等因素。在以后的活动中，尽量避免类似冲突的发生。

拓展阅读

SMART 分析法

SMART 分析法是 1954 年管理学家彼得·德鲁克在《管理的实践》一书中提到的。SMART 分析法是从明确性（specific）、可衡量性（measurable）、可达成性（attainable）、相关性（realistic）和时限性（time-based）5 个方面对目标进行设定的方法。

明确性是指目标要切中特定的工作指标，不能笼统。只有用明确具体的语言，清楚地说明要达到的效果，才是一个恰当的目标。

可衡量性是指目标是可以被数量化或行为化的，且验证目标是否实现的数据或信息是可以获得的。

可达成性是指目标的设定应该从实际出发，是在付出努力的情况下可以实现的，应避免设立过高或过低的目标。

相关性是指实现此目标与其他目标的关联情况。如果实现这个目标与其他目标完全不相关，或者相关度很低，那么这个目标即使被达到了，意义也不是很大。

时限性是指目标设置要具有时间限制，要根据工作任务的权重、事情的轻重缓急，拟定完成目标的时间要求，并定期检查目标的完成进度，及时掌握变化情况，以便进行调整。

WBS 分解法

WBS 分解法是在 SMART 分析法的基础上进行目标规划的。W（work）——经过 SMART 法设定的、清晰明确的目标；B（breakdown）——将目标分解为有明确定义的“可交付成果”，任务分类 + 分解 = 底层任务单元；S（structure）——识别任务元素的层级关系和种类、结构化编码、系统安排时间。

点燃思考

65 岁的李奶奶是山东人，退休后，她上课、跳舞、旅游，生活充实又轻松。4 年前，大学毕业后留宁工作的独生女儿生了孩子。李奶奶就时常来宁小住，和亲家母轮流带孩子。白天天气好的时候，李奶奶经常带着小外孙到小区楼下散步或找小区邻居闲聊，因为年纪相仿，大家聚在一起交流分享育儿经验，时不时拉家常。李奶奶的女儿、女婿白天上班，晚上有应酬，经常很晚才回家，李奶奶在家做了一桌饭菜，没人一起陪着吃饭。她的日常社交仅限于小区内，自己喜爱的广场舞没办法参加，也不敢带孩子随意出去。李奶奶把自己内心的想法和小区里同样异地过来带孩子的爷爷奶奶分享，大家也都有同样的焦虑。去年，小外孙上了幼儿园，李奶奶原以为终于可以喘口气回家歇息一段时间了，结果女儿又怀上了二胎，并想让李奶奶接着带。李奶奶本来就倍感压力，她的女儿却说："老年人带孩子陋习太多，对孩子也比较宠溺，任由孩子整天看电视、玩电脑，还无限制地给孩子买零食，惯得孩子一身毛病，说了还不听。"知道女儿看不惯但又离不开自己，李奶奶在 2 个月里暴瘦了 10 斤，以致患上了抑郁症。

如果你是该社区的工作人员，为缓解李奶奶这一类老年群体的压力，你会为他们策划什么类型的活动？如何策划？

项目二
老年教育活动策划与组织

学习目标

素养目标

1. 提升团队合作素养。
2. 培养终身学习的意识。

知识目标

1. 了解老年教育活动的基本概念。
2. 熟悉老年群体的特点与需求。
3. 掌握老年教育活动的功能、种类及活动实施工作的准备内容与要求。
4. 熟悉老年教育活动的智慧技术手段、适老化设施、产品等。

能力目标

1. 能够撰写老年教育活动策划方案。
2. 能够根据策划方案组织、实施老年教育活动。
3. 具备分析老年教育活动现状和发展趋势的能力。

知识导读

- 老年教育活动策划与组织
  - 老年健康教育活动策划与组织
    - 老年健康教育活动的基本概念与相关理论
    - 老年人身心功能特点与健康需求
    - 老年健康教育活动的功能及类型
    - 老年健康教育活动策划
    - 老年健康教育活动组织与实施
  - 老年智慧生活教育活动策划与组织
    - 老年智慧生活教育活动的基本概念
    - 老年智慧生活教育活动的分类及功能
    - 老年智慧生活教育活动的作用
    - 老年智慧生活教育活动策划
    - 老年智慧生活教育活动组织与实施

任务一　老年健康教育活动策划与组织

案例导入

李爷爷，70 岁，中专学历，汉族，山东人，家住和平社区，患有高血压、糖尿病、肥胖等疾病，喜欢喝酒、吃咸食，不喜欢运动。近 1 年来，李爷爷感到体力下降，记忆力也有所减退，尤其是对近期发生的事情容易遗忘，参与活动的积极性明显降低，常常感到孤独和焦虑。家人担心他的健康状况，决定带他参加社区的老年健康教育活动，以帮助他保持身心健康。

根据案例，请思考：

1. 如何通过健康教育活动激发李爷爷的兴趣，帮助他调整日常的不良饮食习惯？

2. 对于李爷爷这类有高血压等慢性疾病的老年人，适合策划哪些类型的健康教育活动？如何有效组织与实施这些活动？

任务描述

1. 根据李爷爷的健康状况，策划一个以健康饮食为主题的老年健康教育活动方案，明确活动的目标和预期效果。

2. 依据方案组织与实施活动，观察李爷爷在活动中的表现，记录他的参与度和情绪变化，并根据实际情况调整活动内容和形式，以确保活动的有效性和趣味性。

相关知识

一、老年健康教育活动的基本概念与相关理论

扫一扫

（一）老年健康教育活动的概念

老年健康教育活动是指针对老年群体，通过系统化、科学化的教育手段，传播健康知识、提升健康意识、培养健康行为，从而促进老年人身心健康、提高其生活质量的一种社会性活动。其核心目标是通过知识普及、技能培训和心理支持，帮助老年人掌握疾病预防、健康管理、合理用药、营养膳食、运动锻炼等方面的知识与技能，增强自我保健能力，延缓衰老进程，预防慢性疾病的发生与发展。

（二）老年健康教育活动的基本理论

健康教育作为促进老年人健康的重要实践路径，其理论基础构建于多学科交叉的认知框架之上。以下为老年健康教育活动的常用基本理论（表 2–1–1）。

表 2-1-1　老年健康教育活动的常用基本理论

理论名称	核心观点	应用措施
社会学习理论	人的行为是内部过程和外界影响相互作用的结果；人有使用符号的非凡能力，能借此表现外界事物和分析自己的经验；人能积极地接受外界刺激，对其进行选择、组织和转换，调节自己的行为；人的思想、感情和行为既受直接经验的影响，也受观察的影响，人能通过观察别人表现的行为及其后果而产生替代性学习，也称“观察学习”	邀请健康老年人分享经验，展示积极效果；提供积极反馈和鼓励；利用视频或图片示范健康行为
社会支持理论	个人所处的社会环境中的社会关系网络对于其生活质量、心理健康及社会适应具有至关重要的作用。这一理论认为每个人都是社会网络的一部分，其社会功能和情感支持在很高程度上依赖于这些网络。因此，研究社会问题不能忽视个体与社会网络的联系	组织小组活动、社区互助（如兴趣小组）；开展健康教育，鼓励家属参与；建立老年人互助支持平台
健康老龄化理论	该理论包括老年人个体健康，老年人生理和心理健康，以及良好的社会适应能力；老年群体的整体健康，健康预期寿命的延长及与社会整体相协调；人文环境健康，人口老龄化社会的社会氛围良好与发展持续、有序、合规律。健康老龄化，一方面是指老年人个体和群体的健康，另一方面是指老年人生活在一个良好的社会环境中	提供健康筛查（如血压及血糖检测）；开展功能性训练；组织生活技能提升活动

二、老年人身心功能特点与健康需求

（一）老年人身心功能特点

1. 生理功能衰退

随着年龄的增长，老年人身体各器官功能逐渐衰退。心血管系统方面，心脏收缩能力减弱，血管弹性下降，导致血压升高，患心血管疾病如冠心病、高血压的风险增加。呼吸系统方面，肺功能降低，肺活量减少，呼吸肌力量变弱，使得老年人容易出现气短、咳嗽等症状，且对呼吸道感染的抵抗力下降。骨骼肌肉系统方面，骨质流失加速，骨质疏松问题频发，肌肉量减少，肌力减弱，关节软骨磨损，进而容易引发骨折、关节疼痛与活动受限等情况，影响日常活动能力。

2. 多种慢性疾病并发

老年人常同时患有多种慢性疾病，即共病现象。常见的慢性疾病包括糖尿病、高血压、高脂血症、关节炎、慢性阻塞性肺疾病等。这些疾病相互影响，增加了治疗的复杂性和难度。例如，糖尿病患者更容易出现心血管疾病，高血压患者可能同时患有肾脏疾病，使得病情的监测和管理变得更为棘手，需要综合考虑多种疾病的治疗方案，避免药物相互作用等问题。

3. 免疫系统功能下降

老年人的免疫系统功能逐渐衰退，免疫细胞的活性和数量减少，导致身体对病原体的抵抗力降低。这使得老年人更容易受到病毒、细菌等的侵袭，感染性疾病的发病率明显上升，如流感、肺炎等。而且感染后恢复时间长，病情容易加重，甚至可能引发严重的并发症，威胁生命健康。同时，免疫系统对肿瘤细胞的监视和清除能力也减弱，患癌症的风险有所增加。

4. 感官功能减退

老年人的视觉、听觉、味觉、嗅觉和触觉等感官功能均会出现不同程度的减退。视力方面，常见的有老视（老花眼）、白内障、青光眼等，影响阅读、识别物体和出行安全。听力下降导致交流困难，易使老年人产生孤独感，甚至认知功能下降。味觉和嗅觉的减退，使老年人对食物的感知能力降低，影响食欲和营养摄入。触觉敏感度降低，使得他们对温度、疼痛等感觉不敏锐，容易发生烫伤、冻伤或意外受伤。

5. 心理与认知变化

在心理方面，老年人可能面临退休、亲友离世等生活事件，容易产生孤独、抑郁、焦虑等负面情绪。长期的负面情绪会影响身心健康，降低生活质量。认知功能上，部分老年人会出现记忆力减退、注意力不集中、思维迟缓等现象，严重的可能发展为认知障碍，如阿尔茨海默病。认知功能的下降不仅影响老年人的日常生活自理能力，也给家庭和社会带来沉重的负担。

6. 恢复能力减弱

由于身体功能衰退，老年人受伤或患病后的恢复能力明显减弱。无论是骨折后的骨骼愈合，还是手术后身体功能的恢复，都需要更长时间。而且在恢复过程中容易出现各种并发症，如长期卧床导致的肺部感染、深静脉血栓等。这就要求在治疗和护理过程中要更加注重康复训练和预防并发症的措施，以促进老年人身体功能的恢复。

（二）老年人健康需求

1. 医疗保健需求

老年人希望能够便捷地获取基本医疗服务，包括定期体检、疾病诊断与治疗、慢性疾病管理等。例如，方便的社区医疗服务能够让老年人就近看病、取药，及时了解自身健康状况。对康复护理的需求也日益增加，如骨折后的康复训练、脑卒中后的肢体功能恢复等，需要专业的康复机构和护理人员提供帮助。

2. 健康知识需求

老年人渴望了解与自身健康相关的知识，如常见疾病的预防、症状识别、治疗方法，以及合理饮食、适量运动、科学用药等方面的知识。希望以通俗易懂、生动有趣的方式获取健康知识，如通过健康讲座、宣传手册、视频等形式。

3. 心理关怀需求

老年人需要家人、朋友和社会给予更多的情感支持和陪伴，减少孤独感和失落感。心理疏导和心理咨询服务也很重要，可以帮助老年人应对焦虑、抑郁等不良情绪，保持积极乐观的心态。

4. 生活照料需求

部分失能或半失能老年人需要日常生活照料，如协助进食、穿衣、洗澡、如厕等。对于居家养老的老年人，希望社区提供上门服务，如家政服务、送餐服务等，保障他们的日常生活质量。

三、老年健康教育活动的功能及类型

（一）老年健康教育活动的功能

老年健康教育活动是推进健康老龄化战略的载体之一，其通过结构化、多维度的干预体系实现个体健康促进与社会支持网络构建的双重目标。以下为老年健康教育活动的四大核心功能。

1. 知识普及功能

通过系统性知识传递与趣味化认知强化相结合的方式，构建老年人健康知识体系，减少因认知偏差导致的健康风险行为（表 2-1-2）。

表 2-1-2　知识普及功能

核心目标	纠正健康认知误区，提升科学健康意识
实施方式	1. 专题疾病讲座（高血压 / 糖尿病机制） 2. 健康手册 / 短视频科普（养生保健、用药禁忌） 3. 互动问答与认知测试
案例	通过《糖尿病饮食管理》动画短片，直观展示血糖控制原理与食谱搭配

2. 行为引导功能

通过多元化的干预策略推动老年人行为转变，有效促进老年人从被动接受到主动践行健康生活方式，实现不良习惯替代与自我健康管理能力提升的双重成效（表 2–1–3）。

表 2-1-3　行为引导功能

核心目标	培养健康生活习惯，替代不良行为模式
实施方式	1. 健康行为示范（如低盐烹饪工坊） 2. 运动社群打卡（每日步数挑战） 3. 个性化健康计划（作息表定制）
案例	社区开展“太极拳 30 天训练营”，结合营养师制订三餐食谱，老年人组队打卡积分兑换健康礼品

3. 心理调适功能

通过结构化心理干预与代际情感联结构建心理健康支持体系，激活老年人的自我认同感，同时构建起代际理解桥梁（表 2–1–4）。

表 2-1-4　心理调适功能

核心目标	缓解负面情绪，增强心理韧性
实施方式	1. 心理健康沙龙（角色扮演压力释放） 2. 代际互动活动（与青少年合作园艺） 3. 一对一心理咨询与情绪日记指导
案例	组织“人生故事分享会”，鼓励老年人讲述经历并接受正向反馈，建立社会价值认同感

4. 疾病预防与管理功能

通过动态健康管理模式，强化老年人健康问题监测能力，群体互助形成持续干预网络，提高疾病预防与管理的科学性和有效性（表 2–1–5）。

表 2-1-5　疾病预防与管理功能

核心目标	提升疾病防控能力，实现自我健康管理
实施方式	1. 健康筛查义诊（血压 / 骨密度检测） 2. 慢性疾病自我管理小组（用药提醒互助） 3. 智能设备培训（手环监测数据）
案例	建立“高血压患者联盟”，成员每日记录血压数据并线上共享，医生定期远程指导调整用药方案

（二）老年健康教育活动的类型

老年健康教育活动的多样化形态是践行健康老龄化理念的重要实践路径，形成“知识建构—

技能内化—问题干预—行为固化—长效传播”的完整教育闭环，为老年人健康素养提升提供多维度支持网络。老年健康教育活动的类型见表 2-1-6。

表 2-1-6　老年健康教育活动的类型

活动类型	核心形式与实施方式	特点与优势
讲座类	形式：专家主讲 + 现场互动 1. 医学专家专题讲解（如《糖尿病饮食控制》） 2. 配套发放讲座摘要手册	1. 信息权威性强 2. 满足系统性知识需求 案例：结合虚拟现实（virtual reality，VR）技术演示血管健康变化
培训课程类	形式：系统教学 + 实践考核 1. 慢性疾病管理 6 周课程（含用药跟踪表） 2. 中医养生八段锦分阶训练	1. 知识深度高 2. 技能可迁移性强 案例：颁发“健康管理师”结业证书
健康咨询类	形式：一对一服务 + 多渠道覆盖 1. 社区健康驿站驻点咨询（血压 / 用药指导） 2. 家庭医生线上答疑	1. 个性化解决方案 2. 即时性问题响应 案例：AI 健康助手自动推送用药提醒
小组活动类	形式：主题社群 + 协作实践 1. 健康知识辩论赛（如“保健品利弊探讨”） 2. 低盐烹饪工坊小组实操	1. 社交属性突出 2. 行为改变持续性高 案例：运动打卡积分兑换社区健康服务
宣传资料类	形式：可视化传播 + 多场景分发 1. 漫画版《急救指南》（大字体 + 图解） 2. 短视频《三分钟看懂体检报告》	1. 覆盖范围广 2. 内容留存时间长 案例：增强现实（augmented reality，AR）技术扫码查看用药示范动画

四、老年健康教育活动策划

（一）活动目的确定的主要流程及要求

1. 评估老年人健康知识水平

通过基础健康知识测试、日常行为观察等方式，评估老年人对慢性疾病管理、营养膳食、运动保健等领域的认知程度，掌握主要健康知识盲区及行为误区。

2. 了解健康行为现状

采用健康日志记录、家属访谈、体检报告分析等方法，系统了解老年人日常饮食结构、运动频率、用药依从性、慢性疾病管理等情况，重点关注高危风险行为。

3. 制订分级干预目标

根据评估结果制订三级目标体系：基础目标（掌握核心健康知识）→实践目标（改善 1 ~ 2 项健康行为）→提升目标（建立长期自我管理能力）。如糖尿病群体着重饮食管理目标。

4. 建立动态反馈机制

设置健康行为打卡制度，每周收集血压 / 血糖监测数据，每月进行健康知识复测，根据阶段性成效调整教育重点和干预策略。

（二）活动内容设计要求

1. 知识生活化呈现

将专业医学知识转化为生活场景应用，如用“食物天平”模型讲解膳食搭配，通过“药盒整理竞赛”强化用药规范，设计“健康风险情景剧”模拟常见误区。

2. 设置阶梯式内容

基础模块（疾病认知 / 急救常识）→技能模块（自我监测 / 保健操）→实践模块（健康餐制作 / 运动计划制订）。每个模块包含知识讲解、实操演练、家庭作业 3 个环节。

3. 强化参与式设计

采用“健康问题拍卖会”（用虚拟货币竞拍健康疑问）、“健康达人擂台”（老年人分享保健经验）、“健康行为存折”（累积健康积分兑换服务）等互动形式。

（三）活动时间安排要求

1. 时间长短适宜

老年健康教育活动的时间要根据老年人的年龄、自理情况等身心状况和参与意愿等因素而定，通常活动时间 30 ~ 60 分钟。避免时间过长使老年人感到厌倦和疲劳。活动时间也要根据老年人参加活动的表现进行合理调整。

2. 安排合适的时间段

老年健康教育活动的时间段可以在 9：30—10：30 期间，也可在 14：30—16：00 期间。具体可以根据老年人的身心状况，并结合老年人、康复师、护理员、家属等的意见合理设计与安排，由老年人进行选择。需要集中注意力思考或者学习较多知识的活动项目，可选择参与活动的老年人精力比较好的时间段。

（四）活动物品使用要求

活动中可多选择一些与健康教育主题相关的物品，如健康宣传手册、实物模型（如人体器官模型、食物模型等）、图片、视频等，便于对老年人进行直观的健康知识展示和讲解。

（五）工作人员要求

为 3 ~ 5 位老年人开展的老年健康教育活动，一般需要 1 ~ 3 名工作人员，1 人负责带领，另外 1 ~ 2 人负责协助。具体应根据老年人的健康状况、照护级别、活动内容及参与活动的人数而定。

（六）活动流程的主要内容

1. 活动前期的准备工作内容

活动前期的准备工作包括确认工作人员分工、信息发布与宣传、查看场地与对接工作、确认老年人参加人数及身体状况、器材和道具等活动物品的准备及采购、布置活动场地等。

2. 活动过程的主要环节

根据活动时间，合理安排各活动环节，具体包括以下环节。

（1）开场环节：如组织老年人进入活动场地，工作人员开场致辞等。

（2）活动环节：如按计划组织老年人开展各项健康教育活动，包括知识讲解、互动游戏、情景模拟等。

（3）讨论环节：如老年人自由交流，分享自己的健康经验和感受，增进彼此的了解。

（4）结束环节：如工作人员总结活动亮点，感谢参与。

3. 活动后期的主要工作内容

活动后期的主要工作包括组织老年人退场、活动场地和物品整理、评估总结活动效果、编写活动报告等。

五、老年健康教育活动组织与实施

（一）老年健康教育活动组织的基本要求

1. 尊重意愿

老年群体具有丰富的人生阅历和个性化的兴趣爱好。在组织健康教育活动时，应充分尊重每位老年人的自主选择权，让老年人在充分了解的基础上自愿决定是否参与，避免任何形式的强迫或勉强，使他们能够以积极主动的心态投入活动中。

2. 注重体验

健康教育活动的目的并非单纯地追求老年人完成某个既定目标，而是更应该关注他们在活动过程中的体验及最终获得的实际效果。如果过度强调目标导向，可能会给老年人带来不必要的心理压力和身体负担，进而导致他们对活动产生抵触情绪。

3. 环境熟悉

老年人对环境的适应能力相对较弱，尤其是对于患有慢性疾病或身体功能有所下降的老年人来说，熟悉的环境能够给予他们强烈的安全感，让老年人感到亲切和安心，还能减少在陌生环境中可能产生的焦虑和不安情绪，从而更加专注地参与活动，更好地吸收和运用健康教育的内容。

4. 安全保障

安全是老年健康教育活动的首要前提。在活动组织过程中，要从多个方面确保老年人的安全。首先，合理安排活动的时间和地点，根据老年人的身体状况适当控制活动强度，对于户外活动，要提前检查场地的平整度和安全性。其次，根据活动的具体情况，配备必要的急救设备和药品，如创可贴、消毒棉球、医用纱布、止痛药等，并安排具备急救知识的工作人员随时待命，以便在紧急情况下能够及时有效地进行处理，确保老年人的生命安全和身体健康。

（二）老年健康教育活动的带领技巧

1. 有效沟通

与老年人沟通时，要充分考虑到他们的听力、理解能力和表达能力等特点。工作人员应保持语速缓慢、语句简洁明了，尽量使用通俗易懂的词汇来说明问题，避免使用过于专业或复杂的术语。此外，可以借助图片、实物等道具来辅助讲解，通过直观的方式帮助老年人更好地理解。每次传达信息时，只聚焦于一个核心内容，给老年人足够的时间去思考和消化，确保每位参加活动的老年人都能准确理解所传达的信息。同时，要给予老年人充分的尊重和耐心，认真倾听他们的想法和反馈，帮助他们建立自信心和安心感。

2. 积极反馈

在健康教育活动过程中，无论老年人的表现如何，工作人员都要始终坚持给予积极的反馈。这种反馈可以是赞美、鼓励的话语，也可以是一个肯定的眼神、一个赞许的微笑，让老年人感受到自己的努力和参与是被认可和重视的，从而激发他们参与活动的积极性，鼓励他们更主动地分享自己的想法和经验，帮助老年人建立自信心和安全感。

3. 关注状态

老年群体的身体和心理状态相对较为复杂，容易受到各种因素的影响。在健康教育活动中，工作人员应始终保持高度的关注，密切观察老年人的状态和表现。可以通过提问、引导话题等方式重新吸引他们的注意力；当发现老年人有疲劳迹象时，及时安排短暂的休息；若老年人表现出焦虑情绪，工作人员要陪伴在他们身边，给予安慰和支持，必要时可以适当调整活动内容或暂停活动，以确保老年人在整个活动过程中的身心健康。

4. 适应节奏

老年人在身体功能、认知能力等方面存在个体差异，活动节奏也各不相同。工作人员要充分理解和尊重这些差异，避免强迫老年人按照统一的节奏参与活动。要根据老年人的反应和接受程度灵活调整活动的进度和难度，让每位老年人都能在自己舒适的节奏中参与活动，获得良好的学习体验。

5. 鼓励表达

因生理和心理的变化，部分老年人可能会出现语言功能下降、思维迟缓等情况，导致他们在表达时出现重复问题或话题、逻辑混乱等问题。面对这种情况，工作人员要保持极大的耐心，认真倾听他们的表达，不要轻易打断或表现出不耐烦的情绪，让他们感受到自己的声音被尊重和重视，从而增强他们的参与感和自信心，更好地融入健康教育活动中。

（三）老年健康教育活动的安全管控

1. 环境安全

环境安全是保障老年健康教育活动顺利进行的基础。首先，活动场地的地面要保持防滑、清洁、干燥，避免积水、油渍或杂物，防止老年人滑倒或绊倒。其次，场地内桌椅、家具等的摆放要平稳牢固，无尖锐棱角，缝隙之间不会夹住手脚，避免使用折叠椅或带轮子的椅子，以免老年人在使用过程中发生倾倒或滑动。对于乘坐轮椅的老年人，要确保轮椅刹车正常、系好安全带、脚放在地面等，保障他们的安全。此外，场地应具备良好的通风条件，防噪音、宽敞、光线充足，为健康教育活动提供一个舒适、安全的环境。

2. 物品安全

优先选择易于识别、安全性能高的活动物品，如使用无毒、无锋利边角的玩具或教具。避免使用易碎或可能产生小零件的物品，以防老年人误吞或受伤。同时，要确保活动物品的大小、重量适中，便于老年人抓握和操作，减少因操作不当导致意外。

3. 行为安全

在老年群体中，尤其是患有认知障碍或精神疾病的老年人，有时会出现一些异常行为，如语言或身体攻击、徘徊与不安等。因此，在活动前，工作人员要再次与社区或机构工作人员确认老年人的精神和心理状况，了解他们的行为特点和可能存在的风险。活动中，工作人员一定要随时观察每位老年人的状况，保障他们的生命安全。

活动举例

一、活动参与对象评估

从身体状况、心理状态、活动意愿多个维度对社区中的老年人进行采访调研，整理总结后，评估结果如下（表 2-1-7）。

表 2-1-7　老年健康教育活动参与对象评估

评估维度	具体指标	评估结果
身体状况	慢性疾病情况	超过 50% 的老年人患有至少 1 种慢性疾病，如高血压、糖尿病、关节炎等
	身体活动能力	80% 的老年人日常活动基本自理，但在如长时间行走、爬楼梯等方面存在一定困难
	视力、听力	约 80% 的老年人存在不同程度的视力问题，35% 以上的老年人有听力障碍
心理状态	情绪状态	约 55% 的老年人偶感孤独、焦虑，12% 的老年人长期受负面情绪困扰
	社交状况	70% 以上的老年人有一定社交圈，但仍有 20% 的老年人社交活动较少，感觉社交孤立
活动意愿	参与健康教育活动的兴趣	85% 以上的老年人对健康教育活动感兴趣，希望获取健康知识
	期望活动形式	讲座、小组讨论、健康体验活动较受欢迎
	活动时间偏好	多倾向于上午或傍晚时间段开展活动

以前述案例中的李爷爷为例，展示具体采访调研内容，李爷爷的健康状况、学习需求等评估结果如下（表 2-1-8）。

表 2-1-8　李爷爷评估结果

姓名	李 ××	性别	男	年龄	70 岁
兴趣爱好	听戏曲、下棋	文化程度	中专	退休前职业	工人
基本情况评估	健康状况	患有高血压、糖尿病、肥胖等疾病			
		记忆力减退，最近几天内发生的事情记忆模糊			
		注意力减退，反应轻微迟缓			
	生活习惯	喜欢喝酒、吃咸食，日常不注意养生和锻炼			
	心理状态	参与活动积极性降低，常常感到孤独和焦虑			
	学习需求	希望提升健康意识，了解养生和锻炼方法，改善心理状态			
评估结果总体评价	综合来看，李爷爷亟须改善生活习惯，增强健康意识，通过合理养生与锻炼稳定病情。同时，也需要心理关怀，帮助他走出孤独焦虑，提升生活质量，且通过与李爷爷沟通，其有意愿参加健康教育活动				

二、活动策划方案

老年健康教育活动方案

活动背景

随着时间的推移，老年人身体功能逐渐衰退，面临着各类健康问题的挑战。当前，老年人对健康知识的需求日益强烈。为积极响应这一需求，助力老年人提升健康素养，养成良好的生活习惯，策划此次老年健康教育活动，以期为社区老年人的健康生活贡献力量。

活动目的

1. 帮助老年人了解常见老年疾病的预防和管理知识，提升健康意识。

2. 帮助老年人掌握健康的生活方式和自我保健技能，改善生活质量。

活动内容

老年健康教育活动内容见表 2–1–9。

表 2–1–9　老年健康教育活动内容

活动类别		活动详情
健康知识科普	慢性疾病防治教育	通过讲解高血压、糖尿病的发病机制、症状、监测，明确讲解不同时段血压正常范围，列举糖尿病的饮食宜忌，向老年人阐述肥胖与疾病的关联及体重控制方法
	健康生活教育	讲解高盐、酗酒的危害，给出每日盐摄入量建议，推荐蔬果、全谷物等健康食物。介绍慢走、太极拳、八段锦等适合老年人的运动，示范动作，说明运动频率和强度
健康活动体验	健康饮食烹饪教育	以“三低”原则制作菜肴，邀请老年人参与制作，烹饪后讲解食材营养和减盐、减糖技巧，请老年人品尝
	运动互动	分享室内运动方式，组织慢走接力赛、太极拳小组竞赛等，分组推选代表参赛，获胜组获健身器材小套装，指导老年人运动姿势
心理咨询与交流	心理健康教育	分析老年人孤独、焦虑的原因，讲解应对方法，分享深呼吸、冥想等放松技巧
	交流分享会	邀请李爷爷先分享经历，之后老年人轮流发言，分享生活中的困难、趣事等，学生志愿者引导话题并记录
健康检查与跟踪服务	现场免费体检	设体检区，提供血压、血糖测量及心肺功能检查，为老年人建立健康档案，评估健康状况，对有慢性疾病的老年人重点指导
	健康跟踪服务	定期电话回访老年人的饮食、运动及治疗护理情况，提醒老年人定期复查，调整健康指导方案

活动时间及计划

时间：每周三及周六 9：00—10：30（表 2–1–10）。

表 2–1–10　老年健康教育活动时间及计划

时间	第一周	第二周	第三周	第四周
活动内容	1. 慢性疾病防治教育 2. 健康生活教育	1. 健康饮食烹饪教育 2. 运动互动	1. 心理健康教育 2. 交流分享会	1. 现场免费体检 2. 健康跟踪服务

活动地点

该社区活动中心 101 会议室。

参加人员

社区内老年人、活动工作者，周末可邀请家人。

活动流程

1. 活动前

（1）调研走访，获取老年人知识需求，了解老年人的基本情况及参与活动意愿。

（2）制作活动所需的健康知识宣传资料，如手册、宣传单；体检设备，如血压计、血糖仪、身高体重测量仪；教学用具，如投影仪、麦克风、电脑；奖品和小礼品，如保温杯、毛巾、健康书籍等。

（3）场地布置，活动场地设置讲座区、体检区、咨询区、互动区。讲座区摆放桌椅、教学设备；体检区放置体检仪器；咨询区设置单独桌椅，便于一对一交流；互动区预留空间开展游戏活动。

2. 活动中

（1）第一周：进行健康知识科普，对李爷爷及社区老年人进行慢性疾病防治教育、健康生活教育，如让老年人初步体验健康教育活动中的各类健康运动。针对糖尿病，介绍饮食控制的要点，列举适合和不适合糖尿病患者食用的食物种类，如哪些蔬菜富含膳食纤维且含糖量低，哪些水果的升糖指数较高需谨慎食用等。

（2）第二周：进行健康活动教育，让老年人体验健康饮食烹饪，回顾前一周的运动学习，开展运动互动，如组织老年人进行简单的运动游戏，如慢走接力赛、太极拳小组竞赛等。

（3）第三周：进行心理咨询与交流，开展关于老年人心理健康的讲座，分析李爷爷出现孤独、焦虑情绪的原因。组织老年人交流分享会，先邀请李爷爷分享自己的生活经历和感受，认真倾听并给予回应。在交流过程中，促进老年人之间的相互理解和支持，扩大他们的社交圈，减轻孤独感。

（4）第四周：开展现场免费体检活动，提供免费的基础健康检查，包括血压、血糖测量，心肺功能检查等。健康跟踪服务，根据检查结果，为每位老年人建立健康档案，详细记录各项指标数据，并给予初步的健康评估和建议，安排工作人员定期回访。对于李爷爷这类患有慢性疾病的老年人，需要特别关注其病情变化，提供更专业的指导。

3. 活动后

（1）整理老年人每次活动后表现的记录资料，了解老年人在整个活动中的表现变化。

（2）回访李爷爷等老年人在活动后的生活方式改变情况及健康状况。

物品使用及支出费用

老年健康教育活动物品使用及支出费用见表 2-1-11。

表 2-1-11　老年健康教育活动物品使用及支出费用

物品名称	数量	费用 / 元	备注
适合书写的桌椅	根据人数确定	0	机构自备
白板及白板擦	各 1 块（白板 60 cm × 90 cm）	50	不反光且易擦除字迹
白板笔	4 支（红、黄、蓝、黑）	10	粗细、大小合适

续表

物品名称	数量	费用 / 元	备注
海报、宣传手册	100 份	300	字体要大
奖品	20 个	100	根据具体活动确定
饮用水	1 桶	0	机构自备
电脑、投影仪	1 套	0	机构自备
合计		460	

注意事项

1. 活动现场保持良好通风和适宜温度，为老年人提供舒适环境。
2. 工作人员和志愿者注意服务态度，尊重老年人，耐心解答问题。
3. 活动过程中关注老年人的身体和情绪状况，如有不适及时处理。

活动评价

1. 过程评价

观察活动现场老年人的参与度、互动情况，收集老年人和工作人员的反馈，及时调整活动。

2. 效果评价

活动结束后，通过问卷调查了解老年人对健康知识的掌握程度、对活动的满意度，对比活动前后老年人的健康行为变化。

三、活动操作技能

以上述方案中“慢性疾病防治教育”为例，展示活动操作技能（表 2–1–12）。

表 2–1–12　慢性疾病防治教育活动操作技能

活动名称	慢性疾病防治教育	
使用物品及数量	1 台电脑、1 个投影仪、1 块白板、1 支白板笔、椅子若干、宣传手册和海报若干	
场地要求	开阔、空气流通的场地，如室内活动中心等适合开展活动的房间	
具体操作过程	活动前期（5 分钟）	社区老年人到达活动房间后，活动工作者安排就座
	活动导引部分（3 分钟）	活动工作者介绍此次活动的主题——“慢性疾病防治教育”
	活动核心技能部分（30 分钟）	1. 活动工作者组织老年人进行高盐危害认知破冰游戏，准备 6 个透明密封盒，分别装入不同食物（如 1 包泡面、1 根火腿肠、1 块腐乳、1 小袋榨菜、1 袋即食坚果、1 份家庭自制凉拌菜） 2. 每个盒子标注“实际含盐量”（如泡面≈ 6 g，火腿肠≈ 1.5 g） 3. 请参与的老年人用“限盐勺”（1 勺 =2 g）在纸上写出自己认为的盐量，最接近实际值者获胜

续表

具体操作过程	活动核心 技能部分 （30 分钟）	4. 活动工作者给出正确答案并科普：“1 包泡面含盐量已超过每日推荐量（5 g）！”并为答案最接近的老年人颁发奖励：限盐勺 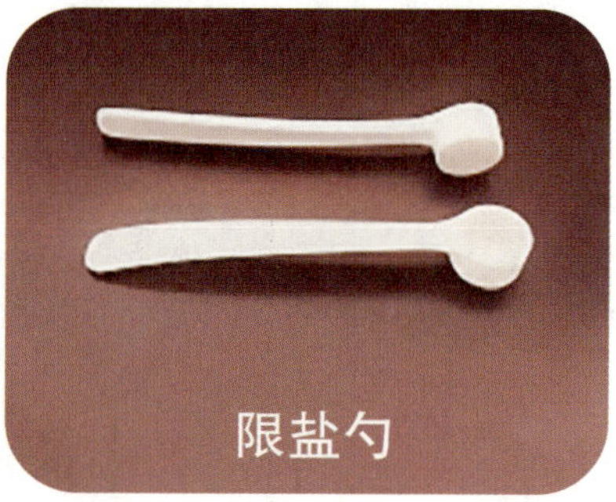 5. 向老年人举例并展示生活中隐藏的高盐食物。例如，100 mL 酱油含盐量在 15 ~ 18 g，100 g 火腿肠含盐量约 2.5 g，100 g 豆瓣酱含盐量约 20 g 等 6. 向老年人讲解高盐饮食的危害 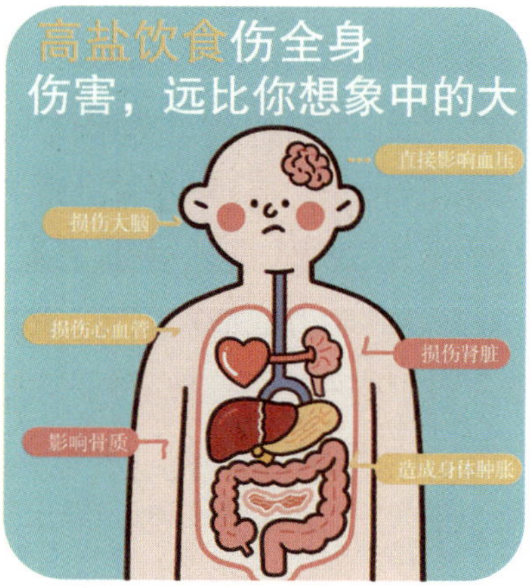 7. 给出每日盐摄入量建议：不超过 5 g（约啤酒瓶盖一平盖） 

续表

具体操作过程	活动核心 技能部分 （30 分钟）	8. 向老年人推荐健康餐盘：1/2 蔬菜和水果、1/4 全谷类食物、1/4 肉类和其他替代品  9. 请老年人现场演示用“限盐勺”如何控制盐量 10. 提问：“哪些食物看似健康实则含盐量高？”（如酱油、腌制品等），答对者获赠中国居民平衡膳食宝塔海报 
	总结部分 （2 分钟）	对参与活动老年人的表现给予充分肯定，告知下次活动的时间和地点
注意事项		1. 演示盐量控制时动作缓慢，确保老年人能看清操作细节 2. 需严格依据《中国居民膳食指南》《中国高血压防治指南》等权威文件，确保盐摄入量（每天≤ 5 g）等数据表述准确，避免因信息偏差误导 3. 问答环节问题需设计为“选择题”或“判断题”，避免复杂思考（如将“哪些食物含盐量高”改为“以下哪种食物含盐量最高：A. 苹果 B. 火腿肠 C. 米饭”），并搭配实物展示辅助理解

【练习题】

一、单项选择题（在每小题给出的四个选项中，只有一项是符合题目要求的，请将所选答案的字母填写在括号内）

1. 在老年健康教育活动中应用社会学习理论时，以下哪种做法最合适？（　　）

A. 发放健康知识手册　　B. 邀请健康老年人分享经验并给予积极反馈

C. 组织老年人进行健康知识考试　　D. 提供免费体检服务

答案：B

解析：社会学习理论强调通过观察他人行为及后果进行学习。邀请健康老年人分享经验并给予积极反馈，符合该理论的核心思想。

2. 老年群体中常见的“共病现象”指的是（　　）。

A. 家庭成员共同患病　　B. 同时患有多种慢性疾病

C. 免疫系统功能全面衰退　　D. 心理问题与生理疾病并存

答案：B

解析：“共病现象”指老年人常同时患有多种慢性疾病（如糖尿病、高血压等），增加了治疗的复杂性。

3. 以下哪项属于老年健康教育活动的“行为引导功能”？（　　）

A. 讲解高血压的发病机制　　B. 组织老年人学习太极拳

C. 开展心理健康讲座　　D. 发放健康宣传手册

答案：B

解析：行为引导功能强调通过活动引导健康行为，如鼓励合理饮食、适度运动（如太极拳）。

二、判断题（正确的请在答题括号中画√，错误的画 ×）

1. 健康老龄化理论的核心是延长老年人的寿命，而非关注生活质量。（　　）

答案：×

解析：健康老龄化理论强调通过预防疾病、维持功能和提高生活质量实现身心健康，而非单纯延长寿命。

2. 老年人感官功能减退仅影响其日常生活能力，不会导致心理问题。（　　）

答案：×

解析：感官功能减退（如听力下降）可能导致孤独感和认知功能下降，引发心理问题。

3. 远程医疗平台可帮助老年人通过视频通话获取健康建议，属于智慧技术手段的应用。（　　）

答案：√

解析：远程医疗是智慧技术手段的重要应用，支持老年人远程获取健康服务。

三、论述题

●请论述如何设计一场老年健康教育活动的前期需求评估工作。

1. 确定评估目标与范围

明确评估的核心目标，如了解老年人健康知识缺口、行为习惯、常见疾病防治需求等；划定评估范围，涵盖参与对象（如社区、机构老年人）、健康领域（慢性疾病管理、营养、运动等）。

2. 选择评估方法，问卷调查

设计通俗易懂的问卷，围绕健康知识、行为、需求、兴趣点展开，通过社区、养老机构发放回收。

（1）访谈法：与老年人、家属、医护人员、社区工作者等深度交流，挖掘个性化需求与潜在问题。

（2）观察法：实地观察老年人的日常健康行为（如用药习惯、运动方式），发现隐性需求。

（3）文献分析：参考地区疾病统计数据、已开展活动反馈，把握老年群体健康共性问题。

3. 组建评估团队

由医护人员、活动工作者、老年健康专家、社区工作者构成，确保评估的专业性与执行效率。

4. 数据整理与分析

对收集的定量、定性数据分类汇总，分析老年人健康知识薄弱点、参与活动意愿及阻碍因素，形成需求评估报告，为活动内容、形式设计提供依据。

●说明适老化设施在老年健康教育活动中的重要性，并列举 3 种具体设施及作用。

1. 重要性

适老化设施通过消除环境障碍、满足特殊生理需求，保障老年人参与健康教育活动的安全性、舒适性和便利性，降低因设施不适导致的身体损伤风险，提升参与积极性与学习效果，体现对老年群体的人文关怀。

2. 具体设施及作用

（1）无障碍通道与扶手：方便行动不便、拄拐杖或使用轮椅的老年人安全进出活动场地，减少跌倒风险，保障参与活动的基础安全。

（2）大字版宣传资料与电子助视设备：针对视力退化的老年人，大字版资料便于阅读；电子助视设备可放大文字、图像，帮助老年人清晰获取健康教育信息。

（3）可调节高度座椅：满足不同身高、体态老年人的坐姿需求，缓解久坐疲劳，确保活动全程舒适，提升学习专注度。

拓展阅读

人本主义理论

“人本主义”源于人本主义哲学，它相信人的理性，认为具有理性的人可以自主地选择行动。人本主义理论强调人的尊严、价值、创造力和自我实现，把人的本性的自我实现归结为潜能的发挥，而潜能是一种类似于本能的能力。

1. 理论观点

美国人本主义学者马斯洛认为，人的需要和动机是一种层级结构，即自低至高分别为生理安全、爱与归属、尊重、自我实现的需要、高级动机的出现有赖低级需要的满足，而人本身也有自发追求需要满足的倾向。

美国心理学家罗杰斯主张，人的本性是向善，而其向善性之所以未能体现，主要是源于外部环境的限制，导致人自发追求需要满足的机制未能充分发挥。

2. 在老年个别活动中的运用

根据人本主义理论的观点，老年活动策划组织者需要以老年人为中心，与老年人共同建立互相信任、安全和无威胁的环境，让老年人能够主动面对真实的自己，表露真实的需要。

点燃思考

1. 技术赋能与人文温度：如何避免“智慧陷阱”？

假设你设计了一款智能手环，用于监测老年人健康数据，但部分老年人因操作复杂或隐私担忧拒绝使用。你认为问题的核心是技术缺陷，还是对老年群体需求的误判？请结合具体场景，提出既能保留技术优势又能体现人文关怀的解决方案。

2. 数据伦理的灰色地带：谁是健康管理的“决策者”？

当 AI 系统通过数据分析发现某位老年人存在跌倒风险，建议限制其外出活动，但老年人坚持保持原有生活习惯。作为健康教育者，你如何在“安全至上”与“尊重自主权”之间找到平衡点？试从法律、伦理、心理 3 个维度分析。

任务二　老年智慧生活教育活动策划与组织

案例导入

在对幸福社区的调研中，社区工作者发现该社区的老年居民在适应智慧生活方面存在诸多困境。许多老年居民的家庭成员已经去世或搬离，他们的社交圈狭窄，虽然有微信等社交软件能便捷沟通，但由于缺乏相关知识，不会使用视频通话、语音聊天等功能，孤独感和无助感愈发强烈。部分老年人患有高血压、糖尿病、骨质疏松等疾病，却因不熟悉线上医疗服务，无法及时预约专家号、获取健康资讯和接受远程诊疗指导。即便有健康管理类 APP，也因操作复杂，老年人难以利用其监测自身健康数据，致使病情无法得到有效监控和治疗。

由于年龄和身体状况的限制，老年居民在日常生活中也面临挑战。比如在购物方面，他们不熟悉线上购物平台，无法享受送货上门的便利，仍需亲自前往超市采购，极为不便；在生活缴费方面，不了解如何通过手机进行水电费、燃气费的缴纳。社区工作者了解到这些问题后，决定开展智慧生活教育活动，帮助老年居民跨越数字鸿沟，提高他们的生活质量。

根据案例，请思考：

1. 为解决老年居民社交、医疗和生活难题，智慧生活教育应重点涵盖哪些内容？

2. 通过哪些方式能够帮助老年居民学习智慧生活技能？如何策划与组织实施活动？

任务描述

1. 根据调查幸福社区老年居民对智慧生活的学习需求，结合所学知识策划具有明确目标的教育活动方案。

2. 依据方案组织与实施活动。观察记录老年人的活动表现，根据实际调整活动内容。

相关知识

扫一扫

一、老年智慧生活教育活动的基本概念

（一）智慧生活的含义

智慧生活依托智能家居、健康监测设备、移动应用等现代科技手段，致力于全方位提升人的生活品质，使其日常生活更为便捷、安全与舒适。智慧生活涵盖了人们生活的各个方面，包括健康管理、社交互动、安全保障及文化娱乐等。

（二）老年智慧生活教育活动的含义

老年智慧生活教育活动是指针对老年人设计的，旨在提升其科技使用能力和生活质量的一系列教育活动。如通过系统的课程、讲座、工作坊等形式，帮助老年人掌握智能设备的使用方法，提升数字素养，增强健康管理能力，丰富文化娱乐生活。

二、老年智慧生活教育活动的分类及功能

下面从活动类别、具体活动、活动举例、功能 4 个维度进行系统梳理，总结数字技能培训、健康管理教育等不同类型活动的内容与价值，为老年智慧生活教育的实践提供参考（表 2-2-1）。

表 2-2-1　老年智慧生活教育活动的分类及功能

活动类别	具体活动	活动举例	功能
数字技能培训类	1. 智能手机基础操作 2. 常用应用软件使用 3. 互联网信息搜索	使用微信、支付宝、地图导航等 APP	提升科技操作能力，通过独立使用工具解决日常问题
健康管理教育类	1. 智能健康设备使用教学 2. 健康数据管理 3. 在线医疗资源使用	学习预约挂号、远程问诊等	通过数据监测及时发现健康异常，增强健康意识；普及慢性疾病管理、科学饮食等知识
社交互动支持类	1. 社交媒体使用指导 2. 线上兴趣社群参与	加入书法、摄影、音乐等线上小组	减少孤独感，通过兴趣社群结识新朋友
安全保障教育类	1. 智能家居安全设备 2. 紧急呼叫系统操作 3. 防诈骗知识培训	使用定位功能、识别网络诈骗等	预防意外风险；保障居家安全和紧急情况应对，增强安全意识；减少受骗和财产损失风险
文化娱乐活动类	1. 在线课程学习 2. 虚拟旅游 3. 体验数字娱乐活动	VR 技术游览景点	满足精神需求；提供多样化的文化娱乐选择，促进心理健康；通过兴趣活动缓解焦虑和抑郁情绪

三、老年智慧生活教育活动的作用

（一）对个体发展的作用

智能设备操作培训提升了老年人的数字素养；线上社群拓展了老年人的社交圈，缓解了孤独感，提升了精神文化生活品质。

（二）对家庭的作用

社交媒体与视频通信技术的使用，促进了跨代际情感交流，构建了新型家庭互动模式。智能家居设备（如燃气报警器、跌倒监测仪）的普及使用，可预防家庭安全隐患，提升家庭整体安全感。

（三）对社会的作用

推动积极老龄化社会建设，通过科技赋能延长老年人的社会参与周期，促进“银发人力资源”开发，缓解劳动力短缺压力。优化公共资源配置，通过远程医疗、在线教育等智慧服务，减轻线下公共服务压力，提高资源利用效率。如老年人通过在线挂号减少医院排队时间。

四、老年智慧生活教育活动策划

（一）活动目的确定的主要流程及要求

1. 确定老年人的数字素养能力

数字素养能力一般指老年人使用智能设备（如手机、智能家居）解决生活问题（如就医挂号、线上购物）并防范网络风险（如识别诈骗）的综合能力。活动工作者需要通过实际需求调研，摸清老年人现有技术水平与生活场景中的具体卡点（如不会使用微信进行视频通话）。

2. 了解老年人的数字需求

作为活动设计者，应掌握“观察记录—问卷分析—访谈总结”三步分析法，通过标准化问卷、场景观察表、需求分析图，系统了解老年人的数字需求。

3. 确定活动的分段学习目标

根据老年人的数字素养能力及数字需求，结合老年人自身兴趣爱好，以及实际生活使用场景和使用频率，制订分段学习目标。

4. 持续优化更新目标

基于老年人的认知特点、学习能力及阶段性评估数据反馈，建立动态优化机制调整教学目标，在提升教学效能的同时强化工作者的教学方案设计能力。

（二）活动内容设计要求

1. 内容的针对性与实用性

紧密围绕老年人实际生活需求来设计活动内容，活动内容要与老年人的日常生活息息相关，使其能切实感受到智慧生活的便利。例如，教老年人使用移动支付、线上挂号看病、查询公交地铁线路等。

2. 由浅入深的教学逻辑

按照从简单到复杂的顺序安排教学内容。先从数字设备的基础操作，如开关机、音量调节、屏幕解锁等开始，再逐步深入软件应用的学习。每一个新内容都要建立在老年人已掌握的知识基础上，避免他们因难度过高而产生畏难情绪。

3. 融入趣味性元素

在活动中加入趣味性环节，如数字设备使用技巧竞赛、数字产品知识小问答等，获胜者可以获得小奖品。还可以设置一些有趣的实践任务，如让老年人用手机拍摄生活中的美景并分享照片背后的故事，提高他们参与活动的积极性。

4. 结合生活场景教学

把教学内容融入具体的生活场景中，通过模拟真实场景来进行教学。例如，模拟线上购物场景，让老年人在虚拟环境中完成商品挑选、下单、支付等一系列操作，使他们更直观地理解和掌握相关知识。

5. 文化与情感融入

在活动内容中融入一些传统文化元素和情感交流环节。例如，介绍如何通过数字设备收听传统戏曲、观看经典电影等，同时安排时间让老年人分享自己的生活经历和感受，促进彼此之间的情感沟通，丰富活动的精神内涵。

6. 定期回顾与巩固

定期安排时间对之前学过的内容进行回顾和巩固练习，避免老年人遗忘。可以通过提问、实际操作检查等方式，了解他们对知识的掌握程度，针对遗忘或掌握不熟练的部分进行再次讲解和辅导。

（三）活动时间安排要求

安排老年智慧生活教育活动时间时，要充分考虑老年人的身体和生活习惯。从活动时长和活动开展时间两个方面进行安排。

1. 活动时长

单次活动时间不宜过长，控制在 2 ~ 3 小时较为合适。可将复杂的内容分成多次活动进行，每次活动之间预留一定间隔时间，让老年人有时间消化吸收所学知识，也便于根据老年人的反馈及时调整后续活动内容。

2. 活动开展时间

尽量选择在白天且天气较好的时间段，如 9∶00—11∶00 或 14∶00—16∶00。

（四）活动物品使用要求

活动地点及物品包括无线网络覆盖的房间、备用手机或平板电脑、投影仪、教学课件或视频、活动海报、宣传单页等。

1. 教学设备要求

设备性能应满足基本教学需求，如屏幕显示清晰、操作流畅，且数量要足够，保证每位老年人都有机会上手练习。提前安装好活动所需的各类软件，并设置为易于老年人操作的模式，如放大字体、简化界面等。

2. 宣传物料要求

内容要准确无误，包含活动时间、地点、内容、报名方式等关键信息。设计风格要醒目，色彩搭配鲜明，文字简洁明了，以便老年人能够轻松获取信息。同时，可在社区显眼位置张贴海报，确保宣传效果。

（五）工作人员要求

依据活动规模和参与人数来确定工作人员数量。一般每 5 ~ 10 位老年人至少配备 1 名工作人员进行实操指导，以保证每位老年人都能得到及时有效的帮助。

（六）活动流程的主要内容

1. 活动前期的准备工作内容

（1）明确工作人员的具体分工，开展信息发布及宣传、调研工作。

（2）精准调研需求，通过问卷、访谈等形式对老年人进行能力评估，了解老年人对智慧生活技能的具体需求，依此确定教学内容重点，确保活动有的放矢。

（3）检查场地并完成对接事宜，确定参与活动的老年人数量，了解其身体状况。

（4）筹备与采购器材、道具等活动所需物品，对活动场地进行布置。

2. 活动过程的主要环节

（1）活动开场：工作人员介绍活动，开展破冰游戏，营造轻松的活动氛围。

（2）知识讲解：用 PPT、视频演示，结合生活实例通俗讲解数字设备及常用软件功能。

（3）实操练习：老年人分组，志愿者一对一指导操作，解决问题。

（4）互动交流：设置问答环节，组织老年人分享心得与经历。

（5）活动总结：主持人总结，感谢各方，发放小礼品。

3. 活动后期的主要工作内容

活动后期的主要工作包括组织老年人退场、活动场地和物品整理、评估总结活动效果、编写活动报告等。

五、老年智慧生活教育活动组织与实施

（一）老年智慧生活教育活动组织的基本要求

1. 营造轻松氛围

活动场地布置温馨舒适，PPT 及教学资料配备大字体，方便老年人观看。在活动开场和休息时播放舒缓的音乐，缓解老年人的紧张情绪，让老年人真正享受活动。

2. 活动人员要求

活动组织者需具备智能设备操作技能与老年心理学、教育学知识的复合型能力，正向激励持续强化老年人学习信心，对重复提问或表述不清的老年人保持耐心，采用引导式回应，保证有效沟通。

3. 安全保障机制

组织活动时，必须保障老年人的安全。活动时间和地点的安排需科学合理，首先必须要保证场地的安全性及活动过程的安全性；其次是场地对开展活动的适宜性，防止老年人出现过度疲劳或身体损伤。同时，应配备必要的急救设备与药品，确保紧急状况下能迅速应对。

（二）老年智慧生活教育活动的带领技巧

1. 注重与老年人的有效交流

不要因为老年人对智能设备的接受能力、操作能力较弱，就忽视了交流的重要性。在交流时，考虑到老年群体的特点，活动工作者语速要适中偏慢，讲解内容要简洁明了，使用通俗易懂的语言阐述，帮助老年人消除对新事物的陌生感和畏难情绪。可以现场操作演示智能设备使用方法，结合实际操作进行讲解，一次只聚焦一个关键知识点，确保每位参与活动的老年人都能跟上节奏。

2. 善用鼓励话语激发老年人的热情

在教学活动中，不管老年人对智能技能的掌握进度如何，都要始终秉持积极反馈原则，即多用赞扬和激励的言辞给予认可，激发和调动老年人参与学习的热情，让老年人能够全身心投入活动，同时有助于老年人树立学习信心。

3. 时刻留意老年人在活动中的状态

在活动开展过程中，活动工作人员要持续关注老年人的神情和反应。例如，老年学员容易因学习难度较大而出现注意力不集中的情况，工作人员应及时察觉，主动与老年人互动，重新吸引他们的注意力。如果老年人表现出困惑、疲惫或操作困难，要在旁边耐心指导并给予鼓励，必要时可适当调整教学进度或暂停活动。

4. 鼓励老年人分享想法并及时给予回应

由于部分老年人对智能知识的表述可能不够清晰、流畅，可能会反复询问相同的问题或表达不连贯，工作人员要耐心倾听，切不可打断或流露不耐烦情绪。对老年人提出的问题和分享的想法表示关注，鼓励他们充分表达，即便他们的表述混乱，也要给予正面回应和正确引导。

（三）老年智慧生活教育活动的有效引导

1. 化繁为简教学

将复杂的智慧生活技能拆分成简单的步骤，用通俗易懂的语言讲解。如教老年人使用打车软件时，按“下载—注册—定位—下单”步骤演示，每一步都要详细说明并强调关键操作，如手指点击的位置、输入信息的方法等。

2. 多实例演示

结合生活常见场景，帮助老年人理解技能应用。如讲解手机拍照时，举例拍摄家庭聚会、风景留念场景，让老年人明白不同场景下的拍照设置与构图方法。

3. 鼓励互动参与

设置问答、小组讨论环节，鼓励老年人分享生活中与智慧生活相关的经历或困惑。组织小组合作完成简单任务，如小组共同用手机搜索附近景点信息，增强老年人的参与感与团队协作能力。

4. 关注个体差异

时刻留意老年人的学习状态，对接受慢的老年人进行单独辅导，调整教学节奏。发现老年人面露困惑时，主动询问是否理解，根据反馈及时调整讲解方式。

（四）老年智慧生活教育活动的交流与反馈

1. 建立交流平台

创建线上交流群或线下交流角，方便老年人交流学习心得，提出新问题。活动工作人员在群里及时解答疑问，分享新的智慧生活技巧与资讯。

2. 收集反馈优化

收集老年人对活动的意见、建议，了解教学内容、方式、组织安排等方面的不足，总结经验，为后续活动改进提供依据，不断优化老年智慧生活教育活动方案。

活动举例

一、活动参与对象评估

针对前述案例中的老年人，对幸福社区老年人能力及智慧生活知识掌握情况进行评估，评估内容如下（表 2-2-2）。

表 2-2-2 老年智慧生活教育活动参与对象评估

评估项目	评估维度	评估结果
身体情况评估	视力情况	良好占 10%，一般占 20%，较差占 70%
	听力情况	良好占 8%，一般占 22%，较差占 70%
	手部灵活性情况	良好占 15%，一般占 30%，较差占 55%
	记忆力情况	良好占 10%，一般占 30%，较差占 60%
	其他慢性疾病情况	无慢性疾病占 30%，有慢性疾病占 70%（注：慢性疾病以高血压、糖尿病等为主）
智能设备使用情况评估	智能设备拥有情况	拥有智能手机的占 85%，拥有平板电脑的占 20%，拥有其他智能设备（如智能手表等）的占 35%
	智能手机使用问题	因“操作太复杂不会用”遇到问题的占 65%，担心隐私泄露的占 20%
学习意愿和需求评估	学习意愿	非常愿意占 25%，愿意占 45%，意愿一般占 20%，不愿意占 10%
	学习内容需求	希望学习“智能手机基本操作”的占 60%，学习“手机支付”的占 50%，学习“健康医疗”相关内容的占 40%

二、活动策划方案

根据调研结果，并结合老年人生活实际需求，重点围绕智能手机的使用操作，为社区老年人开展如下智慧生活教育活动方案。

“智享沟通，‘掌’握生活”老年智慧生活教育活动方案

活动背景

在数字化迅猛发展的时代背景下，老年群体在适应数字生活方面面临显著挑战。一方面，智能设备操作的复杂性给老年人带来较大困难，网络诈骗的高发态势也对老年人的财产安全构成严重威胁；另一方面，伴随着年龄增长，老年人的认知功能逐渐减退，进一步加剧了他们融入数字生活的阻碍。为协助老年居民跨越数字鸿沟，提升认知能力与生活品质，社区工作者计划开展“智享沟通，‘掌’握生活”老年智慧生活教育活动，旨在助力老年人熟练掌握数字技能，深度融入智慧生活，拓展社交互动，畅享便捷生活。

活动目的

1. 帮助老年人熟练掌握常见智能设备和软件的使用，提升数字生活能力。
2. 锻炼老年人的记忆力、注意力、思维能力等认知功能，延缓认知衰退。
3. 丰富老年人的精神文化生活，增强他们的社交互动和自我认同感，提升幸福感。

活动内容

向老年人进行一系列基础数字技能培训，具体内容如下（表 2-2-3）。

表 2-2-3　老年智慧生活教育活动内容

基础数字技能培训	具体内容
智能手机基础操作	讲解开关机、解锁、屏幕亮度调节、音量控制等基本操作，以及联系人管理、短信收发等功能使用
社交软件应用	教授微信的添加好友、聊天、语音视频通话、朋友圈发布等功能；介绍 QQ 的基本使用方法
生活服务类应用	指导使用移动支付、生活缴费、乘车码等；讲解线上挂号、线上打车等操作
出行与导航应用	介绍地图的路线查询、导航功能；教授打车软件的使用
线上娱乐与学习	引导使用短视频平台观看视频；介绍学习强国、腾讯课堂等在线学习平台的使用
网络安全与防诈骗	讲解网络诈骗的常见形式，如虚假中奖信息、网络交友诈骗等；教授防范方法和遇到诈骗后的应对措施

活动流程

1. 准备阶段（活动前 2 周）

（1）与社区沟通确定活动场地和参加人员名单。

（2）准备活动所需物资，如教学用的智能设备、卡片、宣传资料等。

（3）通过社区公告栏、微信群等渠道宣传活动。

2. 实施阶段

（1）第一周：进行智能手机基础操作培训，活动工作者提前到达场地准备设备和资料。

教学开始前，进行“手机藏宝图”探索赛，制作大字版操作指引卡（含路径图示），每部手机设置 5 个“藏宝点”（如设置→显示→亮度调节），准备“探索达人”勋章贴纸（表 2–2–4）。

游戏规则：老年人 4 ~ 5 人为 1 组，相互熟悉后，每组领取 1 部手机和藏宝图，根据指引找到指定功能位置，完成“手机亮屏→调节音量→查找联系人→相机拍照→连接 Wi–Fi”等 5 个任务。用时最短且操作无误的小组获得“数字探险家”称号，赠送“探索达人”勋章贴纸。

教学过程中，通过展示 PPT 中智能手机操作过程截图，详细讲解智能手机使用注意事项，采用“三阶段教学法”（演示—跟练—巩固），结合大字版操作指南，写出老年人智能手机基础操作的分步指导方案。

表 2-2-4　智能手机基础操作培训

操作项目	教学目标	操作步骤	注意事项
手机亮屏	掌握唤醒屏幕与解锁方法	1. 短按电源键 / 双击屏幕 2. 指纹 / 密码解锁	长按电源键会关机
调节音量	控制通话 / 媒体音量	1. 物理按键调节：音量 +/– 键 2. 设置调节：设置→声音与振动→滑动调节	区分媒体音量与铃声音量调节
查找联系人	掌握通讯录使用方法	1. 打开联系人图标 2. 拼音首字母 / 滑动查找 3. 长按姓名快速拨号	设置快捷键拨号

续表

操作项目	教学目标	操作步骤	注意事项
相机拍照	学会手机相机拍照及视频录制	1. 进入相机图标 2. 点击白色按钮 3. 选择视频、点击录像	开启云同步，避免照片丢失
连接 Wi-Fi	学会连接无线网络	1. 打开设置图标 2. 点开 Wi-Fi 3. 找到并打开要连接的 Wi-Fi 4. 输入密码并加入	设置保存自动连接

教学完毕后，活动工作者协助老年人操作，活动结束前鼓励老年人进行操作展示，并在课程结束后收集反馈意见。

（2）第二至六周：开展社交软件应用、生活服务类应用、出行与导航应用等智慧生活教育活动。

3. 总结阶段（活动结束后 1 周内）

（1）整理老年人在活动中的表现记录和反馈意见。

（2）应用专业量表测评老年人的数字技能掌握情况。

（3）评估活动效果，总结经验教训，为后续活动提供参考。

活动时间与地点

1. 活动时间

基础数字技能培训：每周六 9：00—10：20，持续 6 周。

2. 活动地点

社区老年活动中心多功能厅。

参加人员

社区内 60 岁及以上老年人、活动工作者，预计参与人数 15 ～ 20 人。

物品使用及支出费用

老年智慧生活教育活动物品使用及支出费用见表 2-2-5。

表 2-2-5　老年智慧生活教育活动物品使用及支出费用

物品名称	数量	费用 / 元	备注
合适的桌椅	若干	0	机构自备
电脑、投影仪	1 套	0	机构自备
手机	5 部	0	机构自备
白板及白板擦	各 1 块（白板 60 cm × 90 cm）	50	不反光且易擦除字迹
白板笔	4 支（红、黄、蓝、黑）	10	粗细、大小合适

续表

物品名称	数量	费用 / 元	备注
宣传单页、游戏用图	各 25 页（25 mm × 35 mm）	100	字体要大、图片清晰
合计		160	

风险控制与应急预案

1. 可能出现老年人对数字技能学习接受困难的情况，提前准备个性化教学方案，安排志愿者进行一对一辅导。

2. 活动现场可能出现设备故障，提前准备备用设备。

3. 若有老年人在活动中出现身体不适，现场配备急救药品和器材，及时联系医护人员或家属。

效果评估

1. 过程评估

观察老年人在活动中的参与度、积极性和互动情况，及时调整活动方式和内容。

2. 结果评估

通过问卷调查、技能测试、老年人数字素养评估等方式，评估老年人数字技能的提升情况，以及对活动的满意度。

三、活动操作技能

以上述方案中“智能手机基础操作”为例，展示活动操作技能（表 2-2-6）。

表 2-2-6　智能手机基础操作教育活动内容

<table>
<tr><td>活动名称</td><td colspan="2">智能手机基础操作教育活动</td></tr>
<tr><td>使用物品及数量</td><td colspan="2">2 部智能手机、1 台电脑、1 个投影仪、1 块白板、1 支白板笔、椅子若干</td></tr>
<tr><td>场地要求</td><td colspan="2">环境安静、光线充足、具备无线网络、适合开展活动的房间</td></tr>
<tr><td rowspan="3">具体操作过程</td><td>活动前期
（10 分钟）</td><td>社区老年人到达活动房间后，首先安排就座，志愿者通过调研表单了解老年人对智能手机基础操作掌握情况及学习需求</td></tr>
<tr><td>活动导引部分
（3 分钟）</td><td>活动工作者介绍此次活动的主题——“智能手机基础操作教育活动”</td></tr>
<tr><td>活动核心技能部分（40 分钟）</td><td>1. 活动工作者介绍手机外观及按键：短按电源键或双击屏幕手机亮屏；按动音量键调节音量
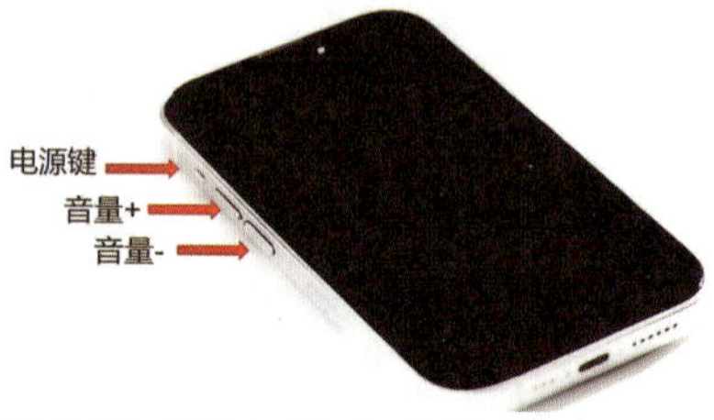</td></tr>
</table>

续表

<table>
<tr>
<td rowspan="3">具体操作过程</td>
<td rowspan="2">活动核心技能部分（40 分钟）</td>
<td>2. 活动工作者向老年人讲解手机联系人管理操作

3. 活动工作者向老年人讲解手机相机拍照操作，并鼓励老年人进行拍照、录像，记录美好生活
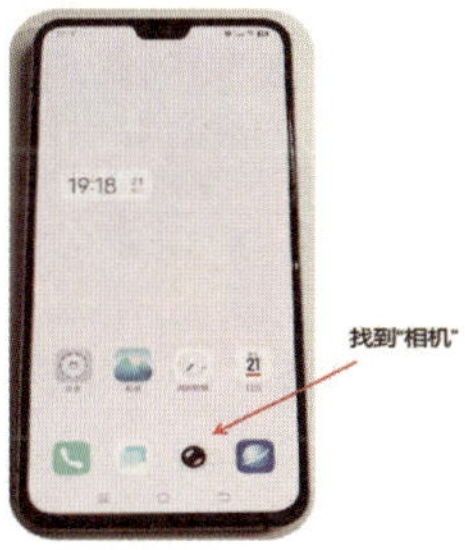
</td>
</tr>
<tr>
<td>4. 活动工作者讲解手机连接 Wi-Fi 步骤，并指导老年人进行操作，点击设置，找到 WLAN，找到对应网络，输入密码并加入

5. 活动工作者对老年人进行个性化指导，鼓励学会的老年人进行操作展示</td>
</tr>
<tr>
<td>总结部分
（10 分钟）</td>
<td>对参与活动的老年人的表现给予充分肯定，告知下次活动的时间和地点</td>
</tr>
<tr>
<td>注意事项</td>
<td colspan="2">1. 由于老年人思维迟缓，学习能力减退，因此要留给老年人足够的时间思考，不可催促老年人
2. 若老年人遗忘使用步骤，可耐心指导老年人操作，避免老年人有挫败感
3. 活动过程中，不必强求老年人完成所有操作，根据老年人实际学习能力而定</td>
</tr>
</table>

[附] 老年人基本情况及智能设备学习意愿评估表（表 2-2-7）

表 2-2-7　老年人基本情况及智能设备学习意愿评估表

评估项目	具体内容
基本信息	姓名： 性别： 年龄： 联系电话： 文化程度： 居住情况：□独居 □与配偶同住 □与子女同住 □其他 使用智能手机情况：□是 □否 使用智能手机时长：□ 1 年以下 □ 1 ～ 3 年 □ 3 年以上
健康状况	视力：□良好 □一般 □较差 听力：□良好 □一般 □较差 手部灵活性：□良好 □一般 □较差 记忆力：□良好 □一般 □较差 其他慢性疾病：□无 □有（请注明：_________）
智能设备使用情况	是否拥有智能手机：□是 □否 是否拥有平板电脑：□是 □否 是否拥有其他智能设备（如智能手表、智能音箱等）：□是 □否 常用手机功能（可多选）： □打电话 □发短信 □拍照 / 录像 □使用微信等社交软件 □浏览网页 □观看视频 □听音乐 □玩游戏 □其他：_________ 是否遇到过以下问题（可多选）： □字体太小看不清 □操作太复杂不会用 □担心隐私泄露 □其他：_________
学习意愿和能力	是否愿意学习使用智能设备：□非常愿意 □愿意 □一般 □不愿意 学习新事物的能力：□强 □一般 □较弱 希望学习哪些方面的内容（可多选）： □智能手机基本操作 □微信等社交软件使用 □手机支付 □网上购物 □地图导航 □健康医疗 □其他：_________
其他	对老年智慧生活教育活动的期望和建议：

续表

评估项目	具体内容
评估说明	1. 本评估表旨在了解老年人的基本情况和学习需求，以便更好地开展老年智慧生活教育活动 2. 请根据实际情况填写，并在相应的选项前打“√” 3. 我们将对您的信息严格保密，仅用于本次活动
评估人	
评估日期	

【练习题】

一、单项选择题（在每小题给出的四个选项中，只有一项是符合题目要求的，请将所选答案的字母填写在括号内）

1. 老年智慧生活教育活动中，为避免老年人遗忘所学内容，应采取的措施是（　　）。

A. 增加活动时长　　B. 定期回顾与巩固

C. 加快教学进度　　D. 减少实践操作

答案：B

解析：老年活动内容设计要求部分明确提出“定期安排时间对之前学过的内容进行回顾和巩固练习，避免老年人遗忘”，所以 B 选项正确。

2. 以下属于老年智慧生活教育活动中数字技能培训类的是（　　）。

A. 学习预约挂号　　B. 使用微信进行聊天

C. 加入线上书法小组　　D. 学习使用燃气报警器

答案：B

解析：上文“老年智慧生活教育活动的分类及功能”表明，数字技能培训类包括智能手机基础操作、常用应用软件使用等，使用微信聊天属于常用应用软件使用，B 选项正确。A 选项学习预约挂号属于健康管理教育类；C 选项加入线上书法小组属于社交互动支持类；D 选项学习使用燃气报警器属于安全保障教育类，故排除 A、C、D 选项。

3. 老年智慧生活教育活动内容设计要求中，为提高老年人的参与积极性，应采取的措施是（　　）。

A. 增加教学内容难度　　B. 融入趣味性元素

C. 减少实践操作环节　　D. 采用单一教学方式

答案：B

解析：上文“活动内容设计要求”提到，在活动中加入趣味性环节，如数字设备使用技巧竞赛、数字产品知识小问答等，获胜者可以获得小奖品，还可以设置有趣的实践任务，能提高老年人参与活动的积极性，所以 B 选项正确。A 选项增加教学内容难度会让老年人产生畏难情绪，不利于提高参与积极性；C 选项减少实践操作环节不符合结合生活场景教学的要求，也不利于提高积极性；D 选项采用单一教学方式过于枯燥，也不利于提高积极性，故排除 A、C、D 选项。

二、判断题（正确的请在答题括号中画√，错误的画×）

1. 老年智慧生活教育活动仅指帮助老年人学习智能设备的使用技巧。（　　）。

答案：×

解析：上文中提到老年智慧生活教育活动广义上是针对老年人设计的，旨在提升其科技使用能力和生活质量的一系列教育活动；狭义上主要指帮助老年人学习智能设备的使用技巧。所以该说法过于片面，错误。

2. 老年智慧生活教育活动对社会的作用之一是促进“银发人力资源”开发，缓解劳动力短缺压力。（　　）。

答案：√

解析：根据上文“老年智慧生活教育活动的作用”中对社会的作用部分，“通过科技赋能延长老年人的社会参与周期，促进‘银发人力资源’开发，缓解劳动力短缺压力”，该说法正确。

3. 在老年智慧生活教育活动中，为了让老年人更好地学习，应一次性教授所有知识。（　　）。

答案：×

解析：上文强调，活动内容应按照从简单到复杂的顺序安排教学，且单次活动不宜过长，要将复杂内容分成多次活动进行，让老年人有时间消化吸收所学知识，所以一次性教授所有知识的说法错误。

三、论述题

●请结合所学知识，简述老年智慧生活教育活动对患有慢性疾病老年人的日常生活有哪些积极影响？

1. 提升老年人健康管理能力

通过智慧生活教育，老年人可学习使用智能健康监测设备（如智能手环、血压血糖监测仪），实时记录心率、血压、血糖等数据，实现疾病数据的动态追踪，达到预防病情恶化的效果。

2. 优化老年人就医效率

掌握线上挂号、缴费、查询报告等功能，避免医院排队等待，减少交叉感染概率。

3. 促进老年人社交与心理调适

借助社交软件（如微信）与亲友、病友保持高频联系，分享生活感悟，缓解因疾病导致的孤独感与焦虑情绪，提升心理健康水平。

4. 便利老年人日常生活需求

学习使用生活服务类 APP（如外卖、购物、家政预约），足不出户解决日常采购、餐饮等需求，尤其在疾病发作期或行动不便时，降低生活负担。

5. 获取权威健康知识

通过官方健康科普平台等渠道，老年人可自主获取慢性疾病防治、饮食运动指导等科学信息，避免轻信伪科学谣言，形成正确的疾病管理认知与生活习惯，助力长期健康维护。

拓展阅读

数字化“居家－社区－机构－医院”智慧养老一体化信息平台

通过整合物联网、移动通信技术、智能养老终端、云计算等，搭建“智慧养老”一体化信息交互平台及各种数据交互系统，将养老服务的各个环节串联起来，实现养老服务、医疗照护服务数据交互的信息交互平台。

借用各种智能交互设备，建立老年人与儿女、社区、康养机构、医院之间的联结。在养老机构及社区康养中心，添置环境监控系统、生命健康监测系统，借助为老年人配置的个性化可移动智能装备、智慧化可穿戴设备（智能手环、智能手机等）、智能紧急呼叫装备及精准定位设备、服务终端设备等，有效实现老年人身体功能监控、网络辨识及紧急呼叫，这些关乎老年人生命健康的信息实时接入智慧养老服务平台，并与社区、康养机构、医院实现实时信息共享互通，完整覆盖老年人日常生活、医疗服务、护理服务、康养需求、人际交往、情感交流等各个方面，最终实现“医－养－康－护－心”一体化全方位智慧养老服务。

点燃思考

技术普惠的悖论：如何跨越“数字鸿沟”？

某社区为独居老年人安装了智能报警器，旨在监测跌倒风险并及时呼救。但部分老年人因不会使用手机 APP 接收警报，或担心误触后被贴上“虚弱标签”而拒绝使用。有人认为是技术设计未充分考虑老年群体的数字素养差异与心理需求，导致设备沦为“摆设”，对此谈谈你的看法。

项目三

老年康健活动策划与组织

学习目标

素质目标

1. 引导学生树立尊重、平等对待、接纳认知障碍老年人的正确价值观。
2. 在组织集体性康健活动时，培养学生的团队合作精神和协调组织能力。
3. 提高学生职业认同感、树立积极老龄化的社会责任意识。

知识目标

1. 了解老年康健活动的分类及功能。
2. 熟悉组织老年康健活动过程中的安全管理要点。
3. 掌握老年康健活动策划的基本流程及各要素的基本要求。
4. 掌握老年康健活动组织实施的基本要求及带领技巧。

技能目标

1. 能通过调研分析老年人的生理、心理及社交需求。
2. 能够撰写老年康健活动策划方案。
3. 能够根据策划方案及运用带领技巧有效组织实施老年康健活动。

知识导读

- 老年康健活动策划与组织
  - 老年运动健身活动策划与组织
    - 老年运动健身活动的基本概念
    - 老年运动健身活动的分类及功能
    - 老年运动健身活动遵循的原则
    - 老年运动健身活动策划
    - 老年运动健身活动组织与实施

- 老年康健活动策划与组织
  - 老年认知活动策划与组织
    - 老年认知活动的基本概念
    - 老年认知活动的分类
    - 老年认知活动的功能
    - 老年认知活动策划
    - 老年认知活动组织与实施
  - 老年康乐活动策划与组织
    - 老年康乐活动的基本概念
    - 老年康乐活动的分类
    - 老年康乐活动的功能
    - 老年康乐活动策划
    - 老年康乐活动组织与实施

任务一　老年运动健身活动策划与组织

案例导入

李爷爷，66 岁，汉族。李爷爷退休前是某事业单位员工，喜欢喝茶、阅读、钓鱼。现丧偶独居。3 年前开始出现运动迟缓，血压升高并伴随一定的轻度肥胖症状，随之心脏压力增加，常常觉得呼吸困难，经常感到乏力疲惫，同时免疫力下降，在换季时常患流感。在钓鱼过程中经常腰痛，长时间的腰背疼痛令李爷爷的睡眠和休息受到了一定程度的困扰，休息不好的李爷爷情绪上一度出现焦虑和抑郁倾向。李爷爷的家人为了增加李爷爷的运动量和运动时间想出了很多办法。李爷爷在健身运动中选择了广场舞，但每天从 18 点跳舞到 21 点，家人劝阻李爷爷不应该过度运动，注意选择合适的健身活动，李爷爷并未理会，2 个月后出现了不同程度的肌肉损伤和关节疼痛，李爷爷及其家人为此烦恼不已。

根据案例，请思考：

1. 如何让李爷爷合理地“动”起来，来改善情绪低落和身体状况不佳等一系列状况？

2. 对于李爷爷这类老年人适合哪些老年活动？在为李爷爷策划健身活动的过程中需要考虑哪些要点？如何策划与组织实施活动？

任务描述

1. 根据李爷爷的身体状况，并结合其特质，策划具有明确目标的运动健身活动方案。

2. 依据方案组织与实施活动，观察记录李爷爷的活动表现，根据实际调整活动内容。

相关知识

扫一扫

一、老年运动健身活动的基本概念

（一）运动健身的含义

运动健身是指通过器械、徒手、场地辅助等方式，以体育锻炼、专门动作的形式来增强体质，改善健康状况，预防疾病的一种活动。

（二）老年运动健身活动的含义

老年运动健身活动是指针对60岁及以上的老年人设计的体育锻炼和健身活动，旨在增进健康、延缓衰老、防治老年疾病并丰富老年人的业余生活。定期的科学运动健身能够有效改善老年人的精神风貌，帮助老年人增强体质，有效预防常见的老年疾病，帮助老年人延长寿命。

二、老年运动健身活动的分类及功能

（一）按照健身活动的功能分类

根据运动健身的不同功效，遵循国家体育总局的分类标准，以及针对老年运动的适配性，将老年运动健身分为有氧运动、力量训练、柔韧性运动和平衡训练。

1. 有氧运动

有氧运动是指通过有氧代谢提供运动中所需能量的运动方式。典型的有氧运动包括游泳、散步、慢跑、单车。有氧运动的主要目的是增强老年人的心肺功能。近年来，美国得克萨斯大学的研究人员在《衰老神经科学前沿》报告中表明，参加有氧运动组的志愿者，其大脑中与记忆功能相关的前扣带皮层、与早老性痴呆症相关的海马区等特定区域血流量增加，并且他们在相关体检及认知检测中也表现更好，证明有氧运动能够增强中老年人的记忆力和其他认知能力。

2. 力量训练

力量训练是一种通过使用哑铃、健身器械或自重运动，在不损伤自身关节和韧带的基础上进行强化自身力量、增加肌肉围度和塑造或改变自身肌肉形状的各种运动。力量训练包括举重、俯卧撑、仰卧起坐、平板支撑、蹲起等需要肌肉用力的运动形式，一般持续时间较短，主要目的是锻炼肌肉，而不是消耗能量。老年人进行适当的力量训练有助于延缓肌肉萎缩、提高骨密度，使肌肉保持工作能力，从而降低发生关节疼痛、骨折等情况的概率，同时还能提高柔韧性和平衡能力，降低老年人跌倒的风险。

3. 柔韧性运动

柔韧性运动是指通过伸展和拉伸身体的肌肉和关节，以增加关节的活动范围和身体的柔软度。柔韧性运动主要包括瑜伽、舒筋拉力操及伸展类运动。柔韧性运动的功效为强化老年人的肢体及腰腹力量，提升运动表现，预防运动损伤，改善身体姿态，舒缓身心，延缓关节衰老。很多柔韧性运动是针对老年人身体特点而创编的，旨在延缓筋骨萎缩和肌肉流失，提高身体的柔韧性和协调性。

4. 平衡训练

平衡训练是指着重恢复或改善机体平衡的各种练习。平衡训练可以分为静态平衡训练和动态平衡训练两种主要类型。平衡能力可以作为一个预测跌倒的指数。自测一般可以通过“闭眼单脚站立测试”来评定。测试者闭眼站立，双手叉腰，在开始计时后，一只脚微微抬起。当支撑脚移动、抬起的脚落地或眼睛睁开时，计时结束。平衡训练能够帮助我们提高下肢力量，保持身体的稳定，增强核心肌群的稳定性，增强抗重力能力，改善日常生活能力。

（二）按照老年人年龄分类

1. 低龄老年健身活动

这类活动主要针对 69 周岁以下的老年人，除了一些需要强体力的活动外，大多数健身运动都可以包括在内。运动时间也可以相应较长。这一年龄段的运动健身主要功能在于塑性，维持健康，增强身体素质。

2. 中龄老年健身活动

这类活动主要针对 70 ~ 79 周岁的老年人，主要进行中等强度的运动健身，这一年龄段的老年人可以进行散步、太极拳、五禽戏、门球等运动。这类老年运动健身活动的功能在于缓解老化关节及肌肉带来的酸痛不适感。

3. 高龄老年健身活动

这类活动主要针对 80 周岁及以上的老年人，这类老年运动健身需要维持较低活动量。这一年龄段老年人可以进行散步、舒筋拉力操、八段锦等运动。这类老年运动健身的功能在于维系一定的机体力量和肌力。

4. 病患老年健身活动

这类活动主要针对因遭受疾病而导致某些生理功能丧失的老年人。这类老年运动健身以康复运动为主。其作用在于维持和恢复老年人的四肢功能及其他能够帮助其自理生活的功能。

三、老年运动健身活动遵循的原则

根据国家体育总局颁布的《老年人健身遵循五原则》，老年运动健身活动应该遵循以下五点。

（一）选择适宜的运动项目

老年人进行健身运动时，适宜从事耐力性项目，而不宜进行速度性项目。例如，步行、慢跑、游泳、自行车、登山，以及太极拳、柔力球等项目，有条件时还可以选择羽毛球、门球等项目。需要注意的一点，在进行耐力性健身运动的同时，还要适当进行一定程度的力量性锻炼，以减轻老年人肌力的减退。

（二）运动要循序渐进

健身运动初期的运动负荷和运动量要小，适应后再逐步增加。运动后感到轻松舒畅，食欲睡眠良好，这说明运动负荷和运动量合适。锻炼的动作应遵循“由易到难，由简到繁，由慢到快”的原则，锻炼的时间应逐渐增加。老年人运动时，可用运动后即刻脉搏变化和恢复时间来控制运动量，适宜的运动量可用“170– 年龄”这个公式来掌握，如 60 岁的人运动后即刻脉搏达到 110 次 / 分，5 ~ 10 分钟脉搏恢复到安静时水平较为适宜。

（三）要经常运动

健身运动要持之以恒。每周锻炼应不少于 2 ~ 3 次，每次锻炼不低于 30 分钟。只有这样的锻炼才能使身体结构和功能发生良好的变化，增强身心健康。

（四）因人而异

老年人在锻炼前应做一次全面的身体检查，通过检查可了解自己的健康状况和各脏器的功能水平，之后再根据年龄、性别、体力特点、健康状况、运动基础及运动习惯来选择最适宜运动项目，并制订合理的锻炼计划，锻炼计划也要因人而异。

（五）自我监督

老年人参加体育锻炼要加强医务监督。要学会观察、记录自己的脉搏、血压及健康状况，以便进行自我监督，提高锻炼效果，防止过度疲劳，避免发生运动损伤。老年人锻炼应尽量避免做憋气的动作和参加精神过于紧张的比赛活动。如在运动中出现脉搏过快或过慢，或变得不规则时，应停止锻炼，去医院检查。

四、老年运动健身活动策划

（一）活动目的确定的主要流程及要求

1. 确认老年人的身体素质状况及机体功能

在制订老年健身活动策划方案之前，首先要全面了解老年人的基本情况，包括年龄、性别、健康状况、兴趣爱好、生活习惯、身体功能等，通过问卷调查、实地调研、访谈、观察评估等方式向老年人及其家属了解老年人的身体素质及机体功能（如体力、耐力、是否患有慢性疾病等问题）和心理健康状态，以此制订多元性、科学性的活动方案。

2. 了解老年人的需求

不同的运动健身项目带来不同的效果与功能，总体功能都以维持健康、防治老年疾病为主。但老年人对运动健身有自己不同的需求。其中，生理上的需求包括增强体质，延缓衰老，防治慢性疾病，缓解老化机体带来的酸痛；心理上的需求包括提升幸福感等。另外，老年人还存在期望通过运动健身活动扩大社交圈等需求。通过对老年人的需求进行分析，制订针对性的活动方案。

3. 确定活动的主要目标

结合老年人的身体素质、机体功能及实际需要，制订运动健身的短期目标与长期目标。短期目标是缓解机体老化带来的病痛，改善情绪问题，调动机体代谢功能，调节呼吸等；长期目标是延缓衰老，防治老年慢性疾病，提升老年人生活幸福感等。针对不同老年人的实际情况和具体需求，制订个性化的运动健身干预目标。如针对中高龄老年人制订防跌倒运动健身计划。

4. 动态调整与完善目标

根据老年人的接受程度并通过问卷调查或座谈会等形式，收集参与活动的老年人的反馈，跟踪后续老年人身体的具体状况变化及活动感受，动态调整、优化活动目标，提高活动功效，同时增强工作者的策划活动能力。

（二）活动内容设计要求

1. 活动内容强度要适中

由于健身活动的主要对象是通过健身来维持身体健康需要的老年人，因此，活动的难度要根据老年人的身体素质及健身需求来定，运动量既不能过小，否则起不到健身的效果，也不能过重，以免增加老年人的身体负担。要能够使老年人积极地参与其中，并通过健身活动获得一定的效果。

2. 活动内容具有针对性

不同老年人的身体素质是不同的，与自身退休前或正在进行的工作有着密切的关系，同时和老年人的作息、饮食、兴趣爱好等生活习惯有着密不可分的联系。在设计健身活动策划方案时，需要针对不同身体素质和不同需要的老年人进行因人而异的轻微调整与计划，确保健身活动能达到老年人健身的效果。

3. 活动内容具有趣味性

趣味性是吸引老年人参与活动的重要因素。通过增加健身活动的趣味性和多样性，可以有效提升老年人参与的积极性和投入程度。这不仅能够给予老年人情绪刺激，还能让他们在参与过程中体验到活动的乐趣，从而有助于改善老年人在健身过程中的情绪状态。

（三）活动时间安排要求

1. 时间长短适宜

老年健身活动的时间要根据老年人身心状况和参与意愿等因素而定，通常活动时间为 30 ~ 60 分钟。避免时间过长使老年人感到厌倦和疲劳。活动时间也要根据老年人参加活动的状况进行合理调整。

2. 安排合适的时间段

老年人健身的时间段可以在 9：30—10：30 及 15：00—16：00 期间。具体可以根据老年人的身心状况，并结合老年人、康复师、护理员、运动治疗师及家属等的意见合理设计与安排，由老年人进行选择。

（四）健身器材使用要求

国家体育总局 2025 年 2 月发布的《老年人健身器材配置指南（试行）》对老年人健身器材的类别、使用及选择做出了明确规范。

1. 老年人健身器材的类别

老年人室外健身器材按照功能分为心肺类、力量类、平衡类、手脑协调类、按摩类、牵引类、休闲益智类，老年人室内健身器材按照功能分为心肺类、力量类、律动训练类和柔韧拉伸类。器材应结合老年人的身体特点，器材需具备轻缓、简便、负荷可控且随时可停等特点，应充分评估器材安全风险、机械安全风险、电气安全风险及运营管理安全等，避免老年人在体育锻炼中发生运动伤害。

2. 器材配置要遵循多样性原则

器材配置应充分考虑老年人体育锻炼的基本需求，根据老年人的健康水平和运动能力，系统配置适宜的器材，使老年人通过全方位锻炼提升体质。要突出有效性、互动性、标准化原则，应满足多人参与、进行互动交流的需求，激发老年人主动参与体育锻炼的积极性，并且符合相关法律法规、国家标准、行业标准要求。

3. 器材宜采用便捷模块化设计

提高产品零部件通用性，降低产品维护成本，提高维护管理便捷性。器材应配置醒目易见的标识牌，内容应简洁明了，容易被老年人所理解；无法在器材上配置的可在器材旁单独配置。标识牌中的警示应结合器材锻炼功能，提醒老年人根据身体健康情况科学合理地锻炼。

（五）人员配备要求

1. 专业能力

工作人员团队包括活动工作者，同时还应配备一名具备相关专业知识及技能的康复师或运动训练师等，能够为老年人在运动健身活动中提供专业的指导与保护。

2. 沟通能力

工作人员需具备良好的沟通能力。在活动中时刻关注老年人的状况与需求，并能与老年人建立良好互信的关系，耐心倾听老年人的需求，在运动健身活动中为老年人解惑。

3. 急救知识

工作人员需具备急救技能。能够及时应对老年人在运动健身过程中突发的抽筋、肌肉拉伤等意外情况，确保老年人在活动中的安全。

（六）活动流程的主要内容

老年运动健身活动流程的主要内容见表 3–1–1。

表 3–1–1　老年运动健身活动流程的主要内容

活动流程阶段	具体内容
活动前期的准备工作内容	1. 身体素质情况及需求调研：通过问卷调查及上门访谈等方式收集老年人的基本信息和对健身运动的需求 2. 活动设计：根据调研结果设计活动内容、形式和具体流程 3. 器械与场地检查：对运动健身活动所需要的器械进行常规安全检查，对活动场地进行适老化改造 4. 检查人员配备：确认工作人员分工及工作人员资质与资格筛查 5. 宣传动员：科普并宣传科学健身对老年人的益处，动员老年人积极参与
活动过程中的主要环节	1. 签到入场：在活动入口处设置签到台，为签到老年人发放活动纪念徽章和健康宣传手册，引导老年人到休息区就座，志愿者为老年人送上饮用水，解答老年人疑问 2. 开场致辞：负责人开场致辞，介绍活动的目的、流程和注意事项，欢迎老年人参加活动，专业运动教练简要介绍适合老年人的运动理念和本次活动的运动项目特点及益处 3. 热身活动：运动教练带领老年人在热身区进行简单的热身运动，如颈部伸展、肩部环绕、手腕脚踝活动、慢走等，活动身体关节，提升体温，为后续运动做好准备 4. 运动项目学习练习：以太极拳、无极球、弹力带等项目为例，由教练演示教学后带领老年人跟随练习
活动后期的主要工作内容	1. 反馈收集：活动结束后，通过问卷或访谈方式收集老年人对本次活动的反馈意见，了解他们对活动内容、组织安排、运动项目等方面的满意度和建议，以便改进后续活动 2. 建立运动档案：根据活动中老年人的身体检查数据和运动表现，为有需求的老年人建立简单的运动健康档案，记录老年人的身体状况和运动情况，为老年人后续的运动健身提供参考和指导 3. 定期组织活动：根据老年人的反馈和需求，定期组织类似的老年运动健身活动，持续关注老年人的健康生活，丰富老年人的业余生活

五、老年运动健身活动组织与实施

（一）老年运动健身活动组织与实施的基本要求

为了实现老年运动健身活动策划的目标，老年运动健身活动组织与实施上运用了部分 SMART 分析法以保证目标的实现，同时保证活动的科学性、安全性和有效性。

1. 明确性

老年人的健身需求应该是明确的。老年人有维持身体健康的需求，有预防慢性疾病的需求，有恢复机体功能的需求。因此在组织过程中，需要明确老年人的具体需求并规范活动的各项流程。

2. 可衡量性

老年运动健身活动需要后续的反馈及动态调整，这就要求活动设计中老年人的行为是能够被衡量评估的，这对后续活动的开展有着至关重要的作用。

3. 可达成性

老年运动健身活动的目标应是尽量能够达成的。在活动策划与组织过程中，应该从老年人的实际出发，避免在活动中有过高或过低的期待，从而导致活动结果与目标不匹配。

4. 安全性

在组织活动时，要确保老年人的安全。要合理安排活动时间和地点，避免老年人过度疲劳或身体受到伤害。同时，要提供必要的急救设备和药品，以便在紧急情况下及时处理。

（二）老年运动健身活动的带领技巧

1. 掌握老年人沟通技巧

与老年人沟通时，要语言与肢体语言并用，使用温和、舒缓的语速及亲切的语调，配合微笑、眼神交流、点头等肢体语言，传递尊重与关怀。讲解运动动作时，边说边示范，时刻关注老年人是否理解，确保信息有效传达。

沟通需要富有同理心，并且在过程中应耐心倾听老年人的反馈与意见。活动全程主动询问老年人的感受与想法。运动一段时间后，询问运动强度是否合适、动作有无不适。依据反馈及时调整节奏、难度，确保老年人的良好参与状态。

2. 灵活引导与正向激励

提供针对性指导，依据老年人身体状况与运动能力差异，提供不同难度层级指导。对于身体虚弱、运动基础差的老年人，简化动作、降低强度，如健身操减少跳跃，多做简单的肢体摆动；对于身体素质好、有经验的老年人，可适当增加难度与创意，如太极剑鼓励个性化动作编排。

在老年人运动过程中，要时常提供正向激励。通过口头表扬及在场地设置成果展示区、张贴区等，提升老年人的自信心和成就感。这种积极的反馈能够激励老年人更加积极地参与活动。

3. 把控时间节奏及运动氛围

合理安排运动顺序。在激烈的体力运动如有氧健身操、短距离慢跑后，安排静态拉伸、瑜伽等放松动作，或组织围坐分享心得、听健康讲座，让老年人的身体充分休息，维持参与热情。设计“健身球投篮比赛”“慢骑自行车挑战赛”等趣味运动游戏，激发竞争意识与参与热情，营造轻松愉快的活动氛围。

（三）老年运动健身活动的安全管控

1. 环境安全管控

（1）活动场地内的健身器材、桌椅及其他设施务必摆放稳固，确保无尖锐边角外露，防止老年人碰撞受伤。器材与器材之间的间隙要合理规划。避免使用带有滑轮或易折叠的不稳定设施，对于使用轮椅的老年人，每次使用前都要检查轮椅刹车是否灵敏，提醒老年人系好安全带，并将双脚平稳放置在地面。

（2）场地应具备良好的通风条件，以保持空气清新，减少闷热感。同时，要确保光线充足且柔和。此外，场地要尽量远离噪音源，为老年人营造安静、舒适的健身环境，有利于他们集中注意力，减少因外界干扰而引发的意外。

2. 器材安全管控

（1）挑选易于操作、安全性能卓越的健身器材，确保器材表面无尖锐凸起、无易脱落的小部件，防止老年人在使用过程中被划伤而发生危险。器材的尺寸和重量要充分考虑老年人的身体条件，以方便抓握、操作轻松为宜，降低因器材使用不当导致的意外伤害风险。

（2）在每次健身活动前，工作人员需对所有器材进行全面检查，重点查看器材的关键部位。定期对器材进行深度维护保养，及时更换磨损严重或存在安全隐患的部件，确保器材始终处于良好运行状态。对于一些操作相对复杂的器材，要在器材旁设置清晰易懂的操作指南和安全提示标识。

（3）在老年人使用器材前，工作人员要进行详细的示范讲解，确保老年人清楚每个器材的正确使用方法和注意事项。在老年人使用器材过程中，工作人员要随时在旁边观察，及时纠正错误动作，防止因操作失误引发安全事故。对于初次使用器材的老年人，要给予更多的关注和耐心指导。

3. 活动过程安全管控

（1）在运动健身活动开展前一天，与老年人所在社区、养老机构等相关工作人员进行再次沟通，全面了解每位老年人近期的精神状态、情绪变化及身体状况，尤其是关注那些可能存在激越行为倾向的老年人。根据评估结果，提前制订个性化的应对方案，确保活动安全有序进行。

（2）运动健身活动期间，工作人员要密切留意每位老年人的精神状态和行为表现。一旦发现有老年人出现身体不适或有激越行为迹象，如肢体动作过激、健身动作不正确或运动造成损伤等，要立即上前急救处理，采取适当措施稳定老年人的情绪和身体状况，必要时暂停活动进行处理。

（3）合理安排工作人员数量，确保在活动现场能够对每位老年人进行有效看护，工作人员与老年人的比例应根据活动的复杂程度和老年人的身体状况合理设置。所有工作人员都要熟悉基本的急救知识和技能，如心肺复苏、止血包扎，肌肉拉伤及肌肉痉挛的处理等，并在活动现场配备齐全的急救设备和药品，以便在突发意外事件时能够迅速做出反应，及时进行救治。

活动举例

一、活动参与对象评估

针对前述案例中的李爷爷，通过采访照护人员、与老年人深入交流、整理护理人员对李爷爷的身体状况评估结果等方式，收集整理李爷爷的个人情况如下（表 3-1-2）。

表 3-1-2　李爷爷评估结果

姓名	李 ××	性别	男	年龄	66 岁
兴趣爱好	阅读、钓鱼	既往病史	高血压、心脏病	退休前职业	事业单位人员
身体功能评估	生活自理能力	生活能够自理，可以完成基本日常活动			
	慢性疾病	患有高血压、心脏病			

续表

身体功能评估	身体症状	存在肥胖及腰背损伤、肌肉拉伤、关节疼痛症状
	心理状况	存在焦虑、抑郁、失眠现象
	认知状况	思维能力基本正常，不存在认知障碍
健身需求	希望通过健身运动改善肥胖及呼吸不畅、关节酸痛、腰背酸痛等相关症状	
评估结果总体评价	有一定的自理能力，运动风险较低，有健身活动的需求，但由于存在一些慢性疾病，并不适合高强度的运动健身活动	

二、活动策划方案

根据李爷爷的身体功能评估结果，结合老年人的特质，重点围绕缓解慢性疾病及肌肉酸痛的专项干预目标，为李爷爷量身定制如下健身活动方案。

“畅通呼吸，强健关节肌肉”健身活动方案

活动背景

随着年龄的增长，老年人的机体功能逐渐衰退，适宜的健身活动有助于老年人身体功能的维持并预防慢性疾病，提高生活质量。因此，特制订此老年人健身活动计划，让老年人积极参与其中，享受活动的乐趣，延缓身体功能衰退速度，提升生活质量和幸福感。

活动目的

1. 改善老年人的呼吸功能，减轻心脏负担，缓解呼吸困难症状，提升心肺功能。

2. 增强老年人的关节灵活性和肌肉力量，修复受损肌肉，缓解关节疼痛，预防肌肉和关节损伤的进一步恶化。

3. 引导老年人养成科学合理的运动习惯，调整运动强度和方式，改善睡眠质量，减轻焦虑抑郁情绪，提升生活质量。

活动内容

1. 呼吸训练活动。
2. 关节肌肉训练活动。
3. 放松活动。

活动时间及计划

1. 第一阶段活动计划（第一、二周）

每天 9：30—10：10，进行呼吸训练活动，包括腹式呼吸练习 15 分钟。

每天 15：30—16：10，进行关节活动操，每个关节活动动作重复 8 ~ 10 次，共 40 分钟。

2. 第二阶段活动计划（第三、四周）

每天 9：30—10：20，进行呼吸训练活动，腹式呼吸练习增加到 20 分钟。

每天 15：30—16：20，进行肌肉力量训练，每个动作做 10 ～ 12 次，组间休息 1 ～ 2 分钟，共 50 分钟。

3. 第三阶段活动计划（第五、六周）

每天 9：30—10：30，进行呼吸训练和拉伸运动。呼吸训练 30 分钟，拉伸运动 30 分钟。

每天 15：30—16：30，进行关节活动操和肌肉力量训练。关节活动操 30 分钟；肌肉力量训练每个动作做 12 ～ 15 次，共 60 分钟。

4. 第四阶段活动计划（第七、八周）

每天 9：20—10：30，呼吸训练 20 分钟，老年瑜伽 15 分钟，深度拉伸 20 分钟，加入泡沫轴按摩 15 分钟。

每天 15：30—16：40，关节灵活性训练 30 分钟；肌肉力量训练每个动作做 15 次，共 70 分钟。

整个活动期间，若老年人家人周末有时间陪伴，可以将某一项活动安排在周末，来自家人的情感支持更有利于活动效果。老年人每次参加活动的时长，根据身心情况调整。

活动地点

李爷爷家中客厅或小区内安静、空旷且地面平坦的区域，以及社区附近的健身中心。

参加人员

1. 李爷爷。他是活动的核心参与者。

2. 活动工作者。

3. 专业健身教练。前 2 周每周至少进行 3 次现场指导，后续通过视频通话等方式进行远程指导，确保李爷爷运动动作规范、安全。

4. 李爷爷家人。协助监督和鼓励李爷爷参与活动，在活动过程中给予必要帮助。

活动流程

1. 活动前

（1）健身教练与李爷爷及其家人进行深入交流，全面了解李爷爷的身体状况、既往病史、运动习惯及目前的身体不适症状等详细信息。

（2）对李爷爷进行全面身体评估，包括心肺功能测试、关节活动度检查、肌肉力量测试等，依据评估结果制订个性化健身活动方案。

（3）准备活动所需器材，如瑜伽垫、椅子、沙袋、节拍器、泡沫轴等，确保器材安全、适用。

（4）向李爷爷及其家人详细讲解活动方案的内容、目的、注意事项及可能出现的身体反应，消除疑虑，提高参与积极性。

2. 活动中

（1）第一、二周：健身教练现场指导李爷爷进行各项活动，确保动作规范、准确，及时纠正错误动作。密切关注李爷爷的身体状况，如呼吸、心率、面色等，如有不适，立即停止活动并处理。

（2）第三至八周：健身教练通过视频通话等方式远程指导，定期与李爷爷及其家人沟通，了解活动进展，根据李爷爷身体适应情况适时调整活动强度和内容。李爷爷家人协助监督，提醒李爷爷按时活动，并在活动中给予帮助。

3. 活动后

（1）李爷爷在每次活动后记录身体感受，如疲劳、疼痛加剧等不适症状，以及活动表现，如动作完成难易程度等。

（2）健身教练每周与李爷爷及其家人总结沟通，根据李爷爷的记录和家人的反馈评估调整活动方案。

（3）每 2 周对李爷爷进行身体复查，包括心肺功能、关节活动度、肌肉力量等检查，对比活动前后身体指标变化，评估活动效果。

物品使用及支出费用

老年运动健身活动物品使用及支出费用见表 3-1-3。

表 3-1-3　老年运动健身活动物品使用及支出费用

物品及项目名称	数量	费用 / 元	备注
老年防滑静音加厚瑜伽垫	1 块	50 ~ 150（依材质和质量选择）	李爷爷自行购买
靠背圆脚防滑扶手圈椅	1 把	100 ~ 200	供李爷爷进行坐姿抬腿、关节活动操等活动使用
增肌抗阻沙袋（中老年专用款）	2 个	每个 10 ~ 20（0.5 ~ 1 kg）	用于增加腿部力量训练强度
节拍器	1 个	30 ~ 50	辅助呼吸节奏训练
泡沫轴	1 个	30 ~ 50	用于肌肉放松按摩
健身教练指导费用	—	现场指导每次 200 ~ 300 元（以 3 次计），远程指导每月 200 ~ 300 元（以 6 周计）	确保李爷爷科学健身
合计		1 120 ~ 1 820	

安全管理

1. 活动前全面检查场地，确保地面平坦、干燥，无障碍物，防止李爷爷跌倒。

2. 活动中密切关注李爷爷的身体状况，如出现呼吸急促、头晕、心慌、关节疼痛加剧等不适，立即停止活动，根据情况进行休息、喝水、冷敷等处理。如症状严重，及时送医。

3. 提醒李爷爷活动前做好热身，活动后充分拉伸放松，避免因突然运动或未及时放松导致肌肉拉伤、关节损伤。

4. 定期检查和维护活动器材，确保安全性和稳定性。如瑜伽垫破损及时更换，椅子松动及时修理或更换。

活动评价

1. 过程评价

（1）健身教练每次指导活动后记录李爷爷的活动表现，包括动作规范性、完成度、专注度等。

（2）李爷爷及其家人反馈活动感受，如活动强度是否适中、对缓解身体不适是否有帮助、是否存在困难或问题等。

（3）根据记录和反馈及时调整活动方案，如调整动作难度、增减活动时间、改变活动顺序等，提高活动效果和李爷爷的参与度。

2. 效果评价

（1）每 2 周对李爷爷进行身体指标检查，对比活动前指标，评估心肺功能、关节活动度、肌肉力量等的改善情况。

（2）与李爷爷沟通，了解其睡眠质量、情绪状态、日常活动能力等的变化，评估活动对生活质量的影响。

（3）根据效果评价结果总结经验，优化完善活动方案，为后续健身活动提供参考。

三、活动操作技能

以上述方案中“呼吸训练活动、关节力量活动、放松活动”为例，展示活动操作技能（表 3-1-4）。

表 3-1-4　老年运动健身活动操作技能

<table>
<tr><td>活动名称</td><td colspan="2">老年运动健身活动</td></tr>
<tr><td>使用物品及数量</td><td colspan="2">1 块瑜伽垫、1 把椅子、2 个沙袋、1 个节拍器、1 个泡沫轴</td></tr>
<tr><td>场地要求</td><td colspan="2">面积适中、光线充足、适合运动的房间及健身场馆</td></tr>
<tr><td rowspan="3">具体操作过程</td><td>接送及运动前期准备工作（15 分钟）</td><td>接送李爷爷到达场馆后，提醒李爷爷换好适合运动的服装并做好热身运动（如活动手腕、脚腕、膝关节、腰部及颈部关节）</td></tr>
<tr><td>活动导引部分（5 分钟）</td><td>由健身教练、志愿者或活动工作者为李爷爷解释说明今天需要进行的健身运动项目及注意事项</td></tr>
<tr><td>活动核心技能部分（35 分钟）（包括多种运动，但并不一次进行完毕，分运动类型推动活动进行）</td><td>1. 呼吸训练运动
（1）腹式呼吸练习：吸气时，用鼻子慢慢吸气，让腹部隆起，感觉气息充满腹部，此时放在腹部的手会随着腹部的隆起而上升，放在胸部的手尽量保持不动；呼气时，用嘴巴慢慢呼气，腹部收缩，感觉气息从腹部排出，放在腹部的手随着腹部的收缩而下降
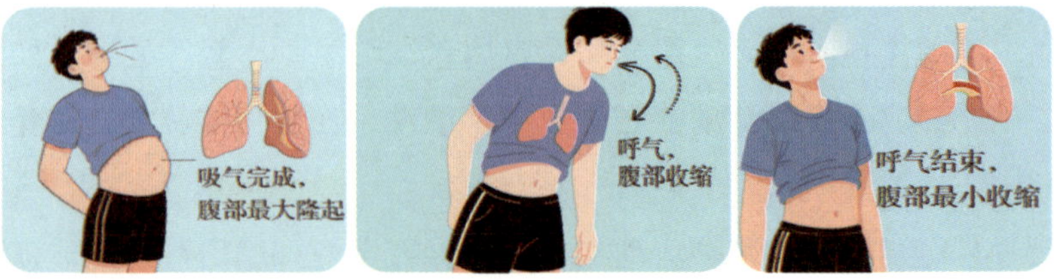
</td></tr>
</table>

续表

<table>
<tr>
<td rowspan="2">具体操作过程</td>
<td>活动核心技能部分（35 分钟）（包括多种运动，但并不一次进行完毕，分运动类型推动活动进行）</td>
<td>（2）室外有氧八段锦运动

2. 关节肌肉训练运动
膝关节活动：坐在椅子上，双腿伸直，脚尖向上勾起，保持 2 ~ 3 秒后放下，重复 10 ~ 15 次；扶住椅背，向后抬腿 15 次，左右腿交替，进行 2 组

3. 放松拉伸活动
（1）拉伸运动：在呼吸训练和关节肌肉训练后，进行全身拉伸。站立位，双手伸直，然后向左侧或右侧弯曲身体，感受身体侧面的拉伸，保持 15 ~ 30 秒，换另一侧重复

（2）老年瑜伽
</td>
</tr>
<tr>
<td>总结部分（5 分钟）</td>
<td>对李爷爷的活动表现给予充分肯定，告知下次活动的时间和地点</td>
</tr>
</table>

【练习题】

一、单项选择题（在每小题给出的四个选项中，只有一项是符合题目要求的，请将所选答案的字母填写在括号内）

1. 在策划老年运动健身活动时，以下哪种做法符合规范性原则？（　　）

A. 为追求新颖，引入未经专业评估的高难度运动项目

B. 活动流程中未明确工作人员职责分工

C. 依据《老年人权益保障法》设计活动内容

D. 活动宣传中使用夸张虚假话术吸引老年人参加

答案：C

解析：A 选项引入高难度且未经评估项目易引发安全问题，不符合规定；B 选项未明确职责分工不符合规范；D 选项夸张虚假宣传违反相关规定。C 选项依据法规设计内容符合规范性原则。

2. 对于身体虚弱、运动基础差的老年人，在健身操活动中应采取以下哪种指导方式？（　　）

A. 增加复杂的跳跃动作，提高运动强度　　B. 简化动作，多安排简单的肢体摆动

C. 要求与身体素质好的老年人完成相同动作　　D. 只让其观看，不参与实际运动

答案：B

解析：A 选项增加跳跃动作会加大身体负担；C 选项要求完成相同动作不切实际；D 选项不让参与无法达到锻炼目的。B 选项符合分层指导要求。分层指导原则下，对于身体虚弱、运动基础差的老年人，应简化动作、降低强度。

3. 为活跃老年运动健身活动氛围，以下做法不合适的是（　　）。

A. 播放节奏强烈、动感十足的流行音乐　　B. 设计“健身球投篮比赛”等趣味游戏

C. 组织老年人围坐分享运动心得　　D. 张贴老年人运动时的精彩照片

答案：A

解析：B 选项趣味游戏、C 选项分享心得、D 选项张贴照片都可活跃氛围。A 选项做法不合适，老年运动健身活动应选择舒缓优美的音乐引发情感共鸣，节奏强烈的流行音乐不适合老年人。

二、判断题（正确的请在答题括号中画√，错误的画 ×）

1. 依据可操作性原则，活动策划要充分考虑资源、场地、人员等限制因素。（　　）

答案：√

解析：可操作性原则就是要基于实际条件，考虑资源、场地、人员等现实因素进行策划。

2. 为节省预算，老年运动健身活动可选择质量一般、价格便宜的运动器材。（　　）

答案：×

解析：老年运动健身活动应选择性价比高且质量安全的器材，质量一般的器材可能带来安全风险，不符合安全管控原则。

3. 对于身体素质好的老年人，在健身运动中也不能增加难度，要和其他老年人一样。(　　)

答案：×

解析：分层指导原则要求对身体素质好、有经验的老年人可适当增加难度，鼓励创意。

三、论述题

●在老年运动健身活动中，如何提升活动效果？

1. 科学合理地规划运动项目顺序

在较为激烈的体力运动如有氧健身操、短距离慢跑后，及时安排静态拉伸、简单瑜伽放松动作，或组织老年人围坐分享运动心得、聆听健康讲座。让老年人的身体充分休息，维持参与热情，避免持续高强度运动导致疲劳，保证活动的连贯性和舒适度。

2. 巧妙运用音乐和游戏元素

精心挑选旋律舒缓、优美动听的经典老歌作为背景音乐，引发老年人的情感共鸣，营造温馨氛围。设计“健身球投篮比赛”“慢骑自行车挑战赛”等趣味运动游戏，激发老年人的竞争意识和参与热情，使活动充满活力，让老年人在轻松愉快的氛围中积极投入运动，增强活动的趣味性和吸引力，从而提升活动的整体效果。

●简述在老年运动健身活动策划中，如何合理安排运动项目以满足老年人的身体特点和需求？

1. 选择低强度、有氧运动

老年人身体功能下降，心肺功能较弱。像散步、太极拳、八段锦这类低强度的有氧运动能增强心肺功能，促进血液循环，且运动强度适中，不易对身体造成过大负担。例如，散步是一种简单易行的运动，几乎适合所有老年人，它可以提高身体代谢率，增强腿部力量。

2. 注重关节保护

老年人关节软骨磨损，关节灵活性降低。所以要避免高冲击、过度负重的运动项目。游泳就是很好的运动选择，水的浮力能减轻身体重量对关节的压力，同时能活动全身关节。像一些负重深蹲、跳跃类运动则不适合老年人。

3. 强调平衡与柔韧性训练

随着年龄的增长，老年人的平衡能力下降，容易跌倒。平衡训练如单脚站立练习、慢走直线等可以提高平衡感，降低跌倒风险。同时，柔韧性训练如瑜伽中的简单伸展动作，能帮助老年人保持关节活动范围，减轻肌肉僵硬。例如，经常进行肩部、腰部、腿部的伸展运动可缓解身体的酸痛感。

拓展阅读

上海推出长者运动健康之家——老年人有了家门口的专属健身房

随着中国社会老龄化进程的加速，“老有所养、老有所医、老有所健”的服务需求日益凸显。日前，国家体育总局办公厅印发的《2024 年群众体育工作要点》提出，深入实施“全民健身场地设施提升行动”，适老化场地设施建设等均成为建设重点，为城乡社区居民创造更加便捷、智慧、安全的健身环境。

上海是中国较早进入人口深度老龄化的城市。在国家大力推动健康中国建设、积极应对人口老龄化的背景下，长者运动健康之家作为“十四五”时期上海重点支持的新型健身设施，逐步满足社区老年人日益增长的运动健康需求。早在 2016 年，静安区大宁路街道成立第一家“嵌入式”（即嵌入社区）长者运动健康之家。据上海体育大学相关专家调研统计，截至目前，上海长者运动健康之家已达 120 家，实现 16 个区全覆盖。

长者运动健康之家辐射周边社区 1 公里范围内的老年人，逐步实现老年人就近享有优质普惠运动健康公共服务。为老年人提供健康检测、科学指导、器械锻炼、健康讲座、运动方案制订、慢病运动干预和社交娱乐等专业服务，以运动促健康，更好地发挥体育“治未病”功能，推动全民健身和全民健康深度融合，推动健康关口前移，加快建立老年人运动健康新模式。

——摘自国家体育总局官方网站 2024 年 3 月 21 日报道

任务二　老年认知活动策划与组织

案例导入

陶奶奶，86 岁，中专学历，汉族，山东青岛人。陶奶奶退休前是幼儿园教师，喜欢唱歌、阅读。现丧偶独居。2 年前开始出现记忆力下降，随之计算能力、理解能力等均有一定程度的减退，完成一些复杂的日常活动也较困难。同时，她情绪低落，主动活动减少，经诊断确诊为轻度认知障碍，家人将其送往某养老机构。陶奶奶入住养老机构后，除了吃饭、如厕外，其余时间基本都躺在床上。

根据案例，请思考：

1. 如何让陶奶奶“动”起来，改善情绪低落等状况？
2. 像陶奶奶这类有认知障碍的老年人适合哪些老年活动？如何策划与组织实施活动？

任务描述

1. 根据陶奶奶的认知状况，并结合其特质，策划具有明确目标的认知活动方案。
2. 依据方案组织与实施活动，观察记录老年人的活动表现，根据实际情况调整活动内容。

相关知识

扫一扫

随着全球人口老龄化进程的加速，老年人的认知功能（如记忆力、注意力、语言能力和执行功能）可能出现自然衰退，而个性化、趣味性、可持续性的老年认知活动能有效延缓这一进程，对老年人维持大脑功能及提升生活质量具有至关重要的作用，从而实现健康老龄化。

一、老年认知活动的基本概念

（一）认知障碍的含义

认知是人类获取、加工、存储和使用信息的心理过程的总称，包括感觉、知觉、注意、记忆和思维等过程。认知障碍是指与学习、记忆及思维判断有关的大脑高级智能加工过程出现异常，从而引起学习、记忆障碍，同时伴有失语、失用、失认等改变的病理过程。

随着年龄的增长，同时受疾病、环境、心理等因素的影响，老年人的认知功能通常会出现一定程度的衰退。通过适当的训练和干预可以很好地延缓其症状发展，较长时间地维持原有的生活质量。这对于认知障碍的老年人个体而言是非常重要的。

（二）老年认知活动的含义

广义的老年认知活动是指针对认知障碍老年人设计的，旨在维持、改善或延缓其认知功能衰退的一系列活动。这些活动通常基于老年人的认知特点，结合心理学、教育学等多学科的知识，通过特定的方法和手段来提高老年人的认知能力。狭义的老年认知活动主要指在老年人感知觉、记忆力、注意力、计算力、思维等认知领域所进行的认知刺激和训练活动，从而提高老年人在这些认知领域的认知功能。

二、老年认知活动的分类

（一）根据活动对象的认知障碍特征划分

1. 老年记忆活动

针对记忆障碍老年人，可以采取多种方法帮助他们维持和改善记忆功能。

（1）提高即时记忆能力。如采用记数字、询问日期、重述电话号码等方法，让老年人在短时间内记住并复述信息，从而锻炼他们的即时记忆能力。

（2）维持长期记忆。如通过展示老照片、讲述往事等方式，帮助老年人回忆过去的美好时光，从而加深他们对长期记忆的印象。

2. 老年注意活动

针对注意力障碍老年人，采用各种游戏等活动刺激和提升他们的注意力水平，如通过观察图片或模型让老年人找出不同之处，或者与老年人进行抛接球、拍手游戏等互动游戏。这些活动需要集中注意力配合完成，从而增强老年人的注意力。

3. 老年思维活动

针对思维障碍老年人，可以通过各种游戏等活动来锻炼其逻辑思维和问题解决能力。如可以给出一些与日常生活相关的情境问题，让老年人根据情境进行推理判断，并尝试提出解决方案或建议。

4. 老年语言活动

老年语言活动有助于维持老年人的口语和沟通技能。可以组织老年人开展词语接龙或成语接龙等语言游戏，从而锻炼老年人的语言组织和表达能力，或者以抄写、听写、阅读图片和写日记等方式锻炼老年人的写作能力。在活动中，多与老年人进行交谈和互动，鼓励他们表达自己的想法和感受。

5. 老年感知觉活动

这类活动的主要目的是唤醒和调动 5 种感官中的 1 种或多种积极的感受。如通过看图片、色彩分类、拼图游戏等刺激视觉，通过听音乐、听故事、听自然音效等刺激听觉，通过感受不同质地的织物（女性常用）或工具（男性常用）、魔术袋猜猜看等刺激触觉。

6. 老年计算活动

老年计算活动的主要目的是帮助老年人识别数字大小、感知多与少及数字运算能力，如可将筷子分成两堆，让老年人比较哪堆多、哪堆少。或者可以模拟购物场景，老年人购买回一些日用品后，通过讲解、指导等环节，让他们算一算各种物品的费用、总计费用、剩余费用等。

7. 老年定向活动

老年定向活动有助于维护老年人对时间、地点和人物的清晰认知。在活动中，可以定期询问老年人当前的日期、时间或他们所在的位置，鼓励他们回忆并分享与特定地点或人物相关的故事和经历。可以将定向活动融入老年人的日常生活中，选择他们感兴趣或熟悉的时间、地点和人物进行定向记忆强化。

（二）根据活动对象的认知障碍严重程度划分

1. 适合轻度认知障碍老年人参加的认知活动

面向轻度认知障碍老年人的认知活动包括各类能够促进老年人记忆力、注意力、思维能力及计算能力等认知功能的活动项目。需要注意两点内容：一是在活动开展前，应认真评估老年人的认知障碍特征，然后有针对性地选取活动项目；二是活动难度应由简单到复杂，循序渐进。

2. 适合中度认知障碍老年人参加的认知活动

面向中度认知障碍老年人的认知活动包括活动程度较低、动作简单重复的一些团体类活动，重点是日常生活技能的训练、定向力训练，以及简单的康健活动等。

3. 适合重度认知障碍老年人参加的认知活动

面向重度认知障碍老年人的认知活动包括各类感官刺激，如身体抚触、听音乐等。结合老年人身体情况和实际活动需要，可进行被动认知活动。

三、老年认知活动的功能

（一）减慢老年人认知功能和身体功能退化

老年认知活动可以通过做小游戏、小任务来增强记忆力、改善注意力、提高语言能力和快速反应能力，还能提高老年人的思维能力和解决问题的能力。因此，在一定程度上减缓了老年人认知功能下降的速度，同时，一些结合了身体功能促进的认知活动项目还可以提高老年人的身体协调性和运动能力等。

（二）促进老年人心理健康

老年人通过参与新鲜、有趣的活动可以转移注意力，使其从常规的日常生活琐事中解脱出来，放松身心，享受精神上的满足和愉悦。因此，老年认知活动可以帮助老年人缓解焦虑和压力，提高心理健康水平。

（三）增强老年人社交能力

参与认知活动可以使老年人走出房间，特别是一些团体性认知活动能为老年人提供与他人交流互动的话题和机会，同时也可以锻炼老年人的沟通表达和人际交往能力，拓展社交范围，丰富社交生活。

（四）提升老年人自我价值感

当老年人在认知活动中学习新知识、解决问题取得成果时，会觉得自己仍有学习和适应等能力，从而提升自我价值感和建立积极面对衰老的自信心。

四、老年认知活动策划

活动策划是一个有计划、有组织并遵照一定程序的工作，完整而周密的策划方案能够确保活动稳定、顺利地实施。

（一）活动目的确定的主要流程及要求

1. 确认老年人的认知功能状况及程度

认知功能障碍包括记忆、注意力、执行功能、语言、感知觉、推理和问题解决、社会认知等多个认知领域功能下降。活动工作者首先应确认老年人存在哪一个或哪几个方面的认知功能障碍及其严重程度，老年人的认知状况是确定认知活动干预目标的主要依据。

2. 了解老年人的基本情况及需求

通过问卷调查、实地走访、与照护者深入交流等方式了解老年人的基本情况，包括个性特征、职业经历、生活经历、兴趣爱好、身体状况、照护级别等。认知障碍老年人的需求是多方面的，包括身体健康、营养、心理、社会参与和家庭支持等方面。

3. 确定活动的主要干预目标

根据老年人的认知障碍特征和程度，结合老年人的个人需求、兴趣爱好、身体活动能力、照护级别等制订有针对性的活动目标。

4. 动态调整与完善目标

根据认知障碍老年人的接受程度及阶段性的活动效果反馈，动态调整、优化活动目标，提高活动效果，同时能够增强工作者的活动策划能力。

（二）活动内容设计要求

1. 活动内容难度要适中

由于认知活动主要面向认知功能低下的老年人，因此，活动的难度要根据老年人的认知程度设计，既不能过于简单，也不能过于复杂，要能够使老年人可以积极地参与其中。

2. 活动内容具有针对性

与一般的老年娱乐活动不同，老年认知活动是专门针对认知功能维护和促进而设计的。需要评估老年人的认知状况，如果有认知障碍的情况，要根据其认知障碍特征及严重程度为老年人量身定制有专项干预目标的认知活动内容。

3. 活动内容具有趣味性

趣味性是吸引老年人参与活动的重要因素。通过增加游戏活动的趣味性和多样性，可以有效提升老年人参与的积极性和投入程度。这不仅能给予老年人认知上的刺激，还能让他们在参与过程中体验到活动的乐趣，从而有助于改善认知障碍老年人的情绪状态。

（三）活动时间安排要求

1. 时间长短适宜

老年认知活动的时间要根据老年人的年龄、自理情况等身心状况和参与意愿等因素而定，通常活动时间 30 ~ 60 分钟。避免时间过长使老年人感到厌倦和疲劳。活动时间也要根据老年人参加活动的表现进行合理调整。

2. 安排合适的时间段

老年认知活动的时间段可以在 9：30—10：30 期间，也可在 14：30—16：00 期间。具体可以根据老年人身心状况，并结合老年人、康复师、护理员及家属等的意见合理设计与安排，由老年人进行选择。需要集中注意力思考或者动脑比较多的活动项目，可选择参与活动的老年人精力比较好的时间段。

（四）活动物品使用要求

活动中可多选择一些颜色鲜艳、易于识别的物品，使用不同的感官刺激媒介，如图片、文字、实物等，便于对认知障碍老年人进行感知觉功能的刺激。

（五）工作人员要求

为 3 ~ 5 位老年人开展的老年认知活动，一般需要 1 ~ 3 名工作人员，1 人负责带领，另外 1 ~ 2 人负责协助。具体应根据老年人的认知障碍严重程度、照护级别、活动内容及参与活动的人数而定。

（六）活动流程的主要内容

1. 活动前期的准备工作内容

活动前期的准备工作包括确认工作人员分工、信息发布与宣传、查看场地与对接工作、确认老年人参加人数及身体状况、器材和道具等活动物品的准备及采购、布置活动场地等。

2. 活动过程的主要环节

根据活动时间，合理安排各活动环节，具体包括以下环节。

（1）开场环节：如组织老年人进入活动场地，工作人员开场致辞等。

（2）活动环节：如按计划组织老年人开展各项活动。

（3）讨论环节：如老年人自由交流，增进彼此的了解。

（4）结束环节：如工作人员总结活动亮点，感谢参与。

3. 活动后期的主要工作内容

活动后期的主要工作包括组织老年人退场、活动场地和物品整理、评价总结活动效果、编写活动报告等。

五、老年认知活动组织与实施

（一）老年认知活动组织与实施的基本要求

老年认知活动的组织与实施需满足以下要求，以确保活动的有效性、科学性及安全性。

1. 尊重老年人个人意愿

组织活动时，无论活动的内容简单还是复杂，一定要充分尊重老年人的个人参与意愿，可以将活动的大致步骤、内容和作用简单告知老年人，询问老年人是否愿意参与，不要勉强老年人参加不喜欢的活动。

2. 不被目标所困扰，关注活动过程和活动效果

不要教条化地去给认知障碍老年人设置具体目标，并让他们通过“努力”一定要做完这项活动。这其实会让老年人的压力和负担过重，也会导致老年人抗拒。反之，我们不要受制于目标，关注活动过程和活动效果，使老年人真正享受参与的过程和乐趣。

3. 活动地点固定

认知障碍老年人对环境有很强的依赖性，因此在选择活动地点时，应选择在老年人熟悉的场所，让老年人意识到所处的环境是安全的，消除老年人的陌生感和恐惧感，这样老年人才能安心地投入活动中。

4. 确保安全

认知障碍老年人一方面身体功能下降，另一方面认知能力也在下降，因此在组织活动时，要确保老年人的安全。要合理安排活动的时间和地点，避免老年人过度疲劳或身体受到伤害。同时，要提供必要的急救设备和药品，以便在紧急情况下及时处理。

（二）老年认知活动的带领技巧

1. 注意与老年人有效沟通

不要因为认知障碍老年人的理解能力、表达能力出现障碍，而忽略了沟通的重要性。在沟通时，鉴于认知障碍老年人的特殊情况，活动工作者语速应慢，语句应简短，用易于理解的词汇说明，帮助老年人建立自信心和安全感。可以展示活动用物，结合道具讲解，每次只传达一个信息，确保参加活动的每位老年人都能理解。

2. 多用语言来调动老年人的积极性

在活动过程中，无论老年人做得如何，都要始终坚持零挫折反馈，即多用赞美和鼓励的话语给予肯定和支持，激发和调动老年人参与活动的积极性，保证老年人能充分参与活动，同时也能帮助老年人建立自信心和安全感。

3. 在活动中时刻关注老年人状况

在活动中，工作人员应持续关注老年人的状态和表现，如认知障碍老年人的注意力容易分散，工作人员应适时给予关注，保持与老年人沟通，吸引老年人的注意力。如果老年人表现出焦虑、疲劳或表达困难，应陪伴在他们身边给予安慰和支持，必要时可以适时停止活动。

4. 适应认知障碍老年人参与活动的特点

由于认知障碍老年人在记忆、注意力、理解力等方面的能力下降，因此带领的工作人员要适应老年人的特点，尊重老年人的节奏和方式，不要强迫他们按照工作人员的节奏进行。例如，老

年人记忆力减退，可能需要多次重复相同的信息。每次重复时尽量都以相同的方式表达，重复强化信息，帮助老年人记忆。

5. 鼓励老年人表达想法并及时反馈

由于认知障碍老年人语言功能下降、思维迟缓，老年人可能会重复相同的问题或话题，应耐心倾听，不要打断或表现出厌烦。对老年人的话题表示感兴趣，鼓励他们说下去，即使他们表达不清或逻辑混乱，也要给予积极的反馈和引导。

（三）老年认知活动的安全管控

安全管控是老年活动至关重要的环节，尤其是组织认知障碍的老年人参与活动，安全管控的要求更高。为了预防活动中发生事故和意外情况，我们可以从以下几个方面加强管理。

1. 环境安全管控

（1）认知障碍老年人由于大脑反应迟缓，肢体协调功能减弱，很容易跌倒。因此，活动场地地面要防滑，保持清洁干燥，避免积水或杂物。

（2）活动场地的桌椅、家具等摆放平稳，无尖锐棱角，缝隙之间不会夹住手脚。不要使用折叠椅或带轮子的椅子，以免发生危险。乘坐轮椅的老年人要确保轮椅刹车正常、系好安全带、脚放在地面等。

（3）场地要防噪音、宽敞、光线充足等，合适开展活动。

2. 物品安全管控

（1）选择易于识别、安全性能高的活动物品，使用无毒、无锋利边角的玩具或教具，避免使用易碎或可能产生小零件的物品，以防认知障碍老年人误吞或受伤。同时，确保活动物品的大小、重量适中，便于老年人抓握和操作，减少因操作不当导致意外。

（2）认知障碍老年人多精细动作能力下降，手眼协调性也比较差，因此活动中尽量不要选择尖锐、锋利或容易造成伤害的道具。

3. 行为安全管控

（1）认知障碍老年人有时会出现一些激越行为，如语言或身体攻击、徘徊与不安等。因此，活动前一日再次与社区或机构工作人员确认老年人的精神和心理状况，活动中随时关注老年人的精神状态。

（2）部分认知障碍老年人病程进展到一定程度有失认症状，对物品的用途不理解，加之食欲亢进和强烈的好奇心，有时会将细小的游戏道具当作食品吃下，因此在活动过程中，工作人员一定要随时观察每位老年人的状况。

活动举例

一、活动参与对象评估

针对前述案例中的陶奶奶，通过采访照护人员、与老年人及家属深入交流、整理护理人员对陶奶奶的认知评估结果等方式，收集整理陶奶奶的个人情况及需求如下（表 3-2-1）。

表 3-2-1　陶奶奶评估结果

姓名	陶 ××	性别	女	年龄	86 岁
兴趣爱好	唱歌、阅读	文化程度	中专	退休前职业	幼儿园教师
认知功能评估	记忆力	记忆力减退，最近几天内发生的事情记忆模糊			
	注意力	注意力减退，注意涣散，注意范围缩小			
	思维能力	逻辑推理能力减退，反应轻微迟缓			
	感知觉能力	视觉方面，无明显视物模糊或失明现象；听觉方面，能够听到并识别声音；触觉方面，能够感受疼痛、压力、温度等刺激；嗅觉方面，能够嗅到气味并能辨别不同香味、臭味；味觉方面，能够品尝食物并辨别味道			
	计算能力	简单的数字计算尚可，但完成复杂的连续运算有困难，运用数学知识解决实际生活问题能力欠佳			
	语言能力	能够运用合适的词汇或句子表达自己的想法，且表达基本流畅、连贯，无命名障碍			
	定向力	不清楚时间，但能认识家人及照护人员，也知道回家的路			
个人需求评估	延缓认知衰退需求	因患有轻度认知障碍，完成复杂日常活动困难，需要延缓认知功能衰退，提升生活自理能力			
	情感支持需求	丧偶独居的生活状态使陶奶奶情感上缺乏陪伴和慰藉，内心孤独，情绪低落，需要他人的关心、陪伴与倾听			
	社交互动需求	入住养老机构后除基本生理需求活动外基本卧床，社交活动极少，需要参与社交活动，与其他人交流互动			
	安全与舒适需求	作为高龄老年人且患有认知障碍，陶奶奶对居住环境的安全性有较高要求			
评估结果总体评价	1. 老年人有记忆、注意、思维、计算、定向力等认知领域的功能下降，反应略迟缓，轻微接触被动，肢体活动能力尚可 2. 确认陶奶奶目前主要的需求是延缓认知功能衰退，同时需要多互动，多陪伴 3. 经与老年人沟通，有意愿参加认知活动，且能配合				

二、活动策划方案

根据陶奶奶的认知功能评估结果及个人需求，结合老年人的特质，重点围绕各认知领域的专项干预目标，为陶奶奶量身定制如下认知活动方案。

“乐活智汇”认知活动方案

活动背景

随着年龄的增长，老年人的认知功能逐渐下降，适宜的认知活动有助于延缓这一过程，提高生活质量。因此，特制订此老年认知活动计划，让老年人积极参与其中，享受活动的乐趣，延缓认知功能的衰退速度，提升生活质量和幸福感。

活动目的

1. 维护认知障碍老年人的记忆力、注意力、思维能力等认知功能。

2. 通过活动中各种有趣的小游戏给老年人带来更多的乐趣和满足，丰富认知障碍老年人的日常生活。

3. 提高认知障碍老年人的日间活动水平，促进日常功能的维持和提升。

活动内容

1. 记忆活动

（1）往事回忆：因陶奶奶退休前是幼儿园教师，可以给出一些幼儿园日常教学、活动场景的老照片，帮助老年人回忆过去的美好时光，从而加深老年人对长期记忆的印象。

（2）数字记忆：逐渐增加数字序列的长度，让老年人记忆，然后回忆。举例：

记忆 2336，回忆（　　）；

记忆 672832，回忆（　　）；

记忆 67283269，回忆（　　）。

2. 注意活动

（1）删除游戏：划“\”删除下列数字中的“3”。

34713846231651253845637132543618585649339451985918594685968563489542765847579321425238614334817619755432314751465259613754133754312156237413725934589413237295813163931262561512737613836895818491591579

（2）朗读文字训练：因老年人爱好阅读，可以选取文学书籍或新闻报纸进行朗读，时间为每次 20 分钟，然后就朗读内容与老年人讨论。

3. 计算活动

（1）通过让老年人看菜单标价卡片计算价格的形式，计算所购商品价格。

（2）通过向老年人展示日历信息卡片，请老年人回答日历信息相关计算题目，解决日常生活中的计算问题。

4. 定向活动

用正确的方法反复提示定向信息，使老年人的大脑不断地接受正确、有效的刺激，提高其定向能力。举例如下。

（1）嘱老年人经常看日历、钟表，每天汇报当天时间、地点、人物等。

（2）在纸卡或写字板上填充当天日期：今天是（　　）年（　　）月（　　）日。

（3）后期如有地点定向障碍，可以用颜色或者图标标识帮助老年人辨认房间和床位，引导老年人正确辨认方向、认清路线。

5. 思维活动

给出一些与日常生活相关的情境问题，让老年人根据情境进行推理判断，并且让他们尝试提出解决方案或建议，提高老年人的逻辑思维能力。

活动时间及计划

1. 第一阶段活动计划

周一至周五，每天 9：30—10：00，每周 4 ~ 5 次，持续 2 周时间，具体安排如下（表 3-2-2）。

表 3-2-2　老年认知活动第一阶段计划

时间	周一	周二	周三	周四	周五	周六、周日
活动项目	1. 记忆活动 2. 定向活动（记录当天日期）	1. 注意活动 2. 定向活动（记录当天日期）	—	1. 计算活动 2. 定向活动（记录当天日期）	1. 思维活动 2. 定向活动（记录当天日期）	—

2. 第二阶段活动计划

周一至周五，每天 9：30—10：00，每周 2 ~ 3 次，每 2 周 1 个循环，持续 8 周时间，具体安排如下（表 3-2-3）。

表 3-2-3　老年认知活动第二阶段计划

时间	周一	周二	周三	周四	周五	周六、周日
单周活动项目	1. 记忆活动 2. 定向活动（记录当天日期）	—	—	1. 计算活动 2. 定向活动（记录当天日期）	—	—
双周活动项目	—	1. 注意活动 2. 定向活动（记录当天日期）	—	—	1. 思维活动 2. 定向活动（记录当天日期）	—

整个活动期间，若老年人的家人周末有时间陪伴，可以将某一项活动安排在周末，来自家人的情感支持更有利于活动效果。

活动地点

该养老机构老年大学 1 期 201 活动室。

参加人员

陶奶奶、活动工作者，周末可邀请家人。

活动流程

1. 活动前

（1）与老年人沟通，了解老年人的基本情况、个人需求及参与活动意愿。

（2）与照护人员沟通，了解老年人的照护级别、身体活动能力、家人及社会支持系统，以及老年人的认知功能状况、精神行为状况等信息。

（3）准备活动所需的卡片、桌椅、白板、照片等物品。

（4）采用专业的认知评估量表测评老年人的认知状况，作为活动后认知状况的对比参照。

2. 活动中

（1）第一、二周：带领陶奶奶按前述第一阶段活动计划实施各项认知活动，让老年人初步体验到认知活动中各项游戏的玩法和乐趣。

（2）第三至十周：带领陶奶奶按前述第二阶段活动计划实施各项认知活动，并观察记录老年人的活动表现，动态调整活动内容。

3. 活动后

（1）整理老年人每次活动后表现的记录资料，了解老年人在整个活动中表现的变化。

（2）应用 MMSE 等量表测评老年人认知状况。

物品使用及支出费用

老年认知活动物品使用及支出费用见表 3-2-4。

表 3-2-4　老年认知活动物品使用及支出费用

物品名称	数量	费用 / 元	备注
适合书写的桌椅	1 张桌子、3 把椅子	0	机构自备
白板及白板擦	各 1 块（白板 60 cm × 90 cm）	50	不反光且易擦除字迹
白板笔	4 支（红、黄、蓝、黑）	10	粗细、大小合适
老照片	若干	0	在平板电脑等电子设备展示
数字卡片	20 张	10	材质结实，图片清晰
蔬菜标价卡片	20 张	10	材质结实，图片清晰
菜单标价卡片	20 张	10	材质结实，图片清晰
其他各类卡片	40 张	20	材质结实，图片清晰
合计		110	

安全管理

1. 活动过程中要关注老年人的身体状况和情绪变化，如有老年人感到不适或疲劳，应及时安排休息或提供医疗帮助。

2. 活动场地地面要防滑，保持清洁干燥，避免有积水或杂物。

3. 活动场地内桌椅等家具没有尖锐边角，且摆放稳固。环境安静，光线充足。

活动评价

1. 过程评价

每次活动后，活动工作者可观察、记录老年人在活动中的专注力、记忆力及思维推理能力等方面的表现，以及老年人对认知活动的接受程度和反馈情况，具体包括以下方面。

（1）第一阶段评价（持续 2 周）：

①活动执行情况：活动每周进行 4 ~ 5 次，每次 30 分钟，时间安排是否合理，是否符合老

年人的作息；各项游戏难度设计是否适合目前陶奶奶的认知状况；周末家人参与是否提升了活动效果。

②参与者反馈情况：陶奶奶对活动中各项游戏内容是否感兴趣，能否掌握各项游戏的玩法并从中感受到乐趣。

（2）第二阶段评价（持续 8 周）：

①活动执行情况：活动单周和双周交替进行，时间安排和活动频率是否合理；详细观察、记录老年人在各项游戏中的表现，确认游戏难度、游戏项目是否需要调整。

②参与者反馈情况：陶奶奶对各项游戏的参与度如何，对游戏内容是否已厌倦；向照护人员及家属了解陶奶奶在认知、行为、情绪等方面的变化。

2. 效果评价

整个活动后，采用专业的认知评估量表，如简易精神状况检查（MMSE）量表、蒙特利尔认知评估（MoCA）量表等，在活动后对老年人进行测评，详细对比活动前后得分变化，评估老年人认知状况改善情况。通过评估—计划—实施—评价—改进的动态循环，不断修订和完善认知活动方案。

三、活动操作技能

以上述方案中“计算活动与定向活动（记录当天日期）”为例，展示活动操作技能（表 3-2-5）。

表 3-2-5　老年计算活动操作技能

<table>
<tr><td>活动名称</td><td colspan="2">老年计算活动</td></tr>
<tr><td>使用物品及数量</td><td colspan="2">1 张桌子、2 把椅子、1 块白板、1 支白板笔、2 张蔬菜标价卡片、2 张菜单标价卡片、2 张日历信息卡片</td></tr>
<tr><td>场地要求</td><td colspan="2">环境安静、光线充足、适合开展活动的房间</td></tr>
<tr><td rowspan="3">具体操作过程</td><td>接送及活动前期
（5 分钟）</td><td>陶奶奶到达活动房间后，首先在白板上填写今天的日期（由于陶奶奶有时间定向障碍，因此每次活动前都要进行时间定向刺激）
今天是（　　）年（　　）月（　　）日</td></tr>
<tr><td>活动导引部分
（3 分钟）</td><td>活动工作者介绍此次活动游戏的规则</td></tr>
<tr><td>活动核心技能部分
（20 分钟）</td><td>1. 活动工作者出示第一张蔬菜标价卡片，请陶奶奶计算所购蔬菜价格
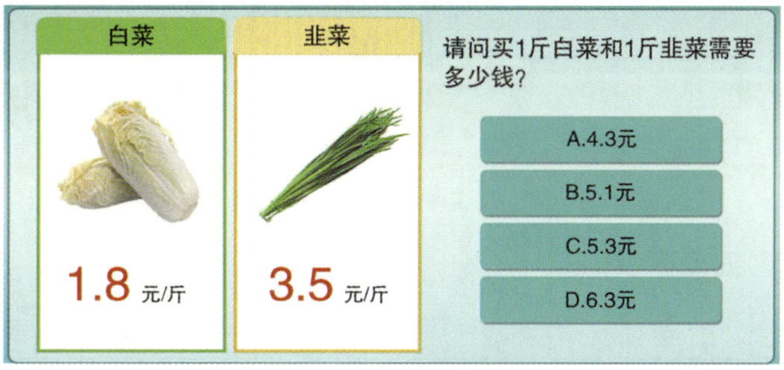
</td></tr>
</table>

续表

<table>
<tr><td rowspan="2">具体操作过程</td><td>活动核心技能部分
（20 分钟）</td><td>2. 活动工作者出示第二张菜单标价卡片，请陶奶奶计算所购菜肴价格

3. 若前面两步计算顺利，活动工作者出示第三张日历信息卡片，请陶奶奶回答日历信息相关计算题目，利用数学知识解决日常生活中的实际问题
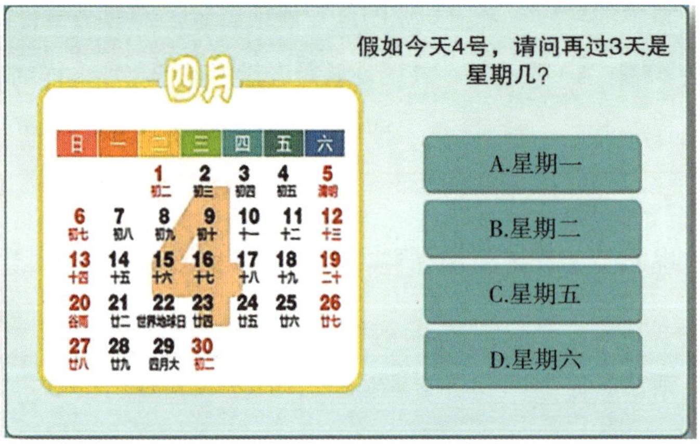
4. 若陶奶奶能计算出第三张日历信息的相关题目，活动工作者出示第四张日历信息卡片，请陶奶奶回答日历信息相关计算题目，利用数学知识解决日常生活中的实际问题
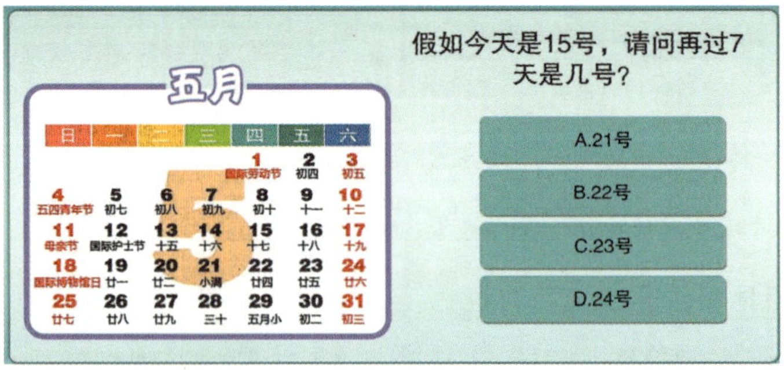</td></tr>
<tr><td>总结部分
（2 分钟）</td><td>对陶奶奶的活动表现给予充分肯定，告知下次活动的时间和地点</td></tr>
<tr><td>注意事项</td><td colspan="2">1. 由于老年人思维迟缓，计算能力减退，因此要留给老年人足够的时间思考，不可催促老年人
2. 若老年人计算困难，可逐步引导老年人作答，避免老年人有挫败感
3. 活动过程中，不必强求老年人 4 张卡片都完成，根据老年人的实际计算能力而定</td></tr>
</table>

【练习题】

一、单项选择题（在每小题给出的四个选项中，只有一项是符合题目要求的，请将所选答案的字母填写在括号内）

1. 以下哪种游戏适合锻炼老年人的空间认知能力？（　　）

A. 看图说话　　B. 数独

C. 拼图　　D. 词语接龙

答案：C

解析：A 选项“看图说话”主要锻炼的是老年人的语言表达能力、观察力和逻辑思维能力；B 选项“数独”主要锻炼的是逻辑思维和数字运算能力；D 选项“词语接龙”主要考验的是词汇储备、语言反应能力和联想能力。C 选项“拼图”需要老年人将不同形状的拼图碎片拼接成一个完整的图案，在这个过程中，他们需要判断每块碎片的形状、位置和空间关系，思考如何将其准确地放置在合适的位置上，从而有效锻炼空间认知能力、手眼协调能力和观察力等，是合适的游戏。

2. 在策划老年认知活动时，你发现活动预算有限，而购买专业认知训练设备费用较高。此时你应优先考虑以下哪种做法？（　　）

A. 削减其他活动环节的费用，全力保障专业认知训练设备的采购

B. 放弃购买专业设备，仅依靠简单的传统游戏开展活动

C. 寻找可替代的低成本或免费资源，如自制简易认知训练道具，同时合理安排活动内容

D. 向老年人收取一定费用来补充预算，以购买专业设备

答案：C

解析：A 选项过度侧重设备，可能影响其他重要环节；B 选项完全放弃专业设备，可能使活动效果大打折扣；D 选项向老年人收费可能增加他们的负担，且不一定可行。C 选项既能解决设备问题，又能合理利用资源，保障活动顺利开展，是较为合适的做法。

3. 在组织老年认知活动过程中，部分老年人对活动内容不感兴趣，开始交头接耳、随意走动。作为组织者，你首先会怎么做？（　　）

A. 立刻严厉批评这些老年人，让他们遵守活动秩序

B. 暂停活动，重新讲解活动的规则和重要性

C. 调整活动节奏，增加一些互动性强、趣味性高的环节，吸引老年人的注意力

D. 忽视这些老年人的行为，继续按原计划进行活动

答案：C

解析：A 选项批评老年人可能会引起他们的反感，不利于活动开展；B 选项暂停活动重新讲解规则不一定能解决老年人的兴趣问题；D 选项忽视问题会使情况恶化，影响活动氛围。C 选项通过调整活动内容来吸引老年人，是比较积极有效的解决方式，是较为合适的做法。

二、判断题（正确的请在答题括号中画√，错误的画 ×）

1. 在策划老年认知活动时，为了让活动内容丰富多样，应尽可能安排大量不同类型的认知训练项目，无须考虑老年人的接受程度和活动时间限制。（　　）

答案：×

解析：在策划老年认知活动时，虽然丰富多样的活动内容有一定吸引力，但必须充分考虑老年人的身体状况、认知水平和接受程度。若项目过多、过杂，老年人可能难以承受，导致疲惫和兴趣降低。同时，活动时间有限，要合理安排项目，确保每个项目都能有足够时间实施，保证活动效果。所以不能不考虑老年人的接受程度和活动时间限制而盲目安排大量项目。

2. 认知训练游戏的难度越高，对老年人的认知提升效果越好。(　　)

答案：×

解析：认知训练游戏并非难度越高对老年人的认知提升效果就越好。一方面，若游戏难度过高，超出了老年人当前的认知能力范围，可能会让老年人产生挫败感；另一方面，合适难度的游戏对老年人的认知提升更有效，这种难度应该是在老年人通过一定努力能够完成的水平。因此，要根据老年人的具体认知水平和能力来合理设置认知训练游戏的难度，以达到最佳的认知提升效果。

3. 认知训练游戏对老年人的认知能力提升效果立竿见影，不需要长期坚持。(　　)

答案：×

解析：认知训练游戏对老年人认知能力的提升是一个循序渐进的过程，并非立竿见影。老年人的大脑功能随着年龄的增长会有一定程度的衰退，认知能力的改善需要持续的刺激和锻炼。偶尔进行一两次认知训练游戏可能会有一些短暂的效果，但难以对大脑的神经可塑性产生实质性、持久的影响。

三、论述题

●描述一种对老年人认知能力具有提升效果的老年认知活动，并阐述其提升老年人认知能力的原因。

1. 活动名称

老年拼图比赛。

2. 活动内容

准备不同难度等级的拼图，如从简单的 30 片拼图到较复杂的 200 片拼图。将老年人分成几个小组，每个小组内的老年人共同完成一幅拼图。在规定时间内完成拼图且错误最少的小组获胜。在活动过程中，工作人员可以适当给予指导和鼓励。

3. 提升认知能力的原因

（1）锻炼观察力：在拼图过程中，老年人需要仔细观察每一块拼图的形状、颜色、图案细节等特征，以此来判断它在整个拼图中的位置。

（2）增强空间认知能力：老年人要在脑海中构建拼图的整体画面，并想象每一块拼图在空间中的位置和相互关系。

（3）提升记忆力：在拼图过程中，老年人需要记住已经拼好的部分，以及尚未找到合适位置的拼图块的特征。

（4）促进思维能力：拼图需要一定的逻辑思维和问题解决能力。

（5）提高注意力和专注力：完成一幅拼图需要老年人集中注意力，专注于拼图的细节和整体结构。

拓展阅读

认知障碍评估

与一般的老年娱乐活动不同，老年认知活动是专门针对认知功能障碍的特殊老年人设计的。需要根据老年人不同的认知障碍特征及严重程度，为老年人量身定制出有专项干预目标的认知活动。因此，活动工作者需要了解老年人的认知状况和分级照护状况。

认知障碍特征评估如下。

1. 记忆力评估

记忆力是评估老年人认知功能的重要方面，包括短期记忆和长期记忆。通过让老年人复述一系列词语、数字或故事，或者通过再认测试来评估其记忆力。老年人记忆力障碍常表现为记忆减退、记忆缺失、记忆错误、记忆增强等。

2. 注意力评估

主要考查老年人集中注意力的能力，以及在不同任务间切换注意力的灵活性。通过让老年人完成一些需要高度集中注意力的任务，如追踪移动物体、听指令并执行等方法来评估其注意力水平。老年人注意力障碍常表现为注意力减退、注意涣散、注意范围缩小等。

3. 思维能力评估

包括对逻辑推理、判断决策及问题解决等高级思维能力的评估。通过让老年人解决一些逻辑问题，完成一些需要判断决策的任务，或者通过询问他们对某些问题的看法和解决方案来评估其思维能力。老年人思维障碍常表现为思维的逻辑性、联想性、推理性等方面欠缺，甚至有时会有妄想。

4. 语言能力评估

主要考查老年人的语言表达、理解及听说读写等综合能力。通过让老年人朗读文章、回答问题、描述图片等方式来评估其语言能力。同时，还可以观察老年人在交流中的语言流畅性和准确性。老年人语言功能障碍常表现为说话内容空洞单调，或者言语啰唆等。

5. 感知觉评估

主要考查老年人的视觉、听觉、触觉、味觉和嗅觉等感知觉能力。通过给予老年人各种外部刺激，观察老年人的感知觉行为。老年人感知觉障碍常表现为感觉过敏、感觉减退、感觉缺失，甚至有时会出现幻觉等。

6. 计算能力评估

主要考查老年人数学运算和面对实际问题时运用数学知识进行求解的能力。老年人计算能力障碍初期常表现为复杂的连续运算能力欠缺，后期简单的数字运算不能，面对实际问题时难以运用数学知识进行求解等。

7. 定向力评估

主要考查老年人对时间关系、空间关系、人物关系的感知、理解和运用能力。老年人定向力障碍常表现为时间定向障碍、地点定向障碍、人物定向障碍。

任务三　老年康乐活动策划与组织

案例导入

70 岁的王大爷是阳光小区里一位令人尊敬的退休机械工程师。3 年前老伴去世后，他便开始了独居生活。两个子女都在外地工作，每年只能回来一两次。原本性格开朗的他，由于长期缺乏社交活动，逐渐变得沉默寡言。社区工作人员小李在入户走访时发现，王大爷的客厅里摆放着一副落满灰尘的象棋，询问后得知他年轻时曾是厂里的象棋冠军。

根据案例，请思考：

1. 如何通过王大爷熟悉的兴趣爱好象棋，设计既能唤起参与热情又符合其当前身心状况的康乐活动?

2. 棋类活动通常需要久坐，如何设计间断性身体活动来预防关节炎加重?

任务描述

1. 根据王大爷的身体状况，并结合其特质，策划具有明确目标的康乐活动方案。

2. 依据方案组织与实施活动。观察记录老年人的活动表现，根据实际调整活动内容。

相关知识

扫一扫

一、老年康乐活动的基本概念

（一）康乐的含义

康乐即康体、娱乐，即在休闲时间利用一定的设备设施、环境，为达到身心健康、愉悦的目的而进行的休闲性、消遣性活动。

（二）老年康乐活动的含义

老年康乐活动是指以促进老年人身心健康、提升生活质量为目标，利用适宜的设施、环境及资源，在休闲时间内开展的具有休闲性、消遣性、康复性和社交性的活动。这些活动不仅注重老年人身体功能的维护与改善，还关注其心理愉悦感、社会参与感和自我价值感的提升。老年康乐活动的核心在于通过多样化的活动形式，帮助老年人延缓衰老、增强社会联系、丰富精神生活，从而实现身心的全面健康。

二、老年康乐活动的分类

老年康乐活动可以根据活动的功能、参与人群的不同进行分类。

（一）根据活动功能分类

1. 互动型老年康乐活动

互动型老年康乐活动强调老年人之间的互动与交流，旨在增强社交联系。活动通常以小组形式进行，鼓励老年人分享个人故事和经验，建立深厚的友情。典型活动包括联谊会、茶话会、故事分享会等。通过互动，老年人可以感受到彼此的关心和支持，从而减少孤独感。

2. 娱乐型社交康乐活动

娱乐型活动的主要目的是让老年人享受乐趣和放松心情，同时促进社交。娱乐型社交活动可以包括集体游戏、唱歌活动、舞会等。这些活动不仅能活跃气氛，还能让老年人在参与中加深相互之间的了解，提升社交技能。

3. 文化学习型康乐活动

文化学习型活动旨在通过文化交流来促进老年人的社交。例如，组织老年人参加书法、绘画、摄影等文化艺术活动。通过共同的文化兴趣，老年人能够在艺术创作中相互交流，分享彼此的见解和创作，进而增进友谊。

4. 发展型老年康乐活动

发展型老年康乐活动的主要目标是提升老年人的认知和处理问题的能力。参与这类活动，老年人不仅能够获得个人成长，还能更好地适应周围环境，实现自我发展。这类活动通常注重老年人在参与过程中的体验和反馈，以促进他们全面发展。

5. 治疗型老年康乐活动

治疗型老年康乐活动针对老年人特定问题而设计，通常以小组形式进行。这类活动在内容和参与人数上有特定要求，最佳人数控制在 6 ~ 8 人，以确保活动的有效性。活动内容应有明确的主题，突出问题的本质，以便在认知和行为上对老年人存在的问题进行矫正和改善。

（二）根据活动对象分类

老年康乐活动可以根据参与者的年龄和身体状况进行分类，以确保活动的安全性和适配性。以下是按年龄分类的具体类型。

1. 高龄型老年康乐活动

高龄型老年康乐活动主要针对 75 周岁以上的老年人。这类老年人通常年老体弱，手脚不便，可能存在听力、视力下降等问题，因此在选择活动时需要特别注重安全性和低强度。活动内容应以小组型、语言型为主，避免复杂操作或高强度运动。

适合高龄老年人的康乐活动包括以下类型。

（1）互动交流类：茶话会、集体生日会、故事分享会等，通过轻松交流促进情感联结。

（2）文化学习类：书法、绘画、简单手工（如剪纸、折纸），既能陶冶情操，又能锻炼手部灵活性。

（3）娱乐游戏类：拼图、记忆卡片游戏、轻松的音乐欣赏，帮助老年人放松心情。

2. 中高龄型老年康乐活动

中高龄型老年康乐活动主要针对 65 ~ 75 周岁的老年人。这类老年人的活动能力尚可，无严重肢体功能障碍，且具有较强的组织能力和学习意愿，适合多样化、互动性强的活动形式。

适合中高龄老年人的康乐活动包括以下类型。

（1）互动健身类：太极拳、八段锦、慢跑、健步走等，既能锻炼身体，又不会过度消耗体力。

（2）兴趣学习类：合唱团、舞蹈班、园艺课程、智能手机教学等，满足老年人学习新技能的需求。

（3）娱乐游戏类：象棋、跳棋、扑克牌、击鼓传花、猜谜语、趣味运动会、春节联欢、中秋赏月、重阳登高等轻松愉快的活动，缓解老年人的孤独感，提升情绪。

3. 低龄型老年康乐活动

低龄型老年康乐活动主要针对 65 周岁以下的老年人。这类老年人的脑力、体力、精力充沛，适应能力强，对新鲜事物接受度高，适合多样化、创新性的活动形式。

适合低龄老年人的康乐活动包括以下类型。

（1）互动竞技类：乒乓球、羽毛球、门球、棋牌比赛等，既能锻炼身体，又能激发竞争意识。

（2）文化体验类：戏剧表演、诗词创作、传统手工艺品制作等，满足老年人的文化需求。

（3）发展服务类：社区义工、儿童辅导、环保宣传活动等，帮助老年人个人成长、能力提升及实现社会价值。

4. 病患型老年康乐活动

病患型老年康乐活动主要针对因疾病（如脑卒中、关节炎等）导致部分生理功能丧失的老年人。这类老年人活动能力受限，需结合康复需求设计活动，以维持和恢复生理功能为主要目标。

适合患病老年人的治疗型康乐活动包括以下类型。

（1）康复训练类：脑卒中康复操、健肺操、平衡训练、柔韧性练习等，帮助恢复身体功能。

（2）心理支持类：音乐疗愈、艺术治疗、互助小组等，缓解心理压力，增强情感支持。

（3）低强度活动：简单手工、轻松游戏、园艺活动等，促进身心放松。

三、老年康乐活动的功能

（一）保持良好的情绪

老年人通过康乐活动能够使心情愉悦，精神振奋，促进心理健康。活动中，老年人能够与他人互动，分享生活经验，从而减少孤独感和抑郁情绪。良好的情绪不仅有助于心理健康，还能通过调节内分泌系统增强免疫力。研究显示，积极乐观的心态能够降低慢性疾病的发生率，改善生活质量。

（二）促进脑健康，扩大知识面

康乐活动不仅包括身体活动，还涉及智力活动，如读书、写作、学习新技能等。这些活动能够刺激大脑神经元的活动，增强认知功能。参加兴趣小组、讨论会等社交活动还可以激发思维，促进知识的交流和扩展。通过不断学习和思考，可以有效延缓老年痴呆等认知障碍的发生。

（三）促进身体健康，预防疾病

适度的体力活动和有目的的体育健身活动对老年人的身体健康具有显著的促进作用。散步、游泳、骑自行车等体力活动能够增强心肺功能，提高新陈代谢，增强肌肉力量和柔韧性，帮助老年人保持理想体重，增强生活自理能力。同时，太极、健美操、舞蹈等体育健身活动不仅能提高心肺功能，还能增强四肢力量和灵活性，改善骨密度，降低骨质疏松和跌倒风险。研究表明，规律的身体活动可以降低心血管疾病、糖尿病和肥胖等慢性疾病的风险。此外，参与团队运动和集体活动还能增进社交互动，提升生活乐趣和满足感。

（四）促进社交互动与社区融入

康乐活动为老年人提供了一个社交的平台，促进了他们与家人、朋友及社区的联系。通过参与各种活动，老年人能够结识志同道合的朋友，分享生活的快乐和烦恼。这种社交互动有助于增强归属感，减轻孤独感，提升心理健康水平。

（五）提高自我管理能力与生活质量

老年人在参与康乐活动的过程中，逐渐培养自我管理能力，包括时间管理、财务管理及生活技能等。这不仅提高了他们的自主性和自信心，也使他们在生活中更加积极主动，从而提高整体生活质量。

（六）促进健康饮食与生活方式

在康乐活动中，老年人往往会接受健康教育，学习营养知识，培养健康饮食习惯。这种知识的接受可以促使他们在日常生活中做出更健康的饮食选择，进一步增强身体健康。

四、老年康乐活动策划

（一）活动目的确定的主要流程及要求

1. 了解老年人的基本情况

在策划老年康乐活动之前，首先需要全面了解老年人的基本情况，包括年龄、性别、健康状况、兴趣爱好、生活习惯等。通过问卷调查、访谈或健康评估等方式，收集老年人的身体条件（如体力、行动能力、慢性疾病情况）和心理状态（如情绪、社交需求、认知能力）信息，为活动设计提供科学依据。

2. 了解老年人的需求

老年人的需求包括生理需求（如增强体质、改善睡眠）、心理需求（如缓解孤独感、提升幸福感）、社交需求（如扩大社交圈、增强归属感）和认知需求（如延缓认知衰退、学习新技能）。通过需求分析，明确活动的设计方向，确保活动内容能够满足老年人的多样化需求。

3. 确定活动的主要目标

根据老年人的基本情况和需求，制订活动的短期目标和长期目标。短期目标可以是改善情绪、增强体力、促进社交互动等；长期目标可以是延缓衰老、预防疾病、提升生活质量等。同时，针对不同老年人的个体差异，制订个性化的干预目标，如针对认知障碍老年人的记忆训练或针对行动不便老年人的康复训练。

4. 动态调整与完善目标

在活动实施过程中，通过观察、访谈、问卷调查等方式收集老年人的反馈意见，定期评估活动效果（如身体指标改善、情绪状态变化、社交能力提升等）。根据反馈和评估结果，及时调整活动内容、形式和目标，确保活动的有效性和可持续性。

（二）活动策划需遵循的原则

老年康乐活动的策划需遵循以下基本原则，以确保活动的科学性、安全性和有效性。

1. 规范性原则

老年康乐活动的策划需符合国家相关政策法规和行业标准，如《老年人权益保障法》《养老机构服务规范》等。活动内容的设计应尊重老年人的生活习惯和文化背景，避免涉及敏感话题或高风险项目。同时，活动流程需明确责任分工，确保工作人员职责清晰、操作规范，避免因管理疏漏引发纠纷或安全隐患。

2. 可操作性原则

活动策划需以实际条件为基础，充分考虑资源、场地、人员等限制因素。

（1）资源匹配：根据预算选择适宜的活动物资，避免过度追求形式化。

（2）分步实施：将活动分解为可执行的步骤，如需求调研→目标制定→内容设计→实施→评估。

（3）适老化设计：活动形式需适应老年人的身体功能（如动作幅度、反应速度）和认知水平，避免复杂操作。

3. 逻辑性原则

活动策划需逻辑清晰，目标、内容、流程、评估等环节需环环相扣。

（1）目标导向：活动内容需紧密围绕干预目标展开，如改善情绪的活动需包含互动性强、轻松愉快的环节。

（2）层次分明：活动流程应循序渐进，从热身环节到核心活动再到总结分享，逐步调动老年人的参与热情。

（3）效果闭环：通过前期调研、过程记录和后期评估，形成完整的活动改进循环。

（三）活动内容设计要求

1. 活动内容难度要适中

活动内容的设计需考虑老年人的身体条件和认知能力，难度不宜过高，避免老年人因无法完成而产生挫败感。同时，活动内容应具有一定的挑战性，以激发老年人的参与兴趣和成就感。

2. 活动内容具有针对性

根据老年人的需求和目标，设计针对性的活动内容。例如，针对身体虚弱的老年人，设计低强度的康复训练；针对孤独感较强的老年人，设计互动性强的社交活动；针对认知功能衰退的老年人，设计记忆训练或智力游戏。

3. 活动内容具有趣味性

活动内容应富有趣味性，能够吸引老年人的注意力并激发他们的参与热情。例如，通过游戏、竞赛、表演等形式，增加活动的趣味性和互动性，让老年人在轻松愉快的氛围中享受活动。

（四）活动时间安排要求

1. 时间长短适宜

活动时间不宜过长，一般控制在 1 ~ 2 小时，避免老年人因疲劳而影响活动体验。对于体力消耗较大的活动，可适当缩短时间或增加休息环节。

2. 安排合适的时间段

活动时间应避开老年人的休息时间段（如午休时间）和身体状态较差的时间段（如清晨或傍晚）。通常，9：00—11：00 和 15：00—17：00 是较为合适的活动时间段。

（五）活动物品使用要求

1. 物品安全性

活动使用的物品应符合安全标准，避免使用尖锐、易碎或存在安全隐患的物品。例如，手工活动中使用的剪刀应选择圆头剪刀，避免意外伤害。

2. 物品适老化

活动物品应适合老年人的身体特点，如使用大字体卡片、易握持的工具等，方便老年人使用。

3. 物品多样性

根据活动内容准备多样化的物品，如手工材料、运动器材、音乐设备等，确保活动内容丰富且有趣。

（六）工作人员要求

1. 专业能力

工作人员应具备相关的专业知识和技能，如康复师、心理咨询师、社区工作者等能够为老年人提供专业的指导和支持。

2. 沟通能力

工作人员应具备良好的沟通能力，能够与老年人建立信任关系，耐心倾听他们的需求和意见。

3. 应急处理能力

工作人员应掌握基本的急救知识和技能，能够及时应对活动中可能出现的突发情况，确保老年人的安全。

（七）活动流程的主要内容

老年康乐活动流程的主要内容见表 3-3-1。

表 3-3-1　老年康乐活动流程的主要内容

活动流程阶段	具体内容
活动前期的准备工作内容	1. 需求调研：通过问卷调查、访谈等方式了解老年人的需求和兴趣 2. 活动设计：根据调研结果设计活动内容、形式和流程 3. 物资准备：准备活动所需的物品、器材和场地 4. 宣传动员：通过海报、通知等方式宣传活动，鼓励老年人积极参与
活动过程的主要环节	1. 破冰环节：通过简单的互动游戏或自我介绍，调动老年人的参与积极性 2. 活动实施：按照设计的内容和流程开展活动，工作人员提供指导和帮助 3. 互动交流：鼓励老年人分享活动体验和感受，增强活动的互动性和趣味性
活动后期的主要工作内容	1. 效果评估：通过问卷调查、访谈等方式收集老年人的反馈意见，评估活动效果 2. 总结改进：总结活动中的成功经验和不足之处，为后续活动提供参考 3. 持续跟进：对参与活动的老年人进行定期回访，了解他们的身心变化和需求，为后续活动设计提供依据

五、老年康乐活动组织与实施

（一）老年康乐活动组织与实施的基本原则

1. 尊重与接纳

在组织与实施老年康乐活动时，首先要尊重和接纳每位老年人。活动工作者应以积极的态度看待老年人，认识到他们的潜能与价值，避免对其抱有消极的刻板印象。只有真心尊重和接纳老年人，才能有效提升他们的生活质量，帮助他们享有幸福的晚年。

2. 建立信任关系

活动工作者应以真诚、中立的态度关心老年人，努力了解他们的感受并给予积极的回应。建立相互信任的关系是确保活动顺利进行的重要前提。创造一个安全、开放的环境，让老年人能够自由表达自己的想法和感受。

3. 耐心与鼓励

老年人的性格和需求各不相同，活动工作者需表现出足够的耐心，避免急躁和不耐烦的态度。对于性格内向的老年人，可以从日常生活的小事入手，逐步拉近距离；而对于性格外向的老年人，则需要适时引导对话，避免让他们感到厌烦。同时，要及时给予老年人积极的反馈和鼓励，赞美他们的进步，以增强他们的自信心。

4. 尊重自主选择权

在康乐活动中，老年人应被赋予自主选择的权利。活动工作者的角色是协助者，老年人应在活动中拥有决策权，这能够帮助他们培养解决问题的能力，增强对活动的参与感和责任感。

5. 个性化关注

每位老年人都是独特的个体，具有不同的需求和兴趣。在组织活动时，应关注他们的个性和特点，设计多样化的活动形式，满足不同老年人的需求，避免“一刀切”的做法。通过个性化的活动安排，能够更好地激发老年人的参与热情。

（二）老年康乐活动的带领技巧

活动的成功实施离不开工作人员的引导技巧，需注重以下方面。

1. 建立信任与亲和力

（1）语言沟通：使用温和、缓慢的语速与老年人交流，结合肢体语言（如微笑和点头），让他们感受到被尊重和关注。这种良好的沟通方式能够有效促进彼此之间的信任感。

（2）倾听需求：在活动过程中，主动询问老年人的感受。例如，询问“您觉得这个游戏有趣吗？”以了解他们的想法，并根据反馈及时调整活动的节奏和内容，确保他们的兴趣和参与感。

2. 灵活引导与激励

（1）分层引导：根据老年人的能力差异，提供不同难度的任务。例如，在手工活动中，可以为行动不便的老年人简化步骤，而对能力较强的老年人则增加创意要求，确保所有参与者都能在适合自己的水平上进行活动。

（2）正向激励：通过口头表扬（如“您做得真棒！”）和展示成果（如将老年人的绘画作品张贴展示）来增强他们的自信心和成就感。这种积极的反馈能够激励老年人更加积极地参与活动。

3. 把控节奏与氛围

（1）动静结合：在体力活动（如健身操）后安排静态活动（如听音乐或讲故事），以避免老年人感到疲劳，保持他们的参与热情。

（2）情绪调动：运用音乐、游戏或幽默互动来活跃气氛。例如，播放怀旧歌曲可以引发情感共鸣，设计趣味竞赛则能激发参与者的热情和竞争意识，提升活动的活力。

（三）老年康乐活动的安全管控

安全是老年康乐活动的核心，需贯穿活动全过程。

1. 活动前的安全准备

（1）健康筛查：通过审核健康档案或现场问询，了解参与活动的老年人的慢性病史（如高血压、关节炎）、药物使用情况和活动禁忌，以确保活动适合每位参与者的健康状况。

（2）场地检查：确保活动区域无障碍物，地面防滑，并确保紧急出口畅通。对高风险区域

（如楼梯和湿滑地面）设置明显的警示标识，提醒老年人注意安全。

（3）物资安全：检查活动器材的安全性，如选择圆头手工剪刀，确保运动器材稳固且无破损，避免因器材问题导致意外伤害。

2. 活动中的实时监护

（1）全程观察：工作人员需密切关注老年人的身体状态，留意面色苍白、呼吸急促、步态不稳等异常表现。如发现异常，立即暂停活动并提供必要帮助。

（2）应急处理：配备急救箱，内含常用药物、血压计等应急物品。工作人员应掌握心肺复苏、跌倒处理等基本急救技能。对于突发疾病（如晕厥、心绞痛），应迅速启动应急预案并联系医疗机构，确保及时救助。

3. 活动后的安全跟进

（1）健康反馈：活动结束后，询问老年人的身体感受，记录任何异常情况（如关节疼痛、头晕）并反馈至护理团队，以便后续跟踪和处理。

（2）环境复位：对活动场地进行清理和器材归置，避免遗留物品导致老年人绊倒，确保场地整洁安全。

（3）持续改进：针对活动中暴露的安全隐患（如某些游戏环节易导致拥挤），及时修订活动方案并加强防范措施，以提升未来活动的安全性和参与体验。

活动举例

一、活动参与对象评估

针对前述案例中的王大爷，通过走访调查及与老年人深入交流，收集整理王大爷的个人情况及需求如下（表 3–3–2）。

表 3–3–2　王大爷评估结果

姓名	王 ××	性别	男	年龄	70 岁
兴趣爱好	下象棋、围棋、五子棋	居住状态	独居	退休前职业	机械工程师
健康状况	生理状态	总体健康，轻微关节炎，需注意久坐后的关节活动			
	心理状态	积极乐观，偶感孤独，渴望社交互动与价值感			
	社交状态	主动组织社区活动，具备较强的号召力，善于调动他人参与			
需求分析	健康管理	1. 预防关节炎加重，改善久坐习惯 2. 关注心理健康，避免过度劳累			
	多样化活动	1. 丰富活动类型，满足多样化兴趣 2. 重建有质量的社交关系			
	社交需求	1. 扩大社交圈，增强社区归属感 2. 重拾象棋特长，获得社会认同与成就感			
评估结果	王大爷具备突出的象棋专长和教学能力，社区支持条件良好，子女也愿意提供远程协助，但需警惕三大风险：孤独感加重、关节炎恶化及社交能力持续衰退				
总体评价	王大爷是一位具有显著优势资源的独居长者。作为退休机械工程师和曾经的象棋冠军，他保留着出色的棋艺技能和教学能力，且社区支持系统完善。虽然总体健康状况良好，但存在轻度关节炎和心理孤独风险				

二、活动策划方案

“棋韵健康行”康乐活动方案

活动背景

王大爷是70岁独居退休工程师，虽有轻微关节炎但总体健康。作为曾经的象棋冠军，他渴望通过棋艺活动重拾社交乐趣，但因长期独居缺乏互动机会。尘封的象棋折射出其健康管理（避免久坐）与心理需求（价值感重建）的双重诉求。

活动目的

1. 通过居家象棋活动改善关节灵活性。
2. 建立科学的“动静结合”作息习惯。
3. 在安全环境中逐步重建社交信心。
4. 发掘象棋特长的康复价值。

活动内容

1. 定制化棋艺康复

（1）改良象棋规则：25分钟强制休息，以防止王大爷在活动中感到疲劳，从而提升整体活动的舒适度和参与度。休息期间可以进行简单的聊天或水分补充，确保活动过程轻松愉悦。

（2）棋局复盘与关节操结合：在每一步棋的复盘中，志愿者引导王大爷回顾这一步棋的战术和战略意义，鼓励他思考不同的走法和应对方式，增强其思维能力和记忆力。

例：在王大爷走“马”时，进行腿部抬高和伸展，增强腿部力量与柔韧性。在走“车”的同时，进行手臂向前推的动作，帮助加强肩部和手臂的灵活性。每个动作重复5次，并逐步提高王大爷的参与度，让其感受到身体锻炼的乐趣。

2. 健康管理模块

（1）保健操设计：结合象棋的步伐，设计一套与每颗棋子对应的保健操。

例：“兵步”，前后踮脚，增强脚踝的灵活性和腿部肌肉力量。“将步”，站立不动，手臂侧平举，保持姿势10秒，增强核心稳定性。每个动作的持续时间和重复次数可以根据王大爷的身体状况进行调整，确保他能舒适参与。

（2）健康指标跟踪：

①定期记录王大爷的血压、心率和关节状况，并在每次活动结束后与他分享健康数据，确保健康信息的透明化和可追踪性。

②使用健康记录本，方便王大爷看到自己健康状况的变化，激励他继续参与康复活动。

3. 数字化社交准备

（1）老年版象棋APP教学：

①引导王大爷熟悉APP的基本功能，包括棋局练习、在线对战和棋局分析等，帮助他提升棋艺的同时，增强社交能力。

②通过简化的用户界面，确保王大爷能轻松上手，享受在线游戏的乐趣。

（2）录制“王大爷讲棋局”短视频：

①鼓励王大爷通过短视频分享自己的棋局分析和独特见解，内容可以包括他对不同棋局的看法、下棋的心得体会等。

②通过这样的分享，王大爷不仅能提高自己的表达能力，还能与其他棋友建立联系，增强社交互动。

③可以定期在小组内分享这些视频，促进互相学习和交流。

活动时间及计划

1. 活动周期

16 周渐进式计划。

2. 阶段强化社交

（1）适应期：1 ~ 3 周，每周六 9：30 —11：00。

①采用“15+5+5”模式（15 分钟对弈 +5 分钟保健操 +5 分钟复盘）。

②每日设置“健康微目标”（如完成 3 次起身活动）。

（2）巩固期：4 ~ 8 周，每周三 15：00 —16：30。

①引入“段位挑战赛”（铜 / 银 / 金级对应不同康复目标）。

②每周设置 1 个“主题棋局日”（如“马步周三”强化下肢训练）。

（3）拓展期：9 ~ 16 周，每月最后一个周日 15：00 —16：30。

①尝试线上对弈。

②定期组织象棋教学活动，王大爷可以分享自己的棋艺经验，指导其他长者。

活动地点

王大爷家中课堂（需提前进行适老化改造）或社区活动室。

棋桌位置：靠窗不逆光。

辅助设施：起身扶手、防滑地垫。

健康角：配备血压计、关节理疗包。

参加人员

核心对象：王大爷。

专业支持：活动工作者 1 名。

远程顾问：社区康复师（每月 1 次指导）。

渐进参与：第五周起引入 1 名同龄观察员，第七周尝试与子女视频对弈。

活动流程

1. 准备阶段

（1）环境自检：调节室内温度与湿度，确保光线充足而不刺眼，排除安全隐患。

（2）健康评估：通过可穿戴设备实时监测心率、血压等健康指标，并自动上传至健康管理系统。简要询问王大爷近期的身体状态，确认没有不适。

（3）情绪准备：播放轻松愉悦的音乐，帮助王大爷放松心情，提升参与活动的积极性。鼓励王大爷分享自己的心情，营造轻松氛围。

2. 核心活动

（1）分段式对弈：

①开局：为激励王大爷积极参与，活动工作者在开局时主动让出 2 颗棋子。此举不仅提升了对弈的趣味性，也使王大爷在棋局开始时感受到成就感与自信。活动工作者向王大爷简要讲解开局策略，如控制中心、发展棋子、保护王等基本理念，引导他在对弈中逐步思考和判断。

②中盘：此阶段鼓励王大爷在对弈中自由发挥，尝试多种战术与策略。活动工作者观察并适时给予策略建议，帮助他分析局势，提升棋艺。在对弈过程中，活动工作者与王大爷进行互动讨论，探讨不同棋子的优势与劣势，促进思维的活跃性。

③残局：在对弈的最后阶段，根据王大爷的健康状况，预设一个保健棋局，旨在通过棋局训练其思维，并结合简单的身体活动进行锻炼。

（2）棋子保健操：在每次沙漏提醒时，王大爷需做相应的“棋子保健操”，以促进身体健康，同时锻炼灵活性和协调性。以下是与棋子对应的保健操。

①车→腰部扭转：双脚与肩同宽站立，双手自然垂放，深吸气后，慢慢向一侧扭转上身，保持几秒，换另一侧重复。此动作有助于放松腰部肌肉，缓解疲劳。

②马→抬腿运动：站立时，双手扶住椅背，缓慢抬起一条腿至与地面平行，保持几秒后放下，交替进行。此动作有助于锻炼腿部肌肉，提升平衡感。

3. 收尾阶段

（1）效果评估：根据对弈表现与健康数据，系统自动评分，反馈参与效果；询问王大爷对活动的感受，记录情绪变化。

（2）计划生成：根据今天的表现与反馈，系统生成明天的活动方案，提出调整建议；与王大爷讨论短期目标，增强参与感与动力。

（3）安全确认：系统检查活动区域的安全状态，包括地面防滑、设备功能等，确保无隐患；回顾当天的健康数据，确认王大爷的身体状况稳定。

物品使用及支出费用

老年康乐活动物品使用及支出费用见表 3-3-3。

表 3-3-3　老年康乐活动物品使用及支出费用

物品名称	数量	费用 / 元	备注
适老象棋	1 套	200	磁性防滑
理疗沙袋	2 个	120	微波加热
智能药盒	1 个	200	带提醒功能
健康知识手册	1 本	30	图文版
合计		550	实际支出以活动规模调整

安全管理

1. 健康防护

（1）活动前填写《健康登记表》，监测老年人的身体状态。

（2）在活动现场配备便携式血氧仪，实时监测参与者的血氧饱和度，确保活动过程中王大爷的身体状态保持在安全范围。

2. 心理安全

（1）每周五设定为“无胜负日”，专注于纯娱乐性质的棋局，老年参与者无须担心胜负，旨在创造轻松愉快的氛围，促进互动与社交。

（2）准备专门的棋谱涂鸦本，鼓励老年人在其上自由涂鸦、写下情感或对棋局的想法，这不仅可以作为情绪宣泄的渠道，也能提供一种创造性的表达方式。

3. 应急预案

（1）若参与者在活动中感到关节疼痛，首先应立即暂停活动，确保安全。

（2）对疼痛程度进行评估。如疼痛感较轻，可以采取热敷、适度休息，并记录疼痛的特点（如部位、时间、持续情况等），以便后续观察。若疼痛感较强，需立刻联系家庭医生进行评估和处理，确保参与者的健康得到及时关注。

活动评价

1. 过程评价

老年康乐活动过程评价见表 3–3–4。

表 3–3–4　老年康乐活动过程评价

指标	评价方法	目标值
参与度	观察王大爷参与活动的积极性和频率	80% 以上参与活动
互动质量	记录王大爷与志愿者及其他参与者的互动	每月至少分享 2 个视频
健身操完成度	统计每个健身操动作的完成次数	动作完成率达 90%

2. 效果评价

老年康乐活动效果评价见表 3–3–5。

表 3–3–5　老年康乐活动效果评价

指标	评价方法	目标值
健康改善	每月记录王大爷的关节疼痛频率、久坐时间变化	关节不适减少 30%
社交能力增强	记录王大爷与其他棋友的互动频率	每周至少与 3 位新棋友互动
思维能力提升	通过棋局分析的准确性和战术理解进行评估	提升 1 ～ 2 级棋艺水平
身体素质提升	测量腿部力量、柔韧性及核心稳定性	每项体能指标提升 10%

三、活动操作技能

老年康乐活动操作技能见表 3–3–6。

表 3–3–6 老年康乐活动操作技能

<table>
<tr><td>活动名称</td><td colspan="2">棋韵健康行</td></tr>
<tr><td>使用物品及数量</td><td colspan="2">象棋棋盘及棋子 1 套（标准象棋棋盘与棋子）；健康记录本 1 本（用于记录王大爷的健康数据）；水壶 1 个（活动期间提供水分补充）；健康操辅助工具（如弹力带、瑜伽垫），根据需要，数量 1 ~ 2 个；老年版象棋 APP，在王大爷的平板电脑或手机上安装（可随身携带）</td></tr>
<tr><td>场地要求</td><td colspan="2">安静、宽敞的房间，适合进行象棋活动和保健操练习；光线明亮，确保王大爷能清晰地看到棋盘和进行操练；舒适的椅子，便于王大爷坐着进行棋局复盘与互动</td></tr>
<tr><td rowspan="3">具体操作过程</td><td>接送及活动前期
（10 分钟）</td><td>活动工作者提前到达接王大爷，确保安全送达活动场地；在场地内布置好象棋棋盘，准备健康记录本和水壶，确保一切物品就绪</td></tr>
<tr><td>活动导引部分
（10 分钟）</td><td>活动工作者向王大爷介绍活动内容和流程，强调休息和互动时间的重要性；进行 5 ~ 10 分钟的简单热身操，以放松身体并激活关节</td></tr>
<tr><td>活动核心技能部分
（50 分钟）</td><td>1. 定制化棋艺康复
（1）棋局复盘：每步棋下完后，志愿者引导王大爷回顾战术和战略，同时进行相应的健康操练习
例：王大爷走“马”时，进行腿部抬高和伸展，重复 5 次；走“车”时，进行手臂向前推的动作，重复 5 次

（2）休息时间：每 25 分钟进行一次强制休息，让王大爷喝水并进行轻松聊天，调整状态
</td></tr>
</table>

续表

<table>
<tr><td rowspan="2">具体操作过程</td><td>活动核心技能部分（50 分钟）</td><td>2. 健康管理模块
（1）保健操设计：结合象棋的棋步设计一套保健操
例："兵步"，前后踮脚，增强脚踝灵活性，重复 10 次；"将步"，站立不动，手臂侧平举，保持姿势 10 秒，重复 3 次

（2）健康指标跟踪：每次活动结束后，记录王大爷的血压、心率等数据，并与他分享，确保健康信息透明

</td></tr>
<tr><td>总结部分（20 分钟）</td><td>1. 活动回顾：活动工作者与王大爷一起回顾活动内容，讨论棋局与健康操的感受，鼓励他分享个人体会
2. 激励措施：通过健康记录本展示王大爷的健康状态变化，激励其继续参与后续活动</td></tr>
<tr><td>注意事项</td><td colspan="2">1. 健康状况评估：在活动开始前，确保王大爷的健康状况适合参与活动，必要时咨询医生意见
2. 适应性调整：根据王大爷的身体状况，适时调整活动强度和健康操内容，确保其舒适参与
3. 安全第一：活动中注意王大爷的身体反应，若有不适，立即停止活动并给予休息
4. 社交互动：鼓励王大爷与活动工作者和其他参与者积极互动，提升社交能力
5. 记录与反馈：每次活动后，及时记录活动过程中的关键数据和王大爷的反馈，以便于后续改进活动安排</td></tr>
</table>

【练习题】

一、单项选择题（在每小题给出的四个选项中，只有一项是符合题目要求的，请将所选答案的字母填写在括号内）

1. 老年康乐活动的核心目标是（　　）。

A. 提高老年人的经济收入　　　　B. 促进老年人的健康与娱乐

C. 增加社区财政收入　　　　D. 提升活动工作者的专业能力

答案：B

解析：康乐活动是健康与娱乐的融合，核心目标是通过活动促进老年人的身心健康和社交互动，而非经济或行政目标。

2. 在康乐活动策划中，确定活动目的的主要依据是（　　）。

A. 活动工作者的个人兴趣　　　　B. 老年人的需求与特点

C. 社区领导的意见　　　　D. 外部资助方的要求

答案：B

解析：活动策划需以老年人的实际需求为导向（如健康管理、社交需求），而非个人或外部主观意愿。

3. 在老年康乐活动评估中，过程评估的主要关注点是（　　）。

A. 活动对家庭的影响　　　　B. 活动执行中的问题与调整

C. 活动结束后的效果　　　　D. 活动的长期可持续性

答案：B

解析：过程评估聚焦活动准备、组织和实施环节，旨在发现执行中的问题并及时优化。

4. 以下哪项是老年康乐活动安全管控的关键措施？（　　）。

A. 增加活动时长　　　　B. 提供防滑设施与急救包

C. 减少活动参与人数　　　　D. 取消所有体力活动

答案：B

解析：安全管控需从环境安全（防滑垫）和应急准备（急救包）入手，而非简单限制参与或取消活动。

二、多项选择题（在每小题给出的四个选项中，有至少两项是符合题目要求的，请将所选答案的字母填写在括号内）

1. 老年康乐活动按功能分类包括（　　）。

A. 互动型　　B. 娱乐型　　C. 文化学习型　　D. 治疗型

答案：ABCD

解析：功能分类涵盖互动、娱乐、学习、发展、治疗等类型，均符合老年人多样化需求。

2. 老年康乐活动策划需遵循的原则包括（　　）。

A. 规范性　　B. 可操作性　　C. 逻辑性　　D. 主观性

答案：ABC

解析：规范性（符合法规）、可操作性（资源匹配）、逻辑性（目标导向）是老年康乐活动策划的基本原则，主观性违背客观性原则。

3. 老年康乐活动组织的基本要求包括（　　）。

A. 明确活动目标　　　　B. 科学设计活动内容

C. 提供安全的活动环境　　　　D. 配备专业工作人员

答案：ABCD

解析：活动组织需从目标设定、内容设计、安全保障、人员配置四方面统筹安排。

4. 老年康乐活动的带领技巧包括（　　）。

A. 建立信任关系　　B. 调动参与积极性

C. 灵活调整活动节奏　　D. 注重互动与反馈

答案：ABCD

解析：带领技巧涵盖沟通（信任建立）、引导（积极性调动）、应变（节奏调整）及反馈机制。

三、判断题（正确的请在答题括号中画√，错误的画 ×）

1. 老年康乐活动的主要目的是单纯消磨时间，而非提升生活质量。（　　）

答案：×

解析：老年康乐活动的核心目标是促进身心健康、增强社交互动、提高生活质量，而非仅仅消磨时间。

2. 棋牌类活动（如象棋、围棋）属于益智型老年康乐活动。（　　）

答案：√

解析：棋牌类活动能锻炼老年人的思维能力、记忆力和策略规划，属于益智型活动。

3. 老年康乐活动的策划无须考虑参与者的身体状况和兴趣爱好。（　　）

答案：×

解析：老年康乐活动策划时必须结合老年人的健康状况、兴趣和能力，以确保活动的安全性和适宜性。

4. 广场舞属于体能型老年康乐活动，适合所有老年人参与。（　　）

答案：×

解析：广场舞虽属体能型活动，但并非适合所有老年人，如关节疼痛或心血管疾病患者需谨慎参与。

5. 老年康乐活动对心理健康的影响主要体现在缓解孤独感和抑郁情绪。（　　）

答案：√

解析：社交类、娱乐类活动能有效减少老年人的孤独感，改善情绪，促进心理健康。

6. 在组织老年康乐活动时，无须制订应急预案，因为活动通常风险较低。（　　）

答案：×

解析：任何活动都可能存在风险（如跌倒、突发疾病），必须提前制订应急预案以确保安全。

7. 手工制作类活动（如剪纸、编织）属于创造型老年康乐活动。（　　）

答案：√

解析：手工活动能激发老年人的创造力，提升手脑协调能力，属于创造型活动。

8. 在老年康乐活动的实施过程中，可以完全依赖老年人自主参与，无须工作人员引导。（　　）

答案：×

解析：部分老年人可能需要引导或协助，工作人员应提供必要支持以确保活动顺利进行。

9. 老年康乐活动的功能仅体现在娱乐层面，对身体健康无直接帮助。(　　)

答案：×

解析：适当的活动（如健身操、太极拳）能增强体质，改善心肺功能，对健康有直接益处。

10. 评估老年康乐活动的效果时，只需要关注参与人数，无须考察参与者的满意度。(　　)

答案：×

解析：评估应综合考量参与人数、满意度、身心健康改善情况等多方面因素。

四、论述题

●简述老年康乐活动的功能，并举例说明其中一项功能的具体表现。

老年康乐活动的功能包括促进身体健康、改善心理健康、增强社会交往、提升认知能力和丰富精神生活。以“改善心理健康”为例，老年人参与棋类活动时，通过思维训练和社交互动，能缓解孤独感，提升情绪。如案例中王大爷的棋类俱乐部让小区老年人从沉闷变得活跃，体现了活动对心理健康的积极影响。

五、案例分析题

●某社区计划开展“老年人智能设备教学”活动，旨在帮助老年人学习使用智能手机，增强与家人沟通的能力。请结合老年康乐活动策划与组织的相关知识，完成以下任务。

1. 设计活动目标（短期与长期各 1 个）

短期目标：聚焦活动当天的直接效果，如技能掌握、参与兴趣等。如活动结束后，80% 的参与者能独立完成智能手机基础操作（如微信视频通话、发送照片）。

长期目标：关注持续性影响，如习惯养成、生活质量提升等。如通过持续学习，帮助老年人建立智能设备使用习惯，半年内与家人线上沟通频率提升 50%。

2. 列出活动流程的主要环节（至少 4 个）

活动流程应覆盖“准备—教学—互动—反馈”全链条，确保循序渐进、参与度高。

（1）开场介绍（10 分钟）：主持人说明活动目标，分组破冰（如“结对子”互帮互助）。

（2）基础教学（30 分钟）：分步骤演示微信视频通话、拍照发图等操作，配合图文手册。

（3）实操练习（40 分钟）：老年人动手操作，志愿者一对一指导，设置模拟场景（如给子女发照片）。

（4）总结与反馈（20 分钟）：邀请分享学习心得，发放满意度问卷，预告下次课程内容。

3. 说明活动安全管控的具体措施（至少 3 项）

从人身安全、信息安全、应急处理三方面入手，体现全面性。

（1）人身安全：活动前检查场地无障碍物，确保座椅稳固；安排志愿者协助行动不便者。

（2）信息安全：教学时强调防诈骗知识（如不点击陌生链接），提供官方 APP 下载指南。

（3）应急处理：配备急救药箱，预留 1 名工作人员应对突发健康问题（如血压升高）。

拓展阅读

人际关系满意度量表

下列句子是对您和您经常交往的人及与他们关系的描述。这些人不代表任何一个具体的人，“他们”泛指与您经常交往的人。请根据您的实际情况作答（表 3-3-7）。

表 3-3-7　人际关系满意度量

描述	完全不符合	很不符合	不确定	比较符合	完全符合
1. 我和他们之间沟通良好，有充分的交流	1	2	3	4	5
2. 我和他们之间能互相信任	1	2	3	4	5
3. 他们能在我开心时与我分享快乐，失意时与我分担困难	1	2	3	4	5
4. 我和他们在一起没有拘束和顾虑	1	2	3	4	5
5. 我和他们能互相包容，和睦相处	1	2	3	4	5
6. 他们能在生活和思想上给予我支持与安慰	1	2	3	4	5
7. 他们为人随和，容易接近	1	2	3	4	5
8. 他们都很豪爽	1	2	3	4	5
9. 他们都很风趣幽默	1	2	3	4	5
10. 他们大多很自信	1	2	3	4	5
11. 他们很乐观、开朗	1	2	3	4	5
12. 他们是很孝顺的人	1	2	3	4	5
13. 我与他们经常在想法上不谋而合	1	2	3	4	5
14. 我与他们相处时间长，彼此很熟悉	1	2	3	4	5
15. 我与他们在性格上有共同点	1	2	3	4	5
16. 我经常向他们表达自己，他们也是这样	1	2	3	4	5
17. 他们大多数都很坦诚	1	2	3	4	5
18. 他们对我很忠诚	1	2	3	4	5
19. 他们对我都是真诚的	1	2	3	4	5
20. 他们大多数是守信用的人	1	2	3	4	5
21. 他们都很正直	1	2	3	4	5
22. 我和他们能互相帮助，双方互惠	1	2	3	4	5

人际关系满意度量表使用说明如下。

1. 量表的基本信息

（1）题目数量：22 题。

（2）计分方式：Likert5 点量表（1= 完全不符合 ~ 5= 完全符合）。

（3）总分范围：22 ~ 110 分。

（4）分级标准：≤ 55 分，社交支持不足；56 ~ 88 分，一般水平；≥ 89 分，高质量社交。

（5）施策时间：8 ~ 12 分钟。

2. 量表的维度结构

量表包含情感支持（3、6、22）、性格相容性（5、7 ~ 12、15）、交往深度（1、4、13、14、16）、品德认同（2、17 ~ 21）4 个维度。

3. 量表适用人群

最佳：社区老年人（60 ~ 75 岁）。

慎用：认知障碍患者（MMSE ＜ 24 分）。

点燃思考

一、案例一

张奶奶，女，76 岁。患高血压病 24 年，育有一女，中学退休教师。现居住在康乐医养结合机构 206 室。性格开朗，经常参加社区活动。2 年前，家人发现她性格和行为有些异常：经常会手上拿着钥匙却四处寻找钥匙，东西经常随处乱放，却常常责怪孩子把屋子弄得乱七八糟。家人认为她年纪大了，记性差了，未引起重视。她慢慢变得不爱说话，容易发脾气，有时散步后不知道住几层楼并拒绝口服降压药物。

1. 请使用智力评估量表为老年人进行智力状况评估。

2. 请根据张奶奶的情况，撰写适合她的康健活动方案。

3. 请指导张奶奶开展康建活动。

二、案例二

社区老年趣味运动会活动策划：健康在于运动，生命在于运动！为了促进社区老年居民的健康意识，养成运动习惯，展现社区老年人的健康精神风貌，增加老年人之间的互动合作。社区计划开展一次“快乐运动，趣味无穷”社区老年趣味运动会。

1. 请根据社区老年人活动要求撰写老年健身活动策划方案。

2. 请根据撰写完成的活动策划方案进行汇报展示，时长 10 分钟。

任务要求：社区活动策划方案只需要针对单次活动开展设计，活动时长 90 分钟。社区活动策划方案包括前期调研、活动目标、活动设计、活动评估等内容，方案结构完整，内容详细具体，具有可行性和可操作性。汇报展示过程语言流畅，讲解清晰，举止得体，全面呈现社区活动策划方案。

项目四
老年音乐活动策划与组织

学习目标

素质目标

1. 培养对老年人身心需求的关怀和同理心。
2. 增强社会责任感和服务意识，促进老年人的社会参与。
3. 倡导尊重和包容的老年活动文化。

知识目标

1. 掌握老年舞动和歌唱活动的基本概念、类型及功能。
2. 理解老年活动策划的安全注意事项和健康考虑。
3. 了解老年音乐策划活动与组织的内容、流程。

能力目标

1. 能够根据老年人的健康状况和兴趣设计个性化的活动方案。
2. 具备观察和调整活动方案以应对参与者反应的能力。
3. 能够有效组织并实施老年音乐活动，确保安全性和趣味性。

知识导读

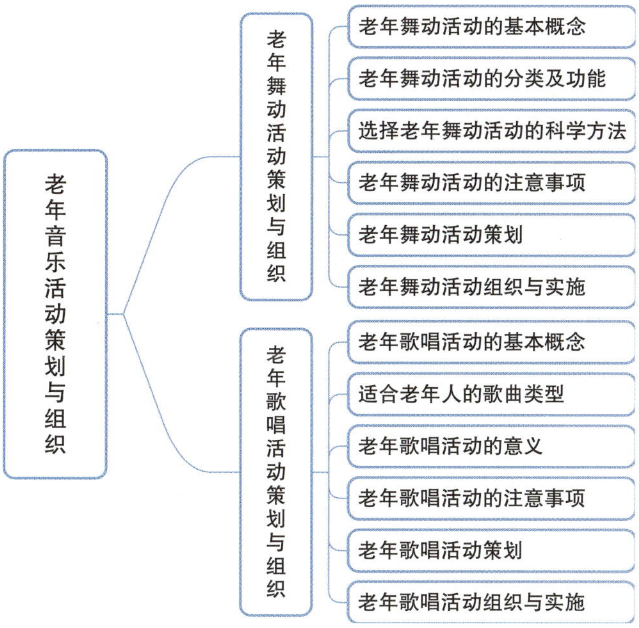

任务一　老年舞动活动策划与组织

案例导入

周阿姨，72 岁，大专文化，汉族，广东佛山人，退休前为小学音乐教师。年轻时是单位文艺积极分子，擅长民族舞，退休后仍坚持晨练太极拳。1 年前入住养老院，半年前因膝关节退行性病变减少外出，近期出现肩颈僵硬、情绪烦躁，拒绝参加养老院舞蹈队周年庆活动，子女反映其时常叹气发呆。

根据案例，请思考：

1. 如何用舞动活动帮助周阿姨改善情绪和身体状态？
2. 怎样结合她的舞蹈特长设计低冲击力的活动方案？

任务描述

1. 根据周阿姨的身体状况，并结合其特质，策划具有明确目标的舞动活动方案。
2. 活动中观察周阿姨的参与度和反应，及时调整动作难度。

相关知识

扫一扫

一、老年舞动活动的基本概念

（一）老年舞动活动的含义

老年舞动活动是以身体律动为核心，通过舞蹈、音乐、肢体表达等形式组织的活动，旨在满足老年群体的身心需求及社会参与诉求。其形式不局限于传统舞蹈，还包括现代健身操、民族歌舞、即兴舞动、手部韵律操等，强调安全性、趣味性、包容性。

（二）老年舞动活动的特征

1. 低强度与适应性

动作设计应避免跳跃，并注重关节保护，以符合老年人的生理特点。

2. 主动参与性

鼓励老年人根据自身能力选择舞种，而非被动接受训练。

3. 社交互动性

强调集体参与或跨代际交流，弱化竞争性，突出合作与分享。

（三）老年舞动活动的意义

老年舞动活动的功能主要涵盖个体、家庭与社会、医疗与养老体系、文化与创新价值 4 个方面，具体如下。

规律舞动能增强心肺功能、提升肌肉力量和平衡能力；针对慢性疾病（如帕金森病、关节炎）的舞蹈干预可缓解症状，辅助治疗；通过音乐与肢体表达释放内啡肽，减轻焦虑、抑郁，有助于调节老年人的情绪；舞台展示或技能学习可以帮助老年人重拾自信；复杂舞步训练能刺激大脑活跃度，有助于维护老年人的认知功能。

跨代互动有利于打破代际隔阂，增进理解与情感联结。子女观看老年人舞蹈表演，可以强化家庭纽带。

二、老年舞动活动的分类及功能

（一）低强度舞蹈

1. 广场舞

以简单重复的动作为主，节奏轻快，适合群体参与，能增强心肺功能和协调性（如《小苹果》《最炫民族风》）。

2. 太极舞

融合太极拳的舒缓动作与舞蹈韵律，强调呼吸配合，适合关节脆弱或平衡能力较弱的老年人。

3. 民族舞

如扇子舞、秧歌舞，动作柔美且富有文化内涵，可唤起怀旧情感，适合喜欢传统文化的老年人。

（二）社交性舞蹈

1. 交谊舞

华尔兹、探戈等双人舞，强调配合与沟通，能促进社交并锻炼反应能力。

2. 圆圈舞 / 集体舞

参与者围成圆圈配合音乐舞动，规则简单，适合认知能力下降的老年人。

（三）功能性舞蹈

1. 康复舞蹈

针对慢性疾病（如帕金森病、关节炎）设计，通过特定动作改善肌肉力量和关节灵活性。

2. 水中有氧舞蹈

在水中进行，减少关节压力，适合肥胖或骨质疏松的老年人。

（四）创意表达类

1. 即兴舞蹈

通过自由动作表达情绪，搭配自然音乐（如流水声、鸟鸣），帮助释放压力。

2. 手语舞蹈

结合手语与律动，适合听力障碍或语言表达能力退化的老年人。

三、选择老年舞动活动的科学方法

（一）健康评估先行

1. 医学筛查

需了解慢性疾病情况，如心脏病患者避免高强度跳跃，膝关节问题者减少深蹲动作。

2. 体能测试

通过“30 秒坐站试验”（30 秒内完成次数）评估下肢力量，选择适宜强度。

（二）兴趣与能力匹配

1. 文化背景

北方老年人可能更倾向于秧歌，南方老年人可能喜欢采茶舞；曾从事文艺工作的老年人可尝试更复杂的编舞。

2. 认知水平

轻度认知障碍者可选择动作重复率高的舞蹈（如拍手舞），重度患者适合跟随引导的律动活动。

（三）环境适配策略

1. 空间安全

地面需防滑处理，活动半径每人至少 1.5 m^2，避免拥挤碰撞。

2. 设备辅助

提供舞蹈把杆、护膝等辅助工具，音乐音量控制在 60 dB 以下，保护听力。

（四）渐进式参与模式

采用三阶段融入法。

1. 观摩期

2 ~ 3 次旁观熟悉环境。

2. 简化参与

从 5 分钟热身环节开始，逐步增加时长。

3. 角色赋予

让熟练者担任领舞，提升自我价值感。

（五）效果监测与调整

1. 身体指标

每月监测血压、步态稳定性变化。

2. 心理评估

采用简版抑郁量表［15 项老年抑郁量表（geriatric depression scale-15，GDS-15）］评估情绪改善情况。

3. 动态调整

根据反馈每季度更新 20% 的舞蹈套路，保持新鲜感。

四、老年舞动活动的注意事项

（一）安全第一

1. 动作幅度不宜过大，避免突然的大幅度扭颈、转腰等动作，以防跌倒甚至骨折。

2. 选择合适的场地，避免在坚硬的水泥或瓷砖地面上跳舞，以减少对关节的冲击。

（二）适度运动

1. 活动时间不宜过长，一般建议每天不超过 2 小时，避免过度运动带来的伤害。

2. 活动前要做好热身运动，跳舞后要做好放松运动。

（三）健康考虑

1. 有心脑血管病史的老年人在跳舞时要特别注意跳舞时长，避免大运动量诱发或加剧心血管疾病发作。

2. 避免在空气质量差的环境中跳舞，以免影响呼吸系统健康。

（四）合适的穿着

选择轻快合脚的运动鞋，避免因鞋子不合适而发生跌倒。

（五）避免在特定时间段跳舞

1. 不要在早上空腹活动，以免身体缺少水分，增加心血管疾病的发病风险。

2.18 点以后或睡前 2 小时内不要剧烈活动，以免影响入睡。

通过选择适合老年人的舞动活动并注意以上事项，老年人不仅能够锻炼身体，增强体质，还能丰富社交生活，提升自信心和幸福感。

五、老年舞动活动策划

为老年人制订舞动活动方案需要从以下几个方面进行考虑。

（一）安全与健康

1. 身体状况评估

了解老年人的身体状况，包括慢性疾病、关节问题等，确保活动形式和强度适合他们的身体状况。

2. 安全措施

确保活动场地安全，避免地面湿滑或不平整；提供必要的辅助设备，如扶手、椅子等；准备急救箱等应急物品。

3. 适度运动

合理安排运动强度和时间，避免过度运动导致身体损伤。

（二）兴趣与需求

1. 兴趣爱好

调查老年人对不同类型舞蹈的兴趣，选择他们喜欢的舞动形式，如广场舞、民族舞、太极舞等。

2. 需求分析

了解老年人的需求，如社交互动、身体锻炼、文化传承等，确保活动内容能满足他们的需求。

（三）活动形式与内容

1. 多样化的活动形式

结合不同的舞蹈风格和活动形式，如热身运动、基本舞步学习、舞蹈组合练习、舞蹈表演等，增加活动的趣味性和挑战性。

2. 逐步提高难度

根据老年人的学习进度，逐步提高动作的难度，确保他们能够跟上活动的节奏。

（四）时间与地点安排

1. 合理的时间安排

选择老年人方便参加的时间段，如上午或下午，避免过早或过晚影响他们休息。

2. 适宜的活动地点

选择安静、通风、地面柔软的活动场所，确保老年人在舒适的环境中进行活动。

（五）教练与指导

1. 专业教练

聘请有经验的教练，确保动作的正确性和安全性。

2. 个性化指导

针对老年人的身体状况和学习进度，提供个性化的指导和帮助。

（六）社区支持与合作

1. 社区资源

利用社区的资源，如场地、设备、志愿者等，降低活动成本。

2. 合作与联动

与其他社区组织或机构合作，共同举办舞动活动，扩大活动的影响力。

（七）评估与反馈

1. 定期评估

通过观察老年人的身体状况和活动表现，评估活动的效果。

2. 收集反馈

定期收集老年人对活动的反馈意见，了解他们的需求和满意度，及时调整活动方案。

通过以上几个方面的考虑，可以为老年人制订一个既安全又有趣的舞动活动方案，帮助他们保持身心健康，丰富社交生活。

六、老年舞动活动组织与实施

（一）老年舞动活动组织的基本要求

1. 做好安全保障

活动前了解老年人的健康状况，患有心脏病、高血压等疾病的老年人要在家人陪同或医生建议下参与。活动现场配备基本的急救药品和器材，如有条件可安排医护人员在场。

2. 了解需求状况

充分考虑老年人的年龄、健康状况、兴趣爱好等，以安全性为主进行策划。可通过调查问卷、社区问询会议等方式了解他们对舞蹈类型、活动时间、场地等方面的偏好。例如，对于身体较好、有舞蹈基础的低龄老年人，可以安排有一定难度和运动量的舞蹈；而对于高龄或身体较弱的老年人，则选择简单舒缓的舞蹈。

3. 明确活动目标

确定活动想要达到的目标，如提高老年人的身体活力和运动能力，增进老年人之间的交流和友谊，帮助老年人获得更多的快乐和幸福等。

4. 做好预算分配

对活动所需的费用进行合理规划，包括场地租赁、音响设备、教学道具、奖品等方面的开支。

5. 招募志愿者

提前安排好活动的任务分配和志愿服务人员的招募工作，保证志愿者工作流畅和有条不紊。志愿者要协助老年人参加活动，热情接待和服务他们。

6. 提供专业指导

邀请专业的舞蹈老师进行教学和指导，确保老年人掌握正确的舞蹈动作，避免因动作不当导致受伤。

7. 营造良好氛围

组织人员要保持热情和耐心，及时解决老年人的问题和困难。可以在现场设置一些花卉和摆设，增强环境美观度，邀请当地长者做主持人，增加活动的亲和力和诚意度。

8. 收集反馈意见

活动结束后，了解参与者对活动的感受和建议，及时总结反省，以便更好地完善下一次活动的策划。

9. 进行回访服务

向老年人了解相关的建议和意见，保持与他们的沟通和联系，让他们感受到持续的关爱。

（二）老年舞动活动的带领技巧

1. 注意选择适合老年人的教学方法

针对老年人的生理和心理特点安排教学计划，由浅入深、循序渐进地完成每个阶段的教学任务。可以先从简单的步伐和手部动作开始教起，逐渐增加动作的难度和复杂度。将复杂的舞蹈动作分解成若干个简单的部分，分别进行讲解和示范。要反复教授和练习动作，加强记忆。老师可以通过多次重复示范、带领老年人一起练习等方式，帮助老年人加深记忆。同时，给予老年人足够的时间进行练习，让他们在反复实践中掌握动作。同时，采用视频教学、动作示范、现场指导等多种教学方式相结合的形式，以满足不同老年人的学习需求。

2. 注意加强与老年人的沟通与互动

活动过程中，要多鼓励老年人，增强他们的自信心。及时给予肯定和赞扬，让老年人感受到自己的进步和成就。认真倾听老年人的想法和需求，及时解答他们的疑问。尊重老年人的意见和建议，让他们感受到被重视。组织老年人进行交流和互动，让他们互相学习、互相帮助。可以安排小组练习、舞蹈比赛等活动，增加老年人之间的交流机会。

3. 注意加强对老年人的关怀

在活动前，了解老年人的身体状况，如有不适或疾病，要给予特殊关注。在活动过程中，密切观察老年人的身体反应，如出现疲劳、头晕等症状，要及时让老年人休息。及时向老年人强调安全事项，如穿着合适的服装和鞋子、避免剧烈运动等。在活动过程中，要确保场地安全，避免老年人跌倒或受伤。关心老年人的生活和情感需求，让他们感受到温暖和关爱。在活动过程中，可以为老年人提供一些饮用水、小零食等，让他们在活动中保持良好的状态。

4. 选择合适的音乐，营造适合的氛围

根据舞蹈的类型和节奏，选择适合老年人的音乐。音乐要节奏缓慢、旋律优美，能够让老年人放松身心，享受舞蹈的乐趣。通过布置场地、播放音乐等方式，营造一个轻松、愉快的活动氛围。可以在场地周围摆放一些鲜花、气球等装饰品，让老年人感受到节日的氛围。同时，老师要保持热情和活力，带动老年人积极参与活动。

（三）老年舞动活动的安全管控

老年舞动活动的安全管控至关重要，关乎老年人的身体健康和生命安全，可从活动前、活动中、活动后 3 个阶段进行全面管控。

1. 活动前

（1）健康评估：活动前了解每位老年人的健康状况，可通过问卷调查、与家属沟通或咨询老年人的医生等方式，掌握老年人是否有心血管疾病、关节疾病、耳源性眩晕等疾病。对于患有严重疾病或身体不适的老年人，建议其在医生的指导下决定是否参加活动。

（2）安全教育：组织老年人集中学习活动的安全注意事项，如避免剧烈运动、遵循活动流程等。可以通过发放宣传资料、现场讲解等方式进行教育，提高老年人的安全意识。

（3）场地选择：优先选择空气流通、地面平坦、无障碍物的场地，如室内的活动中心或室外的公园草地。避免在车道边、坚硬的水泥或瓷砖地等存在安全隐患的地方开展活动。

（4）设施检查：对活动场地的设施设备进行全面检查，包括音响设备、灯光等是否正常运行，有无漏电等安全问题。同时，检查场地的消防设施是否完备，通道是否畅通。

（5）急救物资：准备基本的急救药品和器材，如创可贴、消毒剂、血压计、血糖仪等，以应对可能出现的突发状况。

（6）服装与鞋子：提醒老年人穿着宽松、舒适、吸汗的全棉服装，选择鞋底柔软、合脚的气垫鞋或运动鞋，避免穿皮鞋、高跟鞋或硬底鞋。

2. 活动中

（1）人员配备：安排足够的活动工作人员或志愿者在活动现场进行监督和指导，确保老年人的安全。一般每 10 ~ 15 位老年人至少配备 1 名工作人员。

（2）关注状态：工作人员要密切关注老年人的身体和精神状态，如发现老年人出现疲劳、头晕、呼吸急促等不适症状，应及时让老年人停止活动，并进行相应的处理。

（3）控制强度：根据老年人的身体状况和能力，合理控制舞蹈活动的强度和节奏。避免安排过于剧烈、难度过大的舞蹈动作，确保老年人能够承受。

（4）避免拥挤：在活动过程中，要注意保持场地的秩序，避免老年人之间出现拥挤、推搡等情况，防止意外发生。

（5）制订预案：制订完善的应急预案，明确在突发情况下的处理流程和责任分工。如老年人发生跌倒、突发疾病等情况，能够迅速采取有效的应对措施。

（6）及时救援：一旦发生意外事件，工作人员要立即按照应急预案进行处理，及时对受伤老年人进行救治，并通知其家属和相关医疗机构。

3. 活动后

（1）观察状态：活动结束后，再次观察老年人的身体状况，询问他们的感受，确保老年人没有出现不适症状。

（2）总结反馈：组织工作人员对活动的安全情况进行总结和反馈，分析存在的问题和不足，提出改进措施，为今后的活动提供经验参考。

（3）跟进服务：对在活动中出现身体不适的老年人进行跟进服务，了解他们的恢复情况，并给予必要的关心和帮助。

活动举例

一、活动参与对象评估

针对前述案例中的周阿姨，通过采访照护人员和家人、与老年人深入交流、整理对周阿姨的身体评估结果等方式，收集整理周阿姨的个人情况如下（表 4-1-1）。

表 4-1-1　周阿姨评估结果

评估维度	具体内容	数据来源
个人背景	1. 年龄：72 岁 2. 职业背景：小学音乐教师（退休） 3. 文化程度：大专 4. 居住状况：养老院（子女同城，每周探望）	家属访谈、养老院档案
健康数据	1. 膝关节退行性病变［确诊半年，疼痛评分视觉模拟评分法（visual analogue scale，VAS）4 分（总分 10 分）］ 2. 肩颈僵硬（左右旋转受限 30%） 3. 睡眠质量［匹兹堡睡眠质量指数（Pittsburgh sleep quality index，PSQI）评分］：9 分（≥ 5 分属睡眠障碍）	体检报告、康复科评估
心理状态	1. 情绪评估（GDS-15）：5 分（轻度抑郁倾向） 2. 拒绝社交活动主诉："腿疼跳不动，怕丢脸" 3. 日常行为：每天静坐时长＞ 6 小时	心理科访谈、护理员行为记录
兴趣特长	1. 舞蹈专长：民族舞（曾获市级老年组三等奖） 2. 音乐偏好：闽南语歌曲（《爱拼才会赢》）、民乐《茉莉花》 3. 手工爱好：制作舞蹈服装	本人自述、子女提供获奖证书
社交参与	1. 历史：社区舞蹈队队长（持续 8 年） 2. 现状：近半年未参与任何集体活动 3. 潜在社交需求：曾向护理员提及"想念老队友"	社区活动记录、护理员沟通日志
家庭支持	1. 子女支持度：高（愿意陪同就医，但缺乏专业引导技巧） 2. 居家环境：客厅空间 8 m^2，无防滑垫，养老院配有活动室	家属访谈、居家环境评估报告

续表

评估维度	具体内容	数据来源
风险评估	1. 跌倒风险［跌倒评分（Morse fall scale，Morse 评分）］：45 分（中风险） 2. 关节负担禁忌：禁止深蹲、跳跃动作	康复科运动功能评估
活动需求	1. 明确诉求："想动但怕伤膝盖" 2. 潜在需求：通过子女反馈发现怀念舞台灯光体验	本人访谈、家属补充信息

二、活动策划方案

根据周阿姨的个人评估结果，结合老年人的特质，重点围绕舞蹈康复活动专项干预目标，为周阿姨量身定制如下舞蹈康复活动方案。

周阿姨"轻舞飞扬"健康活动方案

活动背景

随着我国老龄化进程加速，约 65% 的老年人存在骨关节退行性病变。周阿姨作为典型个案，其膝关节退变伴随肩颈僵硬的严重程度已影响日常生活质量。

生理层面：关节活动度下降导致步态异常（步速降低 23%），上肢活动范围受限（肩关节外展角度＜ 90° ）。

心理层面：运动功能衰退引发社交退缩（日均活动时间＜ 1.5 小时），产生"不想拖累家人"的焦虑情绪。

认知层面：疼痛刺激导致注意力分散（MMSE 量表注意项目扣分率达 40%）。

研究表明，改良舞蹈疗法可达到三重干预效果：通过节律性运动改善本体感觉（关节位置觉提升 19%）；音乐刺激促进内啡肽分泌（疼痛阈值提高 28%）；团体互动重建社交信心（抑郁量表评分降低 34%）。

活动目标

1. 缓解肩颈僵硬。通过轻柔舞蹈动作改善肩关节活动度。
2. 保护膝关节。全程采用坐姿或扶椅站立动作，避免膝关节受压。
3. 提升情绪活力。用熟悉的音乐和道具找回舞蹈热情。

活动内容

老年舞动活动内容见表 4–1–2。

表 4-1-2　老年舞动活动内容

环节	内容	具体设计
热身激活（5 分钟）	坐姿关节操	1. 双手握拳做“转方向盘”动作（肩部绕圈） 2. 点头 / 仰头模仿“小鸡啄米”（颈部活动）
主题舞蹈（20 分钟）	丝绸扇舞（坐姿 + 扶椅）	基础动作： 1. 坐姿开合扇（双手持扇平举→侧展） 2. 扶椅站立模拟“蝴蝶展翅”（轻踮脚尖，扇子上下摆动）
		音乐搭配： 1.《茉莉花》古筝版（慢速） 2.《采茶舞曲》改编节奏版
放松互动（5 分钟）	拍打操 + 茶话会	1. 双人互相轻拍肩膀 / 后背（促进血液循环） 2. 边喝茶边聊年轻时的跳舞趣事

活动时间

每周二、周四 9：30—10：00。

活动地点

养老院活动室（铺防滑垫、带扶手椅）。

个性化设计亮点

1. 功能代偿设计

护膝方案：全程提供带软垫的扶手椅，每次站立时间≤ 3 分钟。

肩颈强化：扇子绑小沙包（200 g）增加抗阻力训练。

2. 兴趣激活技巧

回忆道具：使用周阿姨年轻时跳舞的丝绸扇。

灯光氛围：用彩色纱巾罩住灯具，营造舞台柔光效果。

3. 家庭参与

每月最后一周设为“家庭舞蹈日”，子女学习坐姿扇舞共同参与。

效果观察与调整

老年舞动活动效果观察与调整见表 4-1-3。

表 4-1-3　老年舞动活动效果观察与调整

观察项目	记录方式	调整方法
肩颈活动度	每周测量手摸耳朵的高度（如能否摸到耳垂）	逐步增加手臂抬起高度
膝关节疼痛	每日护理员记录疼痛次数（用“★”表示无痛，“▲”表示微痛）	出现“▲”时改为全坐姿舞蹈
情绪状态	拍照记录笑容次数（活动前后对比）	增加周阿姨点播率高的音乐曲目

注意事项

1. 安全防护。活动前检查防滑垫，备好冰敷袋（应急用）。
2. 灵活调整。夏季将丝绸扇换成檀香扇，增加嗅觉刺激。
3. 正向激励。每完成 10 次活动，赠送舞蹈纪念册（含精彩照片）。

【练习题】

一、单项选择题（在每小题给出的四个选项中，只有一项是符合题目要求的，请将所选答案的字母填写在括号内）

1. 老年舞动活动的主要特征不包括以下哪一项？（　　）

A. 低强度与适应性　　B. 主动参与性

C. 高强度训练性　　D. 社交互动性

答案：C

解析：老年舞动活动通常以低强度、适应性和安全性为主，鼓励主动参与并注重社交互动。高强度训练不适合大多数老年人，容易引发身体不适或受伤。因此，C 选项不符合老年舞动活动的特点。

2. 为保障老年舞动活动的安全，应避免在哪种场地上进行？（　　）

A. 软木地板　　B. 防滑塑胶地面

C. 坚硬的水泥地面　　D. 草地

答案：C

解析：坚硬的水泥地面缺乏弹性，容易对老年人的关节和骨骼造成冲击伤害。相比之下，软木地板和防滑塑胶地面更适合老年人活动，草地虽然柔软但可能存在不平整的问题。因此，C 选项是应避免的场地类型。

3. 以下哪种活动类型最注重老年人的社交互动？（　　）

A. 手势舞健康操　　B. 健身广场舞

C. 舞蹈康复活动　　D. 太极剑

答案：B

解析：健身广场舞通常以群体形式开展，参与者之间有更多的互动机会，能有效增进社交关系。手势舞健康操更注重个体动作练习，舞蹈康复活动主要针对身体功能恢复，而太极剑则偏向个人技能提升。因此，B 选项最符合题目要求。

4. 制订老年舞动活动方案时，应避免在哪个时间段安排剧烈活动？（　　）

A. 9：00　　B. 15：00

C. 19：00　　D. 11：00

答案：C

解析：19：00 通常是老年人休息或准备晚餐的时间，此时安排剧烈活动可能影响其正常作息。9：00、11：00 及 15：00 则是老年人精力相对充沛的时间段，更适合安排活动。

5. 舞蹈康复活动的主要功能是（　　）。

A. 提高竞技能力　　B. 改善运动能力和协调性

C. 增强代际竞争意识　　D. 学习复杂舞蹈技巧

答案：B

解析：舞蹈康复活动旨在通过适度的身体运动改善老年人的运动能力和协调性，而非追求竞技能力或学习复杂技巧。此外，该活动并不强调代际竞争。因此，B 选项正确。

二、判断题（正确的请在答题括号中画√，错误的画 ×）

1. 手势舞健康操通过简单的手势动作促进老年人的身心健康。（　　）

答案：√

解析：手势舞健康操的动作简单易学，既能锻炼手部灵活性，又能通过音乐和节奏带来愉悦感，从而促进身心健康。

2. 所有老年人都适合参与高强度舞蹈活动。（　　）

答案：×

解析：高强度舞蹈活动对体能要求较高，部分老年人可能因身体状况限制无法参与，需根据个体情况选择适合的活动类型。

3. 老年舞动活动的社交互动性强调竞争性。（　　）

答案：×

解析：老年舞动活动的社交互动性更多体现在合作和交流中，而非竞争性。过度强调竞争可能适得其反，降低参与积极性。

4. 活动前做好热身运动是老年舞动活动的必要步骤。（　　）

答案：√

解析：热身运动可以有效预防肌肉拉伤和关节损伤，是老年舞动活动的重要环节。

5. 为老年人制订舞动活动方案时，需聘请专业教练以确保安全性。（　　）

答案：√

解析：专业教练能够根据老年人的身体状况设计科学合理的活动方案，并提供必要的指导和保护，确保活动安全。

三、论述题

●制订老年舞动活动方案时需考虑哪些关键因素？

在制订老年舞动活动方案时，需要从以下多个方面进行考虑。

1. 活动强度与适应性

根据老年人的身体状况选择低强度、安全的活动内容，避免过高难度。

2. 场地安全性

确保活动场地平坦、防滑，配备必要的安全设施（如防滑垫、冰敷袋）。

3. 时间安排

安排在老年人精力充沛的时间段（如 9：00—11：00 或 15：00 左右），避免晚上安排剧烈活动。

4. 社交互动性

设计集体参与的活动形式，增强老年人之间的互动和归属感。

5. 个性化需求

考虑老年人的兴趣爱好，选择他们喜欢的音乐和舞蹈风格。

6. 安全保障

配备专业教练或护理人员，及时处理突发情况。

7. 正向激励

通过奖励机制（如赠送纪念册）激发老年人的积极性，提高参与度。

8. 效果观察与调整

定期记录活动效果（如肩颈活动度、情绪状态等），及时调整活动方案以满足实际需求。

拓展阅读

银绸卷浪十二米——益阳古稀姐妹的社区舞力觉醒

湖南益阳赫山区朝阳街道的“银发姐妹团”是一支以退休老年人为主体的文艺团队，其成员年龄在 55 ~ 80 岁，平均年龄 68 岁，核心发起人刘奶奶（74 岁）曾任益阳电机厂工会主席，退休后因热爱文艺投身广场舞组织工作。团队在江家坪社区党总支书记的推动下成立，初期虽遭遇子女反对，但通过坚持排练逐渐赢得认可，发展成社区文化的中坚力量。

该团队以多元舞种融合为特色，涵盖民族舞、摩登舞和现代舞，其中民族舞以绚丽服饰展现地域风情，摩登舞通过优雅舞裙突显岁月韵味，现代舞则大胆尝试动感节奏与新颖动作。创新节目如“12 米绸缎长龙舞”需高强度体力协调，成为每场演出的压轴节目；情景剧《文明城市好人多》以社区科马提岩地质公园为背景，倡导居民共建家园，将艺术与公益宣传结合。2024 年 3 月，社区“益老食堂”开业演出中，团队连续表演 14 个节目，近 80 岁成员邹奶奶等人的旗袍秀由专业老师指导，展现出岁月沉淀的优雅，引发观众的热烈反响。

在社会价值方面，团队显著提升了社区凝聚力，带动子女态度从反对转为支持，并依托“美在金秋”老党员之家等活动阵地强化老年群体社会参与。其活动还推动“银发经济”与文化传承结合，通过与商场合作展演延伸文化体验，传承长龙舞、旗袍秀等民间艺术。目前，团队已纳入益阳“银城银龄”人才工作品牌案例，获市级媒体专题报道，形成区域示范效应。未来计划拓展跨代际合作演出，深化“文艺 + 公益”主题创作，进一步扩大影响力。

点燃思考

在梧桐社区养老服务中心，72 岁的李奶奶正对着窗外发呆。这位退休小学教师患有高血压、膝关节炎和轻度抑郁，每天需服用 5 种药物。社区调研显示，像她这样的多病共存老年人占比达 68%，其中 53% 因身体疼痛拒绝参与现有的健身活动，41% 每周社交互动不足 2 次。护理员发现，多数老年人渴望活动却畏惧风险，糖尿病患者担忧低血糖发作，关节退变者害怕跌倒，而长期服药导致的倦怠感更让集体活动参与率持续走低。与此同时，社区活动室崭新的体感舞蹈机因操作复杂闲置已久，墙上“乐享银龄”的标语在阳光下显得格外刺眼。

针对多病共存（如同时患高血压、关节炎及轻度认知障碍）老年群体，如何设计并组织一套安全有效、科技赋能、代际融合的舞动活动方案？

任务二　老年歌唱活动策划与组织

案例导入

在快节奏的现代生活中，老年群体往往容易被忽视其精神文化需求。为了丰富老年人的晚年生活，增强他们的社交互动，提升心理健康水平，某社区决定举办一场名为“岁月之声，唱响晚年”的老年歌唱活动。此次活动旨在通过音乐这一普遍而深情的语言，让老年人重温年轻时的记忆，感受集体的温暖，同时激发他们对生活的热爱和对美好未来的向往。

根据案例，请思考：

1. 如果你是本次活动的策划人员，应当从哪些方面来策划？
2. 如何结合案例，编写一份完整的歌唱活动策划书？

任务描述

1. 根据社区老年人的具体情况，策划具有明确目标的歌唱活动方案。
2. 依据方案组织与实施活动。观察记录老年人在歌唱活动中的表现，根据实际调整活动内容。

相关知识

一、老年歌唱活动的基本概念

老年歌唱活动是指参加者以歌唱为主要内容的一种老年文娱型社交活动。通过歌唱不同类型的乐曲，人们不仅可以从容、自在地获得自我放松、愉悦身心，而且可以结识朋友、丰富生活，进一步扩大自己的社交圈。

扫一扫

二、适合老年人的歌曲类型

适合老年人的歌曲类型多种多样，这些歌曲往往能够唤起他们的回忆，触动他们的情感。以下是一些适合老年人的歌曲类型及推荐。

（一）经典老歌

经典老歌是老年人最熟悉的歌曲类型之一，它们承载着一代人的记忆和情感。这些歌曲旋律优美，歌词深情，很容易引起老年人的共鸣。

推荐歌曲：《我的中国心》《敢问路在何方》《故乡的云》等。

特点：这些歌曲都是当年的流行金曲，旋律简单，歌词深入人心，适合老年人回味过去的美好时光。

（二）军旅歌曲

军旅歌曲具有激昂的旋律和鼓舞人心的歌词，很容易激发老年人的爱国情怀和英雄主义精神。

推荐歌曲：《小白杨》等。

特点：这些歌曲通常描绘军人的英勇事迹和坚定信念，旋律激昂有力，能够唤起老年人的爱国情感。

（三）民歌与民谣

民歌与民谣具有浓郁的地方特色和民族风情，能够唤起老年人对家乡和民族的记忆。

推荐歌曲：《牧羊曲》《美酒加咖啡》等。

特点：这些歌曲旋律优美，歌词简单易懂，具有很强的传唱性，适合老年人在休闲时欣赏和哼唱。

（四）儿童歌曲

虽然这些歌曲通常是给孩子们听的，但老年人也往往对它们情有独钟。这些歌曲能够唤起他们的童心，让他们感受到生活的美好和纯真。

推荐歌曲：《茉莉花》等。

特点：这些歌曲旋律欢快，歌词简单易懂，能够唤起老年人的童年回忆，让他们感受到岁月的变迁和生活的美好。

（五）怀旧金曲

怀旧金曲通常是一些经典的老歌翻唱或重新演绎的版本，这些歌曲能够唤起老年人的怀旧情感，让他们重温过去的岁月。

推荐歌曲：《兰花草》《夜来香》等。

特点：这些歌曲虽然经过了重新演绎，但保留了原曲的精髓和韵味，能够让老年人感受到当年的风情和氛围。

总体而言，适合老年人的歌曲类型多种多样，这些歌曲能够唤起他们的回忆和情感共鸣。在选择歌曲时，可以根据老年人的喜好和兴趣进行选择，让他们在音乐中找到乐趣和安慰。

三、老年歌唱活动的意义

老年歌唱活动的意义深远，不仅限于娱乐和消遣，更涉及身心健康、社交互动、文化传承等多个方面。

（一）促进身心健康

1. 增强免疫力

研究表明，唱歌能够刺激免疫系统，增强老年人的免疫功能。通过参与歌唱活动，老年人可以在愉快的氛围中提升身体健康水平。

2. 改善呼吸功能

唱歌时，呼吸系统得到锻炼，有助于改善老年人的呼吸功能，减少呼吸系统疾病的发生。

3. 提高认知能力

唱歌通过记忆歌词、旋律和节奏，可以刺激老年人的大脑神经活动，提高认知能力和记忆力。长期坚持唱歌，还可以有效预防老年痴呆症等认知衰退疾病。

4. 释放压力

唱歌是一种很好的情绪宣泄方式，可以帮助老年人释放内心的压力和负面情绪，保持积极乐观的心态。

（二）增进社交互动

1. 扩大社交圈

歌唱活动为老年人提供了一个结识新朋友、扩大社交圈的平台。通过参与活动，老年人可以与其他同龄人交流心得、分享生活，增强社会归属感。

2. 增强团队协作能力

合唱等集体活动需要团队成员之间的协作和配合。通过参与歌唱活动，老年人可以培养团队协作精神，增强集体荣誉感。

3. 提升社交技能

在歌唱活动中，老年人需要与他人沟通、交流，这有助于提升他们的社交技能，增强人际交往能力。

（三）传承文化

1. 弘扬传统文化

许多经典老歌和民歌都蕴含着丰富的文化内涵和历史背景。通过参与歌唱活动，老年人可以传承和弘扬这些传统文化，让年轻一代了解并尊重历史。

2. 增强文化自信

在歌唱活动中，老年人可以展示自己的才艺和风采，增强文化自信和自豪感。这有助于提升老年人的社会地位和影响力，促进社会的和谐与进步。

（四）提升生活质量

1. 丰富精神生活

歌唱活动为老年人提供了一个展示自我、交流情感的平台，有助于丰富他们的精神生活，提高生活质量。

2. 增强生活乐趣

通过参与歌唱活动，老年人可以感受到音乐的魅力和乐趣，增强生活的趣味性和幸福感。

3. 促进家庭和谐

老年人参与歌唱活动，不仅可以让自己保持愉悦的心情，还可以为家庭带来欢乐和谐的氛围。这有助于增进家庭成员之间的感情，促进家庭和睦。

四、老年歌唱活动的注意事项

老年人参与歌唱活动时，需要注意以下几点事项，以确保活动的安全性、有效性和愉悦性。

（一）身体准备与保护

1. 唱前热身

老年人的身体功能逐渐减弱，因此在唱歌前需要进行适当的热身活动，如颈部、肩部和手部的简单活动，以提高身体的柔韧性和减少受伤的风险。

2. 饮水保湿

老年人的声带容易干燥，饮水可以有效保湿，提高声音的质量。在唱歌前后都要注意适量饮水，保持声带湿润。

3. 合理安排练习时间

老年人的体力有限，不宜长时间过度用声。应选择在精神状态较好的时间进行练习，避免过度疲劳。

（二）声音控制与技巧

1. 选择适合的歌曲

老年人在选择歌曲时，应考虑自己的音域和嗓音特点，选择适合自己的曲调。避免选择过高或过低的音调，以免对声带造成过大的压力。

2. 控制音量与发音

在唱歌时，老年人应注意控制音量，避免用力过度。同时，要注重发音的清晰度，通过反复练习来提高发音的准确性。

3. 掌握正确的唱歌技巧

如高位置共鸣、平放舌头、“面罩”共鸣等，这些技巧有助于老年人更好地保护声带，提高唱歌质量。

（三）情绪与心理调节

1. 保持轻松愉悦的心情

老年人唱歌时应保持轻松愉悦的心情，避免过度紧张和焦虑。这有助于减少因情绪紧张而引起的血压升高、咽喉刺激等不良影响。

2. 适当休息与放松

在长时间唱歌或练习后，老年人应适当休息，放松声带和身体。避免连续高强度用声，以免对身体造成负担。

（四）健康关注要求

1. 关注身体状况

老年人在参与歌唱活动时，应密切关注自己的身体状况。如出现头晕、头痛、咽喉疼痛等不适症状，应立即停止活动并寻求医疗帮助。

2. 避免高强度活动

对于年龄较大或身体状况不佳的老年人，应避免参与高强度或过于激烈的歌唱活动。可以选择轻柔的合唱或独唱等方式进行练习和表演。

3. 遵循医生建议

如果老年人有心脏病、高血压等慢性疾病，应在医生的指导下参与歌唱活动。避免过度用力或情绪激动，以免加重病情。

五、老年歌唱活动策划

（一）活动目的确定的主要流程及要求

老年歌唱活动策划需要进行目的确定，从而更有效地确定活动其他事项的策划。活动目的确定前需要进行调研，了解老年人的基本情况和参与活动需求等。

1. 了解老年人的基本情况

为了让活动更贴合老年人的需求，需全面了解他们的基本情况，通过问卷调查、实地走访、个别访谈等方式深入了解老年人的基本情况，涵盖个性特征、职业经历、生活经历、兴趣爱好及既往病史等。

2. 需求调研

可设计“十分钟快问快答”纸质问卷或通过微信小程序问卷调查等方式，了解老年人偏爱的歌曲类型、喜欢的活动方式、单次可接受的持续时长等。

（二）活动内容设计要求

1. 安全优先。避免高音、长时间演唱，可根据实际情况安排休息，提供茶饮。

2. 难度分层。可分为初级和进阶活动。初级活动可安排演唱短小容易记忆的歌曲，如《茉莉花》；进阶活动可分声部演唱或演唱稍复杂曲目，如《夕阳红》。

3. 适当互动。为增加活动的趣味性和参与度，可设计多样的互动环节。如集体合唱、小组挑战、自由点唱等环节。

（三）活动时间安排要求

1. 建议时长。根据参与活动老年人的情况安排活动时长，一般单次时长在 40 分钟至 1 小时。

2. 时段选择。可在 9：30—11：00 或 14：30—16：00（避开午休及饭后 1 小时）安排活动。

（四）活动物品使用要求

根据该次老年歌唱活动和参与老年人的身体情况等因素安排活动物品。可安排带靠背折叠椅（椅背高度≥ 40 cm，座面加海绵垫，有靠垫，供腰部不适的老年人使用）、轮椅、大字版歌词本（A4 纸、32 号以上字体）、老花镜、无线麦克风、便携式音箱、备用电池及充电线等。

（五）工作人员要求

主持人必须具备清晰的语言表达能力，掌握老年群体的沟通技巧；健康管理员必须持有护士资格证或急救证书，熟悉老年常见病的应急处理。

（六）活动流程的主要内容

1. 活动前期的准备工作内容

通过问卷调查、健康咨询或家访等方式，详细了解每位参与者的既往病史，包括但不限于心脏病、高血压病、糖尿病、呼吸系统疾病等。这有助于为患有不同疾病的老年人提供个性化的活动安排。

2. 活动过程的主要环节

活动开始前，工作人员要引导老年人进入活动场地，协助他们找到合适的座位，确保他们安全就坐。随后，由工作人员进行开场致辞，介绍活动的流程和注意事项。进入活动环节后，按照事先制订的计划组织老年人开展歌唱活动。根据不同组别安排相应的歌曲演唱，穿插互动环节，让老年人在歌声中感受快乐。活动接近尾声时，由工作人员对本次活动的亮点进行总结，肯定老年人的积极参与和精彩表现，感谢他们的到来。

3. 活动后期的主要工作内容

活动结束后，对参与活动的老年人进行健康监测，确保他们没有出现身体不适；同时通过问卷调查或面对面交流等方式，收集老年人对活动的反馈意见，以便对活动进行持续改进。

六、老年歌唱活动组织与实施

（一）老年歌唱活动组织的基本要求

1. 安全性优先

场地选择应确保安全、无障碍，如地面平整、通道宽敞，配备必要的扶手和座椅。活动前应进行全面的安全检查，包括消防、电气、舞台设施等，确保无安全隐患。现场应配备医疗急救人员和设备，以应对突发状况。

2. 曲目选择适宜

曲目应选择老年人熟悉且喜爱的经典歌曲，既符合他们的审美趣味，又能唤起他们的共鸣。歌曲难度要适中，避免过高或过低的音域，以免对老年人的嗓音造成负担。

3. 活动安排合理

活动时间应安排在老年人精力充沛的时间段，避免过长或过短，确保他们能够全程参与。排练和演出应适度，避免过度劳累，确保老年人的身心健康。

4. 参与性强

活动应鼓励老年人积极参与，可以设置独唱、合唱、对唱等多种形式，满足不同老年人的需求。

5. 氛围营造温馨

现场布置应温馨、舒适，可以悬挂横幅、摆放花卉等，营造节日或庆典的氛围。

6. 后勤保障到位

提供充足的饮水和简单的茶点，确保老年人在活动中的基本需求得到满足。

7. 注重文化传承

活动中可以穿插一些传统文化元素，如戏曲、民乐等，让老年人感受到传统文化的魅力。

8. 尊重个体差异

充分认识到老年人在身体、心理、文化背景等方面的差异，尊重他们的个性和选择。在活动中提供适当的帮助和支持，确保每位老年人都能参与其中，享受歌唱的乐趣。

（二）老年歌唱活动的带领技巧

1. 选择适宜的歌曲。根据老年人的喜好和歌唱能力，选择经典、耳熟能详的歌曲，避免选择难度过高或音域过宽的歌曲。对于部分歌曲，可以进行简单的改编，如降低难度、调整节奏等，以适应老年人的演唱能力。

2. 事先了解参与者的健康状况，特别是是否有慢性疾病或特殊需求，以便在活动中给予适当的照顾。准备医疗急救包，以应对可能出现的突发状况。

3. 教授老年人正确的发声方法，避免用嗓过度，保护声带健康。引导老年人理解歌曲的内涵，用真挚的情感去演唱，使歌声更具感染力。帮助老年人掌握歌曲的节奏和音准，提升演唱的整体效果。根据老年人的体力和精神状态，适时调整活动的节奏和进度，避免过度劳累。

4. 对表现突出的老年人给予及时的表扬和鼓励，增强他们的自信心和积极性。在活动结束时，对整个团队的表现给予肯定，强调团队合作的重要性。

5. 通过问卷调查的方式，了解参与者对活动的满意度和改进建议。与参与者进行面对面的交流，听取他们的意见和建议，以便在后续活动中加以改进。对活动过程中的亮点和不足进行详细记录，为后续活动的组织和策划提供参考。与其他组织者分享活动经验，互相学习，共同提升活动效果。

（三）老年歌唱活动的安全管控

1. 环境安全管控

（1）选择符合消防安全规定的场地，确保有明确的紧急出口和疏散通道，且通道畅通无阻。检查场地内是否存在安全隐患，如电线裸露、地面湿滑、台阶过高或过陡等，并及时进行整改。

（2）适宜性评估：选择宽敞、明亮、通风良好的场地，确保老年人能够舒适地参与活动。考虑场地的声学效果，确保音响设备能够清晰地传递声音，同时避免对老年人听力造成损害。评估场地的设施是否完善，如座椅是否舒适，是否有足够的储物空间等。

（3）地面防滑处理：确保活动场地地面干燥、清洁，无油污、水渍等可能导致滑倒的物质。在需要的地方铺设防滑垫或设置防滑标识，提醒老年人注意安全。

2. 物品安全管控

（1）选择清晰、易读的乐谱，确保老年人能够轻松阅读。提前将乐谱打印好，并按照歌曲顺序排列整齐，方便老年人取用。选择音质清晰、节奏准确的伴奏带，确保与歌曲完美匹配。在活动前对伴奏带进行测试，确保播放顺畅，无卡顿、杂音等问题。

（2）选择舒适、稳固的座椅，确保老年人能够安全就座。在活动现场设置足够的休息设施，如沙发、椅子等，供老年人休息。定期检查座椅和休息设施的安全性能，确保无损坏或安全隐患。

（3）准备充足的饮用水，确保老年人在活动期间能够及时补充水分。提供健康、易消化的零食或点心，供老年人食用。注意食品的保质期和储存条件，确保食品安全卫生。

（4）准备急救包，包括创可贴、消毒液、止血带等常用医疗用品。确保急救包内药品齐全、有效，并定期检查更换。在活动现场配备医疗急救人员，以便在紧急情况下提供医疗援助。

3. 行为安全管控

（1）制订详细的活动行为规范，明确禁止活动期间吸烟、饮酒、大声喧哗等不文明行为。强调活动期间的纪律，要求老年人遵守活动规则，服从工作人员的管理和指导。

（2）对参与活动的老年人进行安全教育，讲解活动期间的安全注意事项和应急处理措施。对工作人员进行专业培训，提高他们的安全意识和应急处理能力，确保在紧急情况下能够迅速、有效地采取措施。

（3）安排专人负责维护现场秩序，确保活动现场秩序井然，避免拥挤、推搡等不安全行为的发生。在活动现场设置明显的安全警示标识，提醒老年人注意安全，遵守活动规则。

（4）活动期间，定期对老年人进行健康监测，如血压、心率等，确保他们的身体状况良好。为老年人提供舒适的休息环境，如设置休息区、提供座椅等，确保他们在活动期间能够得到充分的休息。

（5）对老年人在活动期间的行为进行引导和纠正，如提醒他们注意坐姿、站姿，避免长时间保持同一姿势导致身体不适。对违反活动规则的行为及时制止和纠正，确保活动的顺利进行。

（6）对行动不便、视力听力不佳等特殊需求的老年人给予特别关注，提供必要的辅助设备和照顾。在活动安排和场地布置上充分考虑特殊需求老年人的实际情况，确保他们能够安全、舒适地参与活动。

活动举例

一、活动参与对象评估

老年歌唱活动参与对象评估见表 4-2-1。

表 4-2-1　老年歌唱活动参与对象评估

评估维度	评估内容	评估结果填写
基本信息	年龄、性别等	实际年龄、男 / 女
	联系方式及紧急联系人	具体联系人及方式
健康状况	是否有慢性疾病（如高血压、心脏病等）	是（注明疾病）/ 否
	近期是否接受体检或医生建议	需提供报告 / 无须
	听力、视力是否影响歌唱活动	有影响 / 无影响
	体力、耐力	适应 / 需要中途休息 / 不适应
歌唱能力	是否有歌唱经验	无 / 业余 / 专业
支持需要	是否需要特殊辅助（如助听器、轮椅等）	列出具体需求
	是否需要家属陪同	是 / 否
	是否需要放大版歌词或语音指导	是 / 否

注：具体评估内容可根据实际情况调整。

二、活动策划方案

“岁月之声，唱响晚年”歌唱晚会

活动背景

随着我国老龄化程度的加深，老年群体对精神文化生活的追求日益显著。退休后，老年人普遍面临社交圈缩窄、生活单调等问题，通过歌唱活动既能满足情感表达的需求，又能增强社交互动，缓解孤独感。

活动目的

1. 促进身心健康，提升生活质量。

2. 构建社交网络，缓解孤独感。

3. 满足精神文化需求，实现自我价值。

4. 响应老龄政策，推动积极养老。

活动内容

1. 主题篇章演绎

（1）经典红歌传唱：设置《红梅赞》《我和我的祖国》等红色经典曲目联唱，邀请老年合唱团以多声部合唱形式展现，搭配 LED 背景播放历史影像，唤醒集体记忆与家国情怀。

（2）岁月金曲回顾：分年代编排曲目（如 20 世纪 50 —80 年代流行金曲），鼓励个人或组合以独唱、对唱、情景剧等形式演绎。如《梁祝》选段可结合手势舞表演，增强舞台感染力。

（3）地方戏曲与民俗融合：穿插评剧、京剧等传统戏曲选段（如《花为媒》），搭配地方特色服饰与道具，展现非物质文化遗产的文化魅力。可增设“戏曲模仿秀”互动环节，邀请观众即兴学唱经典唱腔。

2. 创意互动环节

（1）银龄即兴舞台：设置“自由麦”时段，老年人可现场报名清唱或朗诵原创诗歌，如山东快板、诗朗诵《我们的黄金时代》等，展现多元才艺。

（2）跨代音乐对话：邀请青少年合唱团与老年团体合作表演，如共唱《相亲相爱》，或编排“老歌新唱”改编曲目（如流行音乐混搭民乐伴奏），促进代际文化交流。

（3）观众共唱时刻：设计全场大合唱环节，如《没有共产党就没有新中国》《夕阳红》，发放荧光棒与歌词手卡，营造温馨的集体氛围。

3. 配套服务与体验

（1）怀旧主题展览：在会场外围布置“流金岁月”照片墙与老物件展，展示参与者年轻时的演出剧照、获奖证书等，搭配语音导览讲述“歌声背后的故事”。

（2）健康养生茶歇：设置自助茶点区，提供润喉养生茶（如蜂蜜雪梨茶）及低糖糕点，搭配中医团队现场讲解护嗓小技巧，实现“音乐疗愈 + 健康关怀”双重目标。

（3）即时影像纪念：安排摄影师抓拍精彩表演瞬间，现场打印并装帧成“银龄风采纪念册”，活动结束后赠予参与者，增强仪式感与纪念价值。

（4）舞台设计：采用环形舞台设计，搭配柔光追影灯与环绕立体声，背景屏动态呈现水墨画、老照片等视觉元素，烘托“岁月沉淀”主题。

活动时间

2025 年 8 月 8 日 18：30—20：00。

活动地点

夕阳红服务中心广场。

参加人员

服务中心全体老年人及工作人员。

活动流程

1. 活动前

（1）策划与分工：成立筹备组，明确总负责人、节目组（负责曲目编排与审核）、后勤组（负责场地与物资）、宣传组（负责美篇或海报制作）等分工，参考学校歌唱比赛策划模板优化流程。确定活动主题（如“岁月之声，唱响晚年”）、时间（18：30—20：00）、地点（社区礼堂或广场），优先选择无障碍场地。工作人员数量要根据参与老年人的数量和身体状况有所调整。

（2）宣传与报名：通过社区公告栏、微信群及美篇文案（如“老年歌唱团联谊，歌声里尽显岁月芳华”宣传），鼓励老年人以个人或团体形式报名，并注明是否需要伴奏支持。收集报名信息后，节目组筛选并编排节目单（含独唱、合唱、戏曲等），预留 1 ~ 2 个即兴表演名额。

（3）物资与场地布置：

①采购活动物资：舞台灯光音响设备（含备用麦克风）、荧光棒、歌词手卡、养生茶饮（蜂蜜雪梨茶）、纪念相册等。

②提前 3 天布置场地：搭建环形舞台，设置“流金岁月”照片墙展览区，调试设备并安排无障碍通道。活动所在广场地面要平坦、干净，面积大小和参加活动人员相匹配，有足够的活动空间。

（4）彩排与通知：活动前 1 天组织参演者带妆彩排，熟悉走位与设备使用，重点检查合唱团声部配合度。通过电话或上门的形式通知参与者活动流程，提醒携带衣物及常用药物。

2. 活动中

（1）签到与暖场（18：00—18：30）：志愿者引导参与者签到，分发荧光棒与流程手册，协助参观怀旧展览区。播放背景音乐（如《夕阳红》轻音乐版），营造温馨氛围。

（2）正式演出：开幕仪式，主持人致辞（3 分钟），介绍活动意义与嘉宾（如社区支部书记）。全体合唱《没有共产党就没有新中国》开场，点燃现场气氛。

（3）主题演唱环节：按节目单顺序表演。红歌联唱（如《红梅赞》）、年代金曲（如《梁祝》手势舞版）、戏曲选段（如评剧《花为媒》）。设置“自由麦”即兴表演时段，鼓励未报名者上台清唱或朗诵（每人限时 5 分钟）。

（4）互动环节：

①跨代合唱：邀请青少年合唱团与老年团体共唱《相亲相爱》，穿插“老歌新编”创意改编。

②观众互动：通过击鼓传花选出观众点歌，或开展“戏曲模仿秀”趣味挑战。

（5）闭幕与留念：全场合唱《难忘今宵》，主持人致谢并预告后续活动（如月度歌友会）。发放纪念相册（含现场抓拍照片），安排志愿者护送高龄老年人离场。

3. 活动后

（1）场地清理与物资归档：后勤组回收设备、清理场地，统计物资损耗（如荧光棒剩余数量），存档备用。

（2）反馈收集与宣传：通过问卷或访谈收集参与者意见（如“对即兴环节的满意度”），整理成活动总结报告。制作活动美篇或短视频，突出温馨瞬间（如跨代合唱、茶歇互动），发布于社区公众号及老年社交群。

（3）后续计划制订：根据反馈优化流程（如延长自由麦时间），策划月度主题歌会或成立“银龄合唱团”定期训练。对接医疗机构，探索“歌唱＋健康监测”联动活动（如联合中医团队开展护嗓讲座）。

物品使用及支出费用

老年歌唱活动物品使用及支出费用见表4-2-2。

表4-2-2 老年歌唱活动物品使用及支出费用

物品名称	费用/元
租赁灯光、音响	1 500
横幅、气球	300
鲜花	200
饮料、水果、点心	300
合计	2 300

安全管理

1. 志愿者团队（10～15人）经急救培训后上岗，佩戴醒目标识，协助高龄老年人入场、如厕及紧急疏散。

2. 医疗组（2名医生+4名护士）驻守急救点，配备自动体外除颤器（automated external defibrillator，AED）、氧气袋及常见急救药品。发现不适者立即转移至缓冲区，同步联系急救中心并通知家属。

3. 活动前3天要求参与者签署《健康承诺书》，建议患有高血压、心脏病等慢性疾病的老年人携带药物并由家属陪同。

4. 茶歇区提供常温饮品（避免冷饮引发肠胃不适），安排中医团队现场教授简单穴位按摩缓解疲劳。

活动评价

1. 过程评价

活动后，活动工作者可观察、记录老年人在活动中的专注力、记忆力等方面的表现，以及老年人对歌唱活动的接受程度和反馈情况。

2. 效果评价

发放调查问卷，参与者通过集体歌唱释放压力，是否可以使心情更愉悦，部分慢性疾病老年人是否呼吸更顺畅，印证歌唱对心肺功能的积极影响。

【练习题】

一、单项选择题（在每小题给出的四个选项中，只有一项是符合题目要求的，请将所选答案的字母填写在括号内）

1. 老年人参与歌唱活动的主要益处不包括以下哪一项？（　　）

A. 增强肺活量，改善呼吸功能　　B. 提高大脑记忆力，预防认知衰退

C. 迅速减轻体重，达到减肥效果　　D. 促进社交互动，增强归属感

答案：C

解析：排除法。歌唱活动不能迅速减轻体重。

2. 在策划老年歌唱活动时，以下哪一项不是必须考虑的因素？（　　）

A. 歌曲的选择应适合老年人的音域和喜好

B. 活动场地应足够宽敞，确保老年人行动方便

C. 活动时间应安排在老年人普遍精力充沛的时间段

D. 为追求活动效果，应设置较高的表演难度

答案：D

解析：老年歌唱活动不能为追求活动效果而设置较高的表演难度。

3. 以下哪种方式有助于老年人在唱歌时保护声带？（　　）

A. 大声喊叫，以展现自己的歌唱实力　　B. 长时间连续唱歌，不注意休息

C. 掌握正确的发音技巧和呼吸方法　　D. 随意选择高音歌曲进行挑战

答案：C

解析：保护声带需要掌握正确的发音技巧和呼吸方法。

4. 在组织老年歌唱活动时，以下哪种做法能够提升活动的参与度和趣味性？（　　）

A. 单纯让老年人自己唱歌，不进行任何互动

B. 设置过于复杂的游戏规则，增加挑战性

C. 结合音乐游戏和互动环节，让老年人积极参与

D. 只选择老年人熟悉的经典老歌，不进行任何创新

答案：C

解析：歌唱活动不能只是单纯唱歌，应该穿插游戏和互动。

5. 老年人参与歌唱活动对心理健康的积极影响不包括以下哪一项？（　　）

A. 缓解压力，释放负面情绪　　B. 增强自信心，提升自我价值感

C. 引发焦虑情绪，增加心理负担　　D. 促进情感交流，增强社交能力

答案：C

解析：C 选项是负面情绪。

6. 最适合老年人合唱活动的歌曲类型是（　　）。

A. 网络热门说唱歌曲　　B. 经典老歌与红歌

C. 重金属摇滚歌曲　　D. 外语歌剧选段

答案：B

解析：经典歌曲更易引发共鸣，符合老年人审美，适合合唱。

二、判断题（正确的请在答题括号中画✓，错误的画 ×）

1. 老年歌唱活动只能在家中或社区活动中心进行，不适合在户外公共场所举办。(　　)

答案：×

解析：老年歌唱活动可以在多种场合进行，包括户外公园、社区广场等公共场所，只要确保活动安全、环境适宜即可。

2. 在选择老年歌唱活动的歌曲时，应优先选择高难度、快节奏的歌曲，以展现老年人的活力。(　　)

答案：×

解析：歌曲选择应考虑到老年人的身体状况和喜好，优先选择适合他们音域、节奏适中、旋律优美的歌曲。

3. 在老年歌唱活动中，为了确保活动效果，应尽可能延长活动时间，让老年人有充分的时间展示才艺。(　　)

答案：×

解析：活动时间应合理安排，避免过长导致老年人疲劳。同时，要确保活动中有适当的休息时间，让老年人能够保持体力和精神状态。

4. 老年人参与歌唱活动有助于增强大脑功能，预防认知衰退，但并不能改善睡眠质量。(　　)

答案：×

解析：老年人参与歌唱活动不仅可以增强大脑功能，预防认知衰退，还有助于改善睡眠质量，因为唱歌可以放松身心，缓解压力。

5. 在策划老年歌唱活动时，不需要考虑老年人的身体状况和特殊需求，只需要关注活动的娱乐性和趣味性。(　　)

答案：×

解析：在策划老年歌唱活动时，必须充分考虑老年人的身体状况和特殊需求，如设置合适的座位、提供必要的辅助设施等，以确保活动的安全性和舒适性。

三、论述题

●在老年歌唱活动策划中，如何通过流程设计兼顾参与性与安全性？请列举 4 个关键措施并说明其作用。

1. 分阶段活动时长控制

将活动拆分为 30 ~ 40 分钟 / 节，中间穿插茶歇或互动游戏，避免老年人因久坐或久站引发疲劳。

2. 设置阶梯式参与形式

设计“合唱 + 独唱 + 亲友助演”的组合模式，既保障群体参与感，又为有特长的老年人提供展示空间，降低怯场压力。

3. 配备医疗应急小组

活动现场安排医护人员，准备血压计、急救箱等设备，应对突发健康问题，同时设置“健康申报”环节筛选高风险参与者。

4. 智能化互动设计

使用语音评分器、歌词同步投影等适老化设备，既增强趣味性，又能减少因记词困难导致的焦虑情绪。

四、论述题

●假设你负责组织一次面向老年人的歌唱活动，请设计一个详细的活动方案，包括活动目标、活动内容、活动流程、参与人员、所需物资及预期效果。请特别说明如何确保活动的安全性、趣味性和参与度，并考虑老年人的特殊需求和喜好。

1. 老年歌唱活动设计方案

（1）活动目标：

①身心健康：通过音乐释放压力，改善心肺功能，延缓认知衰退。

②社交互动：搭建老年人交流平台，缓解孤独感，增强社区归属感。

③文化传承：以经典红歌、地方戏曲为载体，传承民族文化记忆。

④自我实现：提供表演舞台，激发老年人的艺术潜能，提升自信心。

（2）活动内容：

①合唱排练：

曲目选择：以《茉莉花》《歌唱祖国》等经典老歌为主，兼顾地方特色戏曲。

教学方式：专业声乐老师分段教学，结合手势动作增强记忆。

②互动环节：

亲友助唱：邀请家属或志愿者共同表演，增强情感联结。

趣味竞猜：播放歌曲片段，参与者抢答歌名，获胜者获纪念品。

③成果展示：小组 PK 赛。分组进行合唱比拼，设置“最佳默契奖”“最美和声奖”等非竞技性奖项。

（3）活动流程（总时长 2 小时）（表 4–2–3）：

表 4–2–3　老年歌唱活动流程

时间	环节	内容
14：00—14：20	签到与热身	发放歌词手册，引导简单肩颈放松操
14：20—15：00	合唱教学与排练	分声部教学，穿插呼吸训练与发声技巧
15：00—15：20	茶歇与自由交流	提供低糖茶点，设置“点歌角”自由表演
15：20—16：00	小组展示与颁奖	每组表演 5 分钟，颁发证书及定制徽章

（4）参与人员：

核心群体：社区 60 岁以上老年人（约 30 人）。

支持团队：声乐指导 1 名、社区志愿者 3 名（负责引导、摄影）、医护人员 1 名。

特邀嘉宾：社区文艺骨干 2 名（示范表演）。

（5）所需物资（表 4-2-4）：

表 4-2-4　老年歌唱活动所需物资

类别	清单
设备类	便携音响、麦克风 2 支、歌词投影仪（字体放大）、折叠椅 30 把
物料类	歌词手册（大字号印刷）、签到表、应急药箱（含血压计、速效救心丸）
奖品类	定制保温杯（印活动主题）、参与证书、合唱合影相框

（6）预期效果：

①直接效果：90% 参与者表示“心情愉悦”，80% 愿意持续参加后续活动；形成 1 支社区老年合唱队，每月定期排练。

②社会效益：通过媒体报道扩大影响力，吸引更多社区效仿；促进代际互动，如后续策划“祖孙合唱日”。

（7）注意事项：

安全预案：活动前收集健康信息，血压异常者安排志愿者重点陪同。

灵活调整：根据现场反馈缩短教学时长，增加自由表演时间。

2. 老年歌唱活动安全性、趣味性与参与度保障方案

（1）安全性保障措施：

①场地适老化改造：选择无障碍场地（如社区活动中心、老年大学礼堂），配备防滑地板、扶手及充足照明，确保轮椅通行顺畅；座椅按“U”形排列，间距≥ 1 m，避免拥挤碰撞，并设置“应急疏散通道”标识。

②健康风险预控：活动前要求参与者填写《健康申报表》，重点标注高血压、心脏病等慢性病史，医护人员现场监测血压、心率；配备便携式 AED 设备、氧气袋及急救药品（如硝酸甘油），安排 1 名护士全程值守。

③流程安全设计：单次活动时长≤ 90 分钟，每 30 分钟穿插 5 分钟休息或轻度伸展操，避免久坐疲劳；避免高强度环节（如长时间站立演唱），优先采用坐姿合唱或分组轮唱。

（2）趣味性提升策略：

①内容贴近老年记忆：

曲目选择：以 20 世纪 60—80 年代经典红歌（如《我的祖国》）、地方戏曲选段为主，唤醒时代共鸣。

形式创新：加入“年代金曲串烧”“戏曲念白接龙”等游戏化环节，增强怀旧趣味。

②科技助力互动体验：使用 AI 评分系统实时显示合唱音准，生成“团队和谐度”可视化报告，激发成就感；投影动态歌词（字体≥ 36 号，对比色背景），同步提示演唱节奏，降低记忆负担。

③奖励机制激励参与：设立“金话筒奖”（最佳独唱）、“同心协力奖”（最优合唱组）等非竞技性奖项，颁发定制保温杯或相册；设置“亲友点赞墙”，家属可通过线上平台发送语音鼓励，现场播放增强情感联结。

（3）参与度强化设计：

①分层参与模式：

核心层：组织 10 ~ 15 人合唱团定期排练，培养团队归属感。

大众层：开放“自由麦”环节，鼓励即兴独唱、方言民谣展示，降低门槛。

辅助层：邀请家属组成“啦啦队”伴舞或打击乐伴奏，增强代际互动。

②个性化服务支持：提供“歌词记忆辅助包”，含大字版曲谱、便携式耳返（同步提示歌词），缓解认知压力；安排志愿者一对一协助技术操作（如使用麦克风、AI 设备），减少数字鸿沟阻碍。

③持续参与激励机制：建立“歌唱积分卡”，累计参与 3 次可兑换理疗服务或声乐私教课，形成长期吸引力；每月举办“主题歌友会”（如“影视金曲夜”“民歌风情周”），保持内容新鲜感。

（4）特殊需求响应方案：

①体能适应性调整：为体力较弱者提供带扶手座椅、可调节高度麦克风支架，支持坐姿演唱；允许使用轮椅参与者加入“特别表演组”，设计手势舞蹈配合演唱。

②认知与感官支持：采用红、黄等高对比色舞台背景，辅以振动节拍器帮助听力减退者感知节奏；为阿尔茨海默病患者设计“记忆唤醒合唱”，选取其青年时期代表性歌曲。

③社交需求满足：设置“以歌会友”交流角，提供茶点与老照片墙，促进参与者自发分享人生故事；组建“银龄歌友微信群”，定期推送排练视频、健康贴士，维系线下活动热度。

（5）方案实施要点：

风险兜底：与社区医院签订急救绿色通道协议，确保 10 分钟内专业医疗响应。

反馈优化：活动后发放满意度问卷，重点收集“体力负荷”“设备易用性”评价，迭代流程。

知识链接

为患有不同疾病的老年人策划歌唱活动时，需要特别注意他们的身体健康状况，并据此制订适当的活动方案。以下是一些建议。

1. 对于心脏病患者，应该避免高强度的体力活动，如长时间站立或跳跃；选择轻松、舒缓的歌曲，避免高音或快节奏的音乐；提供充足的休息时间，避免过度劳累。

2. 对于高血压病患者，应该确保活动场地通风良好，避免闷热环境导致血压升高；选择温和、平静的歌曲，避免过于激动或紧张的音乐。

3. 对于糖尿病患者，根据实际情况提供无糖或低糖的饮料和小吃，避免血糖升高；安排适当的休息时间，避免长时间站立或久坐；确保活动场地有舒适的座椅，以便老年人在需要时休息。

4. 对于呼吸系统疾病患者，应该避免烟雾或刺激性气味的环境，确保空气清新；选择轻松、愉快的歌曲，避免过于沉重或悲伤的音乐；提供必要的医疗支持，如氧气瓶、急救药品等。

实训演练

“温馨之家”养老院住着上百位老年人，一年一度的中秋节就要到了，可是近一半的老年人因为子女不在身边或是孤寡老年人，无法与家人团聚。为了帮助老年人度过一个欢乐热闹的中秋节，养老院的工作人员决定举办一场中秋歌舞晚会，让老年人忘却寂寞和孤独。请结合本案例，编写一份策划组织方案。

指导建议如下。

1. 确定活动主题——“月圆之夜温馨之家”中秋歌唱晚会。中秋佳节是中国的传统节日，也是中国人很重视的一个节日，活动应该围绕主题策划。

2. 为了保证晚会气氛热烈，工作人员应该提前了解老年人喜爱的歌舞形式。邀请“温馨之家”的老年人踊跃上台表演节目，自娱自乐。

3. 因为是中秋佳节，工作人员应该提前准备好月饼，让老年人感受到节日气氛。

4. 在举家团圆的日子，为了让孤寡老年人感到温暖幸福，工作人员可提前汇总老年人的心愿，在条件许可的情况下满足老年人的愿望，给他们意外的惊喜和感动。

5. 编写活动内容（表 4–2–5）。

表 4–2–5　老年中秋歌唱晚会活动内容

环节	目标	内容
节日颂歌 	营造节日气氛	1. 歌曲《欢天喜地》，主持人宣布晚会开始；歌曲《在银色的月光下》 2. 中心老年人演唱歌曲《太阳最红，毛主席最亲》
欢乐祥和 	在欢乐的氛围中，让老年人感受到生活的幸福和美好	1. 与老年人一起品尝月饼 2. 中心服务人员演唱歌曲《祝你平安》 3. 服务人员带领老年人一起演唱《健康歌》 4. “温馨之家”老年人即兴演唱戏曲
关爱同行 	在温馨的关爱下，让老年人感受到爱与温暖	1. 工作人员给老年人分发礼物 2. 演唱歌曲《感恩的心》 3. 演唱歌曲《夕阳红》 4. 老年人与服务人员合唱《歌唱祖国》

拓展阅读

唱出健康，唱出快乐

在清晨的公园里，或是在社区的活动中心，我们常常会看到一群群老年人聚在一起，他们或手持麦克风，或轻拍着手中的节拍器，脸上洋溢着幸福的笑容，口中流淌出悠扬的歌声。这不仅是一幅温馨的画面，更是老年人通过唱歌追求健康、享受生活的生动写照。

唱歌，这一看似简单的活动，对老年人来说却蕴含着无限的益处。首先，唱歌能够锻炼老年人的呼吸系统。在唱歌的过程中，需要深呼吸、控制气息，这有助于增强肺活量，改善呼吸功能。对于许多老年人来说，唱歌成了一种既轻松又有效的呼吸锻炼方式。

其次，唱歌还能促进老年人的血液循环。随着音乐的节奏和旋律，老年人的身体会随着歌声轻轻摇摆，这种自然的身体运动有助于加速血液循环，提高身体的代谢水平。长期坚持下来，老年人的身体状况会得到明显改善。

更重要的是，唱歌还能为老年人带来心理上的愉悦和满足。音乐具有治愈心灵的力量，它能够激发人们的情感，唤醒内心深处的记忆。对于老年人来说，唱歌不仅是一种艺术享受，更是一种情感的寄托和释放。在歌声中，他们可以回忆起年轻时的美好时光，感受到生活的温暖和希望。

此外，唱歌还是一种社交活动，它能够帮助老年人结交新朋友，拓展社交圈。在唱歌的过程中，老年人可以相互交流心得、分享生活趣事，这种互动不仅丰富了他们的精神生活，还增强了他们的社交能力和归属感。

综上所述，老年人唱歌不仅有益于身体健康，更能够提升他们的生活质量。在歌声中，老年人不仅能够找到乐趣和满足，还能够感受到生命的活力和希望。因此，我们应该鼓励和支持老年人积极参与歌唱活动，让他们在歌声中享受健康、快乐的晚年生活。

项目五
老年手工活动策划与组织

学习目标

素质目标

1. 培养同理心和责任感，适应老年手工活动中的“慢节奏”。
2. 发扬耐心、细心和团队协作精神，确保活动细节得到妥善处理。
3. 增强周到、细心服务的品质，提高责任意识。

知识目标

1. 了解老年手工活动的分类及功能。
2. 掌握老年手工活动的安全管理要点及策划与组织要求。
3. 理解项目管理的基本原则，能够高效地规划和管理活动流程。

能力目标

1. 能够撰写老年手工活动策划方案。
2. 能够根据策划方案组织、实施老年手工活动。
3. 能够调动老年人参与手工活动的积极性，并合理应对突发状况。

知识导读

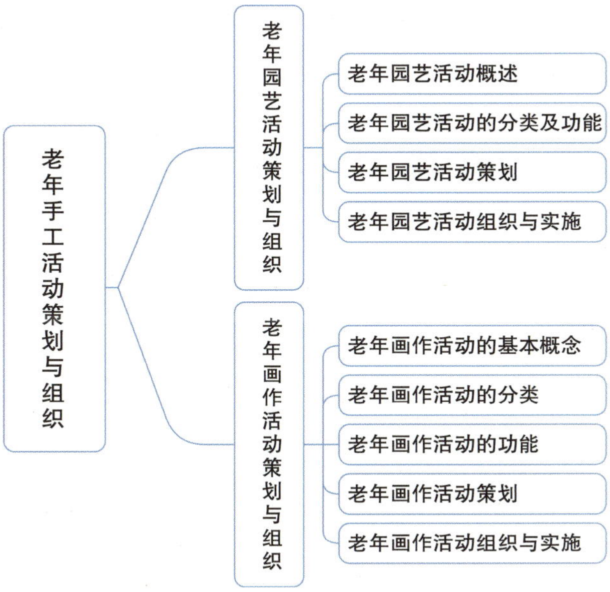

- 老年手工活动策划与组织
  - 老年编织活动策划与组织
    - 老年编织活动的基本概念
    - 老年编织活动的分类与功能
    - 老年编织活动的作用
    - 老年编织活动策划
    - 老年编织活动组织与实施
    - 核心工具适老化改良标准

任务一　老年园艺活动策划与组织

案例导入

在宁静的夕阳红养老院，有6位性格开朗、兴趣广泛的奶奶，她们年轻时在同一家单位工作，彼此是同事，也是亲密的朋友。她们共同的爱好包括绘画、跳舞、园艺和阅读。退休后，她们的生活依然多彩，一起结伴旅游，共同参加老年大学课程，甚至在社区共同耕种了一片小菜园。随着时间的流逝，她们的身体状况逐渐变化，外出活动的频率也随之减少。由于子女们忙于工作，无法时刻陪伴在侧，这六位奶奶决定集体搬入夕阳红养老院，在这里，她们可以相互照应，并得到专业的照护。

根据案例，请思考：

1. 针对这六位奶奶的兴趣爱好和身体状况，你认为设计一个老年园艺活动时应该考虑哪些关键因素？

2. 在组织老年园艺活动时，如何确保活动既能满足奶奶们的兴趣，又能适应她们的身体状况？

任务描述

1. 根据所学内容，为这六位奶奶设计一个为期1个月的园艺活动计划，包括活动目标、具体内容和实施步骤。

2. 撰写一份活动策划方案，其中包括活动前的准备工作、活动中的管理要点和活动后的总结反馈方法。

相关知识

扫一扫

一、老年园艺活动概述

（一）老年园艺活动的概念

园艺活动是一种通过种植、养护和管理各类植物，如花卉、蔬菜、水果等，来促进人与自然互动、提升生活品质、增进身心健康，以及培养审美情趣和环保意识的多维度活动。它们可以是个人在家庭花园中的日常打理，也可以是社区、学校或专业机构组织的集体项目，目的在于通过园艺实践来增强参与者的生活技能、社交互动，并营造和谐的自然环境。

园艺活动与园艺疗法虽有关联，但各有侧重。根据美国园艺疗法协会（American Horticultural Therapy Association，AHTA）的阐述，园艺疗法是在专业园艺治疗师的指导下进行的园艺活动，它更加强调从业者的专业资格，突出对病患的治疗、康复和福祉的提升。相比之下，园艺活动更偏向于休闲和娱乐，而园艺疗法专注于治疗和康复的目的。二者的共同之处在于，都是通过园艺操作来促进身心健康和提高生活质量。

老年园艺活动是借鉴园艺疗法活动、专为老年人量身定制的一类活动，通过植物种植养护、景观设计和园艺创作等实践，旨在提升老年人的身心健康，丰富他们的精神文化生活，增强社会参与感和生活乐趣。这些活动通常在社区中心、养老机构、公园或家庭环境中展开，注重安全性、操作简便性和适宜性，以适应老年人的体力和兴趣。

（二）老年园艺活动的特点

1. 低强度，活动设计考虑到老年人的体能，确保强度适中。

2. 创造性，鼓励老年人设计花园或制作组合盆栽，以此激发他们的创造力。

3. 自然疗愈，通过与自然的亲密接触，帮助老年人缓解压力，改善情绪，实现身心和谐。

二、老年园艺活动的分类及功能

（一）老年园艺活动的分类

老年园艺活动需根据老年人身心特点灵活设计，一般从活动形式、场景、功能 3 个方面进行分类。

1. 按照活动形式分类

（1）种植养护型活动：这类活动以植物种植和日常养护为中心，注重动手操作与自然互动的体验。常见的活动包括简易菜园的种植、多肉植物的养护等。在菜园种植过程中，建议选择生长周期较短的蔬菜，如生菜、菠菜、番茄等，以便快速看到成果。在植物养护方面，应提供易于存活的品种。此类型活动适合体能较为充沛、喜爱户外活动的老年人。

（2）手工创作型活动：这种活动通过利用植物材料进行艺术创作，旨在激发参与者的创造力和审美表达能力。常见的活动包括干花书签的制作、苔藓微景观的设计等。这类静态且需要一定手部灵活性的活动，特别适合偏好安静活动或手部活动能力受限的老年人。

（3）教育学习型活动：通过开设课程和讲座来普及园艺知识，提高老年人的生态保护意识。可以教授如何将厨余垃圾转化为肥料的方法，或者结合视频和实物观察，探讨植物的生长规律。这类活动非常适合对知识学习充满热情的老年人。

（4）社交互动型活动：以园艺为媒介，促进老年人的社交互动，增强他们对社区的归属感。可以在社区推行“花园共建计划”，划分责任区域，定期组织集体劳作和成果分享会；或者举办“以花会友”植物交换市集，鼓励参与的老年人携带自家的植物进行交换或义卖。这类活动非常适合面临社交孤立风险或希望扩大社交圈的老年人。

2. 按照活动场景分类

（1）家庭园艺活动：这一类型的活动特别适合居家养老的老年人，他们可以在自家的阳台、窗台或小庭院中开展植物种植。对于居住空间有限或仅有小庭院的老年人，可以利用墙面安装支架来种植攀缘类植物，这样不仅美观，起到装饰作用，还能有效节省空间。同时，可以引入自动灌溉系统，减轻老年人照料植物的劳动强度。对于居住在高层建筑的老年人，若在阳台或窗台进行种植，需要确保花盆或种植装置安全固定，以防止高空坠物的风险。

（2）社区园艺活动：通过社区物业和居委会的协作，规划出专门的种植区域，如社区公共绿地、屋顶农场、街道绿化带等，组织社区老年人参与植物的种植与维护。可以定期邀请当地园林专家提供专业的技术指导，让居民们一起种植果蔬，共享丰收的喜悦。

（3）机构园艺活动：在养老院、康复中心、医院等专业机构中，组织老年人参与植物种植活动。机构内的专业人员可以将种植区域设计成具有疗愈功能的花园，配备无障碍通道，以便老年人轻松出入。还可以设计感官刺激区，为感官功能减弱或丧失的老年人提供疗愈。针对失智老年人，可以设计专门的园艺疗法课程，如播种、浇水等重复性任务，这些活动有助于稳定失智老年人的情绪。

3. 按照功能分类

（1）休闲娱乐型活动：这类活动旨在丰富老年人的业余生活，培养他们的兴趣爱好。例如，组织培育稀有兰花或参与盆景艺术展览等活动，为老年人提供多样化的选择，充分尊重他们的个人喜好和兴趣。

（2）康复治疗型活动（园艺疗法）：根据 AHTA 的研究，结构化的园艺活动能够有效改善阿尔茨海默病患者的方向感和情绪状态。在活动开始前，通过访谈或使用评估量表来了解老年人的身心状况，制订计划时需设定分阶段的目标，如从单手插花逐步过渡到双手修剪等。在活动过程中，要密切观察参与者的专注程度和情绪变化，根据需要适时调整活动的难度。

（3）公益环保型活动：通过参与城市绿化和生态保护项目，增强老年人的社会责任感。例如，在北京的“银龄植树行动”中，老年人可以认领树苗并定期进行维护，他们的贡献获得了政府的表彰和认可。这样的活动不仅美化了环境，还提升了老年人的社会参与感和成就感。

（二）老年园艺活动的功能

1. 生理健康促进

在园艺劳作中，诸如翻土这样的动作，需要肩关节外展，主要由三角肌发力，同时还需要手指屈肌的握力协同作用。因此，老年人参与园艺活动能显著提升他们的运动功能。此外，园艺活动对于改善老年人的慢性疾病状况也有积极影响。例如，患有糖尿病的老年人在种植低血糖指数（glycemic index，GI）蔬菜（如菠菜和西蓝花）的过程中，不仅能够享受到园艺的乐趣，还能提高饮食依从性，这对于血糖控制具有显著的帮助。同时，在园艺劳作时，老年人能够充分暴露在阳光下，促进体内维生素 D 的合成，这不仅有助于提升血清 25- 羟基维生素 D 水平，还能有效降低患骨质疏松症的风险。因此，园艺活动是一种全面促进老年人身心健康的有益方式。

2. 心理健康维护

通过参与园艺活动，老年人能够有效地进行压力管理和情绪调节。在进行园艺活动时，可以显著激活大脑的前额叶皮层，这一区域负责复杂的决策和规划；同时，还能促进海马体的活动，这是大脑中与记忆巩固和情绪调节密切相关的区域。此外，园艺活动还能有效抑制杏仁核的过度活跃，杏仁核是大脑中处理恐惧和焦虑反应的关键部分。这些生理变化的共同作用，可以帮助老年人更好地应对生活中的压力。

充足的自然光照是园艺活动带来的另一大益处。阳光能够促进人体内 5– 羟色胺的分泌，这种神经递质对于改善季节性情感障碍（seasonal affective disorder，SAD）具有重要作用，同时也能提升整体的情绪状态。

园艺活动是一种极具生产性的活动，它不仅能够带来丰收的喜悦，还能为老年人提供一种“遗留感”。园艺成果的分享和传承，让老年人感受到自己的价值和存在的意义，从而增强他们对生活的满足感和幸福感。因此，园艺活动不仅有助于老年人保持身心健康，还能在精神层面实现自我价值的提升，使他们在晚年生活中找到新的目标和动力。

3. 社会参与增强

园艺活动能够实现角色的转换，让老年人成为技能的传授者，从而重建他们的自尊心，并打破他们作为“被照顾者”的刻板印象。例如，在社区园艺小组中，老年人可以分享种植经验、传授园艺技巧、指导年轻一代养护植物。这种互动不仅增强了老年人的自我价值感，还促进了代际交流，使他们在传授知识的过程中重新获得社会认可。

4. 生态环境维护

园艺活动不仅带来美学和心理健康上的益处，还能产生可量化的生态效益。例如，一个仅 30 m^2 的社区花园，每年能够固定大约 48 kg 碳，其吸附细颗粒物（particulate matter 2.5，PM2.5）的能力相当于 10 台家用空气净化器。多项研究证明，园艺活动有助于缓解老年人高血压、抑郁等慢性疾病，减少医疗资源消耗，间接减轻社会养老负担。因此，园艺活动在促进生态平衡和社区经济发展方面有显著作用。

三、老年园艺活动策划

（一）活动目的确定的主要流程及要求

1. 探究老年人的园艺兴趣与实操能力

（1）兴趣探查：通过精心设计的问卷调查、个别访谈或实地观察，深入挖掘老年人对园艺活动的热情及特定偏好。具体涉及领域包括植物栽培（如花卉、蔬菜、草药种植）、园艺布局（如盆栽艺术、花坛设计）及日常养护（如浇水、修剪、施肥）等。

（2）技能评估：对老年人进行园艺技能基础评估，考察其体力状况、手眼协调能力、植物知识掌握及创新思维能力。通过简单的园艺实操任务，直观地评估其能力水平。

（3）目标设定：依据兴趣和能力评估结果，明确园艺活动的重点领域和适宜的难度等级。

2. 把握老年人的基本状况

（1）信息收集：利用问卷调查、与家属或照护者沟通等方式，全面搜集老年人的个性特点、生活背景、兴趣爱好、健康状况和居住条件等信息。

（2）目标导向：为设计个性化的园艺活动提供翔实的数据支撑，确保活动内容既能满足老年人的实际需求，又能激发他们的参与热情。

3. 确立活动的核心目标

（1）定制化目标：基于老年人的兴趣和能力，设定针对性的活动目标。例如，提升园艺操作技能，深化对植物生长规律的理解，促进社交交流等。

（2）目标实例：对于园艺初学者，设定的目标可能是成功种植并照料一种易养护的植物；而对于经验丰富的老年人，目标则可能是掌握更高级的园艺技术或完成一项复杂的园艺工程。

4. 持续优化活动目标

（1）反馈体系：建立周期性的反馈和评价体系，通过监测老年人的参与态度、活动进展和成果展示，征集他们的反馈和建议，同时纳入家属和工作人员的观察评价。

（2）目标调整：依据收集的数据，适时调整园艺活动的难度、内容和形式，以增强活动的适宜性和影响力，提升老年人的成就感及持续参与的积极性。

（二）活动内容设计要求

1. 安全性与适老化兼顾

为了保障老年人的安全，活动选择圆角设计的园艺工具，避免使用任何锋利刀具。活动场地进行防滑处理，并安装紧急呼叫按钮，准备急救包。此外，活动设计注重适老化，提供不超过1.5小时的低强度等合适强度任务，如轻松的播种和修剪，同时设有舒适的坐姿操作台，以满足不同老年人的体力需求。

2. 感官互动的融合体验

园艺活动需要精心挑选色彩斑斓的花卉、香气四溢的植物和质感独特的树皮，旨在为老年人提供一场全方位的感官盛宴。同时，通过合作搭建花架等团队任务和举办“最美阳台”等评选活动，增强活动的互动性，激发参与者的热情和参与欲望。

3. 内容丰富与教育价值提升的双重侧重

提供多样化的植物选择，包括花卉、蔬菜和香草，以及不同难度的园艺项目。活动中最好穿插园艺知识讲解和经验分享环节，不仅丰富活动内容，也赋予活动更深层次的教育意义。

4. 易操作性与辅助工具的贴心设计

为了确保老年人能够轻松参与，活动采用直观的图解和实物演示来简化操作步骤。同时，提供放大镜、带握把的工具等辅助设备，提升活动的易用性和老年人的参与度。

5. 趣味性与成果展示的完美结合

通过设计富有创意的园艺游戏、竞赛和成果展示环节，为活动增添无限趣味。不仅为老年人提供一个展示自己劳动成果的舞台，也促进参与者之间的交流，增强社区的凝聚力。

（三）活动时间安排要求

1. 选择适宜的时间段

为了确保老年人的舒适与健康，活动应避开清晨的交通高峰和正午的高温时间段，选择气候温和、阳光柔和的时间段进行。充分考虑到老年人的日常作息，活动不宜安排得太早或太晚。建议的活动时间为 9：00—11：00 或 14：30—16：30，这两个时间段较为适宜。

2. 活动时间长度

每次园艺活动的持续时间应控制在 1 ～ 2 小时，以防止老年人因长时间站立或劳作而感到疲劳。在活动期间，应安排适当的休息时间，并提供座椅和遮阳设施，以确保参与者的舒适。

3. 定期举行

对于需要长期维护的种植类活动或结合园艺疗法的活动，可以安排每天或隔天进行一次小型活动，以便持续关注植物生长和老年人的参与情况。其他类型的园艺活动可以按周或按月固定时间举行，形成稳定的活动规律，便于老年人提前规划和安排个人时间。

（四）活动物品使用要求

1. 选用适老化园艺工具

提供轻盈、防滑且便于握持的园艺工具，以迎合老年人的操作便利性。定期对工具进行细致的维护与检查，确保每件工具都处于良好状态，无尖锐或破损之处，确保使用过程中的安全性。

2. 植物与肥料挑选标准

精选无毒、无害且易于养护的植物，减轻老年人日常照料的压力。选用纯天然、无污染的肥料，摒弃化学肥料，以保护老年人的健康及环境质量。

3. 活动场地安全防护措施

确保活动场地平坦无障碍，必要时铺设防滑垫，以预防跌倒风险。在场地显眼位置设置安全警示标志，时刻提醒老年人注意可能存在的安全隐患。

（五）工作人员要求

1. 角色及职责分配

（1）活动总指挥：负责监督活动整体流程，确保活动各环节按计划执行，检查场地安全性，处理不可预见的紧急情况，该职位人员需具备急救资格证书，具备活动组织经验，熟悉老年群体的特点，有较强的沟通能力和决策能力。

（2）园艺指导专家：负责展示专业的种植技巧，解答与园艺相关的技术问题，根据老年人能力设计适宜的活动内容；讲解植物养护、环保意义等，增强参与者的生态意识。任职者需持有园艺治疗师的专业资格，具备老年人教学经验，语言通俗易懂。

（3）养老护理员：协助处理活动物资的搬运工作，陪伴高龄参与者，观察参与者状态，及时反馈老年人疲劳、情绪波动等异常情况。任职者具有养老护理相关培训证书，如养老护理员资格证，了解高血压、关节炎等常见老年疾病，耐心细致，具备基础心理疏导能力。

2. 能力要求

工作人员必须具备与老年人沟通的专业技巧，如采用缓慢且清晰的发音方式，避免使用指令性语言；其次，工作人员需熟练掌握应急预案的相关知识，如中暑急救措施、情绪稳定技巧等紧急情况的处理方法。

（六）活动流程的主要内容

1. 活动筹备阶段

（1）策划活动方案：确定活动主题，如“春日播种”或“绿色家园”，并制订详细的活动流程表，明确各环节的时间分配。同时，制作活动宣传资料，包括海报、宣传单等。

（2）筹备活动物资：采购或租赁必要的园艺工具、植物材料、土壤等。同时，准备签到表、反馈问卷、纪念品等物品。

（3）招募参与成员：通过社区公告、社交媒体群组、电话等方式通知老年群体。设立报名处，登记参与者的基本信息及特殊需求。

（4）工作人员培训：对活动工作人员进行全面培训，包括活动流程、安全规范、服务礼仪等，并明确各自的工作职责。

2. 活动实施阶段

（1）签到与分发物资：参与者抵达后进行签到，并领取活动所需物品。工作人员向老年人提供个人防护装备，如手套、帽子等。

（2）活动开场介绍：由主持人简要介绍活动的目的、流程及注意事项。工作人员现场演示园艺工具的正确使用及安全操作技巧。

（3）活动进行：依照既定流程开展种植、养护、设计等环节。工作人员进行现场指导，解答疑问，保障活动顺畅进行。

（4）休息与互动交流：安排适当的休息时间，并提供茶水、点心。鼓励老年人相互交流园艺经验，分享生活故事。

3. 活动收尾阶段

（1）反馈信息收集：向参与者发放反馈问卷，搜集他们对活动的看法和建议。记录活动中的亮点及改进空间。

（2）资料整理：拍摄活动照片和视频，捕捉活动的精彩瞬间。撰写活动总结报告，内容包括参与人数、活动成效、改进建议等。

（3）场地清理：整理活动物品，清扫场地，确保环境整洁。归还借用的物品，并对损坏的工具进行相应的维修或替换。

（4）致谢参与者：颁发纪念品，以表达对老年人参与的感谢。通过电子邮件或电话方式向参与者表达感谢和关怀。

（5）经验总结：召开工作人员会议，讨论活动中的问题及改进措施，为未来的活动提供宝贵的经验和参考。

四、老年园艺活动组织与实施

（一）老年园艺活动组织的基本要求

1. 场所与设施专项化

组织园艺活动时，必须确保场地专为园艺设计，具备良好的排水系统、适宜的土壤和必要的种植区域。设施应包括易于老年人使用的园艺工具、固定高度的种植台和充足的照明，以满足园艺活动的特殊需求。

2. 活动流程精细化

应详细规划园艺活动流程，包括植物选择、种植指导、养护管理等内容，确保每个环节都适合老年人的操作能力。组织者需提供清晰的步骤说明，确保园艺活动顺利进行。

3. 安全保障有针对性

针对园艺活动的特点，制订针对性的安全措施，如提供防滑鞋、手套、护膝等保护装备，确保老年人进行园艺操作时的安全。同时，应有应急预案以应对突发情况。

4. 教育与互动特色化

园艺活动的组织应注重教育性和互动性，通过专业的园艺知识讲解、现场示范和互助合作，让老年人在实践中学习和交流。组织者应鼓励分享园艺成果，增强活动的参与感和归属感。

（二）老年园艺活动的带领技巧

1. 有效沟通

在园艺活动中，与老年人进行有效沟通是至关重要的。工作人员应当放慢语速，选择简单、常用的词汇，使用简短、明确的语句，确保信息的直接性和易懂性；结合实物或图片进行说明，通过视觉辅助帮助老年人更好地理解指导内容；保持耐心，给予老年人足够的时间来处理和回应信息，避免急于求成。

2. 调动积极性

为了激发老年人的参与热情，工作人员应当使用正面、鼓励性的语言，如“你做得很好”或“再试一次，你一定可以”来增强老年人的自信心；实施零挫折反馈原则，即在任何情况下都避免批评，而是指出可以改进的地方，并提供具体的建议；庆祝老年人的每一个小成就，无论是一粒种子的成功种植还是一朵花的盛开，都要给予肯定和赞扬。

3. 关注老年人身心状态

在活动过程中，工作人员应当密切注意老年人的状态，具体包括观察老年人的表情和身体语言，以判断他们是否感到舒适、专注或焦虑；如果发现老年人注意力分散或情绪波动，应及时介入，提供必要的安慰和支持；调整活动节奏，如果老年人显得疲惫，可以适当休息或改变活动内容，以保持他们的兴趣和参与度。

4. 适应老年人身心特点

针对认知障碍老年人的特点，工作人员应当重复关键信息，如园艺步骤、安全注意事项等，以帮助老年人记忆；使用视觉和触觉辅助教具，如大字号的说明书、触感明显的工具，以适应老年人的感官需求；给予老年人足够的时间去完成任务，不急于看到结果，而是注重过程和质量。

5. 鼓励表达并及时反馈

在与老年人的互动中，工作人员应当对老年人重复的问题或话题保持耐心，不要表现出不耐烦或打断他们；鼓励老年人表达自己的想法和感受，让他们感受到自己的声音被听到；对于老年人的表达给予及时的正面反馈，如点头、微笑或简短的肯定性回应，以增强他们的沟通意愿和自我价值感。

（三）老年园艺活动的安全管控

1. 环境安全管控

活动场地应防滑、清洁、干燥，无障碍物。桌椅等家具应稳固，无尖锐棱角，避免使用折叠椅或带轮子的椅子。场地应宽敞、光线充足，减少噪音干扰。

2. 物品安全管控

选择无毒、无锋利边缘的园艺工具，确保大小、重量适中，便于老年人操作。避免使用易碎或可能产生小零件的物品，以防老年人误吞或受伤。

3. 行为安全管控

活动前，确认老年人的精神和心理状况，并在活动中密切关注，预防激越行为。对于可能将小物品误食的老年人，工作人员应密切观察，确保活动物品的安全使用。

通过以上措施，我们旨在为老年人提供一个安全、愉快的园艺活动环境，促进他们的认知健康，同时享受与自然的亲近。

活动举例

一、活动参与对象评估

对前述案例中的6位奶奶和养老院其他愿意参与园艺活动的4位老年人进行活动相关能力评估，通过与老年人进行深入交流、填写问卷和健康记录审查等方式，收集整理10位老年人的情况，具体如下（表5–1–1）。

表 5-1-1　老年园艺小组活动参与对象评估

姓名	性别	年龄	健康状况			认知功能			心理状态	
			身体能力	感觉能力	慢性疾病	记忆力	注意力与专注力	执行力	情绪稳定性	社交能力
张奶奶	女	76	良	优	有	良	良	优	良	良
李奶奶	女	78	良	良	无	良	良	优	良	良
王奶奶	女	78	良	差	无	良	良	优	良	良
郑奶奶	女	80	良	差	有	良	差	良	良	良
杨奶奶	女	77	良	良	无	优	良	良	良	优
韩奶奶	女	79	差	良	无	良	良	良	良	良
张爷爷	男	83	良	差	有	良	差	良	良	良
王爷爷	男	80	优	良	无	良	良	良	良	优
孙奶奶	女	79	良	良	有	差	差	良	良	良
赵奶奶	女	82	良	差	无	良	良	良	良	良

综合以上10位老年人的评估情况，可以看出大多数老年人身体健康状况良好，具备一定的感觉能力、记忆力、注意力、执行力及情绪稳定性。他们表现出对社交活动的积极参与态度，表明这群老年人具备参与园艺活动的基本条件。

二、活动策划方案

“绿色乐活”老年园艺小组活动方案

活动背景

夕阳红养老院一直致力于为老年人提供丰富多彩的日常生活和高质量的养老服务。院内居住着6位有着深厚友谊的奶奶，她们年轻时便有共同的种植经历，退休后也一直保持着对园艺的热爱。在最近的一次兴趣调查中，奶奶们表达了对参与园艺类活动的强烈愿望。基于此，养老院决定组织一场种植菠菜的园艺活动，不仅为了满足奶奶们的兴趣，也是为了让她们在园艺中找到新的生活乐趣，增强她们的归属感和生活品质。

活动目的

1. 激发老年人对园艺的兴趣，延续他们的生活爱好。
2. 通过集体活动，增强老年人之间的交流与合作，提升社交互动。
3. 提高老年人的动手能力，促进身心健康，改善生活质量。
4. 利用园艺活动，为老年人创造美好的回忆，丰富养老院的文化生活。

参加人员及活动时间与地点

1. 服务对象

养老院中行动便利、有园艺种植爱好的10位老年人，包含近期入院的4位老年人。

2. 小组特征

（1）性质：成长性小组。

（2）活动次数：4次。

（3）时间：每周二15：00—16：00。

（4）地点：养老院活动室和东侧菜园。

（5）人数：10人。

3. 招募方式

养老院老年人自愿报名。

小组活动内容

1. 第一次活动（表5-1-2）

（1）活动带领者1名。

（2）园艺技术指导专家1名。

（3）养老护理员2名。

（4）目标：介绍活动小组的功能、性质，让大家熟悉流程；增进小组组员彼此间的熟悉；合作完成播种和育苗。

（5）注意事项：提前制定规则，避免组员哄抢种植材料；种植过程中注意安全。

表 5-1-2　老年园艺小组第一次活动

时间	目标	内容	所需物资
10 分钟	组员间相互认识	认识游戏："我们认识啦！" 1. 自我介绍，包括名字、爱好等 2. 再次介绍自己的名字、爱好，再向大家介绍自己认识的小组中的人员 3. 依次进行下去，直到所有组员都介绍完自己及他人即可结束	座椅 15 把
15 分钟	菠菜种植小讲座	1. 简要介绍中国种植文化背景。中国种植文化历史悠久，强调人与自然的和谐共生，注重农时和节气，融合了儒家、道家思想，形成了独特的农耕文明体系 2. 简要介绍菠菜种植的时间安排，如何精选种子，巧施基肥与整地的方法，播种与育苗技巧，合理定植方法，田间管理要点，收获与储存知识等	投影设备、PPT
20 分钟	完成菠菜的播种和育苗	1. 根据讲座中所学的知识选取种子，选择饱满、健全的种子，以确保发芽率和生长健康。播种前，对种子进行适当处理，如浸泡、磨砂等，以提高种子的发芽率 2. 做好基肥和整地工作。施用适量的有机肥料能为菠菜的生长提供足够的营养。同时，要确保土壤细碎、平整，以利于菠菜幼苗的生长 3. 菠菜的播种方法包括撒播、条播和点播。其中，撒播是最为常见的播种方法，将种子均匀地撒在整理好的土地上即可。在播种后，需覆盖一层薄土，以保持土壤湿润，有利于种子发芽 4. 育苗期间要保持土壤湿润，避免过度浇水。当菠菜长出真叶后，可适当增加浇水量。同时要注意防治病虫害，确保幼苗健康生长	菠菜种、种植工具、肥料
10 分钟	分享种植感受	1. 每人讲一讲种植过程中遇到的困难 2. 分享本次活动的感受	
5 分钟	总结	总结本次活动内容，预告下一次小组活动的主题	

2. 第二次活动（表 5-1-3）

（1）活动带领者 1 名。

（2）园艺技术指导专家 1 名。

（3）养老护理员 2 名。

（4）目标：完成菠菜定植工作。

（5）注意事项：活动过程中注意安全。

表 5-1-3　老年园艺小组第二次活动

时间	目标	内容	所需物资
5 分钟	确认出席组员	签到：出席组员在签到表上签下自己的名字	签到表、笔
45 分钟	合理定植	1. 菠菜定植理论学习。当菠菜长到一定高度时，便可以进行定植。定植的行距和株距应根据品种特性进行选择。一般来说，行距保持在 15 ~ 20 cm，株距以 10 ~ 15 cm 为宜。定植过密会影响菠菜的生长，而过疏则容易导致土地浪费 2. 菠菜定植实操。将菠菜幼苗从菜园地里小心取出，并按照规定的行距和株距进行排列。定植后需立即浇足定根水，确保菠菜幼苗能够顺利适应新环境	种植工具、手套、水管
10 分钟	总结	1. 组员分享本次活动的感受 2. 活动带领者做本次活动总结，并强调下次活动的时间、地点和主题	

3. 第三次活动（表 5-1-4）

（1）活动带领者 1 名。

（2）园艺技术指导专家 1 名。

（3）养老护理员 2 名。

（4）目标：做好田间管理，确保菠菜健康成长；区分菠菜苗和杂草，完成除草、浇水和施肥工作。

（5）注意事项：田园管理认真细致，避免将菠菜苗和杂草混淆；活动过程中注意安全。

表 5-1-4　老年园艺小组第三次活动

时间	目标	内容	所需物资
5 分钟	确认出席组员	签到：出席组员在签到表上签下自己的名字	签到表、笔
45 分钟	田园管理	1. 园艺技术指导专家讲解菠菜苗和常见杂草的区别，为除草工作做好准备 2. 团队合作，指导老年人完成除草、浇水、施肥等工作。实施步骤：首先要确保土壤湿润，干旱时需及时浇水。同时，要密切关注菠菜的生长情况，及时除草、间苗和施肥。为了提高菠菜的品质和产量，可适当喷施植物生长调节剂和叶面肥 3. 在病虫害防治方面，要以预防为主，综合治理。了解不同病虫害的发生规律，采取科学的预防措施。若出现病虫害，应选择生物农药或低毒化学农药进行防治，确保菠菜的安全生产	种植工具、手套、水管、肥料
10 分钟	总结	1. 组员分享本次活动的感受 2. 活动带领者做本次活动总结，并强调下次活动的时间、地点和主题	

4. 第四次活动（表 5-1-5）

（1）活动带领者 1 名。

（2）园艺技术指导专家 1 名。

（3）养老护理员 2 名。

（4）目标：收获种植成果，学会储存菠菜的方法；分享劳动果实。

（5）注意事项：活动过程中注意安全。

表 5-1-5　老年园艺小组第四次活动

时间	目标	内容	所需物资
5 分钟	确认出席组员	签到：出席组员在签到表上签下自己的名字	签到表、笔
45 分钟	收获成果，学习储存方法	1. 当菠菜长到合适大小且色泽鲜绿时，便可进行收获。收获时要用锋利的刀具将菠菜整齐割下，避免损伤植株 2. 收获后的菠菜应放置在阴凉处进行晾晒，待到叶片软塌后进行储存。储存环境应保持干燥、通风，避免受到阳光直射	种植工具、手套、绳子
10 分钟	总结	1. 组员分享本次活动的感受 2. 带领组员进行整个小组活动的回顾，并完成本次活动总结 3. 填写反馈问卷，回收存档	问卷、笔

预计出现的困难及解决方案

老年园艺活动预计困难及解决方案见表 5-1-6。

表 5-1-6　老年园艺活动预计困难及解决方案

预计困难	解决方案
老年人感到不适或疲劳	活动过程中要关注老年人的身体状况和情绪变化，如有老年人感到不适或疲劳，应及时安排休息或提供医疗帮助
活动进行过程中，在时间控制上可能没有很强的固定性，不清楚组员的接受能力	根据组员的接受能力，灵活安排每一个环节的时间

物品使用及支出费用

老年园艺活动物品使用及支出费用见表 5-1-7。

表 5-1-7　老年园艺活动物品使用及支出费用

物品名称	数量	费用 / 元	备注
菠菜种	2 包	20	
种植工具	10 套	150	
有机肥料（腐熟堆肥 / 蚯蚓粪）	1 包	10	
喷壶	10 个	100	
园艺手套	10 副	58	
围裙	10 件	80	
垃圾袋	1 包	10	
扫帚和簸箕	2 套	50	

续表

物品名称	数量	费用 / 元	备注
急救包	1 个	0	如老年人常用药物
水杯	10 个	0	老年人自备
合计		478	

活动评价

1. 过程评价

（1）参与度：记录老年人的参与次数和参与态度。

（2）满意度：通过问卷调查收集老年人对活动的满意度。

（3）活动效果：评估老年人对园艺知识的掌握程度；评估活动设计内容适配性和流程合理性；评估活动物资利用和人力配置情况。

2. 效果评价

（1）身心健康：观察老年人活动前后的身心状态变化。

（2）社交互动：评估老年人在活动中的交流情况和社交网络扩展。

（3）持续影响：跟踪老年人活动结束后是否继续参与园艺活动或其他社区活动。

【练习题】

一、单项选择题（在每小题给出的四个选项中，只有一项是符合题目要求的，请将所选答案的字母填写在括号内）

1. 为方便老年人操作，种植工具应优先满足什么条件？（　　）

A. 金属材质且锋利　　B. 轻便小巧且手柄防滑

C. 多功能复合型工具　　D. 电动设备

答案：B

解析：轻便防滑的工具能减少手部疲劳和滑脱风险。金属工具（A）可能过重或划伤，多功能工具（C）和电动设备（D）操作复杂，不适合老年人。

2. 在园艺活动过程中，发现一位老年人因久蹲起身头晕，首先应怎么做？（　　）

A. 鼓励继续完成任务　　B. 立即提供高糖饮料

C. 扶至座椅休息并观察　　D. 要求其他老年人帮忙搀扶

答案：C

解析：老年人久蹲易引发直立性低血压，应优先保障休息和安全观察。继续任务（A）可能加重不适，直接提供饮料（B）或他人搀扶（D）需先评估状态。

3. 设计老年园艺活动时，以下哪项原则最重要？（　　）

A. 强调高效完成种植任务　　B. 注重互动性和成就感

C. 要求使用专业园艺技术　　D. 限制活动时间在 10 分钟内

答案：B

解析：老年活动应注重社交互动和情感满足，成就感能提升参与积极性。高效任务（A）、技术要求（C）或时间限制（D）易造成压力。

二、判断题（正确的请在答题括号中画√，错误的画 ×）

1. 老年园艺活动应尽量避免使用化学肥料，以有机肥为主。（ ）

答案：√

解析：有机肥更安全环保，且操作简单（如腐熟堆肥），化学肥料可能因配比不当或气味刺激引发不适。

2. 为提升效率，可让老年人独立完成翻土、播种等所有步骤。（ ）

答案：×

解析：老年人的协作能力可能受限，需安排分组互助或工作人员辅助，避免因体力不足导致挫败感。

3. 园艺活动结束后，无须记录参与者的反馈意见。（ ）

答案：×

解析：反馈能帮助优化后续活动设计，如调整工具难度或活动时长，提升老年人体验。

三、论述题

● 请简述设计老年园艺活动时需特别注意的 3 个关键点，并说明原因。

1. 安全性

老年人的行动和反应能力较弱，需避免尖锐工具、湿滑地面，并提供急救保障。

2. 趣味性与简易性

选择操作简单、成果可见的项目（如种植菠菜），搭配装饰品或奖励机制增强趣味性。

3. 社交与参与感

通过小组合作、分享种植心得等形式促进互动，避免孤立任务导致参与感不足。

拓展阅读

园艺疗法的发展史

1. 起源与早期实践（17 世纪末至 19 世纪）

园艺疗法的雏形源于 17 世纪末的英国，李那托·麦加在其著作《英国庭园》中提出园艺活动有益于身心健康。18 世纪末至 19 世纪初，美国精神病学先驱本杰明·拉什在著作中首次提出精神病患者通过园艺劳作可改善症状，并于 1817 年在费城友好精神医院实践这一理念。这一时期，园艺疗法主要用于精神疾病患者的辅助治疗。

2. 制度化与学科建立（20 世纪初至 20 世纪中叶）

20 世纪 40 年代，园艺疗法因第二次世界大战退伍军人的康复需求得到突破性发展。美国退伍军人医院引入园艺操作作为康复手段，帮助士兵缓解创伤后应激障碍（post traumatic stress disorder，PTSD）和肢体伤残。20 世纪 50 年代，爱丽丝·博林盖姆等学者推动了园艺疗法理论与实践结合，1960 年出版首部园艺疗法专著《通过园艺治疗》，奠定了学科基础。1955 年，美国密歇根州立大学首次授予园艺疗法学士学位，标志其进入高等教育体系。

3. 全球化发展与专业组织成立（20 世纪后期）

1971 年，美国成立“园艺治疗康复协会”（后更名为“美国园艺疗法协会”），建立职业资格认证制度，推动园艺治疗规范化发展。1978 年，英国园艺疗法协会成立，欧洲逐步普及。日本在 2002 年开设园艺疗法大学课程，韩国等国家也相继推广。中国于 2014 年成立首个园艺治疗学部，由李树华教授等学者推动本土化研究与实践。

4. 现代应用与多元拓展（21 世纪）

园艺疗法已从精神疾病治疗扩展至老年护理、儿童发育障碍、慢性疾病康复等领域。例如，美国将其用于退伍军人的职业培训；日本开发“五感花园”促进认知障碍患者康复；中国则在养老院、医院和社区试点，如北京博爱医院的“康复花园”项目。目前，全球逾 40 个国家开展相关实践，并形成跨学科研究网络。

任务二　老年画作活动策划与组织

案例导入

李奶奶，75 岁，大学本科学历，汉族，江苏南京人。李奶奶退休前是一名中学美术教师，酷爱绘画，尤其擅长山水画。退休后，李奶奶因生活节奏的改变和社交圈的缩小，时常感到失落。近年来，李奶奶视力有所下降，但依旧对绘画充满热情。然而，随着年龄的增长，李奶奶外出采风的机会减少，与人交流的机会也逐渐变少，家人注意到她的孤独情绪，担心她的身体和心理健康，决定寻求专业帮助，将其送往某养老机构。

根据案例，请思考：

1. 如何重新点燃李奶奶的绘画热情，改善孤独失落的情绪状态?

2. 对于李奶奶这类有一定绘画功底，虽视力有所下降但身体整体健康状况良好的老年人适合哪些老年活动?

任务描述

1. 根据李奶奶的特长和兴趣，策划具有明确目标的老年画作活动方案。

2. 依据方案组织与实施活动，观察记录老年人的参与情况，并根据实际情况调整活动内容。

相关知识

一、老年画作活动的基本概念

（一）画作活动的含义

扫一扫

绘画是人类通过色彩、线条、形状等视觉元素表达情感、记录体验、展现创造力的艺术形式，涵盖观察、构思、创作和审美等过程。对老年人而言，画作活动不仅是艺术实践，更是一种身心协调与自我表达的重要方式。

随着年龄的增长，普通老年人可能在身体功能、感知敏锐度或社会参与度上逐渐发生变化。通过绘画活动，老年人能够调动感官与思维，激发想象力，并在创作过程中获得成就感和愉悦感。此类活动无须专业艺术基础，其核心在于通过动手实践促进身心协调、增强专注力，同时为老年人提供情感抒发的渠道，丰富晚年生活。

（二）老年画作活动的含义

广义的老年画作活动是指以绘画为载体，结合普通老年人的身心特点设计的多样化艺术实践，旨在提升其创造力、情感表达能力及社会参与度。这类活动融合艺术教育、心理学和老年健康理念，通过灵活的形式（如自由创作、主题绘画、集体协作等）激发老年人的艺术潜能，促进心理调适与社会联结。

狭义的老年画作活动特指针对老年人手部精细动作、色彩感知、空间构图及观察力等能力设计的专项练习，如临摹自然景物、记忆场景再现、抽象色彩表达等。通过循序渐进的创作任务，帮助老年人保持手眼协调能力，强化思维活跃性，并在艺术探索中获得精神满足感。

二、老年画作活动的分类

（一）根据画作类型分类

1. 水墨画活动

水墨画活动强调笔墨意趣，需基础笔法训练。适合传统文化爱好者或有书法基础者。

2. 油画活动

油画活动侧重色彩感知与层次叠加。适合追求视觉表现力的活力型老年人。

3. 素描活动

素描活动可以培养空间构图与观察能力。适合零基础入门者。

4. 综合材料创作活动

综合材料创作活动可以融入拼贴、拓印等多元技法。适合手部功能受限的特殊老年群体。

（二）根据老年画作活动的功能分类

1. 老年手部精细动作训练活动

老年手部精细动作训练活动主要包括线条描摹活动和色彩填充活动等。线条描摹活动是临摹简单图案（如花草、几何图形），强化手部控制力。色彩填充活动是在限定区域内涂色，提升手眼协调能力。老年手部精细动作训练活动通过绘画中的握笔、涂色、描线等动作，帮助普通老年人保持手部灵活性与协调性，延缓因年龄增长可能出现的精细动作退化。

2. 老年观察力与空间感知活动

老年观察力与空间感知活动主要包括静物写生、场景再现等。静物写生是观察并绘制水果、花卉等简单实物，锻炼细节捕捉能力。场景再现是根据记忆或照片绘制熟悉的场景（如故居、公园），强化空间感知。老年观察力与空间感知活动通过观察自然景物或生活场景并进行绘画表达，增强老年人的视觉敏锐度与空间构图能力。

3. 老年情感表达与创造力激发活动

老年情感表达与创造力激发活动主要包括抽象色彩表达、故事绘画等。抽象色彩表达活动是使用不同颜色和笔触表现情绪（如用暖色表达喜悦、冷色表达平静）。故事绘画活动是通过连环画或单幅画作讲述个人经历或虚构故事。老年情感表达与创造力激发活动借助自由创作或主题绘画，鼓励老年人抒发情感、释放压力，同时激发艺术想象力与创造力。

4. 老年社交互动与团体协作活动

老年社交互动与团体协作活动主要包括拼贴画共创、绘画分享会等。拼贴画共创是多人分工完成一幅大型拼贴画，如“四季主题”集体创作。绘画分享会通过展示个人作品并讲述创作故事，增进情感共鸣。老年社交互动与团体协作活动通过集体创作或主题合作，促进老年人之间的交流与协作，增强社会参与感与归属感。

5. 老年专注力与耐心培养活动

老年专注力与耐心培养活动主要包括工笔细描、慢速涂鸦等。工笔细描是细致绘制复杂图案（如工笔花鸟）。慢速涂鸦是以缓慢节奏进行自由涂鸦，关注过程而非结果。老年专注力与耐心培养活动需要通过持续投入的绘画任务帮助老年人提升专注力与耐心，缓解焦虑情绪。

（三）根据老年画作活动的参与形式分类

1. 基础技能类画作活动

该类活动通过简单、重复的练习（如填色、简笔画）降低参与门槛，帮助老年人建立绘画信心。适用于绘画经验较少或身体功能较弱的普通老年人。如数字油画、模板拓印、色块拼贴。

2. 主题创作类画作活动

该类活动通过特定主题（如“我的童年”“四季风光”）引导老年人进行个性化表达，增强思维活跃性。适用于对绘画有兴趣且具备一定动手能力的老年人。如节日贺卡设计、自然风景创作、家族树绘制。

3. 综合艺术体验类活动

该类活动融合绘画与其他艺术形式（如音乐、文学）提供多感官参与的沉浸式创作体验。适用于追求多样化艺术体验的老年群体。如音乐联想绘画、诗歌配画。

（四）根据老年画作活动的材料与媒介分类

1. 传统媒介活动

该类活动使用常见工具（如水彩、蜡笔、铅笔）进行创作，贴近老年人熟悉的方式，增强安全感与舒适感。如素描、水彩风景画、蜡笔涂鸦。

2. 综合材料实验活动

该类活动通过尝试非传统材料（如树叶拼贴、布料拓印、沙画），激发老年人的好奇心与探索欲，丰富感官体验。如自然材料拼贴画、废旧物品改造艺术、手指画。

3. 数字化绘画活动

该类活动利用平板电脑或智能设备进行数字绘画，帮助老年人接触新技术，提升学习适应能力。如电子涂鸦、照片编辑与创意合成、动画短片制作。

三、老年画作活动的功能

（一）延缓老年人生理与认知功能的自然衰退

老年画作活动通过握笔涂色、线条勾勒、构图设计等动作，锻炼手部精细动作与手眼协调能力，延缓因年龄增长可能导致的手部灵活性下降。同时，观察静物细节、记忆场景再现等绘画任务，有助于保持视觉敏锐度、空间感知能力及思维活跃性，从而减缓认知功能的自然衰退。例如，临摹复杂图案可提升专注力，绘制动态场景可增强空间想象力。

（二）促进老年人心理健康与情绪调节

绘画为老年人提供了情感表达与释放的窗口。通过自由创作或主题绘画（如“我的童年”“四季风光”），老年人能够将内心情绪转化为色彩与线条，缓解孤独、焦虑等负面情绪。此外，完成作品的成就感、参与艺术活动的愉悦感，可显著提升心理健康水平，帮助老年人建立积极的生活态度。

（三）增强老年人社会联结与互动体验

团体绘画活动（如绘画分享会）为老年人创造了交流与协作的机会。在共同完成艺术项目或讨论作品的过程中，老年人可拓展社交圈，增进情感共鸣，减少社会孤立感。例如，“社区故事长卷”活动通过多人协作绘制社区历史场景，既能激发集体记忆，又能强化归属感。

（四）提升老年人自我价值感与创造力认同

当老年人通过绘画掌握新技巧（如色彩搭配、透视构图）或完成富有创意的作品时，能够直观感受到自身的学习能力与艺术潜力。这种正向反馈可增强自信心，帮助老年人重新认识晚年生活的意义。例如，举办小型画展或制作个人画册，让老年人的创作成果被他人欣赏与认可，进一步激发其持续参与的热情与自我价值感。

四、老年画作活动策划

（一）活动目的确定的主要流程及要求

1. 确认老年人的艺术兴趣及绘画能力

（1）兴趣评估：通过问卷调查、访谈或观察，了解老年人对绘画的兴趣程度及偏好（如国画、水彩、素描等）。

（2）能力评估：评估老年人的绘画基础能力，包括手部灵活性、色彩感知能力、创意表达等。

（3）目标：根据老年人的兴趣和能力，确定画作活动的重点方向。

2. 了解老年人的基本情况

（1）方法：通过问卷调查、与家属或照护者交流，了解老年人的个性特征、生活经历、兴趣爱好、身体状况等。

（2）目标：为制订个性化的画作活动提供依据，确保活动内容符合老年人的需求和喜好。

3. 确定活动的主要目标

（1）个性化目标：根据老年人的兴趣和能力，制订针对性的活动目标，如提升手部灵活性、增强色彩感知能力、激发创意表达等。

（2）目标示例：对于初学者，目标可以是完成一幅简单的画作；对于有一定基础的老年人，目标可以是尝试新的绘画风格或技巧。

4. 动态调整与完善目标

（1）反馈机制：根据老年人的参与程度及阶段性成果反馈，动态调整活动目标，优化活动内容。

（2）目标：提高活动效果，增强老年人的成就感和参与感。

（二）活动内容设计要求

1. 活动内容难度要适中

（1）设计要求：根据老年人的绘画能力和兴趣设计活动内容，确保活动难度适中，既能激发老年人的兴趣，又不会让他们感到挫败。

（2）示例：对于初学者，可以设计简单的涂色或临摹活动；对于有一定基础的老年人，可以设计自由创作或主题绘画活动。

2. 活动内容具有针对性

（1）个性化设计：根据老年人的兴趣和能力，量身定制画作活动内容。

（2）示例：对于喜欢自然的老年人，可以设计以花卉、风景为主题的绘画活动；对于喜欢人物的老年人，可以设计肖像画或人物速写活动。

3. 活动内容具有趣味性

（1）趣味性设计：通过增加活动的趣味性和互动性，提升老年人参与的积极性和投入程度。

（2）示例：可以设计“合作绘画”活动，让老年人分组完成一幅画作，增强互动性和团队合作精神。

（三）活动时间安排要求

1. 时间长短适宜

（1）时长建议：通常活动时间为 60 ~ 90 分钟，避免时间过长导致老年人疲劳。

（2）调整机制：根据老年人的参与表现和身体状况，灵活调整活动时间。

2. 安排合适的时间段

（1）时间段选择：9：30—11：00 或 14：30—16：00 是较为合适的活动时间段，具体可根据老年人的身心状况和参与意愿进行调整。

（2）精力分配：对于需要较高专注力的绘画活动，建议安排在老年人精力较好的时间段。

（四）活动物品使用要求

1. 物品选择

（1）绘画工具：提供适合老年人使用的绘画工具，如彩色铅笔、水彩笔、油画棒、画纸等。

（2）辅助工具：提供画架、调色板、橡皮擦等辅助工具，确保老年人能够舒适地进行绘画。

（3）安全考虑：确保绘画工具无毒无害，适合老年人使用。

2. 物品多样性

提供多种绘画工具和材料，让老年人根据自己的兴趣选择合适的工具进行创作。

（五）工作人员要求

工作人员除了应该具备基本的热情、耐心、细心外，还应该达到以下要求。

1. 人员配置

（1）人数要求：为 5 ~ 10 位老年人开展的画作活动，一般需要 2 ~ 3 名工作人员，1 人负责带领，另外 1 ~ 2 人负责协助。

（2）职责分工：根据老年人的绘画能力和活动内容，合理分配工作人员职责，确保每位老年人都能得到适当的指导和帮助。

2. 专业要求

工作人员应具备基本的绘画知识和指导能力，能够为老年人提供绘画技巧指导，并鼓励他们自由表达创意。

（六）活动流程的主要内容

1. 活动前期的准备工作内容

活动前期的准备工作包括确认工作人员分工；信息发布与宣传，确保老年人及其家属了解活动内容；查看场地，确保场地宽敞、光线充足；确认老年人参加人数及身体状况；准备和采购绘画工具和材料；布置活动场地，确保环境舒适、温馨。

2. 活动过程的主要环节

（1）开场环节：组织老年人进入活动场地，工作人员致欢迎词，简要介绍活动内容和绘画主题。

（2）绘画环节：按计划组织老年人开展绘画活动，工作人员提供必要的指导和帮助。

（3）分享环节：老年人展示自己的画作，分享创作灵感和感受，增进彼此交流。

（4）结束环节：工作人员总结活动亮点，感谢老年人的参与，并预告下次活动内容。

3. 活动后期的主要工作内容

（1）退场安排：组织老年人有序退场，确保安全；场地整理，整理活动物品，归置绘画工具和材料。

（2）评估总结：评估活动效果，记录老年人的反馈，编写活动报告，为下次活动提供参考。

通过以上策划方案，能够有效激发老年人的艺术兴趣，提升他们的绘画能力和创意表达，同时也能为工作人员提供清晰的活动指导，确保活动顺利进行。

五、老年画作活动组织与实施

（一）老年画作活动组织的基本要求

1. 尊重老年人个人意愿

在组织画作活动时，必须充分尊重老年人的个人意愿。活动的内容、形式和意义应提前向老年人说明，询问他们是否愿意参与，避免强迫老年人参加不感兴趣的活动。

2. 注重活动过程而非结果

画作活动的重点应放在创作过程而非最终作品上。不要为老年人设定过高的艺术标准或目标，避免让他们感到压力。鼓励老年人自由表达，享受创作的乐趣。

3. 活动地点相对固定且舒适

画作活动的地点应选择在老年人熟悉且舒适的环境中，如社区活动室或老年活动中心。确保场地宽敞、光线充足，并提供舒适的座椅和画具，帮助老年人放松心情，专注于创作。

4. 确保安全与健康

活动组织者应确保老年人在活动中的安全与健康。合理安排活动时间，避免老年人久坐或过度疲劳。同时，提供必要的辅助工具（如画架、护具等），并准备急救用品以应对突发情况。

（二）老年画作活动的带领技巧

1. 与老年人有效沟通

（1）在画作活动中，工作人员应使用简单易懂的语言与老年人沟通，语速放慢，语气温和。可以通过展示画具、示范绘画技巧等方式，帮助老年人理解活动内容，增强他们的参与信心。

（2）多用鼓励性语言调动积极性。在活动过程中，无论老年人的绘画水平如何，都应给予积极的反馈和鼓励。通过赞美他们的创意、色彩运用或努力，激发老年人的创作热情，帮助他们建立自信心。

2. 关注老年人的状态与需求

工作人员应时刻关注老年人的身体和情绪状态。如果老年人表现出疲劳或注意力不集中，可以适时安排休息或调整活动节奏。对于有特殊需求的老年人（如视力或手部活动不便），应提供个性化支持。

3. 适应老年人的活动节奏

（1）老年人的绘画速度和风格可能各不相同，工作人员应尊重他们的节奏，避免催促或强加自己的创作方式。对于记忆力或理解力较弱的老年人，可以多次重复指导，耐心帮助他们完成作品。

（2）鼓励老年人表达创作想法。在画作活动中，鼓励老年人分享他们的创作灵感或故事。即使他们的表达不够清晰或逻辑混乱，也应耐心倾听并给予积极回应，帮助他们感受到被尊重和理解。

（三）老年画作活动的安全管控

1. 环境安全管控

画作活动场地应保持整洁，地面干燥防滑，避免杂物堆积；画具、画架等物品应摆放稳固，避免尖锐棱角或易倾倒的设计；场地应通风良好，光线充足，避免强光直射或昏暗的环境。

2. 画具安全管控

选择安全、无毒的画具材料，如水彩、蜡笔等，避免使用有刺激性气味或易造成污染的颜料；避免使用尖锐或易碎的画具（如刻刀、玻璃调色盘等），防止老年人误伤；提供适合老年人使用的画具，如粗柄画笔、防滑调色盘等，便于抓握和操作。

3. 行为安全管控

活动前了解老年人的健康状况，特别是手部活动能力或视力问题，提前做好适应性安排；活动中随时关注老年人的行为，防止因注意力不集中或身体不适导致意外（如颜料误入口中或画具掉落）；对于使用轮椅或行动不便的老年人，应确保他们的活动空间宽敞，并提供必要的辅助支持。

活动举例

一、活动参与对象评估

老年画作活动参与对象评估见表 5-2-1。

表 5-2-1　老年画作活动参与对象评估

姓名	性别	年龄	健康状况			认知功能			心理状态	
			身体能力	感觉能力	慢性疾病	记忆力	注意力与专注力	执行力	情绪稳定性	社交能力
李奶奶	女	75	良	优	有	良	良	优	良	良
张爷爷	男	78	良	良	无	良	良	优	良	良
王爷爷	男	78	良	差	无	良	良	优	良	良
赵奶奶	女	80	良	差	有	良	差	良	良	良
杨奶奶	女	77	良	良	无	优	良	良	良	优
韩爷爷	男	79	差	良	无	良	良	良	良	良
李爷爷	男	83	良	差	有	良	差	良	良	良
王奶奶	女	80	优	良	无	良	良	良	良	优
孙奶奶	女	79	良	良	有	差	差	良	良	良
郑爷爷	男	82	良	差	无	良	良	良	良	良

二、活动策划方案

根据李奶奶及其他几位老年人的身心状况，结合老年人的生理特质，重点围绕社交需求、价值实现等目标，为李奶奶等老年人策划如下画作活动方案。

“绘梦晚年”画作活动方案

活动背景

随着年龄的增长，老年人的社会功能逐渐减少，适宜的活动有助于帮助老年人转变社会角色，提高生活质量。

李奶奶退休前是一位美术教师，酷爱绘画，尤其擅长山水画，因此具备一定的绘画功底。但是，近年来她的社交圈缩小、与人交流的机会变少，所以为了丰富她的晚年生活，增进与他人的交流，特策划此次“绘梦晚年”画作活动。

活动目的

1. 通过绘画帮助李奶奶及其他有共同爱好的老年人表达情感，调节情绪。
2. 提供轻松愉快的社交环境，促进老年人之间的交流与互动。
3. 重新激发老年人的创造力，找回自信心和自我价值感。

活动内容

1. 水墨画活动

山水画创作：指导李奶奶及其他参与对象进行山水画创作。

2. 油画与素描活动（选择一种）

（1）油画活动：色彩搭配练习，指导李奶奶进行色彩搭配练习，提高她的色彩感知能力。根据活动开展情况及老年人的兴趣表现，鼓励老年人尝试油画创作，展现艺术才华。

（2）素描活动：通过简单的几何图形练习，帮助李奶奶掌握素描的基本技巧。

活动时间及计划

1. 第一阶段：技能巩固，找回自信（1 ~ 2 周）

每天 9：30—10：30，具体安排如下（表 5-2-2）。

表 5-2-2　老年画作活动第一阶段内容

时间	活动内容	活动目标
周一、周三、周五	水墨画活动：山水画创作	参与对象之间彼此了解、拉近距离
周二、周四	阶段性成果展示、难点反馈、需求及建议征集	交流探讨，切磋技艺，结交志同道合的朋友

2. 第二阶段：挑战自我，提升价值感（1 ~ 2 周，可持续）

根据第一阶段的活动效果、画作完成情况及李奶奶的反馈，调整活动内容和计划，实现活动的可持续性（表 5-2-3）。

表 5-2-3　老年画作活动第二阶段内容

时间	活动内容	活动目标
周一、周三、周五	根据活动对象个人兴趣爱好，选择其一即可 1. 油画活动：色彩搭配练习，提升感知能力 2. 素描活动：基础素描练习（简单的几何图形）	鼓励参与对象尝试新的绘画风格或技巧，激发创作灵感、创新意识
周二、周四	阶段性成果展示、交流学习心得	提升价值感，收获成就感

活动地点

养老机构书画室、户外花园等。

参加人员

李奶奶及其他对绘画感兴趣的老年人、工作人员及志愿者。

活动流程

1. 活动前

（1）8：00—8：30：准备绘画材料（如画笔、颜料、纸张等）。布置活动场地，营造舒适的绘画环境。

（2）8：40—9：20：提醒老年人活动的时间及地点。迎接老年人。

2. 活动中

（1）9：30—9：35：问候并介绍活动内容及过程。

（2）9：35—9：40：李奶奶展示自己的作品，并分享创作心得。

（3）9：40—9：50：进行现场绘画教学，指导其他老年人绘画技巧。

（4）9：50—10：25：老年人围绕主题进行创作，互相交流心得。

（5）10：25—10：30：进行活动总结，介绍下次活动的时间与内容。

3. 活动后

（1）10：30—10：50：整理活动场地，归还绘画材料。

（2）15：00—15：30：收集老年人的作品，进行展示与评选。

（3）16：00—17：00：进行家庭反馈，通过家属微信群推送活动照片与成果清单。编写活动总结，记录老年人的参与情况与反馈。

物品使用及支出费用

老年画作活动物品使用及支出费用见表 5-2-4。

表 5-2-4　老年画作活动物品使用及支出费用

物品名称	数量	费用 / 元	备注
画笔	10 支	40	用于山水画、油画、素描等绘画活动
颜料	10 盒	300	水墨画使用墨汁，油画和素描可能使用不同颜料
纸张	200 张	30	用于山水画、油画、素描等绘画活动
画布	10 块	100	用于油画创作
素描本	10 本	100	用于基础素描练习
急救药品	适量	100	以防老年人突发状况，需专人管理
场地布置材料	适量	0	如桌布、装饰物等，用于营造舒适的绘画环境。养老机构常备物品，无须另购
其他辅助工具	适量	0	用于素描等绘画活动的辅助工具，如橡皮擦、美工刀等。养老机构常备物品，无须另购
合计		670	

活动评价

1. 过程评价

（1）参与度：记录老年人的参与次数和参与态度。

（2）满意度：通过问卷调查收集老年人对活动的满意度。

（3）活动效果：评估老年人对画作知识的掌握程度；评估活动设计内容的适配性和流程合理性；评估活动物资利用情况和人力配置情况。

2. 效果评价

（1）身心健康：观察老年人活动前后的身心状态变化。

（2）社交互动：评估老年人在活动中的交流情况和社交网络扩展。

（3）持续影响：跟踪老年人活动结束后是否继续参与其他集体性活动。

三、活动操作技能

以上述方案中“山水画创作”为例，展示活动操作技能（表 5-2-5）。

表 5-2-5　山水画创作活动操作技能

<table>
<tr><td>活动名称</td><td colspan="2">山水画创作活动</td></tr>
<tr><td>使用物品及数量</td><td colspan="2">画纸 1 张、毛笔 2 支（粗、细各 1 支）、墨汁 1 瓶、调色盘 1 个、水彩颜料 1 套、水杯 1 个、毛巾 1 条</td></tr>
<tr><td>场地要求</td><td colspan="2">环境安静、光线充足、适合绘画的房间或户外花园</td></tr>
<tr><td rowspan="3">具体操作过程</td><td>准备阶段</td><td>1. 将画纸平铺在桌面上，准备好毛笔、墨汁、调色盘和水杯
2. 确保老年人坐姿舒适，手部能够自由活动</td></tr>
<tr><td>引导阶段</td><td>1. 向老年人介绍今天的绘画主题“山水画”，展示一些山水画的范例，激发老年人的创作兴趣
2. 简要讲解山水画的基本技法，如如何用毛笔勾勒山石的轮廓、如何运用墨色的浓淡表现远近</td></tr>
<tr><td>创作阶段</td><td>步骤 1：勾勒轮廓
（1）指导老年人用细毛笔蘸取适量墨汁，轻轻勾勒出山石和树木的轮廓
（2）提醒老年人注意线条的粗细变化，表现出山石的质感

步骤 2：渲染墨色
（1）用粗毛笔蘸取较淡的墨汁，轻轻渲染山石的阴影部分，表现出远近的层次感
（2）鼓励老年人自由发挥，尝试不同的墨色浓淡，增强画面的立体感
</td></tr>
</table>

续表

具体操作过程	创作阶段	步骤 3：添加细节 （1）用细毛笔蘸取较浓的墨汁，添加树木、水流等细节，丰富画面内容 （2）提醒老年人注意细节的刻画，如树叶的疏密、水流的动态

	总结阶段	对老年人的创作给予肯定，鼓励他们分享创作心得；告知下次活动的时间和地点
注意事项	1. 由于老年人视力可能有所下降，因此要确保光线充足，避免强光直射 2. 在创作过程中，随时关注老年人的手部动作，避免因长时间握笔导致手部疲劳 3. 鼓励老年人自由发挥，不必拘泥于传统技法，享受创作的过程	

【练习题】

一、单项选择题（在每小题给出的四个选项中，只有一项是符合题目要求的，请将所选答案的字母填写在括号内）

1. 以下哪种老年画作活动更适合帮助老年人提升手部精细动作能力？（　　）

A. 音乐联想绘画　　B. 色彩填充

C. 场景再现绘画　　D. 绘画分享会

答案：B

解析：色彩填充需要老年人精准控制画笔在限定区域内涂色，能有效锻炼手部精细动作。音乐联想绘画主要侧重于多感官体验和创造力激发；场景再现绘画重点提升空间感知和观察力；绘画分享会是社交互动类活动。

2. 关于老年画作活动中的抽象色彩表达，其主要目的是（　　）。

A. 锻炼老年人的手部精细动作　　B. 提升老年人的空间构图能力

C. 激发老年人的情感表达和创造力　　D. 增强老年人的社会参与感

答案：C

解析：抽象色彩表达鼓励老年人用不同颜色和笔触来表现情绪，是为了激发情感表达和创造力，而不是锻炼手部精细动作、提升空间构图能力或增强社会参与感。

3. 为了增强老年人的社会参与感，以下哪种老年画作活动最为合适？（　　）

A. 工笔细描　　B. 静物写生

C. 拼贴画共创　　D. 数字油画

答案：C

解析：拼贴画共创是多人分工完成作品，能促进老年人之间的交流与协作，增强社会参与感。工笔细描主要培养专注力和耐心；静物写生锻炼观察力；数字油画属于基础技能类活动，主要帮助建立绘画信心。

二、判断题（正确的请在答题括号中画√，错误的画 ×）

1. 只有具备绘画基础的老年人才能从老年画作活动中受益。(　　)

答案：×

解析：老年画作活动有多种类型，基础技能类活动就是专门为绘画经验少的老年人设计的，旨在帮助他们建立信心，不同层次的老年人都能在活动中获得身心方面的益处。

2. 老年画作活动中的主题创作类活动不适合身体功能较弱的老年人。(　　)

答案：×

解析：虽然主题创作类活动鼓励个性化表达，但可以根据身体功能较弱的老年人的实际情况，调整主题和创作形式，如简化绘画内容、采用更轻松的创作方式等，让他们也能参与其中。

3. 老年画作活动只能在室内开展。(　　)

答案：×

解析：老年画作活动既可以在室内进行，如临摹、室内静物写生等；也可以在户外开展，如户外风景写生、利用自然材料创作等，室内外结合能丰富活动内容。

三、论述题

● 请设计一个以“我的家乡”为主题的老年画作活动方案，包括活动目标、活动流程和注意事项等。

1. 活动目标

通过绘画“我的家乡”，激发老年人的情感表达和创造力，提升他们对家乡的热爱之情；同时，锻炼老年人的观察力、记忆力和绘画表达能力，促进老年人之间的交流与分享。

2. 活动流程

（1）开场介绍：向老年人介绍本次活动的主题——“我的家乡”，分享一些关于家乡的故事和图片，激发他们的回忆和创作热情。

（2）自由创作：为老年人提供绘画工具（如水彩、蜡笔、画纸等），让他们根据自己对家乡的记忆和印象进行绘画创作，可以是家乡的标志性建筑、自然风光、生活场景等。创作时间为 30 ~ 45 分钟。

（3）作品分享：邀请每位老年人展示自己的作品，并讲述作品中所描绘的家乡元素及背后的故事，其他老年人可以提问和交流。

（4）活动总结：对本次活动进行总结，感谢老年人的参与和分享，鼓励他们继续保持对生活的热爱和创作的热情。

3. 注意事项

（1）材料准备：确保绘画材料充足、安全，适合老年人使用，如选择无毒、易握的画笔和纸张。

（2）关注老年人状态：在创作过程中，密切关注老年人的身体和情绪状态，如有需要及时提供帮助和休息时间。

（3）引导交流：在作品分享环节，积极引导老年人进行交流互动，营造轻松愉快的氛围，尊重每位老年人的分享内容。

●假如你要组织一场老年绘画比赛，有传统媒介组和综合材料组，分别列举3种适合这两个组别的绘画主题，并说明选择理由。

1. 传统媒介组

（1）主题一：美丽的花园。花园中有各种花卉、植物，色彩丰富，形态各异，适合用传统的水彩、蜡笔等媒介表现，能充分展现传统绘画工具对色彩和线条的表现力，让老年人描绘出花园的生机与美丽。

（2）主题二：家乡的古桥。古桥具有独特的建筑结构和历史韵味，用铅笔素描可以细致地刻画古桥的纹理和形状，用水彩可以表现出古桥与周边环境的融合，展现传统绘画对物体质感和空间感的塑造能力。

（3）主题三：可爱的宠物。宠物是老年人生活中常见且喜爱的对象，用传统绘画媒介可以生动地描绘出宠物的神态和毛发质感，激发老年人对生活的热爱，也便于他们发挥绘画技巧。

2. 综合材料组

（1）主题一：梦幻的城市。城市元素丰富多样，如高楼大厦、街道、车辆等。可以利用废旧杂志上的建筑图片、彩色卡纸、塑料片等综合材料进行拼贴创作，表现出城市的现代感和独特氛围，充分发挥综合材料的创意组合特点。

（2）主题二：丰收的季节。可以用谷物、树叶、布料等自然和生活材料，通过粘贴、编织等方式，展现丰收场景，如金黄的麦浪、饱满的果实等，体现综合材料与主题的契合度，以及对自然材料的创新运用。

（3）主题三：童话世界。童话世界充满奇幻色彩和想象力，老年人可以用彩色毛线、亮片、珠子等材料，结合绘画，构建出如城堡、小精灵等童话元素，突出综合材料的多样性和趣味性，激发创造力。

拓展阅读

1. 菲欧娜·伟特，《365个艺术创意》。

春季主题：樱花、小鸟等简单线描和填色。

抽象涂鸦：几何图形和色彩搭配游戏，激发创造力。

2. 画作活动运用临床指导。

（1）色彩心理学实践：指导老年人用暖色系（橙、黄）缓解冬季抑郁，冷色系（蓝、绿）平复夏季焦躁。

（2）曼陀罗绘画疗法：通过对称图形涂色训练专注力，临床研究显示可降低阿尔茨海默病前期患者的MMSE量表衰退速度。

任务三　老年编织活动策划与组织

案例导入

唐爷爷，79 岁，高中文化，汉族，山东济南人。退休前为机械厂技术员，年轻时擅长手工修理。3 年前因中风导致右侧肢体活动受限，经康复后仍存在手部精细动作困难。现居住在养老机构，近期情绪消沉，常因手部功能退化产生挫败感，几次拒绝参与集体活动。养老院工作人员发现唐爷爷对编织类物品（如藤椅、竹篮）表现出兴趣，但自述“手笨，做不了”。

根据案例，请思考：

1. 如何通过编织活动帮助唐爷爷融入集体活动，从而重建信心、改善情绪？
2. 如何策划适合手部功能受限老年人的编织活动？

任务描述

1. 结合唐爷爷的身体功能（如手部灵活性等）、兴趣特点，设计安全性高、难度分层的编织活动方案。
2. 组织实施活动，观察老年人的参与表现，动态调整难度（如提供半成品材料包）。
3. 记录老年人的参与表现，定期评估活动效果并优化方案。

相关知识

一、老年编织活动的基本概念

（一）老年手部功能退化的具体表现及对编织活动的影响（表 5-3-1）

扫一扫

表 5-3-1　老年手部功能退化的具体表现及对编织活动的影响

症状	具体表现	对编织的影响
握力下降	握力值≤ 15 kg（正常值：女性≥ 18 kg，男性≥ 22 kg）	无法稳定持针或绕线
关节僵硬	手指屈曲幅度减少≥ 30%（量角器测量）	钩针操作困难，编织速度下降 50% 以上
精细动作丧失	无法完成穿针、打单结等动作	需依赖预穿孔材料或半成品辅助

（二）老年编织活动的含义

老年编织活动是一种专门为老年人设计的手工艺活动，通过编织、钩针、刺绣等手工艺形式，帮助老年人保持身心健康、增强社交互动和激发创造力。这类活动不仅能够锻炼老年人的手部灵活性，还能通过完成作品带来成就感和满足感，提升生活质量。

二、老年编织活动的分类与功能

（一）老年编织活动的分类

1. 按工具难度分类（表 5-3-2）

表 5-3-2 老年编织活动按工具难度分类

类型	适用人群	工具示例	具体功能
简易工具类	手部功能中度退化者	粗毛线（直径≥ 1 cm）、塑料定位板	维持基础抓握与双手协调
辅助器械类	关节活动受限者	防滑钩针（握柄直径≥ 3 cm）、编织架（带卡槽）	代偿精细动作，降低操作难度

2. 按活动目标分类（表 5-3-3）

表 5-3-3 老年编织活动按活动目标分类

类型	活动形式	成果示例	具体功能
功能康复类	每天 15 分钟绕线球训练	均匀线球（直径误差≤ 2 cm）	提升手部稳定性与力量
社交互动类	小组拼贴挂毯（1 m×1 m）	集体创作的主题编织画	促进分工协作与语言交流
情感疗愈类	制作家庭纪念挂饰	绣有家人照片的毛线相框	强化代际联结与情感寄托

（二）老年编织活动的功能

1. 认知功能

（1）手眼协调：通过编织活动，老年人可以锻炼手眼协调能力，提升精细动作技能。

（2）记忆力：学习和记忆不同的编织针法和图案，有助于保持和提升记忆力。

（3）注意力：专注于编织过程，有助于提高注意力和集中力。

2. 情感功能

（1）成就感：通过完成编织作品，老年人可以获得成就感和满足感，提升自信心。

（2）情感表达：通过编织作品表达情感和创意，有助于情感宣泄和心理放松。

（3）幸福感：参与集体活动和完成作品带来的成就感，有助于提升老年人的整体幸福感。

3. 社交功能

（1）互动交流：通过集体编织活动，老年人可以与他人交流经验、分享作品，增强社交互动。

（2）减少孤独感：参与社区活动和集体创作，有助于减少老年人的孤独感和社交隔离。

（3）社区融入：通过参与社区组织的编织活动，老年人可以更好地融入社区，增强社会联系。

4. 康复功能

（1）手部康复：对于手部关节不适或康复期的老年人，编织活动可以帮助进行手部康复训练，提升康复效果。其中，针对关节灵活性，连续编织 30 分钟可使掌指关节活动范围增加 12°~15° 。每周 3 次编织训练，8 周后握力提升 8.5%，九孔柱测试耗时减少 22%。

（2）心理康复：通过编织活动，老年人可以放松心情，减轻压力，促进心理健康。

三、老年编织活动的作用

（一）有利于老年人身心健康

编织活动需要精细的手部动作，有助于保持和提升手部灵活性，预防手部关节僵硬。学习和记忆不同的编织针法和图案，有助于保持大脑活跃，预防认知衰退和老年痴呆。

专注于编织过程可以帮助老年人放松心情，减轻日常生活中的压力和焦虑。通过手工制作，老年人可以表达情感，调节情绪，提升心理健康水平。

（二）增强老年人生活情感交流

在集体编织活动中，老年人可以分享自己的生活经验和编织技巧，增强彼此之间的情感联系。通过与他人交流，老年人可以获得情感支持，减少孤独感和抑郁情绪。

通过完成编织作品，老年人可以获得成就感和满足感，提升自信心和自我价值感。定期组织作品展示活动，老年人可以展示自己的创作成果，获得他人的认可和赞赏。

（三）促进老年人社交能力

通过参与集体编织活动，老年人可以与他人互动，增强社交网络，减少社交隔离。参与社区组织的编织活动，老年人可以更好地融入社区，增强社会归属感。

将老年人的编织作品进行义卖，所得款项用于慈善事业，增强他们的社会参与感和价值感。通过编织活动，老年人可以传承和弘扬传统手工艺技艺，为社会文化作出贡献。

（四）促进代际交流与文化发展

通过编织活动，老年人可以与年轻一代分享经验和技艺，促进代际交流和理解。由此可以将传统手工艺文化传播给年轻一代，促进文化传承和发展。

四、老年编织活动策划

（一）活动目的确定的主要流程及要求

1. 确认老年人的编织兴趣及能力

（1）兴趣评估：通过问卷调查、访谈或观察，了解老年人对编织的兴趣程度及偏好（如钩针、棒针、手工结等）。

（2）能力评估：评估老年人的编织基础能力，包括手部灵活性、工具使用熟练度、耐心程度等。

（3）目标：根据兴趣和能力，确定活动重点方向（如技能教学、创意设计或实用物品制作）。

2. 了解老年人的基本情况

（1）方法：通过家属沟通或健康档案，掌握老年人的身体条件（如视力、手部关节状况）、性格特点、生活经历等。

（2）目标：设计符合其身体承受能力与兴趣的编织活动，避免因工具使用困难或项目复杂度过高导致挫败感。

3. 确定活动主要目标

（1）个性化目标：初学者学会基础针法（如平针、锁针），完成小型作品（杯垫、围巾）。进阶者挑战复杂花样（如镂空花纹、立体编织）或制作功能性物品（手提袋、毛线玩偶）。

（2）疗愈目标：通过重复性动作缓解焦虑，通过完成作品增强成就感。

4. 动态调整与完善目标

建立反馈机制，定期收集老年人的进度反馈与情绪体验，调整编织难度或更换主题。

（二）活动内容设计要求

1. 内容难度分层化

要求：零基础从简（如绕线、基础针法练习），有经验者可尝试创意设计。

初级：毛线杯垫编织（短时间、低复杂度）。

中级：钩针花朵装饰（中等难度花样）。

高级：拼色围巾或编织挂毯（需色彩搭配与持续专注）。

2. 内容贴近生活需求

（1）实用导向：设计可日常使用的作品（如保暖手套、坐垫），增强参与动力。

（2）情感联结：鼓励编织礼物（如孙辈的小帽子、节日装饰），融入情感表达。

3. 趣味性与互动性结合

合作任务：多人协作完成大型作品（如集体编织毯、社区装饰墙），促进社交互动。

主题竞赛：设置“最美针法”“创意配色”等趣味评选，激发参与热情。

（三）活动时间安排要求

1. 单次时长控制

（1）建议时长：60 ~ 90 分钟，每 20 分钟穿插休息或交流环节，避免久坐疲劳。

（2）调整机制：根据老年人手部疲劳程度缩短编织时间，增加分享环节。

2. 时间段选择

推荐时间段为 9：30—11：00（精力充沛时间段）或 14：30—16：30（避免午睡后倦怠期）。

（四）活动物品使用要求

1. 工具与材料选择

（1）基础工具：钩针、棒针（粗柄设计，便于握持）、毛线（优先选择粗线、柔软无刺激材质，避免细线增加操作难度）。

（2）辅助工具：剪刀（圆头安全款）、记号扣、测量尺。

（3）安全要求：工具边缘需圆滑，毛线避免易掉屑材质。

2. 材料多样性

提供多色毛线、混纺线、装饰配件（纽扣、绒球），满足个性化创作需求。

（五）工作人员要求

1. 人员配置

（1）配比：每 5 ~ 8 位老年人配备 2 名工作人员（1 人主讲指导，1 人协助）。

（2）分工：主讲者示范针法，协助者帮助纠正动作、分发材料。

2. 专业能力

（1）技能要求：熟练掌握基础编织技法，能清晰分解步骤并耐心示范。

（2）应变能力：针对手部不便者提供替代方案，如使用编织器辅助。

（六）活动流程的主要内容

1. 活动前期的准备工作内容

（1）需求调研：通过问卷或访谈确定参与者的编织经验与兴趣方向。

（2）物资采购：按人数准备毛线、工具包，检查工具的安全性。

（3）场地布置：确保座椅舒适、照明充足，桌面预留工具摆放空间。

2. 活动过程的主要环节

（1）开场导入（10 分钟）：工作人员介绍编织主题（如“冬日暖心围巾”），展示成品，激发兴趣；讲解安全注意事项（如工具使用规范）。

（2）编织教学（40 分钟）：分步演示针法（如起针、平针），一对一指导纠正手法；鼓励互助交流（如熟练者帮助初学者）。

（3）创意拓展（20 分钟）：自由设计环节，添加流苏、刺绣图案等个性化装饰。

（4）作品展示与分享（20 分钟）：轮流展示作品并讲述设计灵感（如“为孙女织的小背包”）；集体合影留念，增强仪式感。

3. 活动后期的主要工作内容

（1）清理与收纳：回收可重复使用的工具，整理剩余材料。

（2）效果评估：记录参与者的满意度与改进建议（如“希望学习更多花样”）。

五、老年编织活动组织与实施

（一）老年编织活动组织的基本要求

1. 尊重老年人个人意愿

在组织编织活动时，应充分尊重老年人的个人意愿。可以向老年人介绍活动的内容、步骤及编织的乐趣和益处，询问他们是否愿意参与。切勿强迫老年人参加不感兴趣的活动，确保他们的选择自由。

2. 关注活动过程而非结果

编织活动的重点应放在老年人参与的过程和体验上，而非最终的作品质量。不要为老年人设定过高的目标或要求他们完成复杂的编织任务。相反，应鼓励他们享受编织的乐趣，放松心情，感受手工创作的成就感。

3. 活动地点相对固定且舒适

由于老年人对环境有较强的依赖性，编织活动应安排在老年人熟悉的场所，如社区活动中心或养老院的固定活动室。确保环境安静、光线充足、座椅舒适，让老年人感到安全和放松，从而更好地投入活动。

4. 确保活动安全

编织活动涉及使用针、线等工具，因此安全是首要考虑因素。活动前应检查工具的安全性，避免使用尖锐或易损坏的物品。同时，安排工作人员在场协助，防止老年人因操作不当而受伤。活动时间不宜过长，避免老年人过度疲劳。

（二）老年编织活动的带领技巧

1. 有效沟通与耐心指导

由于部分老年人可能存在理解能力或动手能力下降的情况，工作人员在讲解编织步骤时应语速缓慢、语言简洁，并结合实物演示。每次只传达一个简单的步骤，确保老年人能够理解并跟上节奏。对于有困难的老年人，应给予一对一指导，耐心帮助他们完成每一步。

2. 多用鼓励性语言

在编织过程中，无论老年人的作品完成度如何，都应给予积极的反馈和鼓励。例如，“您织得真整齐！”“这个颜色搭配得很好！”通过赞美和肯定，激发老年人的成就感和参与热情，帮助他们建立自信心。

3. 关注老年人的状态

在活动过程中，工作人员应时刻关注老年人的身体和情绪状态。如果发现老年人出现疲劳、焦虑或注意力不集中，应及时询问是否需要休息，或提供适当的帮助。对于动作较慢的老年人，应给予更多时间和支持，避免让他们感到压力。

4. 适应老年人的节奏

老年人的动手能力和记忆力可能有所下降，因此在带领编织活动时，应尊重他们的节奏。对于复杂的编织步骤，可以多次重复演示，并用简单易懂的语言进行讲解。避免催促或强迫老年人加快速度，让他们在轻松的氛围中逐步完成作品。

5. 鼓励老年人表达想法

在编织过程中，可以鼓励老年人分享自己的创作思路或回忆与编织相关的故事。即使他们的表达不够清晰或逻辑混乱，也应耐心倾听并给予积极回应。例如，“您说的这个图案真有趣，能再详细讲讲吗？”通过互动，增强老年人的参与感和归属感。

（三）老年编织活动的安全管控

1. 环境安全管控

活动场地应保持整洁，地面干燥防滑，避免因地面湿滑或杂物导致老年人跌倒；桌椅应稳固无尖锐棱角，避免使用折叠椅或带轮子的椅子，防止老年人因座椅不稳而受伤；确保场地光线充足，避免因光线不足影响老年人的视力，导致操作失误。

2. 工具与材料安全管控

选择适合老年人使用的编织工具，如粗针、软线等，避免使用尖锐或细小的工具，防止误伤或误吞。提供的编织材料应无毒、无害，避免使用易碎或易脱落的物品，确保老年人的安全。对于有视力障碍或手部协调能力较差的老年人，可以提供辅助工具，如放大镜或防滑垫，帮助他们更好地完成编织。

3. 行为安全管控

活动前了解每位老年人的身体状况和动手能力，对于有特殊需求的老年人，应提前做好准备并提供个性化支持。在活动过程中，工作人员应随时观察老年人的操作情况，防止因工具使用不当或注意力不集中导致意外。对于可能出现情绪波动的老年人，应提前与家属或护理人员沟通，确保在活动中能够及时应对。

六、核心工具适老化改良标准

老年编织活动核心工具适老化改良标准见表 5-3-4。

表 5-3-4　老年编织活动核心工具适老化改良标准

工具	改良设计	适用人群
钩针	硅胶握柄（直径≥ 3 cm，防滑纹路）	手部震颤或握力不足者
毛线	直径≥ 1 cm，表面磨砂处理	低视力或触觉退化者
剪刀	儿童安全圆头剪刀（弹簧助力开合）	手部灵活性较差者

活动举例

一、活动参与对象评估

老年编织活动参与对象评估见表 5-3-5。

表 5-3-5　老年编织活动参与对象评估

姓名	性别	年龄	健康状况			认知功能			心理状态	
			身体能力	感觉能力	慢性疾病	记忆力	注意力与专注力	执行力	情绪稳定性	社交能力
唐爷爷	男	79	良	优	有	良	良	优	良	良
张爷爷	男	78	良	良	无	良	良	优	良	良
王爷爷	男	78	良	差	无	良	良	优	良	良
李奶奶	女	80	良	差	有	良	差	良	良	良
杨奶奶	女	77	良	良	无	优	良	良	良	优
韩爷爷	男	79	差	良	无	良	良	良	良	良
陈爷爷	男	83	良	差	有	良	差	良	良	良
王奶奶	女	80	优	良	无	良	良	良	良	优
孙奶奶	女	79	良	良	有	差	差	良	良	良
郑爷爷	男	82	良	差	无	良	良	良	良	良

二、活动策划方案

根据唐爷爷等几位老年人的身体状况及专业特长等情况，结合评估结果，重点围绕社交需求、价值实现等目标，为其策划如下编织活动方案。

“巧手乐织”活动方案

活动背景

老年人的手部功能减退、情绪低落等问题日益突出，编织活动通过手部精细动作训练，能有效改善关节灵活性、重建自信心，并促进社交互动。

唐爷爷退休前为机械厂技术员，年轻时擅长手工修理。3 年前因中风导致右侧肢体活动受限，经康复后仍存在手部精细动作困难。但是，唐爷爷对编织类物品（如藤椅、竹篮）表现出兴趣。只是，常因手部功能退化产生挫败感，不愿意参与集体活动。

活动目的

1. 功能改善。通过基础编织训练提升手部协调性与握力。

2. 情绪调节。利用创意作品制作激发成就感，降低消极情绪。

3. 社交促进。建立“编织互助小组”，形成每周固定活动兴趣组机制。

活动内容

1. 基础技能训练

（1）绕线球训练：

①材料：泡棉条（直径 5 cm，防滑纹路）、彩色粗毛线（直径 1 cm）。

②操作：康复师示范“握—绕—压”手法，配合步骤图解。老年人使用木质绕线器固定线头，5 分钟内完成 3 个均匀线球。

（2）绳结编织：

①单结练习：粗麻绳（直径 0.8 cm）+ 塑料定位板（带卡槽固定绳头）。

②平针杯垫：草编底垫（预穿孔设计）+ 钝头塑料钩针（防滑手柄）。

2. 创意作品制作

（1）杯垫：

①个性化设计：根据老年人视力状况提供颜色对比鲜明的毛线（如黄黑渐变）。

②成果激励：每日最佳作品展示于“巧手荣誉墙”，鼓励家属参与投票。

（2）家庭联名挂饰：

①情感联结：提前收集家属手写祝福语，绣于挂饰边缘（使用布艺胶水固定）。

②安全配件：铃铛缝制固定、木珠孔径≥ 1.5 cm（防误吞）。

3. 协作项目

老年人合作完成拼贴挂毯（表 5-3-6）。

表 5-3-6　老年人合作拼贴挂毯任务分工

角色分工	任务	适配人群
图案设计师	选择布块颜色组合（色板模板）	色彩辨识能力较强者
拼贴操作员	涂抹环保胶水（定量出胶笔）	手部稳定性较好者
质量检查员	轻拉测试粘贴牢固度	精细动作保留者

活动时间及计划

1. 第一阶段：技能掌握期（第一、二周）（表 5-3-7）

表 5-3-7　老年编织活动第一阶段内容

时间	活动内容	活动目标	社交活动
周一、周三、周五	绕线球训练＋单结分解教学	手部握力提升（握力计测试）	组内互相纠正动作
周二、周四	平针杯垫实操＋成果展示会	独立完成率≥ 50%	作品互赠仪式

2. 第二阶段：巩固拓展期（第三至八周）（表 5-3-8）

表 5-3-8　老年编织活动第二阶段内容

周期	活动内容	重点任务	成果产出
单周	家庭联名挂饰制作	家属互动次数≥ 2 次 / 周	完成个人挂饰≥ 3 件
双周	拼贴挂毯协作（主题：四季花园）	组内任务协商≥ 3 次 / 场	完成 1 m×0.8 m 集体挂毯

周末可安排“家庭编织日”，邀请家属共同完成亲子挂件（如编织小动物）。

活动地点

养老机构手工活动室（配备防滑地板、环形工位、自然采光）。

参加人员

目标群体：以唐爷爷为代表的 10 位老年人（可以经握力测试、兴趣问卷筛选）。

工作人员：1 名康复师（动作指导）、2 名志愿者（情绪支持与安全监督）。

家庭参与：周末开放家属陪同。

活动流程

1. 活动前

（1）需求评估：通过功能评估与调查问卷筛选参与者。

（2）材料准备：检查工具安全性（如圆头钩针、预剪裁毛线），布置“个人工位＋协作角”。

2. 活动中

（1）第一、二周：每天开场播放轻音乐（如《茉莉花》），缓解紧张情绪。采用“示范—跟做—纠错”三步教学法，每 20 分钟穿插手指放松操。

（2）第三至八周：引入“老带新”机制，熟练学员担任小组长（颁发“巧手导师”徽章）。每月举办作品展，邀请其他楼层老年人参观投票。

3. 活动后

（1）数据记录：填写《编制活动进度表》与《情绪变化观察日志》。

（2）家庭反馈：通过家属微信群推送活动照片与成果清单。

物品使用及支出费用

老年编织活动物品使用及支出费用见表 5-3-9。

表 5-3-9 老年编织活动物品使用及支出费用

物品名称	数量	费用 / 元	备注
防滑粗毛线（每卷 200 g）	20 卷	600	高对比色设计，适配低视力
草编底垫（直径 15 cm）	20 片	200	预穿孔 + 边缘包边，防毛刺
环保布艺胶水（500 mL）	10 瓶	250	慢干型，瓶口流量控制
钝头塑料钩针（适老款）	15 支	180	握柄加粗 + 防滑硅胶套
合计		1 230	耗材按季度补充，复用率≥ 90%

安全管理

1. 工具管控

禁用尖锐工具，毛线预剪裁为 80 cm 长段（防缠绕）。胶水瓶采用按压式设计（单次出胶量≤ 2 mL）。

2. 行为监督

康复师每 15 分钟巡回检查手部姿势（如手腕弯曲＞ 30° 立即纠正）。设置“疲劳警示铃”，连续操作 20 分钟强制休息 5 分钟。

活动评价

1. 过程评价（表 5-3-10）

表 5-3-10 老年编织活动过程评价

指标	评价工具	达标标准
参与度	出勤记录表	出勤率≥ 80%
互动频率	小组协作对话记录	每人每场发言≥ 3 次

2. 效果评价（表 5-3-11）

表 5-3-11 老年编织活动效果评价

维度	测量方式	目标值
手部功能	九孔柱测试	操作耗时减少 15%
情绪状态	笑脸符号自评卡	积极情绪占比提升≥ 30%
社交活跃度	家属满意度调查	家庭互动频率增加≥ 50%

三、活动操作技能

以上述方案中“基础绳结编织”为例，展示活动操作技能（表 5-3-12）。

表 5-3-12　基础绳结编织活动操作技能

<table>
<tr><td>活动名称</td><td colspan="2">基础绳结编织活动</td></tr>
<tr><td>使用物品及数量</td><td colspan="2">粗麻绳 2 根（每根长约 1 m）、塑料定位板 1 个（带卡槽固定绳头）、钝头塑料钩针 1 支（带防滑手柄）、剪刀 1 把（圆头安全款）</td></tr>
<tr><td>场地要求</td><td colspan="2">环境安静、光线充足、适合手工艺活动的房间</td></tr>
<tr><td rowspan="4">具体操作过程</td><td>准备阶段
（5 分钟）</td><td>1. 将粗麻绳和塑料定位板放置在桌面上，确保老年人坐姿舒适，手部能够自由活动
2. 检查工具的安全性，确保没有尖锐边缘</td></tr>
<tr><td>导引阶段
（3 ～ 5 分钟）</td><td>1. 向老年人介绍今天的主题——“基础绳结编织活动”，展示一些绳结编织的范例，激发老年人的兴趣
2. 简要讲解绳结编织的基本步骤，如如何固定绳头、如何打单结</td></tr>
<tr><td>编织阶段
（30 ～ 40 分钟）</td><td>步骤 1：固定绳头
指导老年人将麻绳的一端固定在塑料定位板的卡槽中，确保绳头稳固
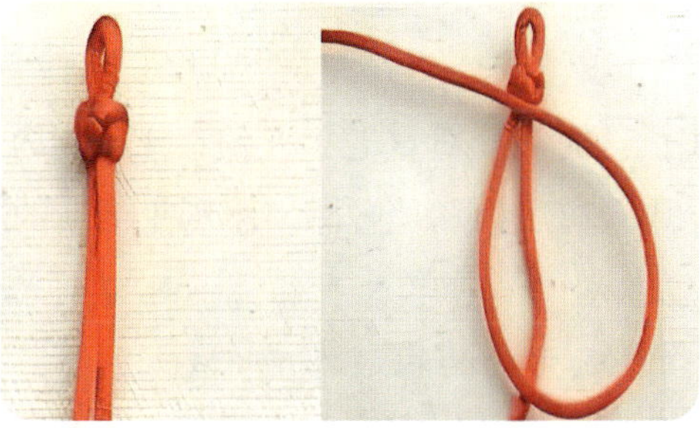
步骤 2：打单结
（1）用钝头塑料钩针引导麻绳穿过定位板的孔洞，示范如何打单结
（2）鼓励老年人跟随示范，逐步完成单结的编织
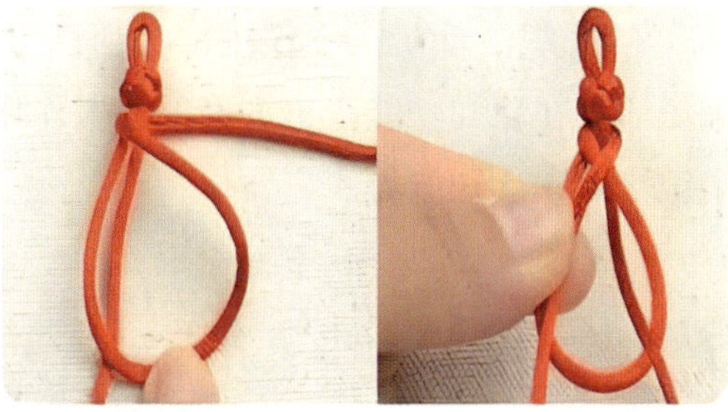
步骤 3：重复编织
（1）指导老年人重复打单结的动作，逐步完成一条简单的绳结编织作品
（2）提醒老年人注意绳结的松紧度，确保编织的均匀性
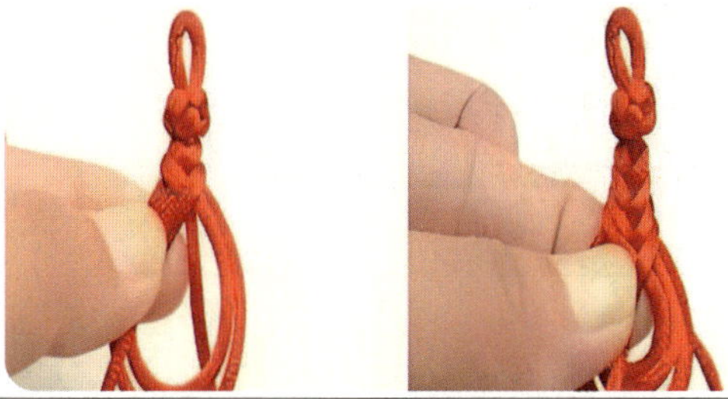</td></tr>
<tr><td>总结阶段
（2 ～ 5 分钟）</td><td>1. 对老年人的编织作品给予肯定，鼓励他们分享编织心得
2. 告知下次活动的时间和地点</td></tr>
</table>

续表

注意事项	1. 由于老年人的手部灵活性可能有所下降，确保工具易于握持，避免使用过于复杂的编织工具 2. 在编织过程中，随时关注老年人的手部动作，避免因长时间编织导致手部疲劳 3. 鼓励老年人自由发挥，不必拘泥于固定的编织模式，享受编织的乐趣

【练习题】

一、单项选择题（在每小题给出的四个选项中，只有一项是符合题目要求的，请将所选答案的字母填写在括号内）

1. 在组织老年编织活动时，以下哪个策略是不合理的？（　　）

A. 提供不同材质和难度的编织材料

B. 鼓励老年人自由发挥，设计独特的编织图案

C. 强制要求老年人完成特定难度的编织任务

D. 定期举办编织技巧分享会

答案：C

解析：在组织老年编织活动时，应尊重老年人的意愿和能力，避免强制要求他们完成特定难度的任务。这样容易造成老年人有压力和挫败感，不利于活动的顺利开展和老年人的积极参与。

2. 李奶奶在参加老年编织活动后，不仅手部灵活性得到了提高，而且记忆力也有所改善。这主要体现了老年编织活动在哪方面的积极作用？（　　）

A. 身体锻炼　　B. 社交能力提升

C. 认知功能改善　　D. 艺术创作享受

答案：C

解析：李奶奶在参加老年编织活动后，不仅手部灵活性得到了提高，而且记忆力也有所改善。这主要体现了老年编织活动在认知功能改善方面的积极作用。通过编织活动，老年人的大脑得到了锻炼，从而提升了记忆力和认知能力。

3. 肖奶奶在编织活动中能够独立完成一条围巾的编织，并尝试使用不同的颜色搭配，这主要锻炼了她的哪项能力？（　　）

A. 手部精细动作　　B. 创造力与审美能力

C. 社交互动能力　　D. 记忆力

答案：B

解析：肖奶奶能够独立完成围巾编织，并尝试使用不同的颜色搭配，这体现了她的创造力和审美能力。她不仅掌握了编织的基本技能，还能够根据自己的喜好和审美进行创作。

二、判断题（正确的请在答题括号中画√，错误的画 ×）

1. 编织活动对老年人的认知能力提升没有帮助。（　　）

答案：×

解析：编织活动需要老年人记住编织针法、图案规律等，能锻炼记忆力和思维能力，对认知能力提升有积极作用。

2. 老年编织活动只适合有一定编织基础的老年人参加。(　　)

答案：×

解析：老年编织活动不仅适合有一定编织基础的老年人参加，也适合对编织感兴趣但无基础的老年人。活动可以根据老年人的实际情况进行适当调整，以满足不同水平老年人的需求。

3. 老年编织活动对老年人的大脑有锻炼作用，但对手部灵活性的提升作用不大。(　　)

答案：×

解析：老年编织活动不仅对手部灵活性的提升有显著作用，而且对大脑也有很好的锻炼作用。通过编织活动，老年人的手指需要进行精细动作，这有助于提升他们的手部灵活性和协调性。同时，编织活动需要老年人集中注意力，思考编织图案和步骤，这种过程能够刺激大脑皮层的活动，增强老年人的认知功能。

三、论述题

●设计一个以“温暖的冬日”为主题的老年编织活动方案，包括活动目标、活动流程和注意事项。

1. 活动目标

通过“温暖的冬日”主题编织活动，锻炼老年人的手部精细动作和协调能力，激发创造力和想象力；促进老年人之间的交流与互动，增强社交联系；让老年人在编织过程中感受温暖，丰富精神文化生活。

2. 活动流程

（1）开场引入：展示一些冬日主题的编织成品图片，如冬日围巾、手套、帽子等，分享冬日里温暖的故事，引出活动主题，激发老年人的兴趣和创作热情。

（2）材料分发与技巧讲解：根据老年人的基础，分发不同粗细的毛线和合适的编织针，简单讲解基础编织针法，如平针、上下针等，以及如何起针、收针。

（3）自由创作：老年人根据自己的想法，运用所学针法编织冬日主题物品，如围巾、手套、暖手宝套等，创作时间为 60 ~ 90 分钟。其间，工作人员巡回指导，解答疑问。

（4）作品展示与分享：每位老年人展示自己的作品，分享创作思路和编织过程中的趣事，其他老年人可以给予评价和建议。

（5）活动总结：总结本次活动，感谢老年人的参与，鼓励他们继续参与编织活动，将编织的温暖延续下去。

3. 注意事项

（1）材料安全：确保毛线和编织针质量合格，无尖锐边角、无毒无害，避免老年人受伤或过敏。

（2）关注身体状况：活动过程中密切关注老年人的身体状况，如发现手部疲劳、关节疼痛等，及时提醒休息或提供帮助。

（3）引导交流：积极引导老年人之间的交流互动，营造轻松愉快的氛围，让活动不仅是编织创作，也是社交聚会。

●请举例说明编织活动对老年人心理健康方面的益处，并阐述如何进一步强化这些益处。

1. 益处举例

（1）缓解焦虑：编织过程需要专注，老年人在专注于编织动作和针法时，能暂时忘却生活中的烦恼和压力，从而缓解焦虑情绪。例如，当老年人因琐事感到焦虑时，投入编织中，能让他们的注意力从烦心事上转移，心情逐渐平静。

（2）增强自信心：完成一件编织作品，无论简单还是复杂，都能让老年人获得成就感，从而增强自信心。例如，老年人成功编织出一条围巾，会为自己的成果感到自豪，对自己的能力更有信心。

（3）减少孤独感：在集体编织活动中，老年人可以相互交流编织经验、分享生活故事，增进彼此之间的联系和感情，减少孤独感。如社区组织的编织小组活动，老年人在交流中感受到陪伴和温暖。

2. 强化措施

（1）定期组织分享会：定期举办编织作品分享会，让老年人有更多机会展示作品、分享心得，接受他人的肯定和鼓励，进一步增强成就感和自信心。

（2）个性化指导：根据每位老年人的特点和需求，提供个性化的编织指导，帮助他们更好地完成作品，避免因难度过高而产生挫败感，确保他们在编织过程中始终保持积极的心态。

（3）组织团队编织项目：开展团队编织项目，如共同编织一条大型毛毯捐赠给敬老院等，让老年人在合作中增强社交互动，提升团队归属感，进一步减少孤独感。

拓展阅读

1. 编织与脑科学

哈佛大学研究发现，编织时双侧前额叶皮层活跃度提升30%，这种“动态冥想”状态能有效缓解焦虑。复杂图案编织需要同时调动工作记忆（记住针法）、空间推理（预判结构）和数学思维（计算针数），相当于持续进行脑力训练。

2. 跨界融合活动

（1）编织＋园艺：用麻绳编织多肉植物吊篮。

（2）编织＋音乐：配合古典乐节奏设计编织纹样。

（3）编织＋科技：用导电毛线制作触摸感应编织画。

项目六
老年展示活动策划与组织

学习目标

素质目标

1. 培养关爱与尊重老年人的品质。
2. 强化团队协作及创新融合思维。
3. 培养传统文化与现代元素结合的创新设计思维。

知识目标

1. 了解老年人参与展示活动的偏好、一般要求。
2. 熟悉老年展示活动的分类、设计与策划要求。
3. 掌握老年展示活动的组织与实施要求。

能力目标

1. 能够独立完成老年展示活动方案的设计与执行。
2. 能够进行老年展示活动的资源整合和有效性评估。

知识导读

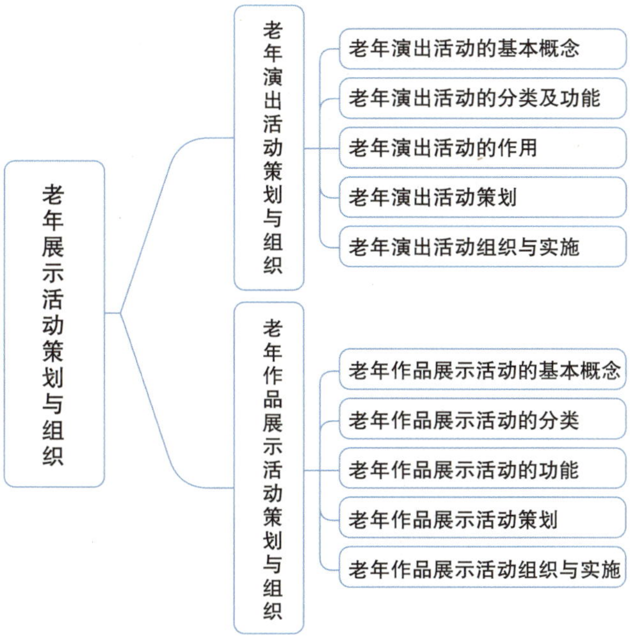

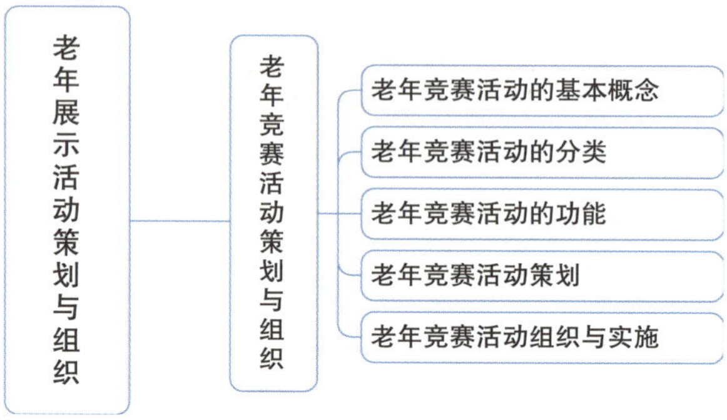

任务一　老年演出活动策划与组织

案例导入

夕阳红养老院是一家公办民营综合型养老机构，有 120 余位老年人在此生活。养老院有一支广场舞小队，10 余人每天饭后聚集于广场，组织练习广场舞，虽然大家都不是专业人员，但舞姿优美，动作协调一致，颇受好评。还有几位老年人喜好京剧，平日里咿咿呀呀也能哼唱几段。

张爷爷退休前是一名中学音乐老师，随着年龄的增长，张爷爷的身体功能逐渐衰退，腿脚不再灵便，日常出行变得困难，社交圈也越来越小，子女经过商议，将他送到了夕阳红养老院。入住养老院后，张爷爷虽有了基本生活照料，但内心依旧孤独，对生活缺乏热情，参与集体活动的积极性很低，而且十分想念自己的孙子，希望孙子能来陪伴自己。同时，在养老院的周边有一所小学和一个培训声乐表演的兴趣学习班。重阳节临近，夕阳红养老院准备在重阳节前组织一次重阳敬老歌舞会活动。

根据案例，请思考：

1. 如何让张爷爷发挥年轻时的音乐特长，改变其对生活缺乏热情、不积极参与集体活动的情况？

2. 如何策划实施此次重阳敬老歌舞会活动，老年人适合哪些表演？如何链接资源、策划与组织实施活动？

任务描述

1. 根据夕阳红养老院的情况和老年人的特点，并结合周边的资源，策划具有明确目标的老年演出活动方案。

2. 依据方案组织与实施活动，观察记录老年人的活动表现，根据实际情况调整活动内容。

3. 通过此次老年演出活动，组建兴趣小组，为常态化开展文化娱乐活动做准备。

相关知识

扫一扫

一、老年演出活动的基本概念

（一）老年演出活动的含义

老年演出活动是以老年群体为主体或目标受众，通过音乐、戏剧、舞蹈等艺术表演形式，旨在实现身心健康、缓解老年孤独、重建社会关系及彰显生命价值的一类活动。其核心特征包括适老性、治疗性、代际性和非竞争性。适老性强调活动应根据老年人的身心特点进行调整，确保活动强度与复杂度适中；治疗性则融合了音乐治疗、戏剧治疗等康复理念，通过艺术表演促进老年人的心理康复；代际性体现在活动中常包含跨代互动元素，如老少同台演出，有助于增进代际间的理解和沟通；非竞争性则弱化了专业评判标准，强调老年人的参与体验，让每位参与者都能在活动中找到属于自己的舞台。

社会支持网络在老年演出活动中扮演着重要的角色。通过参与活动，老年人能够扩大自己的社交圈，结识新朋友，从而获得更多的情绪支持、物质援助和服务。同时，老年演出活动也为老年人提供了一个展示自己才华和价值的平台，有助于提升他们的自信心和归属感。

综上所述，老年演出活动作为一种独特的综合性社会活动，在促进老年人身心健康、缓解老年孤独、重建社会关系及彰显生命价值等方面发挥着重要作用。通过加强社会支持网络建设、优化活动内容和形式等措施，可以进一步推动老年演出活动的发展，为老年人创造更加丰富多彩的精神文化生活。

（二）老年演出活动的目标人群细分（表 6-1-1）

表 6-1-1　老年演出活动的目标人群

群体类型	活动设计要点
健康活力老年人	侧重自我展示与创新表达
轻度认知障碍老年人	强化记忆激活与简单指令回应
失能失智老年人	注重感官刺激与情绪唤醒
独居空巢老年人	加强社交联结与角色重塑

二、老年演出活动的分类及功能

（一）按演出形式分类

1. 音乐类

包括合唱、器乐演奏、音乐情景剧等。主要功能在于调节老年人的情绪，激活语言功能。

2. 戏剧类

如生活剧、怀旧剧、即兴戏剧等。能够进行认知训练，助力老年人进行社会角色重构。

3. 舞蹈类

常见的广场舞、康复舞蹈、手势舞都在此列。有助于保持肢体协调能力与空间定位能力。

4. 综合类

如诗歌朗诵结合书画展示、服装秀等形式。可以促进多元智能开发，强化老年人的自我价值感。

（二）按参与方式分类

1. 观赏类

如养老院剧场演出，这种形式非常适合卧床老年人。

2. 互动类

通过击打节奏伴奏、接唱填空等活动，能够有效激活被动参与的老年人。

3. 创作类

鼓励老年人参与剧本编写、道具制作，从而实现深度赋能。

（三）按主题内容分类

1. 生命回顾类

通过情景再现人生重要阶段，如婚礼、工作场景等，帮助老年人回顾一生。

2. 节庆文化类

围绕传统节日开展主题演出，如重阳节联欢活动。

3. 代际融合类

与儿童或青少年合作演出，如祖孙音乐剧，促进代际间的交流与融合。

三、老年演出活动的作用

（一）身心健康维度

老年演出活动通过身心双重干预机制促进健康老龄化。生理层面，舞蹈类活动通过肢体协调训练延缓小脑萎缩，提升平衡能力，降低跌倒风险；合唱训练则通过规律呼吸调控改善肺功能，对慢性阻塞性肺疾病患者的肺活量提升效果尤为显著。心理层面，集体演出刺激内啡肽分泌，持续 72 小时的愉悦情绪有效降低抑郁风险，而剧本记忆等认知任务相当于每周 3 次脑力训练，通过情景再现与语言强化延缓认知衰退进程，形成身心协同的健康促进闭环。

（二）社会功能维度

演出活动重构了老年人的社会关系网络。其一，团队协作形成的“拟亲属关系”替代传统家庭纽带，通过固定排练与角色分工重建社交支持系统。其二，角色扮演突破年龄隔离，教师、医生等非老年身份的代入，使老年人摆脱“被照顾者”刻板印象，重塑社会价值。其三，代际共演模式显著提升被需要感，如儿童与老年人合作音乐剧时，双向互动既增强祖辈的情感满足，又促进青少年对老龄化议题的深度理解，形成跨代际的情感联结与认知共鸣。

（三）文化传承维度

演出活动成为传统文化活态传承的载体。一方面，通过戏曲表演中的师徒制传承，文艺技艺得以在代际间延续，如老艺人指导青年学员的唱腔身段，实现技艺与记忆的双重保存。另一方面，老歌联唱、年代情景剧等艺术形式，通过《东方红》《我的祖国》等时代金曲的集体演绎，触发群体记忆共鸣，在重构集体文化身份的同时，将艰苦奋斗、家国情怀等时代精神转化为可感知的艺术符号，形成“以艺承文，以情续脉”的文化传承新模式。

四、老年演出活动策划

（一）活动目的确定的主要流程及要求

1. 需求调研

通过问卷调查、现场访谈等方式，了解老年人对文艺演出的喜好与期望，如喜欢的歌曲、舞蹈、戏曲种类等，同时收集他们对活动时间、场地的意见。

2. 目标设定

依据调研结果，结合社区或机构丰富老年人精神文化生活、促进老年人社交互动等宗旨，确定本次演出活动的目标，如参与活动的老年人人数及获得的满意度评价占比。

3. 方案拟定

根据目标，制订详细的演出活动方案，包括活动主题、形式、节目安排、时间、地点等，提交给相关部门或领导审核。

4. 方案调整

根据审核意见，对方案进行优化完善，确保活动目的明确、可行。

（二）活动内容设计要求

1. 节目选择

（1）贴合老年人喜好：挑选老年人熟悉和喜爱的经典曲目，如革命歌曲《红梅赞》、民歌《茉莉花》、京剧选段《贵妃醉酒》等，以及一些具有地方特色的表演形式，如东北的二人转、江南的评弹等。

（2）形式多样：涵盖歌唱、舞蹈、戏曲、朗诵、小品等多种艺术形式，满足不同老年人的审美需求。例如，安排民族舞、交谊舞、广场舞等不同类型的舞蹈节目，既有欣赏性，又有参与性。

（3）适中时长：单个节目时长控制在 5 ~ 10 分钟，整场演出时长不超过 90 分钟，避免老年人长时间观看产生疲劳。

2. 设计互动环节

（1）简单易参与：设计如猜谜语、歌曲接龙等简单的互动游戏，让老年人能够轻松参与其中，增强他们的参与感和成就感。

（2）融入节目主题：互动环节的内容与演出节目相关联，如在戏曲节目后开展戏曲知识问答，加深老年人对戏曲的了解和兴趣。

（3）鼓励社交：通过互动环节促进老年人之间的交流与合作，如分组竞赛等形式，帮助他们结交新朋友，拓展社交圈。

（三）活动时间安排要求

1. 演出时间

（1）考虑老年人作息：选择在老年人精神状态较好、身体较为舒适的时间段，如 9：00—11：00 或 15：00—17：00，避免过早或过晚影响老年人的正常休息和用餐。

（2）避开特殊时期：不在节假日高峰、极端天气时举办活动，确保老年人能够安全、便捷地到达活动现场。同时，要考虑周边环境的噪音情况，避免在嘈杂的环境中进行演出。

2. 准备时间

（1）提前规划：提前开始筹备活动，包括节目排练、物资采购、场地布置等，确保各项准备工作充分有序。

（2）合理安排进度：制订详细的时间表，明确每个阶段的任务和责任人，按照计划有序推进，避免临近活动才开始匆忙准备，影响活动质量。

（四）活动物品使用要求

1. 舞台设备

（1）音响灯光：音响设备的音量要适中、音质清晰，避免声音过大对老年人听力造成损伤。灯光效果要柔和、明亮，确保舞台各个区域都能被照亮，方便老年人观看表演。

（2）舞台道具：根据节目需求准备简洁实用的舞台道具，如桌椅、扇子、灯笼等，道具的使用要安全可靠，避免出现尖锐边角或易碎部件伤害到老年人。

2. 观众用品

（1）座椅：提供足够数量的舒适座椅，座椅的高度和间距要合适，方便老年人进出和就座。对于行动不便的老年人，可设置专门的无障碍通道和轮椅专区，并配备必要的辅助设施。

（2）宣传资料：准备活动节目单、健康小贴士等宣传资料，字体要大且清晰，内容简洁明了，方便老年人阅读和了解活动信息。

（五）工作人员要求

1. 专业素养

（1）组织协调能力：活动负责人和工作人员要具备良好的组织协调能力，能够高效地安排节目排练、场地布置、人员接待等工作，确保活动顺利进行。

（2）专业知识：了解老年人的心理特点和生理需求，掌握一定的文艺表演知识和活动策划技巧，能够为老年人提供优质的文化服务。

2. 服务态度

（1）热情耐心：工作人员要以热情友好的态度对待每位老年人，耐心解答他们的问题，帮助他们解决遇到的困难，让老年人感受到温暖和关怀。

（2）尊重礼貌：尊重老年人的意愿和选择，使用礼貌用语，避免使用生硬或不恰当的语言，为老年人营造一个和谐、愉快的活动氛围。

3. 应急处理能力

（1）预案制订：工作人员要预先制订应急预案，针对可能出现的突发情况，如老年人突发疾病、设备故障等，明确应急处理流程和责任分工。

（2）快速响应：在突发情况发生时能够迅速做出反应，采取有效的措施进行处理，确保老年人的安全和健康不受影响。

（六）活动流程的主要内容

1. 前期筹备阶段

（1）需求调研与目标定位：通过问卷调查或日常走访交谈了解老年群体的文艺偏好、身体条件及参与意愿，明确活动的核心目标，兼顾娱乐性、互动性和安全性。

（2）主题创意与方案设计：确定特色主题（如“银龄芳华”“岁月如歌”等），可结合时事、热点、节庆日、纪念日等设计主题。应设计统一视觉标识。设计活动方案，规划活动时长和节目单元。制订应急预案，包含医疗救助、设备故障处理方案。

（3）节目策划与内容：节目类型可以是传统戏曲、红歌联唱、民族舞蹈、诗朗诵、小品曲艺等老年人喜闻乐见的形式。创新设计代际互动环节，如亲子合唱、青老年才艺对话。设置观众互动游戏（击鼓传花、知识问答等），预留即兴表演空间。

（4）预算编制：涵盖场地租赁、道具服装、舞台设备、奖品、志愿者补贴等费用，需根据实际情况，编制好预算。

2. 资源整合阶段

（1）团队组建：成立导演组、后勤组、保障组、宣传组等团队成员，也可招募适当老年人参与组织工作。招募老年文艺骨干，链接周边资源，招募志愿者、专业艺术指导老师。

（2）场地技术保障：选择社区广场或老年活动中心等便利场地，场所要有一定适老化改造。如需要搭建舞台，则应注意防滑措施和配置无障碍通道。准备适老化音响设备和灯光设备，演出现场不宜为保障节目质量而设计过暗灯光，防止参演老年人跌倒，同时应设置醒目提示标识。

3. 执行管理阶段

（1）流程控制：提前 2 小时进行场地安全检查与设备调试，安排候场休息区，提供温水及应急药品，组织保障组保持应急。设置弹性时间缓冲带。

（2）适老化安全保障：实行分区管理，配置专人引导；安排保障组医护人员全程值守；观众席应加宽过道，设置无座椅区，方便乘坐轮椅的老年人观看节目。

（3）演出控制：要保障演出节目的政治导向正确，语言类节目、诗朗诵节目应提前审稿。演出节目要方便老年人理解，可以加入字幕屏。

4. 演出阶段物资准备

（1）场地布置物资：舞台搭建材料（如舞台板、支架）、背景幕布、舞台装饰物品（鲜花、彩带等符合主题的装饰）、遮阳或避雨设施（视天气和场地情况而定）。

（2）节目道具物资：根据不同节目需求准备相应道具，如戏曲节目中的戏服、乐器；舞蹈节目中的扇子、手绢；小品节目中的场景道具等。同时准备充足的麦克风及备用电池，确保声音清晰。

（3）医疗急救物资：急救箱，内装常用药品（如感冒药、退热药、降压药、止痛药等）、消毒用品（乙醇棉球、棉签等）、急救器械（绷带、创可贴、血压计、血糖仪等）。

（4）其他物资：饮用水（为参演人员和观众准备充足温水）、一次性水杯、奖品（用于互动游戏和优秀节目奖励）、节目单（方便观众了解节目流程）。

5. 演出阶段步骤

（1）开场前 2 小时：全面调试音响、灯光等设备，确保设备正常运行；组织演员进行最后一次彩排，熟悉舞台和流程。

（2）开场前 1 小时：安排演员在候场休息区休息，提供温水，随时关注演员的身体状况；引导观众有序入场就座，发放节目单；保障组人员准备应对突发情况。

（3）开场环节：主持人上台，介绍活动的主题、目的、到场嘉宾等信息，欢迎观众和演员；进行简短的开场表演，营造热烈氛围。

（4）节目演出环节：按照节目单顺序依次进行节目表演，每个节目之间主持人做好串场衔接；在节目表演过程中，后台工作人员负责道具更换、演员调度等工作；保障组密切关注现场情况，特别是观众和演员的安全与健康状况。

（5）互动环节：在演出过程中适时插入观众互动游戏，如击鼓传花、知识问答等，组织观众参与，发放奖品；预留即兴表演空间，鼓励有意愿的观众上台表演。

（6）结尾环节：所有节目表演结束后，主持人上台总结活动，感谢观众、演员、工作人员等；安排全体演员上台谢幕，合影留念；播放结束音乐，引导观众有序退场。

6. 后期延伸阶段

（1）效果评估：收集参与者、观众的满意度反馈，制作活动纪录片发放留念，整理活动数据，建立老年文艺人才库。

（2）可持续文艺团队运营：组建常态化老年艺术团，策划季度性主题会演，对接社会资源，拓展展示平台。

（七）老年演出活动后的效果评估

1. 多维评估指标设计

围绕参与度、满意度、健康影响及社会效益四大维度构建量化评估体系，涵盖实际参与人数、自愿表演占比、1 ~ 5 分量表问卷评分（节目编排及后勤服务）、活动前后情绪与体能观测数据、媒体报道量及家属正向反馈率等核心指标，确保评估结果兼具客观性与人文关怀。

2. 多源数据采集方案

采用适老型数据收集工具。设计大字版纸质问卷（封闭式 + 开放式问题，≤ 10 题）；组织 5 ~ 8 人焦点访谈，挖掘情感需求；通过非语言行为观察表记录互动频率与情绪状态；同步统计出勤率、应急事件响应时效等客观数据，依托分析工具完成交叉验证。

3. 闭环改进与长效跟踪机制

建立“复盘—公示—追踪”三级反馈机制。通过内部复盘会定位短板并生成改进清单，利用社区公告及家属群可视化呈现成果案例（如首演视频、满意度提升曲线），结合 3 个月后回访跟踪持续性效益（如自主文艺团体孵化），实现活动优化与老年群体价值赋能的双重目标。

五、老年演出活动组织与实施

（一）老年演出活动组织的基本要求

1. 尊重老年人个人意愿

在组织老年演出活动时，无论是前期节目策划、节目内容选择，还是现场互动环节的安排，都务必充分尊重老年人的个人参与意愿。详细地向老年人介绍活动流程，包括节目排练时间、正式演出安排，以及活动能带来的社交、娱乐等方面的积极影响，耐心询问他们是否愿意参与。切不可强迫老年人参与他们不感兴趣的演出节目或活动环节，确保他们是基于自身意愿和兴趣投身其中。

2. 不被目标所困扰，关注活动过程和活动效果

不要刻板地为老年演出活动设定严苛目标，如规定必须达到某种表演水准或要求老年人在短时间内熟练掌握复杂节目内容。这种硬性要求会给老年人带来沉重的心理压力和负担，引发他们的抵触情绪。应当把重点放在活动过程中的体验和最终呈现的整体效果上，让老年人在轻松愉快的氛围中享受排练和演出的过程，尽情展现自我，收获乐趣与成就感。

3. 活动地点适宜

考虑到部分老年人可能存在认知障碍或对环境变化较为敏感，活动地点应优先选择在老年人熟悉的场所，如社区老年活动中心、经常排练的室内场地等。熟悉的环境能让老年人产生安全感，消除陌生感和潜在的恐惧心理，从而全身心地投入演出准备和正式表演中。若因特殊情况需更换场地，应提前带老年人熟悉新环境，做好充分的引导和安抚工作。

4. 确保安全

安全是组织老年演出活动的重中之重。在活动筹备阶段，要合理规划演出时间，避免排练和演出时长过长导致老年人过度疲劳。在场地选择上，要确保场地设施安全，舞台搭建稳固，地面防滑，配备无障碍通道。准备必要的急救设备，如担架、急救箱，箱内配备常用药品，如降压药、心脏病急救药、跌打损伤药等。活动现场安排专业医护人员随时待命，以便在紧急情况下能够迅速、有效地进行处理，全方位保障老年人的人身安全。

（二）老年演出活动的组织原则

1. 梯度参与原则

设置“观赏—互动—主导”渐进式参与层级。其中，观赏层面是最初级的参与形式，为那些不太主动或行动不便的老年人提供体验活动的机会。在演出中设置舒适的观赏区域，配备合适的座椅，确保他们能够清晰地看到舞台上的表演。例如，对于戏曲演出，安排前排就座，并提供节目单和简单的解说，让他们能轻松理解剧情，享受艺术之美。互动层面是鼓励老年人在一定程度上参与到活动中来。可以在节目中设计一些简单的互动环节，如演员下场与观众握手、邀请观众上台参与简单的舞蹈动作或合唱等。在一场老年文艺演出中，安排一段交谊舞表演后，邀请台下的老年人上台，在演员的带领下尝试简单的舞步，增强他们的参与感。主导层面是对于有才艺且积极主动的老年人，给予他们展示自我的机会，让他们成为演出的主角之一。可以提前选拔老年表演者，参与到节目的策划和表演中，如邀请老年合唱团进行开场表演，或者让有书法、绘画特长的老年人在现场展示才艺，并讲解创作思路，使他们从活动的旁观者转变为创造者。

不同老年人因身体状况、性格特点等因素，对活动的参与意愿和能力各不相同。梯度参与原则能够最大限度地包容各种需求的老年人，让每个参与者都能找到适合自己的参与方式，确保活动的普遍性和包容性。从观赏到互动再到主导，逐步深入的参与过程能够让老年人更加投入活动，增强他们对活动的认同感和归属感。每一次成功的参与体验，无论是简单的互动还是主导表演，都能提升老年人的自信心，促进他们的心理健康和社交意愿。

2. 多感官刺激原则

多感官刺激原则是指融合听觉（音乐）、触觉（道具）、视觉（灯光）刺激的方式。

听觉刺激方面，精心挑选适合老年人的音乐曲目，包括经典的老歌、民族音乐、古典音乐

等。在演出过程中，注重音乐的音质和音量控制，确保声音清晰、柔和，既能让老年人享受音乐之美，又不会对他们的听力造成损伤。例如，在一场怀旧主题的演出中，播放《茉莉花》《让我们荡起双桨》等经典曲目，引发老年人的情感共鸣。

触觉刺激方面，准备一些具有质感的道具，让老年人在参与互动或观赏时能够通过触摸感受。例如，在手工制作环节，提供柔软的毛线、光滑的珠子、质地不同的纸张等材料，让老年人在编织、串珠、折纸等活动中感受触觉的变化。在展示传统文化道具时，如京剧的脸谱、古装的布料等，让老年人触摸这些道具，能更直观地了解其材质和特点。

视觉刺激方面，运用多样化的灯光效果和色彩丰富的舞台布置来吸引老年人的目光。根据不同的节目内容，设计相应的灯光场景，如在欢快的舞蹈节目中，使用明亮多彩的闪烁灯光；在温馨的朗诵环节，采用柔和的暖色调灯光。同时，舞台上的演员服装、道具及背景画面都要注重色彩搭配和视觉效果，为老年人营造一个丰富多彩、充满活力的视觉世界。

通过多感官刺激原则，可以激发情感与回忆，熟悉的音乐、独特的触觉体验和精彩的视觉效果能够唤起老年人内心深处的情感和回忆。例如，一首老歌可能会让他们想起年轻时的美好时光，一件老物件的触摸可能会引发他们对过去生活的回忆，从而促进情感的宣泄和交流，丰富他们的精神世界。多感官的刺激有助于锻炼老年人的感知能力，提高他们对周围环境的敏感性。通过触摸不同质地的物品、聆听各种声音、欣赏多彩的灯光和画面，能够激发他们的感官细胞，延缓感官功能的衰退，使他们更好地感知世界。

3. 错误包容设计原则

错误包容设计原则是指允许忘词或走调并转化为即兴创作机会的理念。老年人由于记忆力减退、情绪紧张等因素，在表演过程中出现忘词或走调等情况是比较常见的现象。策划者和组织者应该以理解和包容的心态看待这些问题，而不是苛求完美的表演。例如，在一场老年合唱比赛中，当有老年人忘记歌词时，不要急于纠正或打断，而是鼓励他们用自己的方式继续演唱，如哼唱旋律或用简单的词语替代。将错误视为一种创意的起点，引导老年人将忘词或走调转化为即兴创作的机会。例如，在舞蹈表演中，如果老年人记错了动作顺序，可以鼓励他们根据音乐的节奏和自己的理解自由发挥创造出新的舞蹈动作。这样不仅能够缓解老年人的紧张情绪，还能为表演增添一份独特的魅力和活力。

错误包容设计对老年人心理有积极影响。知道在活动中即使出现错误也不会受到责备，老年人能够更加放松地参与其中，减轻因害怕犯错而产生的紧张焦虑情绪。这种轻松的心态有助于他们在活动中更好地发挥自己的水平，享受表演的过程。同时，错误包容设计为老年人提供了一个安全的空间，让他们敢于尝试新的表现形式，发挥自己的想象力和创造力。通过即兴创作，老年人能够更加自由地表达自己的情感和想法，展现个性，从而实现自我价值的提升，进一步增强他们在活动中的成就感和自信心。

活动举例

一、需求分析和资源分析

针对前述案例中的养老院，进行需求分析和资源分析。

（一）需求分析

老年人在满足基本的生存、安全需求之后，还具有以下需求。

1. 精神慰藉需求

张爷爷等居住在养老院的老年人随着年龄增长，身体功能衰退，社交圈缩小，内心孤独，渴望与子女、孙辈及外界互动，获得情感支持。

2. 自我价值实现需求

老年人虽非专业人士，但具备一定的才艺和经验，如张爷爷的音乐教学能力，希望有机会发挥特长，重建生活信心，养老院的广场舞队和京剧兴趣爱好小组都可以在演出活动中展现老年人良好的精神风貌，摆脱“被照顾者”刻板印象，重塑社会价值。

3. 娱乐活动需求

老年人普遍喜欢参与轻松愉快的娱乐活动，如广场舞、京剧等，以丰富日常生活。

4. 社交需求

老年人普遍还会有社交需求。人是一切社会关系的总和，社会性是人在社会中生存发展的根基，老年人在养老院中仍有认识新朋友、了解新事物及与亲朋交往的需求。

（二）资源分析

1. 人力资源

养老院一线照护工作人员、专业活动工作者、养老院志愿者、老年人自身及老年人家属等共同参与活动的组织和执行。

2. 物力资源

包括活动场地、音响设备、乐器、演出物资、纪念品、奖品等。

3. 合作资源

养老院周边的小学师生志愿者和声乐班的学生是重要合作资源，可为活动提供人力和艺术支持。

二、活动参与对象评估

养老院老年人的身体情况差异较大，需通过采访照护人员、与老年人深入交流、整理护理人员的评估信息等方式，初步判断老年人是否能参加演出活动。对准备参加活动的老年人，仍需进行详细评估，同时活动后的效果评估提供对照。主要包括以下方面。

（一）身体健康状况评估方法

1. 测量指标

血压、心率、血氧饱和度（静息状态及活动后对比）。

2. 体能测试

30 秒坐站测试（评估下肢力量）、6 分钟步行距离（心肺耐力）、握力测试（上肢功能）。

（二）心理精神状况评估方法

1. 量表评估

（1）抑郁焦虑筛查：主要包括简版老年抑郁量表（GDS-15），含“是否对未来感到希望”等 15 项是非题。

（2）焦虑自评量表：焦虑自评量表（(self-rating anxiety scale，SAS)）适用于文化程度较高者。

（3）认知功能评估：简易精神状况检查（MMSE）量表，测试定向力、记忆力等。

（4）社会联结感：使用 UCLA 孤独感量表（第三版），评估人际互动需求。

2. 访谈与观察法

询问“最近一周感到开心的事情”“是否愿意尝试新活动”等开放式问题。

（三）工具推荐

1. 便携设备

电子血压计、指夹式血氧仪、握力器。

2. 记录表

GDS-15、SAS、UCLA 孤独感量表等。

三、活动策划方案

“情暖重阳·乐享银龄”重阳节老年演出活动方案

活动目的

重阳节是中华民族的传统节日，是弘扬尊老敬老传统美德的重要节庆活动。为进一步向全社会传递尊老、敬老、爱老的积极信息，丰富老年人的精神文化生活，促进代际交流与融合，并增强社会责任感和使命感，夕阳红养老院计划在重阳节前后，组织开展一次重阳节文艺演出。

通过这一活动，我们将为老年人提供一个展示自我、欣赏艺术的平台，让他们感受到社会的关爱和温暖。同时，也借此机会引导更多人关注老年人的生活状况，支持养老事业的发展，共同营造和谐、温馨的社会氛围。

活动时间与地点

活动时间：2025 年 9 月 × 日（重阳节前后，周六或周日）14：30—16：30。

活动地点：夕阳红养老院多功能厅。

活动目标

1. 激发老年人的参与热情

通过设计多样化的节目和互动环节，吸引老年人积极参与，特别是像张爷爷等有特长的老年人，让他们在活动中发挥特长，重建生活信心。

2. 搭建代际互动与社区资源联动平台

联合小学和声乐班，组织代际合作游戏、儿童合唱等环节，增进老年人与家属、老年人与小学生之间的互动和了解，提升老年人的社会归属感。

3. 孵化常态化老年兴趣小组

活动后成立“银龄之声”合唱团、京剧社等兴趣小组，定期开展活动，促进文化娱乐活动可持续发展。

参加人员

上级政府部门领导、街道社区领导、养老院领导、养老院各部门工作人员、身体符合条件的老年人、老年人家属代表、活动工作者、志愿者、某小学文艺骨干代表、某声乐学校文艺志愿者、爱心企业代表等，预计 100 人左右。

活动筹备流程

1. 活动筹备启动（活动开始前 25 天）

确定重阳节文艺演出的基本构想，明确活动旨在弘扬尊老敬老的传统美德，丰富养老院老年人的精神文化生活。组织成立演出活动筹备组，召集相关人员召开筹备会议。在会议上，明确各成员的职责与分工，确保每个环节都有人负责，责任到人，为活动的顺利进行打下坚实基础。

2. 活动方案细化（活动开始前 20 天）

在基本构想的基础上，制订详细的活动方案。包括选择演出内容、确定形式、规划时间安排及选择地点等具体事项。同时，确定演出节目单，开始面向社区、学校、艺术团体等广泛征集或邀请演出团队和个人。明确演出要求，确保节目内容既符合重阳节主题，又能满足老年人的审美需求。

3. 资源联络与协调（活动开始前 10 天）

积极联络周边社区、学校、艺术团体等资源，邀请他们参与演出或提供技术支持。确定演出场地、设施需求及后勤保障事宜，确保活动能够在养老院顺利进行。同时，邀请爱心企业代表，争取资金支持，为活动的成功举办提供有力保障。

4. 宣传推广与邀请（活动开始前 7 天）

设计并制作具有吸引力的活动宣传海报、传单等宣传材料，提高活动的传播力和影响力。同时，向养老院老年人及家属、周边居民、志愿者等发出诚挚邀请，鼓励他们积极参与活动，共同庆祝重阳节。

5. 彩排与准备（活动开始前 3 天）

组织演出团队进行彩排，调整节目顺序，确保演出效果达到最佳。编写节目单、主持词。对音响、灯光、道具等设备进行全面检查，确保演出过程中不会出现技术问题。同时，安排后勤保障工作，如场地布置、安全保卫、医疗急救等，确保活动能够安全、有序地进行。

6. 活动当天安排（活动当天）

提前到达现场，进行最后的场地布置和设备调试，确保一切准备就绪。迎接观众入场，维持现场秩序，为老年人提供便捷的入场服务。按照节目单进行演出，适时与观众互动，营造欢乐、温馨的氛围。同时，密切关注老年人的身体状况，确保他们在活动中感到舒适和愉快。

活动流程

重阳节老年演出活动流程见表 6-1-2。

表 6-1-2　重阳节老年演出活动流程

时间	环节	内容详情	资源支持
14：00—14：30	场地布置与签到	布置活动现场，设置无障碍通道；老年人、小学生及家属签到入场	志愿者、活动工作人员
14：30—14：50	开场互动	小学生赠送手工贺卡给老年人，播放张爷爷孙子录制的祝福视频	小学生、家属、音响设备
14：50—15：00	活动介绍	主持人介绍活动的背景、目的及流程，强调安全注意事项	主持人、活动工作人员
15：00—15：20	老年才艺秀一	广场舞小队表演（张爷爷担任音乐顾问指导）	广场舞小队、声乐班指导
15：20—15：30	京剧清唱	邀请京剧爱好者表演选段清唱	京剧爱好者、音响设备
15：30—15：50	代际合作游戏	“祖孙搭档”游戏，增进代际互动	小学生、志愿者、游戏道具
15：50—16：00	儿童合唱＋伴奏	小学生与老年人合作表演《童年》，老年人提供乐器伴奏（如手摇铃）	小学生、声乐班学员、乐器设备
16：00—16：20	老年才艺秀二	张爷爷指挥合唱《茉莉花》，声乐班学员与老年人合作	张爷爷、声乐班学员、合唱队队员
16：20—16：30	闭幕仪式	全员合唱《夕阳红》，颁发“风采之星”证书给参与者	全体人员、证书、音响设备

组织实施

1. 组织执行要点

（1）安全保障：

①场地提前检查，确保无安全隐患。

②设置无障碍通道，方便轮椅出入。

③医护人员全程值守，准备急救包。

④志愿者负责现场秩序维护，确保人群不拥挤。

（2）情感激励：

①为张爷爷定制“特邀顾问”绶带，活动前佩戴。

②安排专人记录张爷爷及其他老年人的高光时刻，实时反馈给他们及家属。

③提前 1 个月开始节目排练，每周至少 1 次。活动前 1 周进行全场彩排，调整细节。

2. 观察与调整策略

（1）老年人参与度监测：排练时观察老年人的情绪状态，若焦虑则简化任务。现场若情绪低落，增加即兴互动环节，如邀请老年人点评儿童表演。

（2）节目灵活性：根据老年人的体力情况，适时调整节目形式，如将集体舞改为座位手势舞。冷场时启动备选方案，如怀旧金曲接龙、互动问答等。

人员分工

1. 活动工作人员

统筹协调整个活动，负责活动策划、资源链接、现场调度。

2. 声乐班老师

负责艺术指导，协助排练合唱、乐器伴奏等节目。

3. 小学教师

组织儿童节目，安排学生表演、制作贺卡、参与游戏等。

4. 志愿者

负责后勤与安全保障，包括场地布置、签到入场、秩序维护、饮水区管理等。

5. 医护人员

全程值守，准备急救包，处理突发医疗情况。

6. 摄影、摄像师

记录活动全程，为制作纪实相册提供素材。

活动效果评估

1. 评估方法

（1）问卷调查：活动结束后，向老年人、小学生及家属发放问卷，收集对活动的满意度、建议等。

（2）访谈：随机选取部分参与者进行深度访谈，了解他们的真实感受和收获。

（3）观察记录：根据活动现场的记录，评估老年人的参与度、情绪变化等。

2. 评估内容

（1）活动的组织是否顺畅，流程是否合理。

（2）节目的质量如何，是否受到参与者的喜爱。

（3）代际互动的效果如何，是否增进了彼此的了解和友谊。

（4）老年人是否通过活动重建了生活信心，提升了社会归属感。

3. 评估结果应用

（1）根据评估结果，总结活动经验，改进不足之处。

（2）将评估结果作为未来活动策划的参考依据。

活动后续

1. 常态化兴趣小组建设

（1）成立“银龄之声”合唱团（张爷爷任名誉团长）、京剧社等兴趣小组。

（2）声乐班定期派学员开展一对一教学，提升老年人的音乐技能。

（3）小学每月组织 1 次联合活动，增进代际互动。

2. 长效反馈机制

（1）建立“积分制”，参与活动可兑换理疗服务。

（2）通过微信群发布排练视频，家属点赞数兑换小礼品，增强家属的参与度。

3. 成果可视化与宣传

（1）制作活动纪实相册，重点呈现张爷爷等老年人的转变。

（2）向上级民政部门、街道、社区投稿宣传，吸引更多资源支持，形成“养老院–学校–兴趣班”公益联盟。

（3）利用社交媒体、社区公告板等渠道，广泛宣传活动的成果和意义。

【练习题】

一、单项选择题（在每小题给出的四个选项中，只有一项是符合题目要求的，请将所选答案的字母填写在括号内）

1. 老年演出活动的核心特征不包括以下哪一项？（　　）

A. 适老性　　　　B. 竞争性

C. 代际性　　　　D. 治疗性

答案：B

解析：老年演出活动的核心特征需围绕老年人的需求与目标展开，适老性（A 选项）为活动需适应老年人的生理和心理特点，如场地安全、节奏舒缓、内容易懂，确保参与舒适，是核心特征。竞争性（B 选项）指的是老年活动通常以参与、娱乐和社交为主，而非强调竞争或排名。竞争可能带来压力，与老年人追求放松和享受的目标不符，因此不属于核心特征。代际性（C 选项）是指鼓励老年人与不同年龄层互动（如家庭、社区），促进代际交流与社会联结，是常见设计，属于核心特征。治疗性（D 选项）是指通过艺术形式（如音乐、舞蹈）缓解心理压力、改善情绪或辅助康复，符合健康导向需求，属于核心特征。综上，竞争性（B 选项）不符合老年演出活动的核心特征，故答案为 B。

2. 在上述案例中，以下哪个选项是活动之后效果评估的主要内容？（　　）

A. 活动的组织是否顺畅，流程是否合理

B. 节目的质量如何，是否受到参与者的喜爱

C. 活动当天的天气状况是否适宜

D. 老年人是否通过活动重建了生活信心，提升了社会归属感

答案：D

解析：活动效果评估的核心在于衡量活动是否达到预期目标，尤其是对参与者产生的长期积极影响。A 选项（组织顺畅性）和 B 选项（节目质量）属于活动执行过程的评估，反映的是活动本身的操作水平，而非最终效果。C 选项（天气状况）是外部环境因素，与活动设计及目标无直接关联。D 选项（重建信心与归属感）直接指向活动的核心目标——通过参与提升老年人的心理和社会适应能力，是效果评估的关键内容。综上，答案为 D。

3. 在老年演出活动的策划与组织原则中，哪一项原则强调允许老年人在表演中出现小错误，并将其转化为即兴创作的机会？（　　）

A. 梯度参与原则　　B. 多感官刺激原则

C. 错误包容设计原则　　D. 尊重老年人个人意愿原则

答案：C

解析：老年活动策划原则需结合老年人的特点，强调包容性与灵活性。A 选项（梯度参与）指逐步增加参与难度，与“允许错误”无关。B 选项（多感官刺激）侧重通过多样化体验激发兴趣，未涉及错误处理。D 选项（尊重个人意愿）强调自主选择权，与包容错误无直接联系。C 选项（错误包容设计）明确允许老年人在表演中出现小失误，并将其转化为即兴创作的契机，既降低心理压力，又鼓励自然表达，符合题干描述。综上，答案为 C。

二、判断题（正确的请在答题括号中画√，错误的画 ×）

1. 社会关系重建仅指帮助老年人因身体功能衰退而造成的社交孤立问题。（　　）

答案：×

解析：社会关系重建的目标不仅局限于解决因身体功能衰退导致的社交孤立。老年人社交孤立的成因是多方面的，如退休后社会角色转变、子女独立后的家庭结构变化、心理压力或慢性疾病影响等。社会关系重建需综合考量生理、心理和社会环境等因素，通过多样化的干预手段（如社区活动、代际互动、兴趣小组等）帮助老年人恢复社会联系，而非仅针对身体功能问题。因此，题干中“仅指”的表述过于片面，答案应为错误。

2. 老年演出活动中的互动型参与方式适合所有老年人，包括卧床老年人。（　　）

答案：×

解析：互动型参与通常需要老年人具备一定的身体活动能力（如站立、移动、语言交流等），而卧床老年人因行动受限，可能无法直接参与此类互动。针对卧床老年人，更适宜采用非身体接触的参与形式，如观看演出、聆听音乐、视频连线互动或通过简单道具（如摇铃、拍手）表达情感。题干中“适合所有老年人”的表述忽略了卧床群体的特殊需求，答案应为错误。

3. 在老年演出活动的执行管理阶段，应设置弹性时间缓冲带，以应对可能出现的突发情况。（　　）

答案：√

解析：老年演出活动的执行管理需充分考虑老年人的身心特点及潜在风险。例如，老年人可能因体力不足、健康问题或情绪波动导致活动进度延迟，设置弹性时间缓冲带可避免因时间紧迫引发焦虑或仓促结束活动。此外，突发情况（如医疗设备需求、临时休息需求等）也需要灵活调整时间。因此，题干所述做法符合老年活动管理的科学原则，答案应为正确。

三、论述题

●请简述老年演出活动在身心健康维度上的功能。

老年演出活动在身心健康维度上通过多种机制促进健康老龄化。

在生理层面，活动如舞蹈和合唱要求身体运动和呼吸控制，这有助于保持肌肉力量和灵活性，改善心肺功能。例如，舞蹈类活动通过肢体协调训练延缓小脑萎缩，提升平衡能力，降低跌倒风险；合唱训练则通过规律呼吸调控改善肺功能。

在心理层面，参与演出活动可以增强老年人的自尊心和自信心，减少孤独感和抑郁情绪。集体演出和排练过程中的社交互动刺激内啡肽分泌，带来愉悦情绪，有效降低抑郁风险。此外，剧本记忆等认知任务相当于脑力训练，通过情景再现与语言强化延缓认知衰退进程。

综上所述，老年演出活动通过身心双重干预机制促进健康老龄化，形成身心协同的健康促进闭环。例如，一个定期参与的合唱团不仅改善了成员们的肺功能，还增强了他们的社交联系和心理健康。

任务二　老年作品展示活动策划与组织

案例导入

在山东青岛的某养老院中，居住着一群有着不同人生轨迹的老人们。他们来自不同的地区，有不同的家庭背景，有各异的生活习惯和观念。近年来，随着入住老年人的增多，集体观念淡薄的问题逐渐凸显，老年人之间时常因为生活方式的差异而产生矛盾，这不仅影响了他们自身的生活质量，也给养老机构的管理和服务带来了一定的挑战。为了改善这种状况，增进院友之间的理解与支持，养老机构决定组织一场别开生面的作品展示活动。

根据案例，请思考：

1. 如果你是养老院的工作人员，你想组织一场什么样的作品展示活动？
2. 如何策划实施此次作品展示活动？

任务描述

1. 根据养老院的情况和特点，并结合周边的资源，策划一场增进院友之间理解与支持的作品展示活动。

2. 依据方案组织与实施活动。观察记录老年人的活动表现，根据实际调整活动内容。

相关知识

扫一扫

一、老年作品展示活动的基本概念

老年作品展示活动是一种为老年人提供展示其才艺和作品的机会，丰富老年人精神文化生活的社会活动。这些活动通常包括但不限于书画展览、摄影比赛、手工制作、文艺表演等形式，旨在展现老年人的精神风貌、兴趣爱好和创造力，同时也为老年人提供一个相互交流、学习和娱乐的平台。

二、老年作品展示活动的分类

老年作品展示活动可以根据不同的标准进行分类，常见的分类方式包括以下几种。

（一）按作品形式分类

1. 书画类

这一类包括各种绘画和书法作品，如国画、油画、水彩画等。国画是中国传统的绘画形式，油画则是西方的绘画形式，水彩画则是一种使用水溶性颜料的绘画形式。

2. 手工艺类

这一类包括各种手工制作的艺术形式，如剪纸、刺绣、编织、陶艺、木雕等。这些都需要艺术家亲手制作，每一件作品都是独一无二的。

3. 摄影类与数字媒体类

这一类包括摄影作品和数字媒体作品，如风景、人物、纪实等摄影作品，以及短视频创作、数字绘画展示等。

4. 文学类

这一类包括各种文学创作，如诗歌、散文、小说、回忆录等。这些都是通过文字来表达思想和情感的艺术形式。

5. 表演类

这一类包括各种表演艺术，如舞蹈、戏曲、乐器演奏、合唱等。这些都需要艺术家通过身体语言或音乐来表达情感和思想。

（二）按活动性质分类

1. 怡情养性类

这类活动的主要目的是通过艺术的创作和展示，提升参与者的精神愉悦和心理满足感。例如，书法、绘画、陶艺等展示活动，这些活动可以帮助老年人表达自己的情感和想法，同时也能欣赏到其他创作者的作品，从而得到精神上的满足。

2. 娱乐消遣类

这类活动主要以娱乐为目的，旨在为参与者提供轻松愉快的体验。例如，手工艺品制作、舞蹈表演等，这些活动可以让老年人在忙碌的生活中找到乐趣，同时也能培养他们的兴趣爱好。

3. 益智休闲类

这类活动注重智力开发和休闲放松，如益智游戏、阅读分享会等。这类活动可以帮助老年人保持大脑活跃，同时也能提供一种放松的方式，让他们在忙碌的生活中找到平衡。

（三）按展示方式分类

1. 线下展览

这是一种传统的展示方式，在美术馆、文化馆等实体场所展出作品。观众可以直接前往这些地方，亲身体验和欣赏艺术作品。这种方式的优点在于能够提供一种身临其境的感觉，让观众近距离接触艺术作品，感受其细节和魅力。

2. 线上展览

随着互联网的发展，线上展览越来越受到欢迎。通过网络平台展示作品，观众可以在任何时间、任何地点访问这些作品。这种方式的优点在于便捷性和可达性，无论你在哪里，都可以通过网络欣赏到艺术作品。此外，线上展览还可以利用多媒体技术，如视频、音频、动画等，为观众提供更加丰富的艺术体验。

3. 混合展览

这是一种结合了线上、线下两种方式的展览形式。线上、线下同步进行，观众可以在实体场所参观展览的同时，也可以通过网络平台在线欣赏作品。这种方式的优点在于既保留了传统展览的真实感和互动性，又充分利用了现代科技的便捷性和多媒体特性，为观众提供了更加全面和深入的艺术体验。

（四）按活动目的分类

1. 文化交流类

这类活动的主要目的是促进老年人之间的文化交流。通过艺术活动，如绘画、音乐、舞蹈等，老年人可以分享自己的文化背景和经验，同时了解其他文化的特点和魅力。这种交流有助于增进不同文化之间的理解和尊重，促进多元文化的融合与发展。

2. 技能提升类

这类活动旨在通过展示激励老年人学习新技能。艺术活动如手工艺制作、摄影、烹饪等，不仅可以帮助老年人保持大脑活跃，还可以让他们掌握新的技能和知识。这种学习过程有助于提高老年人的自我价值感和成就感，同时也能丰富他们的生活体验。

3. 健康促进类

这类活动注重通过艺术活动提升身心健康。例如，绘画、音乐、瑜伽等艺术形式都被认为有助于减轻压力、缓解焦虑和抑郁症状。这些活动可以帮助老年人保持良好的心理状态，提高生活质量。此外，一些集体艺术活动还能增强老年人的社交互动，进一步促进他们的身心健康。

4. 社会参与类

这类活动的目的是增强老年人的社会参与感和归属感。通过参与社区组织的艺术活动或志愿服务，老年人可以结识新朋友，扩大社交圈，同时为社会作出贡献。这种参与感有助于提高老年人的生活满意度和幸福感，让他们感受到自己仍然是社会的重要组成部分。

（五）按参与形式分类

1. 竞赛型

竞赛型活动通常会设置奖项，以评选出最佳的作品或表现，从而激发参与者的创作热情。例如，老年摄影大赛、手工艺创作评比等，都是通过竞赛的形式来鼓励老年人积极参与并展示他们的才华和技能。在竞赛型活动中，参与者需要按照一定的规则和标准进行创作或展示，然后由评委或观众进行投票或评分，最终选出优胜者并给予奖励。

2. 展览型

展览型活动主要是为了展示老年人的艺术成果，没有竞争性。例如，社区老年书画常设展就是一个典型的例子，它提供了一个平台，让老年人可以展示自己的书法和绘画作品，供其他人欣赏和学习。在展览型活动中，参与者可以自由地展示自己的作品，而不必担心与其他参与者的竞争。

3. 工作坊 + 展示型

这种类型的活动结合了工作坊和展示的元素，先组织学习创作，再集中展示成果。例如，剪纸工作坊结课作品展、老年油画班成果展等，都是在这种形式下进行的。在工作坊阶段，老年人可以学习新的技能或知识，然后在展示阶段，他们将所学应用到实践中，并展示他们的作品。这种形式的活动不仅有助于提高老年人的技能水平，还能让他们在展示中获得成就感和满足感。

三、老年作品展示活动的功能

（一）促进身心健康与认知能力

1. 缓解压力与调节情绪

艺术创作如绘画、书法等为老年人提供情感宣泄的途径，帮助释放焦虑和应对生活中的压力，增强心理稳定性。例如，绘画活动通过色彩和笔触的运用，成为老年人表达情感的重要方式。

2. 延缓认知衰退

参与艺术活动（如绘画、音乐）能刺激大脑活跃度，提高记忆力和问题解决能力，对预防认知症等疾病有积极作用。

3. 增强身体功能

体育类展示活动（如太极拳、健身球操）通过锻炼提升老年人的身体协调性和灵活性，展现健康老龄化理念。

（二）增强社交互动与归属感

作品展示类活动为老年人提供了与同龄人交流、合作的机会，减少孤独感。而集体创作类的作品展示活动（如合唱、广场舞）能建立新的社交关系，强化社区凝聚力，能够提升老年人的社会参与度和自信心。

（三）传承文化与弘扬传统美德

老年作品常融入传统文化元素，如某市老年大学的书画展弘扬中华优秀传统文化，健身球操《家乡美》结合地方特色。这类活动不仅传承技艺，还能提高参与者对中国传统文化的认识，提高文化道德修养，营造一个和谐文明的氛围，从思想深处激发起爱国爱民的热情，在给人以美的享受的同时，也在弘扬中华传统文化精神。

（四）提升自我价值与社会认可

展示平台让老年人的才华得到社会关注，增强自我认同。例如，某市老人颐养院的作品展通过义卖活动，让社会了解老年人的创造力；通过展览展示老年学员对党和祖国的热爱，凸显“银发力量”的社会贡献。获奖和表彰机制（如全国书画成果展）进一步激励老年人终身学习，获得成就感。

（五）推动老年教育与终身学习

活动是老年教育成果的集中体现。例如，某县老年大学通过展演活动吸引更多老年人参与学习；某市老年大学组织的书画摄影展演，检验了教学成果并促进校际交流。创新模式如“学分银行”“银龄助教”等，将作品展示与社区教育结合，解决师资不足的问题，推动老年教育可持续发展。

（六）促进社会和谐与代际交流

部分活动鼓励跨代互动，如艺术工作坊中老年人指导儿童创作，既可传递经验也可感受年轻活力；某市图书馆的摄影书法展吸引了市民和游客参观，促进不同年龄群体对老年生活的理解。通过媒体宣传（如公益广告、短视频），活动传播积极老龄观，营造敬老爱老的社会氛围。

四、老年作品展示活动策划

（一）活动目的确定的主要流程及要求

1. 需求调研与分析

设计问卷或组织访谈，面向老年人及其家属、社区工作者、老年活动机构人员等，了解他们对于作品展示活动的期待、感兴趣的作品类型（如绘画、书法、摄影、手工艺品）、期望的活动形式（如展览、现场表演、互动体验）及可能参与的时间和方式。

收集并整理反馈信息，分析老年人的需求和偏好，明确活动应满足的核心目标，如促进老年人的文化交流、增强其自我价值感、丰富业余生活等。

2. 目标设定与讨论

根据调研结果，结合活动资源和实际情况，初步设定活动目的。例如："本次老年作品展示活动旨在为老年人提供一个展示才艺与成果的平台，鼓励他们积极参与文化创作，加强老年人之间的交流与互动，提升大众对老年群体文化创造力的认识和尊重。"

组织策划团队、相关领域专家（如文化艺术、老年心理学）及部分潜在参与者代表进行讨论，对初步设定的目的进行可行性、合理性和影响力评估，提出修改意见和完善建议。

3. 目的细化与明确

在讨论基础上，进一步细化活动目的，使其具有可衡量性和可操作性。例如，明确参与人数、作品展示数量与质量目标、预期获得的媒体报道和社会反响等具体指标，以便后续活动策划和效果评估有清晰依据。

将最终确定的活动目的以书面形式记录，作为活动策划和执行的指导文件，确保所有参与人员都清楚了解活动的预期方向和意义。

（二）活动内容设计要求

1. 作品选择与分类

（1）广泛征集与筛选：通过社区公告、老年活动中心宣传、网络平台等多种渠道，面向老年人广泛征集各类作品，包括但不限于绘画、书法、摄影、手工艺品、文学作品等。制订详细的征集标准和评选规则，根据作品的主题、创意、艺术水平、完成度等因素进行初步筛选，确保入选作品具有一定的质量和代表性，能够较好地展现老年人的文化素养和创作能力。

（2）合理分类与布局：根据作品的类型、风格、主题等进行科学合理的分类，如按照艺术门类分为绘画区、书法区、摄影区等；或者按照主题分为自然风光、人物肖像、生活感悟等不同板块。在展览或展示场地的布局上，要考虑观众的参观流线和视觉感受，合理安排不同类型作品的展示区域，确保整个展示空间层次分明、过渡自然，让观众能够系统地欣赏到各类优秀作品，同时避免展示过于拥挤或杂乱。

2. 展示形式多样化

（1）传统展示与现代技术结合：对于绘画、书法、手工艺品等实体作品，采用传统的展板、展柜、悬挂等方式进行展示，注重展示的空间布局、灯光效果和作品标注，以突出作品的艺术魅力和细节特色。同时，利用现代多媒体技术，如电子显示屏、投影仪、虚拟现实（VR）或增强现实（AR）设备等，对部分作品进行数字化展示或互动体验展示。例如，为摄影作品制作动态相册或视频短片，通过屏幕循环播放；利用 VR 技术让观众身临其境地感受绘画作品中的场景；或者设置互动触摸屏幕，让观众可以自主浏览和放大查看作品细节，并了解作者的创作背景和创作思路。

（2）表演与讲解相结合：对于一些适合现场表演的作品形式，如老年合唱、舞蹈、乐器演奏等，安排专门的表演时间段和场地，邀请作者或其他老年表演爱好者进行现场表演，增强活动的趣味性和观赏性。配备专业的讲解人员或由作者本人亲自讲解作品的创作背景、灵感来源、艺术特点和文化内涵，让观众更好地理解和欣赏作品，加深观众与作品之间的情感共鸣。讲解可以采用现场讲解、音频导览或二维码扫描获取文字介绍等多种形式，以满足不同观众的需求。

3. 互动环节设计

（1）设计创作体验区：在活动现场设置创作体验区，提供绘画工具、书法用具、手工材料等基本创作材料和设备，邀请专业艺术家或志愿者现场指导老年人进行简单的创作活动，如绘画写生、书法临摹、手工编织等，让老年人亲身体验创作的乐趣，激发他们的创造力和艺术热情。

（2）设计投票与评选互动：组织观众对展示作品进行投票评选，设立“最受欢迎作品奖”“最佳创意作品奖”“最具潜力作品奖”等多个奖项，让观众参与到作品的评选过程中，增强他们的参与感和归属感。也可以在活动现场设置投票箱，或者通过线上平台进行投票，同时在展示作品旁边设置二维码，方便观众获取作品相关信息并进行投票。投票结果将在活动结束后公布，并为获奖作者颁发荣誉证书和奖品，以激励更多老年人积极参与文化创作活动。

（3）举行交流分享会：定期举办交流分享会，邀请参展作者、观众代表、文化艺术专家等共同参加，为老年人提供一个交流创作经验、分享艺术感悟的平台。在交流分享会上，可以安排作者发言环节，让他们讲述自己的创作故事和心得体会；也可以组织观众提问和讨论环节，促进各方之间的思想碰撞和文化交流。

（三）活动时间安排要求

1. 活动筹备期

（1）提前开始活动筹备工作：制订详细的时间表和任务清单，明确各个阶段的工作任务和时间节点，确保筹备工作有条不紊地进行。例如，第一、二周完成活动策划和方案制订；第三、四周进行作品征集、宣传和场地联系；第五至八周完成作品征集、筛选和布展设计等工作。

（2）注意灵活性与缓冲时间：在时间安排上要具有一定的灵活性，考虑到可能出现的突发情况或意外延误，如作品征集数量不足需要延长征集时间、场地临时变更需要重新安排布展等，预留适当的缓冲时间，以确保活动能够按计划顺利举行。

2. 活动举办期

（1）合理安排活动时长：根据活动内容的丰富程度和观众的承受能力，合理安排活动举办天数和每天的活动时长。一般来说，大型老年作品展示活动可以持续几天至几周左右，每天的开放时间可以参考类似文化活动的惯例，如 9：00—17：00、19：00—21：00（如有夜间活动安排），确保观众有足够的时间参观和参与活动，同时也避免时间过长导致观众疲劳和工作人员压力过大。

（2）活动流程紧凑有序：在活动举办期间，要精心设计每天的活动流程，确保各个环节之间衔接紧密、过渡自然。例如，开幕式要简洁而隆重，控制在 30 分钟左右；作品展示时间根据场地大小和作品数量合理安排，保证观众能够充分欣赏每件作品；互动环节如创作体验、投票评选、交流分享会等要穿插在展示过程中，每个环节的时间控制在 1 ～ 2 小时，避免出现等待时间过长或活动拖沓的情况。

3. 活动后续期

（1）作品退还与总结反馈：在活动结束后 2 周内完成作品的退还工作，通知参展作者在规定时间内前来领取作品，并对作品进行仔细核对和包装，确保作品完好无损地归还给作者。组织活动总结会议，邀请所有参与活动的工作人员参加，回顾活动的整个过程，总结经验教训，收集大家对活动的意见和反馈，为今后类似活动的策划和组织提供参考依据。总结报告应包括活动基本情况、取得的成果、存在的问题及改进建议等内容，一般应在活动结束后 1 周内完成撰写。

（2）长期影响跟进：对活动的长期影响进行跟踪和评估，如关注参展作者的后续创作热情是否提高，社区文化氛围是否得到改善，是否带动了更多老年人参与到文化活动中等方面的变化。可以通过定期回访参展作者、开展问卷调查或与社区合作进行长期观察等方式收集数据和信息，以便更全面地了解活动的效果和影响力。

（四）活动物品使用要求

1. 展示用品

（1）确保质量与安全性：购买或租赁高质量的展示用品，如展板、展柜、挂钩、射灯等，确保其结构稳固、材质环保，能够满足长时间使用和展示作品的需要。对于可能接触到观众的展示用品，如展柜玻璃、边角等，要进行圆润处理或安装防撞条，避免对观众造成意外伤害。

（2）具备美观与协调性：展示用品的外观设计应简洁大方、美观耐用，与整体活动主题和展示环境相协调。颜色选择要以淡雅、柔和为主，避免过于鲜艳或刺眼的颜色分散观众对作品的注意力。展板的尺寸和形状要统一规范，便于作品的排列和展示；灯光照明要均匀柔和，能够突出作品的色彩和细节，营造舒适的视觉环境。

（3）突出功能性与实用性：根据不同类型的作品展示需求，选择合适的展示用品，并确保其具有良好的功能性和实用性。例如，绘画和书法作品需要使用防紫外线的玻璃展柜进行保护；摄影作品可以采用相框或轨道射灯进行展示，方便调整照射角度；手工艺品可能需要特殊的展示架或陈列柜来突出其立体感和质感。同时，要考虑到展示用品的易用性，方便工作人员进行作品的布置和更换。

2. 宣传资料

（1）内容丰富准确：制作精美的宣传资料，包括活动海报、宣传单页、邀请函、活动手册等，内容应涵盖活动的基本信息（如活动名称、时间、地点、主办单位等）、活动亮点、参展作品简介、作者信息、互动环节介绍等，确保信息丰富、准确无误，能够吸引目标受众的关注并激发他们参与活动的兴趣。

（2）形式多样新颖：宣传资料的形式要多样化，除了传统的纸质材料外，还可以制作电子宣传资料，如微信公众号文章、短视频、H5 页面等，通过网络平台进行广泛传播。同时，为了增加宣传资料的吸引力和独特性，可以采用创意设计，如运用老年主题元素、艺术插画、书法字体等进行装饰，或者加入一些互动元素，如扫描二维码获取更多活动信息或参与线上互动游戏等。

（3）环保节约原则：在制作宣传资料时，要遵循环保节约的原则，尽量选择可回收利用的纸张材料和环保油墨进行印刷；控制宣传资料的印刷数量，根据实际需求进行合理预估，避免过度浪费。对于电子宣传资料，可以通过社交媒体平台、电子邮件等渠道进行精准推送，减少纸质材料的使用。

3. 创作材料与工具

（1）材料供应充足且应有品质保障：在创作体验区为老年人提供充足的创作材料和工具，如绘画颜料、画笔、画纸、书法用具、手工材料包等，确保材料的种类丰富多样、品质优良，能够满足不同老年人的创作需求。定期检查创作材料的库存情况，及时补充短缺的材料，保证创作活动的顺利进行。

（2）确保安全与易用性：提供的创作材料和工具要符合国家安全标准，无毒无害、无尖锐边角或小零件，避免对老年人的身体造成伤害。同时，要考虑到老年人的使用习惯和操作能力，选择简单易用的工具和材料，如粗杆画笔、大字体标签等，并在创作体验区设置明显的使用说明和安全提示标识，方便老年人使用。

（3）注重创作材料的卫生管理：对于可重复使用的材料和工具，如画笔、调色盘等，要及时清洗消毒，防止细菌滋生和交叉感染。在创作体验区设置专门的清洁区域和垃圾桶，引导老年人保持环境整洁卫生。活动结束后，对所有创作材料和工具进行彻底清理和整理，妥善保管，以便下次活动继续使用。

（五）工作人员要求

1. 专业素养

（1）具备艺术专业知识：对于涉及艺术作品解读、指导创作等环节的工作人员，如讲解员、艺术指导老师等，应具备扎实的艺术专业知识，包括绘画、书法、摄影、音乐等方面的基本理论和鉴赏知识，能够准确理解和阐述各类艺术作品的艺术特点和文化内涵，为观众提供专业、深入的讲解和指导。

（2）具备老年心理学相关知识：由于活动的主要服务对象是老年人，工作人员需要了解老年心理学的基本知识，熟悉老年人的身心特点和行为习惯，掌握与老年人沟通的技巧和方法。能够耐心倾听老年人的需求和想法，理解他们的情感表达，为他们提供贴心、周到的服务，营造温馨、和谐的活动氛围。

（3）具备活动策划与组织能力：参与活动策划组织的工作人员应具备较强的活动策划与组织能力，熟悉活动策划的流程和方法，能够独立完成活动方案的制订、任务分配、资源协调等工作。在活动执行过程中，能够灵活应对各种突发情况和问题，及时调整活动策略和方案，确保活动顺利进行。

2. 服务态度

（1）热情友好：所有工作人员要以热情友好的态度对待每位参与者和观众，主动问候、微笑服务，让他们感受到活动的温暖和关怀。无论是在作品征集、布展工作还是现场引导、咨询服务中，都要始终保持耐心和热情，积极解答各种问题，满足合理需求。

（2）尊重包容：尊重每位老年人的个性差异、创作成果和生活习惯，不轻易批评或贬低他人的作品和行为。对于老年人在活动中提出的意见和建议，要虚心接受并表示感谢；对于因身体原因或其他特殊情况需要特殊帮助的老年人，要给予充分的理解和支持，尽最大努力满足他们的合理需求。

（3）敬业负责：工作人员要树立高度的敬业精神，认真履行自己的工作职责，严格遵守活动的各项规章制度和工作流程。在作品征集过程中，要细致审核每件作品的信息和质量；在布展工作中，要精心布置每个展示区域和作品位置；在现场服务中，要时刻关注观众的需求和安全状况，确保活动的各个环节都能高质量完成。

3. 团队协作能力

（1）有效沟通与协调：活动期间，各工作人员之间要保持密切的沟通与协调，建立良好的信息传递机制。及时汇报工作进展和遇到的问题，共同商讨解决方案；对于涉及多个部门或岗位的工作交接，要做好详细的记录和交接手续，确保工作的连续性和准确性。通过有效的沟通与协调，形成一个团结协作、高效运转的工作团队。

（2）相互支持与配合：在活动现场，工作人员可能会面临各种突发情况或临时任务增加，此时需要大家相互支持与配合。其他岗位的工作人员要在力所能及的范围内提供帮助和支持，共同应对困难和挑战。例如，当某个区域的人流量突然增大时，附近的工作人员可以主动过来协助维持秩序；当某项工作人手不足时，其他工作人员可以临时调配过来支援等。只有通过团队成员之间的相互支持与配合，才能确保整个活动顺利进行。

（六）活动流程的主要内容

1. 活动前期准备

（1）作品征集与整理：发布作品征集通知，明确征集的作品类型（如绘画、书法、摄影、手工艺品）、主题要求（围绕老年生活、回忆、梦想等）、征集时间范围及投稿方式（线上邮箱提交或线下指定地点提交）。设立专门的征集小组，负责收集、登记和初步筛选作品。对征集到的作品进行分类整理，标注作者信息、作品名称、创作理念等内容。

（2）场地布置与准备：选择合适的活动场地，如社区文化中心、老年活动中心或学校礼堂等，并根据活动规模和作品数量进行场地规划。搭建展示区域，安装展板、展柜、展架等展示工具，确保展示空间布局合理、美观大方且便于观众参观。设置互动区域，如创作体验区、投票区、交流分享区等，摆放相应的桌椅、设备和材料，并配备工作人员进行引导和管理。

（3）宣传推广：制作活动宣传海报、宣传单页、邀请函等资料，内容包括活动主题、时间、地点、亮点、参与方式及主办方和赞助商信息等。利用社区公告栏、社交媒体平台（微信公众号、微博、抖音等）、老年社团组织、当地报纸和电视台等多种渠道进行广泛宣传，吸引更多的老年人参与活动和取得社会公众的关注。邀请相关的领导、嘉宾、媒体代表等出席活动开幕式，提前发送邀请函并通过电话或其他方式进行确认和沟通。

（4）物资准备：准备活动所需的各种物资，如展示用品（相框、挂钩、标签等）、宣传资料、创作材料（颜料、画笔、纸张、手工材料包等）、奖品（荣誉证书、奖杯、礼品等）、饮用水、音响设备、麦克风、投影仪等。对活动现场的设施设备进行检查和调试，确保其正常运行，如灯光照明、空调系统、多媒体设备等。

2. 活动开展阶段

（1）开幕式：主要包括主持人开场、领导致辞、嘉宾代表发言、文艺表演开场等环节。

（2）作品展示与讲解：主要包括观众入场与自由参观、专业讲解环节等。

（3）互动环节：可以组织创作体验活动、投票评选活动、交流分享会等。

（4）闭幕式：可以组织统计投票结果与宣布获奖名单、颁奖仪式、活动总结与闭幕致辞等活动。

3. 活动后期跟进

（1）作品退还与作者反馈：及时将参展作品退还给各位作者，并对作品在运输和展示过程中可能出现的损坏情况进行妥善处理。向作者征求对活动的意见和建议，了解他们的满意度和需求，以便在今后的活动中改进和完善。

（2）活动总结与评估：组织活动工作人员召开总结会议，全面回顾活动的策划、组织、实施过程；分析活动中的优点和不足之处，总结经验教训，形成书面总结报告。对活动的各个方面进行评估，如参与人数、作品质量、宣传效果、观众反响、工作人员表现等，通过问卷调查、现场访谈、数据分析等方式收集相关信息和数据，为今后举办类似活动提供参考依据。

（3）成果展示与宣传：将活动的照片、视频、获奖作品名单等资料进行整理和编辑，制作成活动纪念册或视频纪录片，在社区文化中心、老年活动中心、社交媒体平台等渠道进行展示和传播，进一步扩大活动的影响力和知名度。积极与当地媒体合作，对活动进行后续报道和宣传，提高社会对老年文化艺术活动的关注度和支持度，推动老年文化事业的持续发展。

五、老年作品展示活动组织与实施

（一）老年作品展示活动组织的基本要求

1. 明确目标与主题

活动目标设定应紧密围绕丰富老年人精神文化生活、促进老年群体文化交流与自我价值实现等核心诉求展开。精心策划活动主题，主题要具有吸引力和时代感，能够准确反映活动的核心内容与特色。

2. 深入了解参与对象

全面调研目标老年群体的兴趣爱好、文化程度、身体状况等因素，以便在作品征集、活动形式设计、互动环节安排等方面更贴合他们的需求和实际能力。充分考虑老年群体的心理特点，注重活动中的人文关怀和情感交流。在与老年工作者、参与者沟通的过程中，要保持耐心、热情和尊重，让他们感受到被重视和关爱，从而更积极地投入活动。

3. 组建专业团队

搭建一个具备多方面专业知识和技能的组织团队，包括活动策划人员、文化艺术指导老师、展览布置设计师、宣传推广专员、后勤保障人员及志愿者等。定期组织团队成员进行培训与交流，提升团队整体业务水平和协作能力。

4. 合理安排时间与场地

选择合适的活动时间，充分考虑老年群体的日常作息规律和参与便利性。同时，要根据活动规模和预计参与人数，合理安排场地的功能分区，如展示区、互动体验区、休息区、舞台表演区等，确保各个区域之间布局合理、互不干扰，为活动的顺利开展提供良好的空间环境。

（二）老年作品展示活动的组织技巧

1. 多样化的作品征集方式

广泛发布征集通知，通过社区公告栏、老年活动中心宣传栏、社交媒体平台、社区广播等多种渠道向老年朋友宣传活动并征集作品。通知内容应详细说明活动的主题与目的、征集作品的类型与要求、截稿日期及投稿方式等信息，方便老年作者了解并参与。除了被动等待投稿外，还可以组织工作人员主动深入社区、老年公寓等地进行作品征集。上门拜访老年艺术爱好者，邀请他们参与活动并提交作品，这种方式不仅能够提高作品的征集数量，还能体现出活动组织方对老年群体的关心和重视，增强老年朋友的参与积极性。

2. 创新的活动形式设计

结合现代科技手段，为活动增添互动性和趣味性。例如，利用多媒体设备在展示现场设置电子触摸屏，观众可以通过触摸屏幕浏览作品的详细介绍、作者的创作背景和创作理念等信息；设置 VR 或 AR 体验区，让观众身临其境地感受老年作者在创作过程中的场景和灵感来源；开展线上投票和互动评论活动，观众可以通过手机扫描二维码进入活动官方网站或微信公众号，为自己喜爱的作品投票并留言评论，增强观众与作品、作者之间的互动交流。

3. 个性化的宣传推广策略

制订详细的宣传推广计划，根据活动的不同阶段和目标受众，选择合适的宣传渠道和方式。注重宣传内容的个性化和针对性。针对不同的宣传渠道和受众群体，设计不同的宣传内容和形式。同时，要根据老年群体的特点和使用习惯，选择适合他们的宣传渠道和方式，如在老年群体常用的社交软件上进行精准推送，强化宣传效果。

4. 细致的活动现场管理

制订详细的活动现场执行流程和应急预案，确保活动各个环节顺利进行。建立有效的沟通协调机制，及时解决活动现场出现的各种问题。注重活动现场的氛围营造，为观众创造一个舒适、愉悦的参观环境。

（三）老年作品展示活动的安全管控

1. 场地设施安全

（1）前期安全排查：在活动前对场地进行全面的安全检查，包括场地结构的稳定性、电气线路的安全性、消防设施的完好性等方面。检查场地是否存在安全隐患，如地面是否防滑、通道是否畅通、栏杆是否牢固等，对于发现的问题要及时进行整改和修复，确保场地设施符合安全标准。

（2）精准控制规模：根据活动规模和预计参与人数，合理规划场地的最大承载量，并严格控制入场人数，避免出现拥挤踩踏等事故。在入口处设置安检设施，对观众携带的物品进行检查，严禁携带危险物品入场；在场地内设置合理的疏散通道和安全出口标识，确保在紧急情况下观众能够迅速、有序地疏散。

（3）定期维护设施：对活动现场的设备和设施进行定期维护和检查，确保其正常运行。特别是对于一些电力、灯光、音响等设备的使用，要安排专业人员进行操作和维护，防止因设备故障引发安全事故。如在活动前要对舞台灯光和音响系统进行调试和检测，确保其性能稳定、安全可靠；对于电子触摸屏、展示架等设施，要定期检查其电线是否老化、连接是否松动等问题，及时发现并处理潜在的安全隐患。

2. 作品展示安全

（1）确保老年作品在展示过程中的安全与保护。对于书画作品，要采用合适的装裱方式和展示工具，避免作品受到损坏或污染；对于摄影作品和手工艺品，要根据其特点选择合适的展示方式和保护措施，如使用相框装裱、展示柜陈列等，防止作品在搬运和展示过程中发生碰撞、掉落等情况。同时，要注意作品的防潮、防火、防盗等工作，确保作品的完整性和安全性。

（2）在作品展示区域设置明显的警示标识和防护装置，提醒观众不要触摸作品，保持一定的距离观看。对于一些珍贵或易碎的作品，可以设置专门的防护玻璃或围栏进行隔离保护，确保作品不被观众意外损坏。此外，要安排专人负责作品展示区域的检查和管理，及时发现并处理可能存在的安全问题。

3. 人员安全保障

（1）考虑到老年群体的身体特点，在活动现场设置足够的休息区域和医疗急救点。休息区域配备舒适的座椅和饮水设施，方便老年人在参观过程中随时休息；医疗急救点配备专业的医疗设备和药品，以及经过急救培训的工作人员，能够在第一时间对突发疾病或受伤的老年人进行救治。同时，要提前了解老年参与者的健康状况和特殊需求，如有需要，可以提前安排专人照顾或提供相应的服务。

（2）加强对活动现场人员的安全管理，维护好现场秩序。工作人员和志愿者要注意观察老年参与者的行为举止和身体状况，及时发现并处理可能出现的安全问题。对于行动不便的老年人，要主动提供帮助和引导；对于情绪不稳定或有突发疾病的老年人，要及时联系医疗急救人员进行处理。此外，要防止老年人在活动现场走失或迷路，可以为老年人发放带有联系方式的手环或卡片，以便在需要时能够及时联系到家人或工作人员。

4. 食品安全管理

（1）如果活动为老年人提供食品和饮料，要确保食品安全卫生。选择正规的餐饮供应商，对其提供的食品和饮料进行严格的检验和把关，确保符合食品安全标准；在食品加工和储存过程中，要注意卫生条件和操作规范，防止食品受到污染；在活动现场设置食品留样区，按照规定对食品进行留样，以便在出现问题时能够及时进行检测和处理。

（2）提醒老年人注意饮食卫生和个人健康。在活动现场设置明显的提示标识，告知老年人选择正规的餐饮摊位就餐，避免食用不洁食物和生冷食物；如发现老年人有食物过敏或特殊饮食需求，要及时提供相应的帮助和服务。

活动举例

“忆往昔”怀旧照片展活动方案

活动背景

随着岁月的流逝，老年人们经历了风风雨雨，他们的人生故事如同一幅幅生动的画卷，值得被铭记与分享。在山东青岛的一所养老院中，居住着一群有着不同人生轨迹的老年人，为了让老年人们在回顾过往美好时光的过程中增进彼此了解、丰富精神生活，同时为养老机构营造温馨、积极的社区氛围，特举办此次“忆往昔”怀旧照片展活动。

活动目标

1. 帮助老年人重温过去的美好回忆，增强他们的幸福感与归属感。
2. 促进老年人之间的交流与互动，增进彼此的理解与支持，提升集体观念。
3. 丰富养老院的文化生活，展示老年人的多彩人生，为养老机构增添人文气息。

活动时间与地点

1. 活动时间

选择一个阳光明媚的周末或节假日，确保大多数老年人都能参与。

2. 活动地点

养老院内的多功能厅或户外花园（视天气情况而定），确保场地宽敞明亮，便于老年人行动与观赏。

参加人员

养老院内全体老年人及工作人员。

活动准备

1. 照片征集

（1）提前 3 周向老年人发布照片征集通知，鼓励他们提供自己不同人生阶段的照片，尤其是具有特殊意义或能反映时代特色的照片，如童年照片、结婚照、工作照、旅游照片等，并请他们附上简短的照片说明，包括拍摄时间、地点、照片中的人物及背后的故事。

（2）安排志愿者或工作人员协助行动不便或有困难的老年人整理照片和撰写说明，确保每位老年人都能参与到活动中来。

2. 场地布置

（1）在活动场地入口处设置一个签到处，准备签到表和马克笔，方便老年人签到并记录他们对活动的初步印象。

（2）用彩色气球、彩带等装饰场地，营造出温馨、欢快的氛围。在场地四周悬挂老年人提供的照片，可以使用绳子、夹子将照片固定在四周的绳子上，形成照片展示区。在场地中间预留出一块较大的空间，摆放一些舒适的座椅，供老年人休息和交流。

（3）在场地的一角设置一个小型讲解区，配备投影仪、幕布和音响设备，用于播放与老年人照片相关的故事视频或幻灯片。

3. 物资准备

（1）制作活动纪念徽章，上面印有活动主题和养老院的标志，在活动结束时发放给每位老年人，作为活动的纪念。

（2）准备一些小零食和饮品，如饼干、水果、茶水等，供老年人在活动期间享用。

（3）为每位老年人准备一本精美的相册，用于收集他们在活动中的照片和故事说明，让他们可以在活动后留存纪念。

4. 人员安排

（1）成立活动筹备小组，包括活动负责人、照片征集与整理人员、场地布置人员、物资采购人员、讲解人员（可由志愿者或工作人员担任）及摄影摄像人员等，明确各人员的职责和分工，确保活动顺利进行。

（2）邀请专业的摄影师或对摄影感兴趣的工作人员，负责在活动现场抓拍精彩瞬间，记录老年人的互动和表情。

活动流程

1. 开场致辞（10 分钟）

（1）主持人登场，对各位老年人表示欢迎和问候，简要介绍活动的目的、流程和注意事项，营造轻松愉快的氛围。

（2）养老院领导发表讲话，强调怀旧照片展对于老年人的意义，鼓励大家积极参与、共同分享美好的回忆，并对活动的成功举办表示期待。

2. 照片参观与自由交流（40 ～ 50 分钟）

（1）老年人在志愿者或工作人员的引导下，自由参观照片展示区，回顾自己和他人的照片，寻找记忆中的共鸣。鼓励老年人互相交流照片背后的故事，分享自己的经历和感受。

（2）在参观过程中，播放轻柔的背景音乐，如经典老歌等，进一步增强怀旧氛围。摄影、摄像人员在现场抓拍老年人参观和交流的精彩瞬间。

3. 午餐与休息（2 小时）

老年人前往餐厅享用午餐，休息片刻，为下午的活动养精蓄锐。

4. 故事分享会（50 分钟）

（1）主持人邀请部分老年人上台，分享他们照片中特别的故事。每位老年人有 15 分钟左右的分享时间，可以结合照片讲述自己的成长经历、工作中的趣事、家庭的幸福时刻等。

（2）在老年人分享完故事后，其他老年人可以提问或发表自己的感想，促进更深入的交流与互动。讲解人员利用投影仪和幕布，适时展示与老年人故事相关的图片或视频资料，增强故事的感染力和趣味性。

5. 评选与颁奖（10 ~ 15 分钟）

（1）设立“最具故事性照片奖”“最感人照片奖”“最佳团队合作奖”（针对在活动中积极参与、互相帮助的老年人小组）等多个奖项。由老年人投票评选出各个奖项的获得者，颁发荣誉证书和小奖品（如保温杯、毛毯等实用物品）。

（2）所有参与活动的老年人均可获得活动纪念相册，里面收集了他们在活动中的照片和故事说明，以及活动的整体照片和精彩瞬间。

活动后续

1. 将活动照片和视频整理制作成电子相册或视频短片，发布在养老院的内部网站、社交媒体平台或共享给老年人及其家属，让更多人能够欣赏到活动中的精彩瞬间，扩大活动的影响力。

2. 组织志愿者或工作人员对老年人的故事进行进一步整理和编辑，形成一本《养老院怀旧故事集》，作为养老院文化传承的一部分，留给后人阅读和参考。

3. 收集老年人对活动的反馈意见和建议，总结经验教训，为今后举办类似活动提供参考和改进方向，不断提升养老院的文化活动质量和服务水平。

【练习题】

一、单项选择题（在每小题给出的四个选项中，只有一项是符合题目要求的，请将所选答案的字母填写在括号内）

1. 以下哪项是举办老年作品展示活动的主要目标？（　　）

A. 提高老年人的经济收入　　B. 展示老年人的艺术才华

C. 增加年轻人的就业机会　　D. 推广老年人的健康饮食

答案：B

解析：A 选项（提高经济收入）不符合老年活动的核心目标。此类活动通常以社会价值为导向，注重精神满足而非商业利益。B 选项（展示艺术才华）是老年作品展示活动的核心目标。活动旨在为老年人提供展示平台，增强他们的自信心和社会参与感，体现“老有所为”的理念。C 选项（增加年轻人就业）与活动对象无关，偏离了服务老年人的初衷。D 选项（推广健康饮食）属于健康领域，与“作品展示”的主题无直接关联。综上，答案为 B。

2. 以下哪种作品类别不适合老年作品展示活动？（　　）

A. 书画　　B. 手工艺品

C. 电子产品设计　　D. 摄影作品

答案：C

解析：A 选项（书画）、B 选项（手工艺品）、D 选项（摄影作品）均属于老年人常见且易于参与的艺术形式，符合活动定位。C 选项（电子产品设计）通常需要较高的技术能力和电子设备操作技能，可能超出多数老年人的能力范围，且与传统老年活动的艺术类别关联较弱，因此不适合。综上，答案为 C。

3. 在活动宣传中，以下哪种方式最适合老年群体？（　　）

A. 社交媒体广告　　B. 社区公告栏

C. 网络直播　　　　　　　　　　　　D. 电子邮件营销

答案：B

解析：A 选项（社交媒体广告）和 C 选项（网络直播）依赖互联网，而老年群体对新媒体的接受度和操作能力有限，覆盖效果较差。D 选项（电子邮件营销）同样需要一定的网络操作能力，且老年人可能不常使用邮箱查看活动信息。B 选项（社区公告栏）是传统且直接的宣传方式，符合老年人获取信息的习惯（如日常散步时关注公告），能有效触达目标群体。综上，答案为 B。

二、判断题（正确的请在答题括号中画√，错误的画 ×）

1. 老年作品展示活动的主题应该与老年人的兴趣和经历紧密相关。（　　）

答案：√

解析：活动主题需贴合老年人的生活经验和兴趣（如怀旧主题、传统技艺展示），才能激发他们的参与热情，增强活动吸引力。

2. 活动预算充足时，不需要考虑低成本获取资源的方法。（　　）

答案：×

解析：即使预算充足，合理控制成本仍是活动策划的基本要求。低成本资源（如社区场地、志愿者服务）可提高资金使用效率，避免浪费，同时体现公益性。

3. 志愿者在活动中的主要作用是销售老年作品。（　　）

答案：×

解析：志愿者的核心作用是协助组织活动（如引导、讲解、维护秩序等），而非销售。销售行为可能涉及专业培训或商业化操作，通常由工作人员或老年人本人完成。

三、论述题

●请简述如何策划一场以“岁月如歌，艺彩人生”为主题的老年作品展示活动。

1. 主题解读

围绕“岁月如歌”与“艺彩人生”，突出老年人生命历程的艺术沉淀与精神追求。

2. 活动形式

以作品展览（书画、摄影、手工艺等）为核心，结合文艺汇演（歌舞、戏曲）、故事分享会，增设互动体验（如书法教学、手工共创）。

3. 流程设计

开幕式点题，展览按“时光轴”分类，搭配作者语音解说；表演环节融入代际合作（如祖孙同台），增强温度；设置“沉浸式”互动（观众点歌、即兴表演），提升参与感。

4. 宣传与参与

联合社区、老年机构组织，鼓励家属录制祝福视频，线上线下结合传播。

5. 氛围营造

暖色调场地布置，无障碍设施，注重人文关怀（志愿者陪同、医疗准备）。

6. 总结反馈

颁发荣誉证书，收集作品集锦，延续社会对老年群体的关注。

任务三　老年竞赛活动策划与组织

案例导入

阳光养老中心是一家位于市中心的养老机构，拥有 200 多位入住老年人。该中心一直致力于为老年人提供优质的居住环境和丰富的文化活动。为了进一步提升老年人的生活质量，增强他们的身体素质，阳光养老中心决定举办一场以“健康夕阳，乐享竞技”为主题的趣味运动会。

根据案例，请思考：

1. 如果你是养老院的工作人员，你会如何组织这项活动?

2. 策划老年趣味运动会活动需要注意些什么?

任务描述

1. 根据养老院的情况和特点，策划一场能让大多数老年人参加的趣味运动会。

2. 依据方案组织与实施活动。观察记录老年人的活动表现，根据实际调整活动内容。

相关知识

扫一扫

一、老年竞赛活动的基本概念

（一）老年竞赛活动的含义

老年竞赛活动是指专门为老年人设计和组织的各种形式的竞技和娱乐活动，旨在丰富老年人的文化生活，增强他们的体质，促进身心健康，同时提供一个展示自我、交流经验的平台。这些活动通常包括体育比赛、文艺表演、智力游戏等多种形式，具有趣味性、参与性和社交性等特点。

（二）老年竞赛活动的特点

老年竞赛活动相较于其他年龄段的竞赛活动，具有一些独特的特点。这些特点主要体现在以下几个方面。

1. 参与群体的特殊性

老年竞赛活动的参与者主要是老年人，他们通常已经退休或即将退休，拥有更多的闲暇时间。由于年龄的增长，老年人的身体功能和反应速度可能有所下降，因此竞赛活动的设置需要充分考虑老年人的身体状况和体能特点，避免过于激烈或高风险的项目。

2. 竞技性与趣味性相结合

老年竞赛活动在注重竞技性的同时，也更加注重趣味性。这是因为老年人参与竞赛的目的更多是为了锻炼身体、享受乐趣和增进友谊，而不是追求名次和奖励。因此，竞赛项目的设置往往更加灵活多样，既有传统的竞技项目，也有适合老年人的趣味运动项目。

3. 注重安全与保健

老年人在参与竞赛活动时，安全和保健是至关重要的。组织者需要采取一系列措施来确保老年人的安全，如提供必要的医疗支持、设置紧急救援点、安排专人负责安全监督等。同时，竞赛项目也需要注重老年人的身体健康，避免过度劳累和受伤。

4. 强调团队合作与集体荣誉

老年竞赛活动往往更加注重团队合作和集体荣誉。老年人通过参与团队项目，可以增进彼此之间的了解和友谊，培养团队合作精神和集体荣誉感。这种团队精神不仅有助于提升竞赛水平，也有助于老年人的心理健康和社会适应能力。

5. 促进老年人的社会参与和身心健康

老年竞赛活动不仅为老年人提供了一个展示自己才华和竞技水平的平台，也促进了老年人的社会参与和身心健康。通过参与竞赛活动，老年人可以结交新朋友、拓展社交圈，同时也可以通过锻炼和比赛来保持身体健康和心理愉悦。

综上所述，老年竞赛活动具有参与群体的特殊性、竞技性与趣味性相结合，注重安全与保健，强调团队合作与集体荣誉，以及促进老年人的社会参与和身心健康等特点。这些特点使得老年竞赛活动成为老年人锻炼身体、享受乐趣和增进友谊的重要途径。

二、老年竞赛活动的分类

（一）按项目类型分类

1. 知识竞赛类

（1）健康知识竞赛：涉及养生、保健、营养饮食等方面的知识，参与者可以通过竞赛的方式对如何通过合理饮食维持身体健康、各种养生技巧和保健方式的应用等各类健康知识进行深入了解和学习。

（2）生活常识竞赛：此类竞赛涵盖了丰富的生活常识内容，包括日常生活的方方面面，如家居整理、安全防范等；同时，环保知识也是重要组成部分，如节能减排的具体措施、资源循环利用的方法等；还有垃圾分类相关内容，如不同垃圾的分类标准、投放要求等，都需要参赛者熟练掌握。

（3）历史文化竞赛：关于历史、文学、艺术等方面的知识问答。主要涉及历史中的重大事件、重要人物，文学作品的内涵与解读，以及艺术领域的独特风格和代表作品等方面的知识。参赛者需要在历史的海洋中穿梭，领略文学的魅力，感受艺术的熏陶，展现出对历史文化的深厚理解和认知。

2. 体育竞赛类

（1）棋牌类竞赛：棋牌类竞赛是一种深受老年人喜爱的益智休闲活动，具有广泛的参与性和娱乐性。这类活动不仅能够锻炼老年人的思维能力，还能促进身心健康，增强社交互动。棋牌类竞赛包括多种项目，如桥牌、扑克牌、象棋、跳棋、麻将、围棋、五子棋等。这些项目既适合个人比赛，也适合团体比赛。

（2）体育项目竞赛：体育项目竞赛同样是老年人生活中不可或缺的一部分，它不仅能够增强身体素质，还能促进心理健康和社交互动。与年轻人相比，老年人在选择体育项目时可能更注重安全性、低强度和高参与度。因此，适合老年人的体育项目竞赛通常包括散步、慢跑、太极拳、瑜伽、门球、乒乓球、羽毛球等。

3. 文化艺术竞赛类

（1）诗歌创作竞赛：鼓励老年人创作诗歌，表达自己的情感和思想。

（2）手工艺制作竞赛：包括陶艺、木工、刺绣等传统手工艺品的制作和展示。

4. 养生保健竞赛类

（1）养生知识问答赛：测试老年人对养生知识的掌握程度。

（2）健康讲座竞赛：老年人通过讲座形式分享自己的健康经验和保健方法。

5. 趣味竞赛类

（1）猜谜语大赛：举办谜语竞猜活动，锻炼老年人的思维能力和记忆力。

（2）定向寻宝赛：设计简单的寻宝游戏，让老年人在游戏中享受乐趣。

6. 生活技能竞赛类

（1）家庭园艺竞赛：比拼老年人的园艺技能，如盆栽种植、花园设计等。

（2）日常生活技能展示：如快速穿针引线、快速系鞋带等，展示老年人的生活技能。

7. 节日庆典竞赛类

（1）元宵节灯谜竞猜：结合元宵节的传统习俗，举办灯谜竞猜活动。

（2）国庆节歌唱比赛：在国庆节期间举办歌唱比赛，表达对祖国的热爱。

（二）按比赛形式分类

1. 个人赛

（1）个人才艺展示：如个人钢琴演奏、个人舞蹈表演等。

（2）个人记忆挑战赛：测试老年人的记忆能力，如记忆单词、数字等。

2. 团体赛

（1）合唱比赛：多个团队进行合唱表演，比拼团队的整体表现。

（2）团体操比赛：多个团队进行团体操表演，强调动作的整齐和协调。

通过这样的分类，养老机构或相关组织可以更好地策划和实施适合老年人的竞赛活动，确保活动内容丰富多样，满足不同老年人的兴趣和需求。

三、老年竞赛活动的功能

老年竞赛活动在促进老年人身心健康、社会参与和幸福感方面发挥着重要作用。

（一）促进身体健康

通过参与竞赛活动，老年人可以在适度的运动中增强体能，包括提高心肺功能、增强肌肉力量和灵活性等。适量的运动有助于预防老年人常见的慢性疾病，如高血压、糖尿病、骨质疏松等。参与竞赛活动可以帮助老年人建立规律的运动习惯，进而改善睡眠质量。

（二）提升心理健康

竞赛活动为老年人提供了一个释放压力、缓解焦虑的出口，有助于他们保持心理平衡。通过参与竞赛并取得成绩，老年人可以感受到自己的价值和能力，从而增强自信心。竞赛活动为老年人提供了与其他同龄人交流和互动的机会，有助于他们建立新的社交关系，减少孤独感。

（三）增进社会参与

老年竞赛活动有助于老年人更好地融入社会，了解最新的社会动态和流行趋势。老年人的积极参与可以激发社会的活力和创造力，为社区和社会的发展作出贡献。通过参与传统体育竞赛等活动，老年人可以传承和弘扬传统文化，增强民族认同感和文化自信心。

（四）提升幸福感

在竞赛中取得成绩或贡献自己的力量，可以使老年人感受到自己的价值和重要性，从而提升幸福感。竞赛活动本身具有趣味性和挑战性，老年人可以在参与过程中享受比赛的乐趣和成就感。老年人的积极参与也可以带动家庭成员的参与和支持，增进家庭成员之间的沟通和理解，从而营造和谐的家庭氛围。

综上所述，老年竞赛活动在促进老年人身心健康、社会参与和幸福感方面发挥着重要作用。因此，我们应该积极鼓励和支持老年人参与竞赛活动，为他们提供更多的机会和资源，让他们在晚年生活中保持活力和快乐。

四、老年竞赛活动策划

（一）活动目的确定的主要流程及要求

1. 需求调研

设计问卷或进行访谈，了解老年人的兴趣、特长和期望的活动项目。与社区工作人员、老年活动中心等合作，获取相关信息和建议。

2. 目标设定

根据调研结果，确定活动的核心目标，如促进健康、丰富文化生活、增强社交等。明确活动的次要目标，如提高某项技能、传承文化等。

3. 可行性研究

评估活动的资源需求，包括场地、资金、人员等。分析潜在的风险和挑战，如安全、天气、参与度等。

4. 制订方案

基于上述步骤，制订详细的活动策划方案，包括活动名称、时间、地点、内容、预算等。确定活动的评估指标，如参与人数、满意度、影响力等。

在整体设置上，活动目的要具体、明确，具有可操作性和可衡量性。要充分考虑老年人的特点和需求，确保活动对他们有吸引力。活动方案要经过多方论证和审核，确保其可行性和安全性。

（二）活动内容设计要求

1. 针对性

（1）考虑年龄特点：根据老年人的身体功能和认知能力，设计适合他们的竞赛项目和活动内容。例如，避免过于激烈或复杂的运动项目，选择适合老年人体力和耐力的活动，如太极拳比赛、门球比赛等。

（2）结合兴趣爱好：关注老年人的兴趣爱好，开展他们感兴趣的竞赛活动。如喜欢文艺的老年人可以参加歌唱比赛、舞蹈比赛；喜欢手工制作的老年人可以参加手工技艺大赛等。

2. 趣味性

（1）多样化的竞赛形式：采用多种竞赛形式，增加活动的趣味性和吸引力。例如，除了传统的个人赛和团体赛外，还可以设置亲子赛、夫妻赛等形式，让老年人与家人一起参与，增进家庭和谐。

（2）创新的活动环节：在活动中融入一些新颖的元素和环节，如趣味游戏、互动表演等。例如，在书法比赛中加入现场创作环节，让参赛老年人根据给定的主题进行创作，增加活动的趣味性和挑战性。

3. 教育性

（1）知识讲座与培训：在竞赛活动前或活动期间，安排相关的知识讲座和培训，帮助老年人提高技能水平和知识素养。例如，举办健康养生讲座、文化艺术鉴赏讲座等。

（2）传播正能量：通过竞赛活动，传播积极向上的价值观和生活理念，鼓励老年人积极乐观地面对生活。例如，在活动中设置一些主题演讲或分享环节，让老年人讲述自己的生活经验和人生感悟。

（三）活动时间安排要求

1. 合理性

（1）考虑老年人的作息时间：避免在老年人休息时间或用餐时间安排活动，一般选择在 9：00—11：00 或 14：30—16：30 为宜。这样既不会影响老年人的正常生活，又能让他们有足够的精力参与活动。

（2）合理安排活动时长：根据竞赛项目和老年人的体力状况，合理确定每个项目的比赛时间和整个活动的持续时间。一般来说，单个项目的比赛时间不宜过长，以免老年人疲劳；整个活动最好在一天内完成，避免拖延。

2. 灵活性

（1）预留调整空间：在活动时间安排上，要预留一定的弹性时间，以应对突发情况或不可预见的事件。例如，如果遇到恶劣天气或设备故障，可以及时调整活动时间或安排替代项目。

（2）适应老年人的节奏：尊重老年人的行为习惯和节奏，不要过于紧凑地安排活动。在各个环节之间可以适当安排休息时间，让老年人有时间放松和调整状态。

（四）活动物品使用要求

1. 安全性

（1）确保物品质量：购买和使用符合安全标准的活动物品，如竞赛器材、道具、奖品等。对于存在安全隐患的物品，要及时进行检查和更换。

（2）正确使用物品：向老年参与者详细介绍活动物品的正确使用方法，避免因使用不当造成安全事故。例如，在使用电器设备时，要指导老年人正确操作，防止触电事故的发生。

2. 适用性

（1）符合老年人特点：选择适合老年人使用的物品，考虑他们的身体状况和使用习惯。例如，为视力不好的老年人提供大字号的宣传资料和指示牌；为听力不好的老年人配备清晰的麦克风和音响设备。

（2）便于操作和维护：活动物品应易于操作和维护，避免过于复杂或烦琐的设计。同时，要安排专人负责物品的管理和维护，确保其正常使用。

3. 环保性

（1）选择环保材料：在条件允许的情况下，尽量选择环保材料制作活动物品，减少对环境的污染。例如，使用可回收的纸张制作宣传海报，使用环保袋发放奖品等。

（2）节约资源：合理控制活动物品的使用量，避免浪费。对于可重复使用的物品，要及时回收和再利用。

（五）工作人员要求

1. 专业素养

（1）具备相关知识和技能：工作人员应具备与老年竞赛活动相关的知识和技能，如活动策划、组织协调、裁判工作等。对于特定领域的竞赛，如书法、绘画等，工作人员还应具备一定的专业鉴赏能力。

（2）熟悉老年人特点：了解老年人的生理和心理特点，能够与他们进行有效的沟通和交流。在工作中，要尊重老年人的意愿和需求，耐心解答他们的问题。

2. 服务意识

（1）热情周到的服务：工作人员要以热情、友好的态度为老年参与者提供服务，帮助他们解决遇到的困难和问题。在活动现场，要主动引导老年人入座、参赛，及时为他们提供饮用水和休息设施。

（2）关注细节：注重工作中的细节，如活动现场的布置、物品的准备等。要确保活动现场整洁、美观，物品摆放整齐有序，为老年参与者营造一个舒适的环境。

3. 责任心

（1）认真履行职责：工作人员要严格遵守活动的各项规定和流程，认真履行自己的职责。在比赛过程中，要确保裁判公正，工作人员坚守岗位，不得擅自离岗或做与工作无关的事情。

（2）保障活动安全：将老年人的安全放在首位，加强对活动现场的安全管理。工作人员要时刻关注老年人的身体状况和行为安全，发现异常情况要及时采取措施进行处理。

（六）活动流程的主要内容

1. 开场环节

（1）主持人致辞：介绍活动的目的、意义、参赛人员和评委等基本情况，欢迎老年参与者的到来。

（2）领导讲话：邀请相关领导出席活动并讲话，表达对老年竞赛活动的关心和支持。

（3）嘉宾表演：安排一些与活动主题相关的嘉宾表演，如文艺节目、体育展示等，营造热烈的氛围。

2. 竞赛环节

（1）初赛：根据报名人数和竞赛项目，将参赛人员分成若干小组进行初赛。初赛可以采用淘汰赛制或积分制，选拔出优秀的选手进入复赛。

（2）复赛：初赛晋级的选手进行复赛，进一步选拔出更优秀的选手进入决赛。复赛的难度和要求可以适当提高，以考验选手的实力和水平。

（3）决赛：复赛胜出的选手进入决赛，争夺最终的胜利。决赛是活动的高潮部分，要确保公平、公正、公开，吸引观众的关注。

3. 颁奖环节

（1）宣布获奖名单：根据比赛结果，主持人宣布获奖名单，包括一等奖、二等奖、三等奖及优秀奖等。

（2）颁奖仪式：邀请领导和嘉宾为获奖选手颁发荣誉证书和奖品，对他们表示祝贺和鼓励。颁奖仪式要庄重、热烈，增强获奖选手的荣誉感。

（3）合影留念：组织获奖选手、工作人员和嘉宾进行合影留念，记录这一难忘的时刻。

4. 结束环节

（1）主持人总结：主持人对活动进行总结，感谢老年参与者的积极参与和付出，感谢工作人员的辛勤努力和协作。

（2）清理现场：工作人员清理活动现场，收拾物品和垃圾，恢复场地原状。确保活动现场整洁干净，不留安全隐患。

五、老年竞赛活动组织与实施

（一）老年竞赛活动组织的基本要求

1. 安全保障

老年人的身体状况相对较弱，在组织活动时，安全是首要考虑的因素。场地选择要确保地面平整、无障碍物，避免滑倒、绊倒等意外事故的发生。活动器材和道具必须符合安全标准，定期检查和维护，保证其安全性。配备必要的医疗急救设备和人员，以便在突发情况下能够及时处理。

2. 健康关注

考虑到老年人可能存在的慢性疾病或身体不适，活动安排应避免过度劳累和激烈运动。在活动前，了解参赛老年人的健康状况，对有特殊需求的老年人提供相应的照顾和安排。活动现场应提供充足的饮用水和休息区域，确保老年人在活动过程中能够随时补充水分和休息。

3. 心理关怀

老年人的情感需求同样重要，在活动中应营造温馨、和谐的氛围。鼓励老年人积极参与，增强他们的自信心和成就感。避免过度竞争带来的压力，让老年人在轻松愉快的氛围中享受活动的乐趣。

4. 灵活适应

老年人的学习和接受能力可能相对较弱，因此在活动规则和要求的传达上要清晰、简洁。对于复杂的活动内容，可以提供示范或练习的机会，让老年人逐步掌握。根据老年人的反馈和实际情况，及时调整活动难度和进度，确保活动顺利进行。

5. 尊重与理解

尊重老年人的个人意愿和选择，不强迫他们参与不愿意参加的活动。理解老年人的生活习惯和个性特点，提供个性化的服务和照顾。对于出现的问题和困难，要耐心倾听老年人的诉求，积极寻找解决方案。

6. 社交互动

竞赛活动不仅是展示才华的平台，也是老年人社交互动的重要机会。组织活动时要创造良好的社交氛围，鼓励老年人之间的交流与合作。可以设置一些团队项目或互动环节，增强老年人之间的沟通与联系。

7. 公平公正

竞赛活动必须保证公平、公正、公开的原则，让老年人在平等的基础上参与竞争。评委的选择要公正，评分标准要明确、客观。对于比赛结果，要及时公布并给予认可和奖励，让老年人感受到自己的努力得到了回报。

（二）老年竞赛活动的组织技巧

1. 成立和组建组委会

为了确保活动顺利进行，首先需要组建一个由多方代表参与的组委会。这个组委会应包括主办方、承办方及协办方等各方力量。主办方通常负责提供活动的资金支持和总体指导；承办方具体负责活动的策划、组织和执行；协办方可以在场地提供、物资支持、宣传推广等方面给予协助。通过这样的多方合作，能够确保活动筹备过程中的各个环节都得到妥善安排，为活动的成功举办奠定坚实基础。

2. 明确组委会的组成与职责分工

在组建完组委会后，接下来要确定各成员的具体职责和分工。这包括但不限于活动策划、宣传推广、场地布置、设备调试、安全保障、裁判选拔与培训、奖品购置与发放等多个方面。每一个环节都需要有专人负责，以确保工作的高效推进。

3. 明确竞赛类型和赛制

考虑到老年群体的特殊需求及兴趣爱好，在设计竞赛内容时应充分考虑到他们的身体状况和个人喜好。可以选择一些适合老年人参与的项目，如书法比赛、绘画比赛、歌唱比赛、舞蹈比赛、象棋比赛、乒乓球比赛、知识竞赛、趣味运动会等。同时，还需要制订详细的赛制规则，包括但不限于比赛的具体操作方法、评分标准及晋级制度等，确保每位参赛者都能清楚了解如何参与并争取好成绩。

4. 参赛条件与报名政策

为了保证比赛的公平性和专业性，需要事先设定好参赛人员的基本要求，如年龄范围（一般建议 60 岁以上）、健康状况（需医生证明无重大疾病）等。此外，还需明确报名时间、方式（线上或线下），是否需要缴纳报名费（如有），以及提交哪些资料来完成注册过程。这些信息应该尽早公布，以便有意参加者提前做好准备。

5. 竞赛前期宣传工作

一个成功的活动离不开广泛的宣传支持。可以通过多种渠道来推广此次活动，包括但不限于通过社交媒体平台（微信公众号、微博等）、传统媒体（报纸、电视台）、社区公告栏等方式发布相关信息。同时，也可以组织志愿者团队深入小区开展面对面交流活动，吸引更多人的关注和支持。

6. 竞赛纪律及控制

为确保比赛过程秩序井然，必须制订一套严格的规章制度，并设立专门的监督机构——比赛控制中心，其职责主要包括维护现场秩序、处理突发状况等。所有参赛选手都应当遵守相关规定，否则将取消资格。

7. 裁判员与现场执裁

裁判员的选择至关重要，他们不仅需要具备相关领域的专业知识，还要有良好的职业道德和服务意识。因此，在正式上任前应对他们进行集中培训，使其熟悉本次比赛的具体规则及评判标准。比赛中，裁判员要保持中立客观的态度，公正裁决每一轮次的成绩。

8. 竞赛的新闻报道

邀请当地主流媒体机构参与到活动中来，通过图文并茂的形式记录下整个赛程中的精彩瞬间和感人故事。这样不仅可以增加活动的曝光度，还能让更多人了解到老年朋友积极向上的精神风貌。

9. 开幕、闭幕流程

开幕式是整个活动的重要组成部分，它标志着一场盛大赛事的开始。因此，需要精心策划每一个细节，如领导致辞、参赛队伍入场仪式、升国旗唱国歌、正式启动等环节都要安排得当。同样地，闭幕式也是不可或缺的一部分，除了颁发各项大奖外，还可以穿插一些文艺表演或健康讲座等内容，使整个活动更加丰富多彩。

10. 提前发出比赛通知和秩序册

为了让每位参与者都能够充分准备好迎接挑战，组委会应当尽早向外界发布有关比赛的具体信息，包括但不限于时间、地点、规则说明、日程安排等关键要素。此外，还可以编制一份详尽的秩序册，分发给每位报名者，帮助他们更好地理解整个流程。

11. 主持人的大致程序

一位优秀的主持人对于提升活动现场气氛起着至关重要的作用。因此，在挑选合适人选的同时也要为其准备一份详细的台词脚本，涵盖开场白、各个阶段的介绍词、串场语等内容。主持人不仅要具备良好的表达能力，更要拥有灵活应变的能力，以应对可能出现的各种情况。

12. 比赛结果公布及奖品（奖金）发放

在所有项目结束后，应及时统计最终排名并对外公开宣布。随后举行的颁奖典礼则是对优胜者辛勤付出的最好回报。可以邀请领导或社会名人作为颁奖嘉宾出席，以此增强仪式感。

13. 做好收尾工作

活动结束，对工作人员来说并不意味着任务已经结束。相反地，还有许多后续事宜等待工作人员处理。首先是清理现场，恢复原状；其次是归还租借来的器材物品；最后是对本次活动进行全面总结反思，收集各方反馈意见，为下一次举办类似活动积累宝贵的经验教训。

活动举例

“健康夕阳，乐享竞技”趣味运动会活动方案

活动背景

随着社会的发展，老年人的健康和幸福成为社会关注的焦点。为了丰富老年人的业余生活，提高他们的身体素质，增进彼此间的交流，特举办此次趣味运动会。

活动目的

1. 通过趣味运动项目，提高老年人的身体素质和协调能力。
2. 增进老年人之间的交流与互动，促进养老院内的友谊与团结。
3. 让老年人在轻松愉快的氛围中享受运动的乐趣，感受生活的多姿多彩。

活动主题

“健康夕阳，乐享竞技”。

组织单位

阳光养老中心。

活动时间

××××年××月××日 14：30—16：00。

活动地点

阳光养老中心户外活动室。

参加人员

养老院老年人、活动部、护理部、后勤部、办公室工作人员。

活动流程

1. 活动前

（1）评估养老院内老年人的身体情况，根据身体情况确定大多数人可以参加的体育项目，如趣味套圈、打保龄球、乒乓竞走、投筷进瓶等。

（2）利用院内宣传栏进行宣传。拟定通知护理部进行宣传，参赛人员统一到活动部报名，活动部最终对参加活动的老年人进行汇总登记。

（3）准备活动所需要的物品及奖品。

（4）活动部拟定比赛项目游戏规则，统一指导、培训参赛人员进行训练、学习。

①趣味套圈：

物资准备：套圈 10 个，圆形柱 1 个，红色透明胶带 1 卷。

距离：2 m。

比赛规则：每人只有 1 次机会，10 个圈，投中 1 个得 2 分，总分 20 分。脚不能越线，越线犯规，当次成绩作废。

②打保龄球：

物资准备：保龄球 10 个，圆形球 1 个，红色透明胶带 1 卷。

距离：2 m。

比赛规则：推球冲击保龄球，推倒 1 个保龄球得 2 分，10 个保龄球共 20 分，每人 3 次推球机会，脚不能越线，越线犯规，当次成绩作废。

③乒乓竞走：

物资准备：乒乓球 10 个，脸盆 2 个，桌子 1 张。

比赛规则：桌上并排放置 2 个盛满水的脸盆，在离参赛者最近的盆内放置 10 个乒乓球，参赛者需在 2 分钟内把乒乓球从一个盆内吹至另一个盆内，转移 1 个得 2 分，10 个球共 20 分。只能嘴吹，不可用手，犯规者不得分，掉出者不得分，超时者不得分。

④投筷进瓶：

物资准备：矿泉水瓶 10 个，筷子 10 根，桌子 1 张。

比赛规则：放置一张桌子，桌子一面站着参赛者，另一面放置一个矿泉水瓶，参赛者将筷子拿起至桌面高度，然后将筷子投入水瓶内，投入 1 根得 2 分，10 根共 20 分，每人 1 次机会。高度不够者不得分。

（5）邀请裁判及人员分工。

（6）场地布置。

2. 活动中

（1）11：00—13：30：布置场地、安排桌椅。

（2）14：00—14：20：老年人入场。

（3）14：20—14：30：开幕式（主持人开场、领导致辞、主持人介绍游戏规则、比赛正式开始）。

（4）14：30—14：45：趣味套圈。

（5）14：45—15：00：打保龄球。

（6）15：00—15：15：乒乓竞走。

（7）15：15—15：30：投筷进瓶。

（8）15：30—16：00：闭幕仪式（颁奖仪式），颁发各项奖品，送老年人离场。

3. 活动后

（1）志愿者协助护理人员送老年人回房间。

（2）其他部门员工搬运桌椅，归还物品。

（3）清扫场地。

（4）收集照片、视频并转发至家属群。

（5）撰写新闻稿，发布在微信公众号内。

（6）总结活动并上报。

人员安排

1. 活动部

（1）负责比赛场地布置，准备话筒 2 支。

（2）播放音乐，负责拍照人员 1 名。

2. 护理部

（1）负责组织老年人参与活动及照看场上老年人的安全。

（2）演出结束后，负责老年人安全离场。

3. 医务部

安排 1 名医务人员负责场上的医疗服务。

其他注意事项

1. 活动工作人员必须服从总指挥和总调度，保持手机通信畅通。

2. 活动工作人员必须严格遵守活动安排，按时完成工作任务。

3. 宣传工作做到位，确保参与人数。

4. 确保活动准备充分。

5. 活动过程中注意现场情况，维持现场秩序。

6. 活动工作人员必须尽心尽责。

7. 活动期间确保老年人安全。

【练习题】

一、单项选择题（在每小题给出的四个选项中，只有一项是符合题目要求的，请将所选答案的字母填写在括号内）

1. 以下哪项不是老年竞赛活动的主要目的？（　　）

A. 提高老年人的身体素质　　B. 增强老年人的社交能力

C. 选拔优秀老年人才　　D. 丰富老年人的精神文化生活

答案：C

解析：老年竞赛活动的核心目的是促进老年人身心健康、丰富精神文化生活及增强社交能力，而非“选拔优秀老年人才”。A 选项（提高身体素质）、B 选项（增强社交能力）、D 选项（丰富精神文化生活）均符合老年活动的目标，而 C 选项属于竞技性选拔，与老年活动的公益性和服务性定位不符。综上，答案为 C。

2. 在策划老年竞赛活动时，首要考虑的因素应是（　　）。

A. 活动的创新性　　B. 老年人的身体状况

C. 活动的难度水平　　D. 活动的参与人数

答案：B

解析：策划老年活动时，安全性和适老性是首要原则。老年人的身体状况直接影响活动强度、时长和项目选择，需优先考量。其他选项（创新性、难度、参与人数）虽重要，但均需以“保障老年人安全与健康”为前提。综上，答案为B。

3. 下列哪项活动不适合作为老年竞赛活动？（　　）。

A. 广场舞比赛　　B. 棋类比赛

C. 马拉松比赛　　D. 书法比赛

答案：C

解析：马拉松比赛对体能要求极高，存在心肺负荷过大、关节损伤等风险，不适合老年人参与。而广场舞、棋类、书法均为低强度、高趣味性的活动，符合老年人的身心特点。综上，答案为C。

4. 老年竞赛活动的组织过程中，以下哪项不是关键环节？（　　）

A. 活动宣传与报名　　B. 场地布置与设备准备

C. 活动执行与现场管理　　D. 活动结束后的财务结算

答案：D

解析：活动结束后的财务结算属于常规流程，并非“关键环节”。关键环节包括前期宣传与报名（吸引参与）、场地布置与设备准备（基础保障）、活动执行与现场管理（直接影响体验），而财务结算更多是后续事务性工作。综上，答案为D。

5. 以下哪种方式不利于提高老年竞赛活动的参与度？（　　）

A. 增加活动奖励　　B. 降低活动难度

C. 强化活动的竞争性　　D. 优化活动的组织流程

答案：C

解析：强化竞争性会加剧老年人的心理压力，甚至导致退缩行为。提高参与度的正确方式应是适度奖励（A）、降低难度（B）、优化流程（D），以鼓励参与而非强调竞争。综上，答案为C。

二、判断题（正确的请在答题括号中画√，错误的画 ×）

1. 老年竞赛活动的策划应充分考虑老年人的身心特点，避免过于激烈的竞技项目。（　　）

答案：√

解析：老年竞赛活动需遵循“安全第一”原则，避免剧烈对抗或高强度项目（如马拉松、篮球赛），优先选择温和、趣味性强的活动（如太极拳、门球）。

2. 为了吸引更多老年人参与竞赛活动，可以随意增加活动的奖励金额。（　　）

答案：×

解析：奖励金额需合理设定，过度物质化可能偏离活动的初衷（如社交、健康），甚至引发攀比心理。奖励应以精神鼓励为主（如荣誉证书、纪念品）。

3. 老年竞赛活动的组织者不需要关注参与者的健康状况。（　　）

答案：×

解析：组织者需全程关注参与者的健康状况，如提前了解病史、配备医疗人员、设置应急措施，确保活动安全。

4. 活动宣传是老年竞赛活动成功的关键之一，有效的宣传可以吸引更多参与者。(　　)

答案：√

解析：有效的宣传需针对老年人习惯的渠道（如社区公告栏、口头通知），清晰传达活动的内容、时间、参与方式，直接决定活动吸引力。

5. 老年竞赛活动的策划与组织过程中，可以忽略参与者的反馈意见。(　　)

答案：×

解析：参与者的反馈是优化活动的重要依据，如调整规则、改进流程、增设服务，忽略反馈可能导致活动脱离实际需求。

三、论述题

●请列举至少 3 项适合老年人参与的竞赛活动项目，并说明其益处。

1. 太极拳比赛

太极拳比赛的特点为动作温和、竞技性适中，既可个人展示，也可团队编排，增强参与感。太极拳比赛的益处如下。①提升身体平衡与柔韧性：太极拳的动作缓慢且注重重心转移，能有效锻炼下肢力量和身体协调性，降低跌倒风险。②促进心血管健康：持续练习可增强心肺功能，改善血液循环，预防高血压等老年常见病。③调节情绪与减压：结合呼吸与意念的练习有助于缓解焦虑，提升心理韧性。

2. 门球比赛

门球比赛的特点为规则简单易学，兼具竞技趣味性与安全性。门球比赛的益处如下。①强化肢体协调与反应能力：击球、走位需要手眼配合与策略判断，能延缓身体功能退化。②锻炼团队合作与社交：门球比赛作为集体项目，需分工协作，促进老年人互动交流，减少孤独感。③安全、低强度：门球比赛场地平坦，运动量可控，对关节压力小，适合高龄或体力较弱者。

3. 书法或绘画比赛

书法或绘画比赛的特点是可久坐或借助辅助工具站立创作，适应不同身体状况。书法或绘画比赛的益处如下。①精细动作训练：运笔、调色等动作可锻炼手部灵活性，预防肌肉萎缩或关节僵硬。②专注力与认知维护：创作过程需要集中注意力，有助于延缓认知衰退，激发创造力。③情感表达与成就感：通过作品展现个人情怀，获得社会认可，提升自我价值感。

四、设计题

●设计一个小型的老年竞赛活动方案，包括活动名称、目标定位、项目设置、参与对象、时间、地点、组织流程等内容。

1. 活动名称

需体现主题与老年特色，如“艺韵银龄 · 岁月如歌大赛”，融合艺术性与年龄特征。

2. 目标定位

以“展示才艺、促进交流、提升幸福感”为核心，兼顾激发社会对老年群体的关注。

3. 项目设置

（1）文艺类：合唱、戏曲演唱、诗词朗诵（突出文化传承）。

（2）技艺类：书法绘画、手工制作、太极表演（强调传统技艺）。

（3）趣味类：益智拼图、团队猜谜（注重脑力与协作，避免剧烈运动）。

4. 参与对象

参与对象明确为社区 60 岁以上老年人，需身体健康且自愿报名，可设置少量家属助演环节。

5. 时间及地点

选择周末上午（2 ~ 3 小时），于社区活动中心举办，便于老年人抵达且场地设施完善。

6. 组织流程

（1）筹备期：提前 1 周宣传招募，分组排练。

（2）活动日：签到→开幕式→分组竞赛→颁奖→合影。

（3）细节：志愿者全程引导，设置医疗应急点，采用“积分制”减少竞争压力。

7. 亮点设计

穿插“年代故事分享”环节，邀请观众投票，增强代际互动与情感共鸣。

［附 1］

简版老年抑郁量表（GDS-15）

简版老年抑郁量表（GDS-15）是一种常用的评估老年人抑郁症状的工具。该量表询问被测试者过去 1 周的情况，并根据其回答情况进行评分。

评估内容包括以下几个方面。

1. 您对您的生活基本上满意吗？是 =0；否 =1
2. 您是否常感到厌烦？是 =1；否 =0
3. 您是否常常感到无论做什么都没有用？是 =1；否 =0
4. 您是否比较喜欢待在家里而较不喜欢外出及不喜欢做新的事？是 =1；否 =0
5. 您是否感到您现在的生活没有价值？是 =1；否 =0
6. 您是否减少很多的活动和嗜好？是 =1；否 =0
7. 您是否觉得您的生活很空虚？是 =1；否 =0
8. 您是否大部分时间精神都很好？是 =0；否 =1
9. 您是否害怕将有不幸的事情发生在您身上？是 =1；否 =0
10. 您是否大部分时间都感到快乐？是 =0；否 =1
11. 您是否觉得您比大多数人有较多记忆的问题？是 =1；否 =0
12. 您是否觉得“现在还能活着”是很好的事情？是 =0；否 =1
13. 您是否觉得精力充沛？是 =0；否 =1
14. 您是否觉得您现在的情况是没有希望？是 =1；否 =0
15. 您是否觉得大部分的人都比您幸福？是 =1；否 =0

计分说明：量表共 15 个条目，每一句话代表 1 个条目，要求受试者回答“是”或“否”。1、8、10、12、13 答“否”者记 1 分，其他题答“是”者记 1 分。最高分为 15 分，分数越高，表示抑郁症状越明显，分数≥ 8 分为有抑郁症状。

根据被测试者的回答情况，可以得出相应的得分。如果得分较高，说明被测试者可能存在抑郁症状，需要及时进行干预和治疗。

[附 2]

焦虑自评量表（SAS）

姓名：　　　性别：　　　年龄：　　　病历号：

下面有 20 条文字，请仔细阅读每一条，把意思理解明白，然后根据您最近 1 周的实际感觉，在分数栏 1 ~ 4 分下选择与你的情况相符的打“√”。每道题不要花费太久思考，凭第一印象回答。目前主要的情绪和躯体症状的自评请根据自觉症状的程度选择。评定时间为过去 1 周内或现在（表 6–3–1）。

表 6–3–1　焦虑自评量表

评定项目	没有或很少有	有时有	大部分时间有（经常有）	绝大多数时间有
1. 我感到比往常更加神经过敏和焦虑	1	2	3	4
2. 我无缘无故感到担心	1	2	3	4
3. 我容易心烦意乱或感到恐慌	1	2	3	4
4. 我感到我的身体好像被分成几块，支离破碎	1	2	3	4
*5. 我感到事事都很顺利，不会有倒霉的事情发生	4	3	2	1
6. 我的四肢抖动和震颤	1	2	3	4
7. 我因头痛、颈痛、背痛而烦恼	1	2	3	4
8. 我感到无力且容易疲劳	1	2	3	4
*9. 我感到很平静，能安静坐下来	4	3	2	1
10. 我感到我的心跳较快	1	2	3	4
11. 我因阵阵的眩晕而不舒服	1	2	3	4
12. 我有阵阵要昏倒的感觉	1	2	3	4
*13. 我呼吸时进气和出气都不费力	4	3	2	1
14. 我的手指和脚趾感到麻木和刺痛	1	2	3	4
15. 我因胃痛和消化不良而苦恼	1	2	3	4
16. 我必须时常排尿	1	2	3	4
*17. 我的手总是很温暖而干燥	4	3	2	1
18. 我觉得脸发热发红	1	2	3	4
*19. 我容易入睡，晚上休息很好	4	3	2	1
20. 我做噩梦	1	2	3	4

1. 适用对象

SAS 适用于具有焦虑症状的成年人。同时，它与抑郁自评量表（self–rating depression scale,

SDS）一样，具有较广泛的适用性。

2. 评定方法及注意事项

（1）评定方法：在自评者评定之前，要让他把整个量表的填写方法及每条问题的含义都理解明白，然后做出独立的、不受任何人影响的自我评定。

在开始评定之前，先由工作人员指着 SAS 量表告诉他：下面有 20 条文字，请仔细阅读每一条，把意思理解明白，然后根据您最近 1 周的实际情况，在适当的方格里打钩（√）。每一条文字后有 4 个方格，分别代表没有或很少（发生）、小部分时间（发生）、相当多时间（发生）、绝大部分或全部时间（发生）。

如果评定者的文化程度太低，不能理解或看不懂 SAS 问题内容，可由工作人员念给他听，逐条念，让评定者独立地自己做出评定。一次评定，一般可在 10 分钟内填完。

（2）注意事项：

①评定的时间范围，应强调是“现在或过去 1 周”。

②在评定结束时，工作人员应仔细地检查一下自评结果，应提醒自评者不要漏评某一项目，也不要在相同项目里打 2 个钩（即不要重复评定）。

③ SAS 应在开始治疗前由自评者评定一次，然后至少应在治疗后（或研究结束时）再让他自评一次，以便通过 SAS 总分变化来分析自评者症状的变化情况。如在治疗期间或研究期间评定，其间隔可由研究者自行安排。

3. 结果分析

计分与解释：①评定采用 1 ~ 4 分制计分。②把 20 题的得分相加得总分，把总分乘以 1.25，四舍五入取整数，即得标准分。③焦虑评定的分界值为 50 分，50 ~ 59 分为轻度焦虑，60 ~ 69 分为中度焦虑，70 分以上为重度焦虑。分值越高，焦虑倾向越明显。

必须着重指出，SAS 的 20 个项目中，5、9、13、17、19 条共 5 个项目的计分必须反向计算。

适应证：①反复因头痛、颈痛、背痛、腰痛和四肢疼痛在综合医院有关科室就诊，临床查体和实验室检查结果未提示器质性病变者。②因焦虑、恐惧、疑病、抑郁等精神因素所致的慢性疼痛者。③各种原因引起的慢性全身疼痛者。④紧张型头痛者。⑤偏头痛者。

禁忌证：①心肌梗死发作期或发作后伴有严重心律失常或心力衰竭患者。②主要脏器的严重疾患，如肝、肾功能不全患者，呼吸衰竭患者，脑出血、脑梗死患者，糖尿病病情不稳定的患者。③精神分裂症发作期者。④严重智力缺陷，不配合检查者。

[附 3]

UCLA 孤独感量表

*1. 你常感到与周围人的关系和谐吗？（　　）

A. 从不（4 分）　B. 很少（3 分）　C. 有时（2 分）　D. 一直（1 分）

2. 你常感到缺少伙伴吗？（　　）

A. 从不（1 分）　B. 很少（2 分）　C. 有时（3 分）　D. 一直（4 分）

3. 你常感到没人可以信赖吗？（　　）

A. 从不（1 分）　B. 很少（2 分）　C. 有时（3 分）　D. 一直（4 分）

4. 你常感到寂寞吗？（　　）

A. 从不（1 分）　B. 很少（2 分）　C. 有时（3 分）　D. 一直（4 分）

*5. 你常感到属于朋友们中的一员吗？（　　）

A. 从不（4 分）　B. 很少（3 分）　C. 有时（2 分）　D. 一直（1 分）

*6. 你常感到与周围的人有许多共同点吗？（　　）

A. 从不（4 分）　B. 很少（3 分）　C. 有时（2 分）　D. 一直（1 分）

7. 你常感到与任何人都不亲密了吗？（　　）

A. 从不（1 分）　B. 很少（2 分）　C. 有时（3 分）　D. 一直（4 分）

8. 你常感到你的兴趣和想法与周围的人不一样吗？（　　）

A. 从不（1 分）　B. 很少（2 分）　C. 有时（3 分）　D. 一直（4 分）

*9. 你常感到想要与人来往、结交朋友吗？（　　）

A. 从不（4 分）　B. 很少（3 分）　C. 有时（2 分）　D. 一直（1 分）

*10. 你常感到与人亲近吗？（　　）

A. 从不（4 分）　B. 很少（3 分）　C. 有时（2 分）　D. 一直（1 分）

11. 你常感到被人冷落吗？（　　）

A. 从不（1 分）　B. 很少（2 分）　C. 有时（3 分）　D. 一直（4 分）

12. 你常感到你与别人来往毫无意义吗？（　　）

A. 从不（1 分）　B. 很少（2 分）　C. 有时（3 分）　D. 一直（4 分）

13. 你常感到没有人很了解你吗？（　　）

A. 从不（1 分）　B. 很少（2 分）　C. 有时（3 分）　D. 一直（4 分）

14. 你常感到与别人隔开了吗？（　　）

A. 从不（1 分）　B. 很少（2 分）　C. 有时（3 分）　D. 一直（4 分）

*15. 你常感到当你愿意时就能找到伙伴吗？（　　）

A. 从不（4 分）　B. 很少（3 分）　C. 有时（2 分）　D. 一直（1 分）

*16. 你常感到有人真正了解你吗？（　　）

A. 从不（4 分）　B. 很少（3 分）　C. 有时（2 分）　D. 一直（1 分）

17. 你常感到羞怯吗？（　　）

A. 从不（1 分）　B. 很少（2 分）　C. 有时（3 分）　D. 一直（4 分）

18. 你常感到有人围着你但并不关心你吗？（　　）

A. 从不（1 分）　B. 很少（2 分）　C. 有时（3 分）　D. 一直（4 分）

*19. 你常感到有人愿意与你交谈吗？（　　）

A. 从不（4 分）　B. 很少（3 分）　C. 有时（2 分）　D. 一直（1 分）

*20. 你常感到有人值得你信赖吗？（　　）

A. 从不（4 分）　B. 很少（3 分）　C. 有时（2 分）　D. 一直（1 分）

得分统计方法：A=1 分，B=2 分，C=3 分，D=4 分。其中，1、5、6、9、10、15、16、19、20 为反序计分，也就是 A=4 分、B=3 分、C=2 分、D=1 分。最后把所得分数加起来。44 分以上：高度孤独；39 ~ 44 分：一般偏上孤独；33 ~ 38 分：中间水平；28 ~ 32 分：一般偏下孤独；28 分以下：低度孤独。

项目七

老年节庆活动策划与组织

学习目标

素质目标

1. 增强关爱老年人意识，养成主动提供优质服务习惯。
2. 培养文化传承与弘扬优秀传统文化意识。
3. 提高团队合作及协作与沟通素养。

知识目标

1. 理解老年生日会、传统节日、茶话会活动的含义、分类和特点。
2. 掌握老年节庆活动策划与实施要点，助力活动策划与组织。
3. 了解老年节庆活动组织知识，掌握沟通和急救知识。

能力目标

1. 能够依据老年节庆活动特点独立撰写策划方案。
2. 能够策划并组织老年节庆活动，合理调配资源，运用技巧调动老年人的积极性，保障活动开展。
3. 能够收集分析数据评价效果，依结果改进优化活动质量。

知识导读

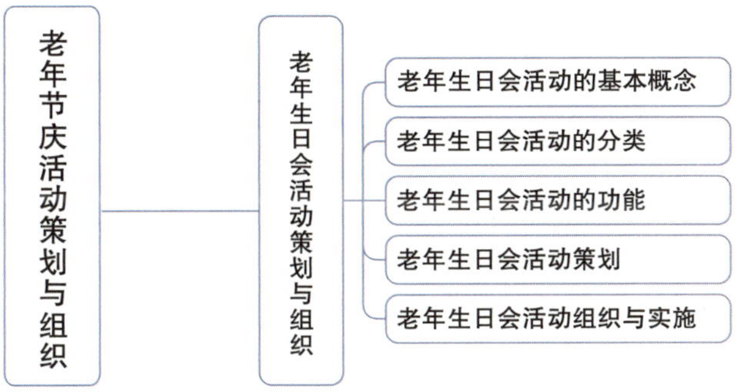

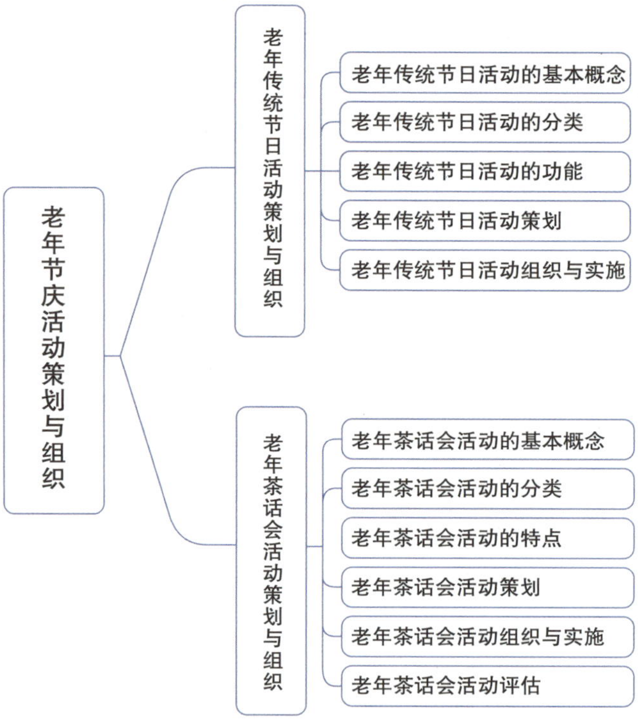

任务一　老年生日会活动策划与组织

案例导入

颐和养老机构计划为在 3 月份过生日的老年人举办一次集体庆生活动，经过统计，3 月份生日的老年人有张爷爷、李奶奶、王奶奶和赵爷爷。张爷爷今年 80 岁，曾是一名教师，性格开朗，喜欢书法；李奶奶 75 岁，是一名退休工人，爱唱歌；王奶奶 78 岁，之前从事医护工作，为人和蔼，喜欢听戏曲；赵爷爷 82 岁，退休干部，爱好下棋。

根据案例，请思考：

1. 如何通过互动环节（如游戏、才艺展示）增进老年人之间的交流，提升他们的幸福感？
2. 如何设计活动内容，让每位老年人都能参与并感到被重视？

任务描述

1. 请根据要求，为颐和养老机构策划具有明确目标的活动方案。
2. 根据方案组织与实施活动，观察记录老年人的活动表现，根据实际调整活动内容。

相关知识

一、老年生日会活动的基本概念

老年生日会活动是专门为老年人举办的，以庆祝生日为主题的社交活动。通常会邀请老年人的亲朋好友、邻居及社区工作人员等共同参与，通过各种形式为老年人庆祝生日，营造欢乐、温馨的氛围，让老年人感受到关爱和温暖，增强他们的幸福感和归属感。

扫一扫

二、老年生日会活动的分类

（一）根据举办主体划分

1. 家庭式老年生日会

由老年人的子女或其他家庭成员组织，通常在家庭内部或家庭聚餐场所举办，规模相对较小，以家庭成员的团聚和互动为主，氛围更加温馨、私密，注重亲情的交流和传承。

2. 社区式老年生日会

由社区居委会或社区服务中心等组织，面向社区内的老年居民，一般在社区活动中心等公共场所举办，参与人数较多，除了生日庆祝环节，还会融入社区特色元素和互动活动，有助于增进社区邻里关系。

3. 机构式老年生日会

在养老院、老年公寓等养老机构内举办，由机构工作人员组织，全体住养老年人共同参与，活动会结合机构的资源和服务，更注重满足老年人的生活和精神需求。

（二）根据活动形式划分

1. 传统宴会式生日会

以聚餐为主要形式，搭配生日蛋糕、蜡烛、祝福环节等，大家围坐在一起，共同为老年人庆祝生日，享受美食和欢乐的氛围。

2. 文艺表演式生日会

以文艺节目表演为核心，如唱歌、跳舞、戏曲、小品等，由老年人自己或志愿者、工作人员表演，为老年人献上一场精彩的文化盛宴，丰富老年人的精神文化生活。

3. 主题派对式生日会

设定特定的主题，如复古主题、动漫主题等，参与者根据主题进行着装和布置场地，通过与主题相关的游戏、互动环节等，为老年人创造独特、有趣的生日体验。

三、老年生日会活动的功能

（一）情感关怀功能

1. 满足情感需求

随着年龄的增长，老年人可能会感到孤独和失落，生日会为他们提供了一个与亲朋好友相聚的机会，让他们感受到被关心、被重视，满足他们对情感交流和陪伴的需求。

2. 增强家庭凝聚力

家庭式生日会能让家庭成员齐聚一堂，促进代际沟通和交流，增进彼此的感情，让老年人感受到家庭的温暖和完整，强化家庭的凝聚力。

（二）社交互动功能

1. 拓展社交圈

社区式和机构式生日会为老年人提供了一个社交平台，让他们能够结识更多的同龄人，扩大社交圈，丰富社交生活，减少孤独感和社会隔离感。

2. 促进文化交流

不同背景的老年人在生日会中交流互动，分享各自的生活经验、文化传统等，促进了文化的传播和交流，丰富了老年人的精神世界。

（三）心理支持功能

1. 提升自我价值感

在生日会中，老年人成为主角，接受他人的祝福和赞美，这有助于提升他们的自我价值感和自信心，让他们感受到自己仍然是社会的一部分，对他人和社会具有一定的价值。

2. 缓解心理压力

生日会的欢乐氛围和轻松环境能够帮助老年人缓解生活中的压力和焦虑情绪，让他们保持积极乐观的心态，对身心健康具有积极影响。

（四）文化传承功能

1. 传承传统习俗

生日会中往往会保留一些传统的生日习俗，如吃长寿面、吹蜡烛等，通过这些活动，将传统文化习俗传承给下一代，让年轻人了解和尊重传统文化。

2. 弘扬尊老文化

举办老年生日会体现了社会对老年人的尊重和关爱，弘扬了中华民族尊老敬老的传统美德，有助于在社会上形成良好的道德风尚，促进社会的和谐发展。

四、老年生日会活动策划

（一）活动主题和目标确定要求

1. 活动主题设定要求

（1）高度契合群体特性：主题需紧密围绕老年群体的生活经历、情感诉求及价值观念展开。融入象征岁月沉淀的元素，如“岁月”“时光”，以及代表健康长寿的意象，如“寿韵”“安康”等，让老年人看到主题时能产生强烈的情感共鸣，深刻感受到活动对他们的重视与尊重。

（2）全力营造温馨氛围：鉴于生日会营造欢乐、温馨氛围的初衷，主题要传递出积极、温暖的情感信号，如使用“乐享”“焕新”等词汇，让老年人提前对生日会的欢乐场景充满期待，营造出其乐融融的氛围。

（3）深度融入文化内涵：巧妙结合传统寿文化和节日文化元素，赋予主题深厚的文化底蕴。如运用“椿萱”“寿桃”等传统文化意象，不仅丰富了活动主题的内涵，也为生日会增添文化色彩，助力传统文化的传承与弘扬。

2. 活动目标确定要求

（1）营造温馨氛围：通过精心布置生日会现场，播放舒缓经典的音乐，搭配柔和的灯光，让寿星们在生日会当天感受到浓厚且温馨的生日氛围，沉浸于温暖愉悦的环境中。

（2）提供社交机会：鼓励寿星们分享自己的生活故事与人生经验，引导他们相互交流互动，结交新伙伴，为有共同兴趣和经历的老年人搭建社交平台，拓宽社交圈。

（3）助力身心健康：组织适合老年人的简单趣味游戏，如桌面保龄球、套圈等，让寿星们在游戏过程中锻炼肢体协调性，缓解精神压力，愉悦身心，增强身体功能与活力。

（4）收获仪式体验：为寿星们举办专属生日仪式，定制个性化生日蛋糕，一同唱响生日歌，让寿星们在仪式中收获满满的仪式感，感受到自身价值，提升生活幸福感。

（5）留存珍贵回忆：安排专业摄影师为生日会全程记录，为每位寿星拍摄个人照与集体照，并制作成精美的纪念相册，作为特别礼物赠送给他们，帮助其留存珍贵的生日记忆。

（二）前期筹备要求

1. 开展生日喜好调研

主动与过生日的老年人、家属及养老机构工作人员交流，收集老年人对于生日庆祝的喜好，如期望的庆祝形式、偏爱的食物、钟爱的音乐。同时，了解老年人的健康状况，据此设计贴合老年人需求、安全且有趣的生日会环节。

2. 推进生日会精细规划

确定生日会的举办时间、场地，设计涵盖开场祝福、切蛋糕仪式、互动游戏、表演环节的详细流程。明确参与老年人、工作人员、志愿者名单，制订活动策划方案与时间表，将场地布置、节目安排、人员接待等任务落实到人，保证筹备工作有条不紊地进行。

3. 拟定生日会专项预算

依据生日会的规模、参与人数及预期效果，制订合理预算。预算项目包括场地租赁、生日蛋糕定制、茶歇采购、伴手礼购置、摄影摄像等费用，同时预留弹性资金，用以应对突发状况。

（三）活动内容要求

1. 打造安全无忧的生日体验

生日会的活动环节与道具选择，均以老年人的身体状况为首要考量。杜绝需要大幅度肢体动作的活动，不使用尖锐或易造成伤害的道具。提前检查活动场地，确保地面干燥整洁、无障碍物，降低老年人滑倒、跌倒的风险，让老年人安心享受生日聚会。

2. 设计趣味盎然的庆生活动

举办回忆分享会，让老年人分享难忘的生日经历；开展经典歌曲接龙，借助熟悉旋律勾起美好回忆；组织简易手工制作，如制作生日贺卡、装饰蛋糕摆件。这些活动能激发老年人的参与热情，为生日会增添欢乐氛围。

3. 构建互动社交的生日平台

安排小组游戏，如桌面接力、词语猜猜乐等，以及集体合唱经典生日歌，鼓励老年人在互动中交流合作，拉近彼此的距离，为生日会赋予社交意义，减少老年人的孤独感。

4. 融入底蕴深厚的生日文化

在生日会上举行传统寿礼仪式，为老年人送上寓意长寿的礼物；讲述长寿文化故事，分享历史上的庆生习俗，让老年人感受传统文化的魅力，在生日会中收获文化滋养。

（四）现场布置要求

1. 温馨舒适

采用暖色调的装饰，如红色、橙色等，营造温馨、喜庆的氛围。摆放舒适的座椅，设置休息区，方便老年人随时休息。

2. 无障碍设计

确保场地通道宽敞、无台阶，卫生间配备扶手等无障碍设施，方便行动不便的老年人自由活动。

3. 个性化展示

展示老年人的照片、手工艺品等，打造个性化的活动空间，让老年人感受到被尊重和重视。

（五）人员服务要求

1. 专业培训

对活动工作人员和志愿者进行专业培训，使其掌握与老年人沟通的技巧、基本急救知识及活动流程和注意事项。

2. 热情耐心

工作人员要热情接待每位老年人，耐心解答他们的问题，关注老年人的情绪变化，及时给予关心和帮助。

3. 应急处理能力

现场配备具备急救技能的人员和急救设备，制订应急预案，确保在老年人突发身体不适时能够迅速、有效地进行处理。

五、老年生日会活动组织与实施

（一）老年生日会活动组织的基本要求

1. 固定集体庆生周期

为确保集体庆生活动的规律性和稳定性，可将活动周期设定为每月 1 次或每季度 1 次。工作人员需全面梳理老年人的生日信息，精心制作生日备忘录，以此作为活动开展的重要依据。自活动规划实施之日起，务必严格按照既定周期执行，风雨无阻地为当月或当季度生日的老年人送上祝福。持续性是活动的关键，切不可出现中断或遗忘的情况，避免给老年人带来被忽视的心理创伤，让他们切实感受到关怀始终如一。

2. 充分征求老年人意见

在筹备庆生活动时，尊重寿星们的意愿至关重要。无论是活动流程的设计、节目内容的安排，还是邀请嘉宾的确定，都应主动与老年人沟通交流，认真倾听他们的想法和建议。这不仅是对老年人的尊重，而且能让活动贴近他们的期望。同时，工作人员也可融入创意，在满足老年人需求的基础上，为他们打造意想不到的生日惊喜，增添活动的趣味性和温馨感。

3. 精心挑选适宜礼物

一份贴心的礼物是生日会不可或缺的亮点。在选择礼物时，需兼顾经济实惠与纪念价值。可以为每位寿星准备统一的礼物，体现公平与关怀；也可根据老年人的日常喜好进行个性化定制，让礼物更具专属感。此外，还能在活动中设置游戏环节，让寿星们通过积极参与赢取独特礼品，既增加活动的互动性，又赋予礼物特殊的意义。

4. 合理控制蛋糕食用量

在现代贺寿活动中，生日蛋糕已成为“标配”。然而，蛋糕中的人造奶油含有大量氢化油脂，对于患有心脑血管疾病和肠胃疾病的老年人，若平时无食用糕点的习惯，大量进食蛋糕极易引发严重并发症。出于对老年人健康安全的考量，庆生活动中应严格控制蛋糕的食用量，仅提供少量蛋糕，让老年人浅尝辄止，以表心意即可，确保活动在欢乐的同时，不影响老年人的身体健康。

（二）老年生日会活动的带领技巧

1. 热情开场与互动

主持人以亲切温和的态度开场，用简洁易懂的语言介绍活动流程和目的，如：“亲爱的叔叔阿姨们，今天咱们聚在一起，给各位寿星庆祝生日，大家一起开开心心地玩！”同时，可设计简单的开场互动，如询问老年人最近遇到的开心事，快速调动现场气氛，拉近与老年人的距离。

2. 清晰讲解与示范

在表演和游戏环节，讲解规则时语速要慢，吐字清晰，必要时配合肢体动作进行示范。如教老年人玩套圈游戏，边说“叔叔阿姨们，站在这条线后，把圈套向前面的瓶子，套中就有小奖品”，边示范套圈动作，确保老年人清楚明白。

3. 鼓励参与和引导

积极鼓励老年人参与活动，对于不太主动的老年人，主动上前邀请，给予肯定和鼓励，如“张奶奶，您来试试这个游戏，肯定能玩得很好，还有小奖品拿呢”。在分享环节，引导老年人分享故事和感受，用专注的眼神和点头等动作给予回应，激发老年人的表达欲。

4. 灵活应变与调整

活动中如遇设备故障、老年人身体不适等突发情况，保持冷静，迅速处理。设备故障时，及时安抚老年人的情绪，如“叔叔阿姨们稍等一下，工作人员马上修好设备，咱们先聊聊天”；如有老年人身体不适，第一时间联系医护人员，安排休息和照顾。

5. 节奏把控与关怀

根据老年人的状态和反应，合理调整活动节奏。若老年人对某个环节兴趣浓厚，适当延长时间；大家感到疲惫时，及时安排休息。时刻关注老年人的需求，及时递上饮品、调整座椅等，让老年人感受到关怀。

（三）老年生日会活动的安全管控

1. 场地安全检查

活动前全面检查场地，确保地面干燥、平坦且防滑，及时清理杂物与障碍物，避免老年人绊倒、滑倒。楼梯、通道等关键位置设置明显的警示标识和充足的照明设施，扶手稳固。对活动场地的电器设备、电路进行排查，防止漏电、短路等安全事故。

2. 活动环节安全把控

互动游戏环节，选择运动量小、无身体冲撞的游戏，如简单的猜谜、诗词接龙等，游戏道具需牢固耐用、无尖锐边角。表演环节，确保舞台搭建稳固，周围设置防护措施，避免老年人在上下台时发生意外。

3. 人员健康保障

提前了解老年人的健康状况，特别是患有慢性疾病的老年人，以便在活动中重点关注。活动现场配备急救药品和设备，如血糖仪、血压计、急救箱等，安排具备急救知识的人员随时待命，一旦老年人身体不适，能迅速进行初步处理并及时联系专业医护人员。

4. 饮食安全管理

提供的食物和饮品要新鲜、卫生，避免食用生冷、油腻、刺激性食物。生日蛋糕等食品的采购应选择正规商家，确保原材料安全。饮品温度要适宜，防止老年人烫伤。食物储存和加工过程要严格遵守卫生标准，避免交叉污染。

5. 活动过程安全监督

安排足够数量的工作人员在活动现场进行安全监督，密切关注老年人的行动和身体状况。提醒老年人注意安全，如不要随意跑动、避免拥挤等。在人员密集区域，如入口、出口和用餐区，加强疏导，防止发生拥挤踩踏事故。

活动举例

“情暖夕阳，共贺生辰”活动方案

活动背景

在老龄化社会日益加深的当下，养老机构承担着为老年人提供全方位关怀的重任。颐和养老机构一直秉承“关爱老人，温暖相伴”的理念，致力于为入住老年人打造温馨舒适的生活环境。除了日常的生活照料与医疗护理，精神文化层面的关怀同样不可或缺。

对老年人而言，生日是饱含情感与回忆的特殊时刻。但在养老机构生活的老年人，有的子女因工作繁忙无法时刻陪伴左右，部分老年人远离熟悉的社交圈，生日时容易感到孤独。为了让老年人在机构中也能感受到浓厚的生日氛围与温暖关怀，颐和养老机构特策划此次集体生日会。

活动目的

1. 强化情感关怀

在生日会期间，通过精心安排的环节，如家属祝福视频播放、工作人员一对一陪伴等，让每位老年人都能真切感受到来自家人、工作人员和其他老年人的关爱，使老年人在生日会结束后的 1 周内，主动表达内心温暖感受的比例达到 70% 以上。

2. 拓展社交圈

借助生日会的互动游戏、节目表演等环节，鼓励老年人积极交流互动。活动结束后，使参与生日会的老年人之间新建立日常交流关系（如每天至少交谈 1 次）的人数达到总人数的 40%，为老年人创造更多社交机会，丰富他们的精神生活。

3. 传承与分享文化

在生日会中融入传统文化元素，如传统生日习俗介绍、经典老歌演唱等，让老年人在感受欢乐氛围的同时，传承和弘扬传统文化。活动结束后，通过问卷调查了解老年人对传统文化内容的知晓度，确保知晓度提升 30% 以上，增强老年人对文化的认同感和归属感。

4. 提升机构凝聚力

生日会结束后的半个月内，通过收集老年人、家属、工作人员的反馈，获得至少 8 条积极评价，让生日会成为机构内部团结的象征，增强机构工作人员对自身工作价值的认同，提升团队凝聚力，同时吸引更多潜在老年人及其家属对机构的关注和认可。

活动地点

颐和养老机构活动大厅。

活动参与人员

张爷爷、李奶奶、王奶奶、赵爷爷及其家属，颐和养老机构全体工作人员，志愿者。

活动计划和安排

1. 前期准备阶段（活动前 1 周）

（1）统计当月生日老年人的信息，包括姓名、年龄、健康状况、饮食禁忌、兴趣爱好等，为活动个性化安排做准备。同时，组建活动筹备小组，明确各成员职责，如主持人、节目策划、物资采购、场地布置、摄影摄像等。

（2）根据老年人的兴趣爱好，确定表演节目单，邀请有才艺的老年人、工作人员和志愿者参与排练。物资采购小组列出所需物资清单，如生日蛋糕、水果、零食、饮料、鲜花、气球、彩带、小礼品等，并进行采购。

（3）场地布置小组根据活动主题和老年人喜好，设计活动场地布置方案，准备装饰材料。与老年人家属沟通，邀请他们参加生日会，并鼓励录制祝福视频。

（4）完成场地布置，悬挂气球、彩带，摆放鲜花和桌椅，营造温馨欢乐的氛围。对节目进行彩排，确保表演顺利。检查物资是否齐全，调试音响、投影仪等设备。

2. 活动当天安排（表 7-1-1）

表 7-1-1　老年生日会活动当天安排

时间	活动环节	具体内容
9:00—9:10	签到入场	在活动大厅入口设置签到处，工作人员引导老年人、家属和志愿者签到入场，为老年人佩戴生日帽，安排就座，播放轻松愉悦的背景音乐 
9:10—9:20	开场致辞	主持人登场，欢迎大家参加生日会，介绍活动的目的、流程和到场嘉宾，向当月生日老年人送上祝福，简要回顾颐和养老机构的温馨日常

续表

时间	活动环节	具体内容
9:20—9:35	寿星风采展示	依次邀请生日老年人上台，主持人介绍老年人的基本信息和生活趣事，老年人分享自己的生日感言、人生感悟或难忘经历，台下观众送上热烈掌声 
9:35—10:15	文艺表演	工作人员、志愿者和有才艺的老年人带来精彩节目，如唱歌、跳舞、乐器演奏、戏曲表演、小品等，中间穿插互动环节，邀请老年人一起合唱、拍手互动 
10:15—10:45	互动游戏	组织老年人参与互动游戏，如“数字炸弹”，主持人在心中想一个 1 ~ 100 之间的数字，参与者依次猜数字，每次猜的数字会缩小范围，猜中数字（数字炸弹）的老年人接受小惩罚（如表演一个小节目），增加活动趣味性和互动性。还有“记忆大考验”，展示一组物品，然后拿走部分物品，让老年人回忆并说出被拿走的物品，考验老年人的记忆力，获胜者可获得小奖品
10:45—11:15	家属祝福与礼物派送	播放家属录制的祝福视频，让老年人感受家人的关爱。工作人员和志愿者为老年人送上鲜花、精心准备的小礼品，表达对老年人的祝福，现场其他老年人也可送上自制小礼物
11:15—11:30	切蛋糕仪式	推出生日蛋糕，点燃蜡烛，全体人员一起合唱生日歌，老年人闭上眼睛许愿，然后吹灭蜡烛，共同切分蛋糕，工作人员将蛋糕分发给在场的每一个人 
11:30—12:00	自由交流与合影留念	大家一起品尝水果、零食和饮料，自由交流，分享生活中的快乐与烦恼。工作人员组织全体人员拍摄大合影，为每位老年人拍摄单人照和与家属合影，记录美好瞬间 

3. 活动后期跟进（活动结束后 1 周内）

（1）整理照片和视频：摄影、摄像人员挑选精彩照片和视频片段，制作成活动纪念相册和视频，分享给老年人、家属和工作人员，让大家留下美好回忆。

（2）收集反馈意见：通过问卷调查、面对面交流等方式，收集老年人、家属和工作人员对活动的意见和建议，了解他们的满意度和改进期望，为后续活动提供参考。

（3）活动总结与反思：活动筹备小组召开总结会议，回顾活动过程，总结经验教训，分析存在的问题和不足之处，提出改进措施，以便今后举办更优质的活动。

物品使用及支出费用

老年生日会活动物品使用及支出费用见表 7-1-2。

表 7-1-2　老年生日会活动物品使用及支出费用

物品类别	物品名称	数量	费用 / 元	物品规格	适老化需求
场地布置	气球	3 袋	45	环保、无毒的装饰材料	气球和彩带应牢固固定，避免脱落造成安全隐患
	彩带	5 卷	50		
饮食	生日蛋糕	1 个	200	低糖、低脂，无糖或使用天然甜味剂（如木糖醇）	易于切割和食用，避免过于坚硬或黏稠的质地。可提供小块蛋糕，方便老年人食用
	水果	苹果、香蕉各 10 斤	160	选择易于咀嚼和消化的水果，如香蕉、橙子、葡萄等，避免过硬或过酸的水果	水果切成小块或提供水果拼盘，方便老年人取用
	零食	饼干、点心共 10 袋	150	低盐、低糖的健康零食，如无糖饼干	零食包装应易于打开，避免过于复杂的包装
	饮料	大桶果汁 2 桶	70	温水、茶水、果汁等温和的饮料，避免过冷或过热的饮品，无糖或低糖饮料	饮料杯应轻便、不易打翻，杯柄设计便于握持。避免使用一次性塑料杯
互动游戏	游戏道具	简易拼图、卡片等 5 套	100	轻便、安全的物品，避免使用尖锐或易碎的物品	游戏道具应易于握持和操作，避免过于复杂的操作步骤
	小奖品	笔记本、小毛巾等10 个	100	实用且安全的物品	礼品包装应易于打开，避免过于复杂的包装设计。礼品应轻便，便于老年人携带
其他	签到簿	1 本	15		
	笔	5 支	15		
	祝福卡片	20 张	40		
合计			945		

安全管理

1. 场地安全保障

提前检查场地设施，确保地面平整、桌椅稳固、照明通风良好，张贴安全与引导标识，清除潜在隐患。

2. 饮食卫生管控

严选正规食材供应商，保证食材新鲜、证件齐全，规范食品加工与储存，严格消毒餐具，杜绝交叉污染。

3. 人员安全照护

对工作人员开展安全及护理培训，活动现场合理安排人手，关注老年人身心状况，与家属提前沟通老年人特殊需求。

4. 应急处置准备

制订应急预案并定期演练，现场配备急救箱与专业急救人员，明确紧急疏散流程，确保老年人安全撤离。

活动评价

1. 过程评估

在活动筹备与执行阶段，着重关注活动流程的合理性与执行的顺畅度。例如，从查看前期场地布置、物资采购，到活动当天的节目安排、互动环节推进是否紧凑有序。评估工作人员对流程的熟悉程度，以及在面对突发情况（如设备故障、老年人身体不适等）时的应对能力，以此判断活动过程是否高效、安全、有序。

2. 结果评估

重点考量活动对老年人产生的实际影响。一方面，通过问卷调查、现场访谈等方式收集老年人对活动的满意度，了解他们是否在活动中感受到快乐、温暖与关怀，活动是否满足了他们的精神文化需求。另一方面，观察活动后老年人之间的互动频率是否增加，社交关系是否更加紧密，以此评估活动是否达到了增强老年人社交互动、提升幸福感的预期目标。

【练习题】

一、单项选择题（在每小题给出的四个选项中，只有一项是符合题目要求的，请将所选答案的字母填写在括号内）

1. 以下哪种不属于根据举办主体划分的老年生日会类型？（　　）

A. 家庭式老年生日会　　B. 传统宴会式生日会

C. 社区式老年生日会　　D. 机构式老年生日会

答案：B

解析：根据上文内容，按照举办主体划分，老年生日会分为家庭式、社区式和机构式；而传统宴会式生日会是根据活动形式划分的类型，所以选 B。

2. 关于老年生日会活动目标确定要求，下列说法错误的是（　　）。

A. 活动目标应贴合老年人需求，无须考虑社会价值

B. 目标表述要清晰、易懂，具备明确性

C. 要拥有可衡量性，能用具体指标衡量目标是否达成

D. 活动目标需具有可操作性，基于实际资源和条件设定

答案：A

解析：上文中明确提到活动目标除满足老年人个体需求外，还应体现社会价值，如弘扬尊老爱老传统美德等。A 选项说法错误；B、C、D 选项均符合上文中活动目标确定的要求。

3. 在老年生日会活动组织中，为确保集体庆生活动的规律性和稳定性，活动周期通常设定为（　　）。

A. 每周 1 次　　　　B. 每月 1 次或每季度 1 次

C. 每半年 1 次　　　　D. 每年 1 次

答案：B

解析：上文中提出"为确保集体庆生活动的规律性和稳定性，可将活动周期设定为每月 1 次或每季度 1 次"，所以 B 选项正确。

二、判断题（正确的请在答题括号中画√，错误的画 ×）

1. 老年生日会活动的文化传承功能仅体现在传承传统生日习俗上。（　　）

答案：×

解析：老年生日会活动的文化传承功能不仅包括传承传统生日习俗，如吃长寿面、吹蜡烛等，还体现在弘扬尊老文化，举办老年生日会体现了社会对老年人的尊重和关爱，有助于在社会上形成良好的道德风尚，促进社会和谐发展，所以该说法错误。

2. 在老年生日会活动现场布置中，为营造喜庆氛围，应多使用冷色调装饰。（　　）

答案：×

解析：上文中指出在现场布置时应采用暖色调的装饰，如红色、橙色等，营造温馨、喜庆的氛围，而不是冷色调，所以该说法错误。

3. 举办老年生日会时，选择礼物只需要考虑经济实惠，无须在意纪念价值。（　　）

答案：×

解析：在挑选老年生日会礼物时，需兼顾经济实惠与纪念价值，可以准备统一礼物体现关怀，也可个性化定制，还能通过游戏让寿星赢取独特礼品，赋予礼物特殊意义，所以该说法错误。

三、论述题

●请简要阐述在老年生日会活动策划中，前期筹备工作包含哪些方面。

老年生日会活动策划的前期筹备工作包含以下方面。

1. 开展充分调研

与老年人、家属、养老机构工作人员等沟通，了解老年人的兴趣爱好、过往经历及身体状况，为设计活动内容提供依据。

2. 展开精准规划

明确活动时间、地点、流程、参与人员等关键要素，制订详细的活动策划方案和时间表，将各项任务分配到人，保证筹备工作有序进行。

3. 制订合理预算

根据活动规模和预期效果，制订科学合理的预算，涵盖场地租赁、物资采购、人员费用等各项开支，并预留弹性资金以应对突发情况。

拓展阅读

蛋糕与健康——老年人生日会的饮食智慧

蛋糕作为生日庆祝的重要元素，不仅象征着欢乐和祝福，也与老年人的身体健康息息相关。老年人在享受美味蛋糕的同时，也需要关注其营养成分和对健康的影响。

1. 蛋糕的营养成分分析

蛋糕的主要成分包括面粉、糖、鸡蛋、奶油和黄油等，这些成分提供了能量和一定的营养，但也可能带来健康风险，尤其是对老年人。

糖：蛋糕中的糖分较高，过量摄入可能导致血糖波动，增加糖尿病风险。

脂肪：奶油和黄油含有较高的饱和脂肪，长期摄入可能增加心血管疾病的风险。

蛋白质：蛋糕中的鸡蛋和牛奶提供了优质蛋白质，有助于维持肌肉健康。

碳水化合物：面粉是碳水化合物的主要来源，为身体提供能量，但过量摄入可能导致体重增加。

对于老年人来说，选择低糖、低脂的蛋糕更为健康，同时可以增加膳食纤维和维生素的摄入。

2. 蛋糕对老年人健康的影响

老年人由于身体功能下降，代谢速度减慢，因此在饮食上需要更加注意。蛋糕作为一种高热量食品，可能对老年人的健康产生以下影响。

血糖升高：老年人中糖尿病患者较多，高糖蛋糕可能导致血糖升高，增加健康风险。

心血管疾病风险：高脂肪蛋糕可能增加胆固醇水平，影响心血管健康。

消化负担：老年人消化功能较弱，过于油腻或甜腻的蛋糕可能加重消化负担。

体重增加：蛋糕热量较高，过量食用可能导致体重增加，加重关节负担。

因此，老年人在选择蛋糕时应注意控制摄入量，并选择更健康的替代品。

3. 健康蛋糕的选择与制作

为了让老年人既能享受蛋糕的美味，又能保持健康，可以选择以下健康蛋糕类型。

低糖蛋糕：使用代糖（如木糖醇或甜菊糖）代替部分白糖，减少糖分摄入。

全麦蛋糕：使用全麦面粉替代精制面粉，增加膳食纤维，促进消化。

水果蛋糕：在蛋糕中加入新鲜水果（如蓝莓、草莓、香蕉），增加维生素和抗氧化剂的摄入。

无奶油蛋糕：使用酸奶或低脂奶酪代替奶油，减少饱和脂肪的摄入。

坚果蛋糕：加入核桃、杏仁等坚果，增加健康脂肪和蛋白质的含量。

4. 老年人食用蛋糕的建议

为了确保老年人健康地享用蛋糕，可以遵循以下建议。

控制分量：每次食用蛋糕的量不宜过多，建议切成小块，分次食用。

搭配饮品：搭配无糖茶或咖啡，帮助消化并减少甜腻感。

注意时间：避免在晚上食用蛋糕，以免影响睡眠和消化。

替代选择：如果老年人有糖尿病或其他健康问题，可以选择无糖或低糖的健康糕点替代传统蛋糕。

5. 蛋糕与老年人心理健康的联系

除了身体健康，蛋糕在老年人心理健康方面也扮演着重要角色。生日蛋糕象征着庆祝和祝福，能够为老年人带来以下心理益处。

增强幸福感：蛋糕的甜美味道和庆祝氛围可以提升老年人的情绪，增强幸福感。

促进社交：生日会上的蛋糕分享可以促进家庭成员和朋友之间的互动，减少孤独感。

回忆与情感：蛋糕常常与美好的回忆联系在一起，能够唤起老年人的情感共鸣。

点燃思考

在老年生日会活动中，我们常常通过蛋糕、礼物和祝福来表达对长者的关爱。然而，生日不仅仅是一个庆祝的时刻，也是一个反思生命意义的机会。请思考以下问题：

1. 除了物质上的庆祝，我们还可以通过哪些方式让老年人在生日会上感受到更深层次的情感关怀和精神满足？

2. 在老龄化社会中，如何通过生日会这样的活动，帮助老年人更好地融入社会，减少孤独感？

任务二　老年传统节日活动策划与组织

案例导入

中秋节临近，为了更好地营造节日气氛，传承传统节日，促进邻里之间的交流沟通，在欢乐、文明、和谐、喜庆的氛围中欢度佳节，社区计划为该社区的老年人策划一个中秋节活动。

根据案例，请思考：

1. 如何策划一场充满节日氛围的中秋节节日活动？

2. 如何通过中秋节节日活动促进老年人与其他居民的互动？

任务描述

1. 请根据要求，为该社区策划具有明确目标的活动方案。

2. 根据方案组织与实施活动，观察记录老年人的活动表现，根据实际调整活动内容。

相关知识

扫一扫

一、老年传统节日活动的基本概念

老年传统节日活动是指在中华民族传统节日期间，围绕特定的节日习俗和文化内涵，专门为老年群体开展或由老年人积极参与的一系列活动，旨在让老年人在传承与体验传统节日文化的过程中丰富精神生活，增进情感交流，实现文化传承，促进身心健康与社会融合。

二、老年传统节日活动的分类

中国传统节日，是中华民族在漫长历史发展进程中，基于天文历法、自然物候、民间信仰、神话传说、历史事件等元素逐渐形成并传承下来的特定纪念日。这些节日承载着深厚的文化底蕴，涵盖了丰富的民俗活动、传统技艺、道德伦理与价值观念，是民族精神与文化基因的生动体现。

（一）春节

春节，即中国农历新年，是中华民族最隆重的传统佳节。它起源于上古时代的岁首祈岁祭祀活动，历经数千年的发展演变，承载着丰富的历史文化内涵。春节蕴含着辞旧迎新、祈福纳祥的美好寓意，是中华民族团圆、和谐、幸福的象征。在春节期间，人们通过一系列传统习俗，如贴春联、放鞭炮、守岁、拜年、吃年夜饭等，表达对过去一年的感恩与告别，对新的一年的期待与祝愿（图 7–2–1）。这些习俗不仅是一种文化传承，更是凝聚民族情感、增强民族认同感的重要方式。春节也是家庭团聚的时刻，无论身在何处，人们都会在春节期间回到家中，与亲人共享天伦之乐，传承家族文化，维系亲情纽带。

春节期间，适合老年人的活动形式丰富多样，意义也十分深远。文化传承类活动如写春联、剪窗花，可以让老年人重拾传统技艺，感受传统文化魅力，还能为节日增添喜庆氛围，传承家族文化记忆。社交互动类的春节茶话会，为老年人提供交流平台，大家围坐在一起，品尝年货，分享生活点滴，增进邻里情谊，驱散孤独感。文艺汇演让老年人展示才艺，收获自信与快乐，丰富精神生活。健康关怀类的冬季养生讲座，结合春节饮食生活习惯，为老年人科普养生知识，提高健康意识，组织制作养生美食，既享受美食又有益健康。

图 7–2–1　春节活动

（二）清明节

清明节，又称踏青节、行清节、三月节、祭祖节等，节期在仲春与暮春之交。它源自上古时代的祖先信仰与春祭礼俗，兼具自然与人文两大内涵，既是二十四节气之一，也是传统祭祖节日。作为节气，清明反映了自然界物候变化，此时大地呈现春和景明之象，正是春耕春种的大好时节。作为节日，清明节承载着深厚的文化意义，人们在这一天扫墓祭祀、缅怀祖先，表达对先人的追思与敬意，传承孝道亲情，体现了慎终追远、固本思源的人文精神，也促进了家族成员之间的情感联系和凝聚力。

对于老年人来说，清明节扫墓，与逝去的人“对话”，不一定就只是悲伤的事，更多的是能释放内心情绪，感受到生命的传承。在扫完墓后“尽情游玩”，这也是他们展现积极生活态度的一种方式。所以，在为老年人策划清明节活动时，需要挑选适合他们身体和心理状况的项目。如清明节踏青活动，让老年人知晓清明节的传统习俗，在工作人员的陪伴下，欣赏春暖花开的美景，能让他们心情愉悦，减少焦虑情绪（图 7–2–2）。

图 7–2–2　清明节活动

（三）端午节

端午节，又称端阳节、龙舟节、重午节、重五节、天中节等，日期在每年农历五月初五，是集拜神祭祖、祈福辟邪、欢庆娱乐和饮食为一体的民俗大节。它最初源于自然天象崇拜，由上古时代祭龙演变而来，后因战国时期的楚国诗人屈原在五月初五跳汨罗江自尽，人们亦将端午节作为纪念屈原的节日；也有纪念伍子胥、曹娥及介子推等说法。端午节的习俗丰富多样，如包粽子、赛龙舟、挂艾草、佩香囊、饮雄黄酒等，这些习俗蕴含着深厚的文化内涵，体现了古人对自然的敬畏、对健康的追求，以及对美好生活的向往，承载着中华民族独特的精神标识，是中华优秀传统文化的重要组成部分。

在端午节期间，可以开展包粽子比赛，准备好糯米、粽叶、红枣等食材，让老年人分组竞赛，既传承了端午习俗，又能激发老年人的参与热情（图 7–2–3）。举办端午民俗讲座，邀请民俗专家为老年人讲解端午节的起源、传说、习俗演变等知识，让老年人深入了解端午文化。

图 7–2–3　端午节活动

(四)七夕节

七夕节，又称七巧节、乞巧节、七娘会等，是中国民间的传统节日。它起始于上古时期，普及于西汉，鼎盛于宋代。七夕节由星宿崇拜衍化而来，为传统意义上的“七姐诞”，因拜祭“七姐”活动在农历七月初七晚上举行，故名“七夕”。在古代，七夕节是女子们的专属节日，她们会在夜晚向织女星乞求智巧，因此也叫“乞巧节”。随着时间的推移，七夕节又融入了牛郎织女的爱情传说，使其成为象征爱情的节日，被认为是中国最具浪漫色彩的传统节日。如今，七夕节不仅传承了古老的乞巧习俗，更承载着人们对美好爱情的向往与追求，蕴含着丰富的文化价值和情感内涵。

七夕节成为普遍的节日，其活动也丰富多彩，在七夕节活动的思考上，可以举办乞巧手工制作活动，准备好彩纸、丝线、剪刀等材料，让老年人学习制作传统的七巧板、巧果、纸花等手工艺品，感受传统乞巧文化的魅力(图7-2-4)。举办七夕茶话会，邀请老年人分享自己的爱情故事，无论是相识相知的浪漫邂逅，还是相濡以沫的平淡日常，都能让大家感受到爱情的美好。

图7-2-4 七夕节活动

(五)中秋节

中秋节，又称祭月节、月光诞、团圆节等，是中国民间的传统节日。它源自天象崇拜，由上古时期秋夕祭月演变而来。最初“祭月节”的节期在干支历二十四节气秋分这天，后来才调至夏历(农历)八月十五，也有些地方将中秋节定在八月十六。中秋节以月之圆兆人之团圆，为寄托思念故乡、思念亲人之情，祈盼丰收、幸福，成为丰富多彩、弥足珍贵的文化遗产。在这一天，人们会举行赏月、吃月饼、玩花灯、赏桂花、饮桂花酒等一系列传统习俗活动，这些习俗不仅体现了古人对自然的敬畏和对美好生活的向往，也承载着中华民族深厚的文化底蕴和情感记忆。

图7-2-5 中秋节活动

中秋节，象征着团圆。故而在策划中秋节活动时，一方面，应着重以老年人及其家人、亲属作为活动参与的主体对象；

另一方面，要充分考量活动的可操作性。例如，举办“迎中秋，做月饼”活动，既能展现老年人的审美意趣与动手能力，又能通过赏明月、尝月饼的环节，让老年人深入了解与中秋节相关的典故（图 7–2–5）。在丰富老年人文化涵养的同时，唤起他们美好的回忆，重温曾经与家人团圆时的幸福时刻。

（六）重阳节

重阳节，又称重九节、晒秋节、“踏秋”，为每年的农历九月初九，是中国传统节日。“九”数在《易经》中为阳数，“九九”两阳数相重，故曰“重阳”；因日与月皆逢九，故又称为“重九”。古人认为九九重阳是吉祥的日子，在这一天有登高祈福、秋游赏菊、佩插茱萸、祭神祭祖及饮宴求寿等习俗。传承至今，又添加了敬老等内涵，于重阳之日享宴高会，感恩敬老。登高赏秋与感恩敬老是当今重阳节活动的两大重要主题，它承载着深厚的文化底蕴，体现了中华民族尊老、敬老、爱老、助老的传统美德，也展现了人们对美好生活的向往和对自然的热爱。

工作人员可以组织老年人前往周边地势较为平缓、风景优美的公园或小山进行登高活动，让老年人在亲近自然、锻炼身体的同时欣赏秋日美景，感受重阳节登高的传统习俗（图 7–2–6）。

图 7–2–6　重阳节活动

三、老年传统节日活动的功能

（一）文化传承与弘扬

老年传统节日活动是民族文化的活态传承场域。老年人作为文化的传承者，在春节展示舞龙舞狮的精湛技艺，在七夕讲述牛郎织女的浪漫传说，在冬至传授制作传统美食的秘方……这些活动不仅让晚辈了解民族文化的精髓，还激发他们对传统文化的热爱，增强文化自信，使民族文化在代代相传中历久弥新。

（二）情感凝聚与慰藉

传统节日是情感的黏合剂，将家人、邻里和朋友紧密相连。春节阖家团圆，老年人看着子孙满堂，尽享天伦之乐，亲情得以升华；元宵节社区邻里一起赏花灯、猜灯谜，增进彼此的了解与信任，营造和谐的社区氛围。这些活动为老年人提供情感寄托，让他们在温馨的人际关系中感受到温暖与关怀，慰藉心灵。

（三）促进身心健康

参与传统节日活动对老年人的身心健康意义重大。身体上，重阳节登高望远，亲近自然，锻炼了体魄；端午节参与简单的划龙舟体验，增强了身体协调性。心理上，制作传统手工艺品、参与节庆文艺表演，让老年人沉浸在创作的乐趣中，释放压力，缓解焦虑，保持积极乐观的心态。

（四）社会参与与价值实现

老年传统节日活动为老年人提供了广阔的社会参与平台。在活动中，他们担任组织者、指导者，凭借丰富的经验和智慧，为活动出谋划策。例如，在中秋晚会中，老年人编排节目、布置场地，充分发挥自身价值，增强社会认同感和归属感，让他们在退休后的生活中依然能找到自己的社会角色，实现自我价值。

四、老年传统节日活动策划

（一）明确传统节日活动的目的

1. 维系文化根脉，唤醒情感记忆

借助春节庙会、端午龙舟赛等节日标志性场景还原，以及老物件展览，勾起老年人对往昔过节场景的鲜活记忆。邀请他们分享亲身经历的传统节日故事，同时安排非遗传承人开展技艺工作坊，如七夕巧果制作、重阳茱萸香囊缝制。这不仅能加深老年人对传统节日文化的理解，更让他们成为节日文化的讲述者与传承的关键力量，维系文化的根脉。

2. 搭建社交桥梁，重塑情感纽带

传统节日自带浓厚的社交属性，以此为契机开展节日主题派对。通过方言版节日童谣对唱、地方特色民俗游戏竞赛等活动，帮助老年人打破交流障碍，在互动中找到归属感。活动中设置“回忆分享角”，让老年人讲述过去节日里的难忘故事，拉近彼此的距离，重建紧密的社交网络，驱散内心的孤独感。

3. 激发身心活力，倡导健康生活

依据不同节日特性，设计适宜的运动与休闲项目。立春组织郊外放风筝，让老年人在沐浴春光的同时活动筋骨；冬至举办饺子宴，让老年人在准备食材与包饺子的过程中锻炼手部灵活性。通过这些活动，引导老年人以积极的生活方式参与节日，增强身体素质，促进身心健康。

4. 深化代际交流，厚植家庭温情

在节日活动中开辟亲子互动专区，如元宵亲子花灯制作、除夕家庭春联创作大赛。鼓励晚辈和长辈携手参与，老年人借此将传统习俗、生活智慧传授给晚辈，晚辈则以陪伴与关爱回应长辈。通过代际间的深度互动，营造温馨的家庭氛围，让传统节日成为凝聚家庭情感的强大纽带。

（二）明确传统节日活动的主题

明确传统节日活动主题需全面考量，要深挖传统节日的文化内涵，把握其起源、传说与习俗意义，体现节日核心精神。结合当下时代背景，关注社会热点、流行趋势与政策导向，赋予主题时代感与现实意义。充分考虑目标受众特点与需求，通过调研了解其兴趣点以吸引大众参与。兼顾活动场地、资源和预算等实际情况，确保主题具有可操作性。同时突出主题的独特创新性，增强活动吸引力。

（三）老年传统节日活动不同阶段要求

1. 活动筹备阶段

（1）充分调研需求：可通过与老年人面对面交流、问卷调查、咨询社区工作人员等方式，了解他们对传统节日活动的期望和偏好。例如，在春节活动筹备前，询问老年人是希望举办传统的戏曲表演，还是更想参与写春联、剪窗花等手工活动。考虑老年人的身体状况和兴趣爱好差异，确保活动内容既符合大多数人的喜好，又能照顾到不同身体条件的老年人。对于行动不便的老年人，设计一些室内的、较为轻松的活动环节。

（2）合理规划场地：选择安全、舒适、交通便利的场地。活动场地应具有良好的通风、采光条件，地面平整防滑，以防老年人跌倒。例如，社区的活动中心、老年大学教室等都是比较合适的场地。根据活动内容和参与人数，合理划分活动区域，如设置表演区、手工制作区、休息区等，确保各个区域之间互不干扰，方便老年人活动。

（3）精心准备物资：根据活动主题和内容，准备充足的物资。如在端午节活动中，准备好糯米、粽叶、红枣等包粽子的材料，以及制作香囊所需的香料、布料等。检查物资的质量和安全性，避免使用过期、变质或有安全隐患的物品。对于一些需要使用工具的活动，如剪纸，要确保工具的锋利度适中，不会对老年人造成伤害。

（4）组建专业团队：安排有经验、有耐心、了解老年人特点的工作人员和志愿者参与活动筹备和组织。他们应具备基本的医疗急救知识，能够应对突发情况。对工作人员和志愿者进行培训，使其熟悉活动流程和注意事项，掌握与老年人沟通的技巧，提高服务质量。

2. 活动开展阶段

（1）注重活动安全：在活动现场安排专人负责安全保障工作，随时关注老年人的身体状况和活动情况。特别是在进行一些有一定危险性的活动时，如登高（重阳节），要确保有足够的安全防护措施。同时为老年人提供必要的辅助设备，如轮椅、拐杖等，方便行动不便的老年人参与活动。在活动现场配备基本的急救药品和器材，以应对可能出现的突发疾病。

（2）营造温馨氛围：根据传统节日的特点，对活动场地进行装饰，营造出浓厚的节日氛围。例如，在中秋节活动现场悬挂灯笼、摆放月饼模型等，让老年人感受到节日的欢乐和温馨。

（3）控制活动节奏：考虑到老年人的身体耐力和精力有限，合理安排活动的时间和节奏。避免活动时间过长或过于紧凑，给老年人造成身体和精神上的负担。在活动过程中，适当安排休息时间，让老年人有足够的时间恢复体力。同时，根据老年人的参与情况和反应，及时调整活动的进度和内容。

（4）鼓励积极参与：采用多样化的活动形式，激发老年人的参与热情。例如，除了传统的表演和展示活动外，还可以增加互动环节，如知识问答、游戏竞赛等，让老年人能够充分参与到活动中来。对积极参与活动的老年人给予及时的肯定和鼓励，增强他们的自信心和成就感。可以通过颁发小奖品、荣誉证书等方式进行表彰。

3. 活动后续阶段

（1）收集反馈意见：通过问卷调查、现场访谈等方式，收集老年人对活动的反馈意见和建议。了解他们对活动内容、组织安排、服务质量等方面的满意度，以及对未来活动的期望和想法。认真整理和分析反馈信息，总结活动的优点和不足之处，为今后开展类似活动提供参考。

（2）关怀后续感受：活动结束后，工作人员可以通过电话回访、上门探访等方式，关心老年人参与活动后的感受和身体状况。特别是对于在活动中表现出特别热情或有特殊需求的老年人，要给予更多的关注和关怀。

（3）总结经验教训：组织活动策划团队和工作人员进行总结会议，对活动的全过程进行回顾和反思。分析活动中存在的问题和不足之处，探讨改进的措施和方法。总结活动中的成功经验和亮点，以便在今后的活动中加以推广和应用。同时，将活动的相关资料进行整理和归档，建立活动档案，为后续活动提供参考和借鉴。

五、老年传统节日活动组织与实施

（一）老年传统节日活动组织的基本要求

1. 安全至上

确保活动场地无障碍、防滑且照明充足，紧急出口畅通并规避潜在危险（如台阶、湿滑地面），同步配备血压计、急救药品等基础医疗物资，并安排医护人员或急救培训志愿者全程保障。

2. 文化贴近性

活动紧扣节日主题（如春节写福字、中秋制灯笼），融入本地习俗，强化传统仪式感与地域归属感。

3. 适老化设计

活动设计需充分考虑老年人的体力与认知特点，时长控制在 2 ~ 3 小时，并安排适当的休息时间，避免久站或剧烈动作，确保参与者身体舒适；同时，活动规则应简单易懂，步骤清晰明了，通过图文指引或现场示范（如包粽子的分步教学）降低操作难度，帮助老年人轻松参与并享受活动乐趣，真正做到“老有所乐，老有所为”。

（二）老年传统节日活动的带领技巧

1. 沟通技巧

（1）语言表达：在带领老年人活动时，语言表达应亲切自然，使用简单易懂的词汇，语速适中，避免复杂表达，确保老年人能够轻松理解；同时，多用“咱们”“一起”等包容性词汇，及时表扬参与者的努力，增强他们的成就感和参与热情；此外，耐心倾听老年人的想法，给予充分回应，避免打断，让他们感受到被尊重和重视，从而营造温暖、包容的互动氛围。

（2）非语言符号：在带领老年人活动时，非语言沟通同样重要，通过真诚的微笑和眼神交流传递温暖与鼓励，让老年人感受到关怀与支持；同时，适当运用点头、轻拍肩膀等肢体语言，进一步增强互动感，拉近彼此距离，营造轻松愉悦的氛围，让老年人在活动中感受到舒适与被尊重。

2. 活动引导

（1）规则讲解：通过图文展示或现场演示（如包粽子、剪纸），清晰呈现活动步骤；将复杂任务拆解为简单环节，逐步引导老年人完成，降低参与难度，提升成就感。

（2）鼓励参与：通过提供半成品材料（如预先画好线的剪纸）降低参与难度，并即时展示作品、拍照留念，增强老年人的成就感与参与热情。

（3）灵活应变：在活动过程中，密切关注老年人的身体和情绪状态，灵活调整节奏，适时增加休息或简化步骤，确保其舒适参与；如遇身体不适或情绪波动，及时安抚并启动应急预案，保障安全，体现细致关怀与专业应对能力。

3. 情感关怀

（1）营造温馨氛围：通过播放与节日主题相关的背景音乐（如春节喜庆歌曲），营造浓厚的节日氛围，增强仪式感；同时鼓励老年人分享与节日相关的回忆，唤起情感共鸣，促进互动交流，让活动更具温度与文化深度。

（2）关注心理需求：节日可能引发老年人的孤独感，安排志愿者一对一倾听陪伴，提供情感支持；同时尊重老年人意愿，允许旁观或中途退出，不强制参与，体现关怀与包容，确保活动轻松愉快。

（3）注意代际关系：设计祖孙合作环节（如一起做月饼），邀请家属参与，促进情感联结，并将活动成果展示在社区公共区域，增强老年人的归属感与成就感。

4. 团队协作

（1）志愿者分工：明确志愿者职责，负责签到、引导、陪伴、拍照等任务，并提前培训其掌握老年人沟通技巧与应急处理方法，确保活动顺利开展。

（2）主持人角色：通过幽默语言和互动游戏调动现场气氛，确保活动流程顺畅，避免冷场或拖延，让老年人在轻松愉悦的氛围中享受活动乐趣。

活动举例

“金桂映皓首，情满中秋聚”活动方案

活动背景

中秋节作为中华民族的传统佳节，承载着“月圆人团圆”的美好期许，蕴含着深厚的文化底蕴与情感价值，人们在这一天赏月、吃月饼、阖家欢聚，传递亲情与温暖。然而，随着社会发展变迁，老年群体的精神文化需求日益凸显。因子女忙碌、社交圈缩窄，许多老年人在节日期间易孤独失落。为弘扬传统文化，丰富老年人的精神文化生活，增进交流互动，营造温馨欢乐氛围，我们特举办此次老年传统中秋节活动。期望借一系列传统特色活动，帮助老年人重拾中秋美好记忆，欢乐过节，感受社会关爱与尊重。

活动主题

“金桂映皓首，情满中秋聚”。

活动目的

1. 传承文化

借祭月、猜灯谜等活动，传承中秋传统，增强文化认同感。

2. 丰富生活

通过诗词朗诵、故事分享，丰富老年人的精神生活，拓宽视野。

3. 促进社交

搭建社交平台，鼓励老年人交流，扩大社交圈，缓解孤独。

4. 给予关怀

志愿者和工作人员悉心照料，送上祝福，提升老年人的幸福感。

活动时间与地点

1. 活动时间

中秋节前一天 15：00—16：30。

2. 活动地点

社区中心广场。

参加人员

社区老年人、社区居委会成员、社工站成员、志愿者。

活动流程及内容

老年传统中秋节活动流程及内容见表 7-2-1。

表 7-2-1　老年传统中秋节活动流程及内容

活动阶段	具体环节	时间	活动内容
前期筹备	物资准备	活动前 1 ~ 2 天	依据活动所需，采购花灯、书写工具、急救箱、灯谜题目相关道具、表演服装（若有额外需求）等物资；采购或制作用于场地布置的彩带、气球、中秋主题贴纸等物品；租赁音响、麦克风、桌椅（若场地不提供）等设备
	氛围布置	活动当天上午	在社区活动中心入口处设置带有活动主题“金桂映皓首，情满中秋聚”的拱门；在活动场地内部悬挂彩带、气球，张贴中秋主题贴纸；摆放桌椅，设置表演区、游戏区、观众区等不同区域，并摆放好相关道具，如在猜灯谜区域悬挂写有灯谜的纸条；在场地周围放置一些与中秋相关的文化展板，介绍中秋的起源、习俗等知识
活动开展	活动开场	15:00—15:10	主持人介绍活动的主题、流程和意义
	花灯传递迎中秋	15:10—15:30	老年人围坐成圈，在花灯上写下祝福语或心愿，依次传递，最后分享内容 

续表

活动阶段	具体环节	时间	活动内容
活动开展	好歌妙曲颂团圆	15:30—15:45	社区老年艺术团表演舞蹈《花好月圆夜》，并与老年人互动，邀请有兴趣的老年人加入艺术团 
	月满人间猜灯谜	15:45—16:05	老年人随机组队，4 ~ 6 人一组；志愿者给出灯谜题目（降低难度并告知答案范围），小组讨论后抢答
	圆圆满满庆佳节	16:05—16:20	老年人以抢答模式说出关于中秋的诗句、故事、当地习俗等，其他听众可提问
活动结束		16:20—16:30	通过活动记录表评估活动过程，包括社区工作人员协作、突发情况应对、活动进度与质量等；与老年人交流，发放满意度调查表，了解老年人交友数量、知晓习俗个数，统计分析数据，评估活动效果

物品使用及支出费用

老年传统中秋节活动物品使用及支出费用见表 7-2-2。

表 7-2-2　老年传统中秋节活动物品使用及支出费用

物品类别	物品名称	数量	费用 / 元	物品规格	适老化需求
装饰用品	彩色气球	2 袋	16	尺寸适中，环保材质，避免过大或过小，便于抓握和悬挂	避免使用易破裂的气球，防止老年人因气球破裂受到惊吓或伤害
	祝福标语	3 条	15	字体大，颜色对比鲜明，防水材质，防止天气变化导致损坏	标语应悬挂在显眼且易于观看的位置，避免过高或过低，确保老年人能够轻松阅读
设备租赁	便携式音响（含麦克风）	1 套	100	音量适中，避免噪音过大，麦克风轻便易持	音响音量应调节至适合老年人听力的水平，避免过大声响影响老年人听力健康

续表

物品类别	物品名称	数量	费用/元	物品规格	适老化需求
游戏道具	花灯	50张	5	轻便易持，灯谜字体清晰，颜色对比鲜明	花灯应设计为易于传递，避免过重或过大，确保老年人能够轻松参与传递环节
	彩带	1束	10	材质柔软，避免使用锋利或硬质材料	彩带应设计为易于抓握，避免使用可能划伤老年人的材料
其他	意见反馈表	50张	10		
	笔	20支	20		
合计			176		

注意事项

1. 场地安全保障

提前检查场地设施，确保地面平整、桌椅稳固、照明通风良好，张贴安全与引导标识，清除潜在隐患。

2. 人员安全照护

对工作人员开展安全及护理培训，活动现场合理安排人手，关注老年人身心状况，与家属提前沟通老年人特殊需求。

3. 应急处置准备

制订应急预案并定期演练，现场配备急救箱与专业急救人员，明确紧急疏散流程，确保老年人安全撤离。

活动评估

1. 活动过程评估

（1）活动筹备评估：查看需求调研是否全面深入，是否充分收集老年人兴趣爱好、身体状况等信息。检查活动策划是否细致合理，包括活动主题、流程、人员安排等是否明确。评估场地选择是否合适，物资采购是否齐全、质量有无保障，采购流程是否规范。审查工作人员和志愿者培训内容是否实用，培训时长和方式是否合理，人员是否都掌握相关技能和知识。

（2）活动执行评估：观察现场秩序维护情况，通道是否畅通，有无拥挤混乱现象，工作人员引导是否及时有效。检查活动流程是否按计划推进，各环节衔接是否顺畅，有无延误或临时变更。评估对老年人健康安全的保障措施是否到位，急救设备和药品是否齐全可用，饮食卫生是否达标。查看工作人员与老年人沟通是否积极主动，能否及时响应老年人需求，关怀服务是否贴心。

2. 活动结果评估

（1）参与度评估：计算实际参与人数与预期参与人数的比例，比例越高说明活动吸引力越强。

统计参与老年人的平均参与时长，时长越长表明活动内容和形式对老年人的吸引力越大。

（2）满意度评估：通过问卷调查，了解老年人对活动内容、组织安排、场地设施、服务质量等方面的满意程度，以量化分数呈现。开展现场访谈，收集老年人对活动的具体意见和建议，从定性角度补充满意度信息。

（3）活动效果评估：从情感体验上，观察并记录老年人在活动中的情绪状态，收集关于情感体验的反馈，判断活动是否带来积极影响。对比活动前后老年人的社交互动数据，评估活动在拓展社交圈方面的效果。通过知识问答等方式，对比活动前后老年人对中秋节传统文化的了解程度，评估文化传承效果。

【练习题】

一、单项选择题（在每小题给出的四个选项中，只有一项是符合题目要求的，请将所选答案的字母填写在括号内）

1. 在组织老年传统节日活动时，以下哪项是确保活动安全的关键措施？（　　）

A. 提供丰富的活动内容　　B. 安排医护人员或急救志愿者

C. 增加活动时长以延长参与时间　　D. 使用复杂的活动规则增加挑战性

答案：B

解析：确保活动安全的关键措施包括安排医护人员或急救志愿者，以应对老年人可能出现的突发身体状况。其他选项如丰富内容（A）、增加时长（C）或复杂规则（D），虽可能提升活动趣味性，但并非安全核心。

2. 在带领老年人活动时，以下哪种沟通方式最有效？（　　）

A. 使用专业术语以体现专业性　　B. 语速较快以提高效率

C. 多用“咱们”“一起”等包容性词汇　　D. 避免眼神交流以保持距离

答案：C

解析：使用包容性词汇如“咱们”“一起”能增强老年人的参与感和归属感，符合老年人对温暖、亲切沟通的需求。专业术语（A）、快速语速（B）或避免眼神交流（D）则可能造成沟通障碍。

3. 在策划老年传统节日活动时，以下哪项是适老化设计的核心原则？（　　）

A. 增加活动难度以激发挑战性　　B. 活动时长控制在 2 ~ 3 小时，并安排休息

C. 使用复杂规则以提升活动深度　　D. 避免任何互动环节以减少体力消耗

答案：B

解析：适老化设计的核心是考虑老年人的体力和认知特点，控制活动时长并安排休息，避免过度疲劳。增加难度（A）、复杂规则（C）或减少互动（D）都不符合适老化原则。

二、判断题（正确的请在答题括号中画√，错误的画 ×）

1. 在老年传统节日活动中，播放与节日主题相关的背景音乐可以增强仪式感，但无须考虑老年人的听力状况。（　　）

答案：×

解析：播放背景音乐时需考虑老年人的听力状况，音量应适中，避免过高或过低，以确保老

年人能够舒适地参与活动。

2. 在老年活动中，提供半成品材料（如预先画好线的剪纸）可以降低参与难度，但会减少老年人的成就感。(　　)

答案：×

解析：提供半成品材料是为了降低参与难度，帮助老年人更容易完成任务，同时通过展示作品和拍照留念，仍能增强他们的成就感。

3. 在老年传统节日活动中，尊重老年人意愿意味着允许他们旁观或中途退出，但不允许他们提出改进建议。(　　)

答案：×

解析：尊重老年人意愿不仅包括允许旁观或退出，还应鼓励他们提出改进建议，以优化活动设计，体现对他们的重视与关怀。

三、论述题

●在组织老年传统节日活动时，如何通过活动设计体现文化传承与情感关怀的双重目标？请结合具体节日（如春节、端午节或重阳节）举例说明。

在组织老年传统节日活动时，可以通过以下方式体现文化传承与情感关怀的双重目标。

1. 文化传承

设计活动时紧扣节日主题，融入传统习俗。例如，在春节活动中安排写春联、剪窗花等环节，让老年人重温传统技艺，同时向年轻一代传递文化记忆；在端午节组织包粽子比赛，让老年人展示传统手艺，同时讲解端午节的起源与习俗，增强文化认同感。

2. 情感关怀

通过活动营造温馨氛围，关注老年人的心理需求。例如，在重阳节组织登高活动时，安排志愿者一对一陪伴行动不便的老年人，确保其安全参与；在中秋节活动中，鼓励老年人分享与家人团圆的回忆，唤起情感共鸣，同时邀请家属参与制作月饼，促进代际互动。

通过以上设计，既能传承传统文化，又能让老年人在活动中感受到关怀与温暖，实现文化传承与情感关怀的双重目标。

点燃思考

重阳节临近，为了更好地重视孝道、懂得感恩、敬老爱老，营造节日气氛，传承传统节日，促进邻里之间老年人的交流沟通，社区计划策划一个重阳节活动。

请根据社区活动要求撰写活动策划方案。

任务三　老年茶话会活动策划与组织

案例导入

夕阳红养老院，坐落于城市中风景宜人的一隅，周边绿树环绕，繁花点缀，环境静谧而优美，宛如一座宁静的港湾，为在此居住的老年人构筑起温馨的颐养家园。多年来，凭借完善的设施和贴心的服务，养老院收获了良好口碑，吸引着越来越多的老年人选择在此安度晚年。

然而，随着入住老年人数量的持续上升，一系列问题也逐渐浮出水面。近期，养老院管理层收到不少反馈，发现部分老年人存在一些不满情绪。有老年人反映，食堂提供的餐食种类较为单一，口味偏清淡，对于一些口味稍重的老年人来说，难以满足日常饮食需求。同时，餐厅开放时间相对固定，对于那些作息不规律、偶尔晚起或有特殊就餐时间需求的老年人，常错过用餐时段，给生活带来不便。在娱乐设施方面，部分老年人觉得养老院的棋牌室空间狭小，设施陈旧，棋牌种类也有限，无法满足他们日常娱乐消遣的需求。此外，公共区域的健身器材数量不足，且维护不及时，一些器材存在损坏的情况，影响了老年人日常锻炼的积极性。

为了更好地满足老年人日益多样化的需求与期望，进一步提升整体服务质量，养老院管理层深知深入了解老年人的心声与意见迫在眉睫。只有精准把握老年人的诉求，才能有的放矢地优化服务策略，让每位老年人都能在养老院感受到家一般的温暖与关怀。经过多番研讨与深思熟虑，养老院决定举办一场别开生面的茶话会，以此作为轻松愉悦的交流平台，与养老院内的老年人展开深入且有效的沟通，全面收集他们的想法与建议，为后续服务改进提供有力依据。

根据案例，请思考：

1. 如何通过茶话会活动有效收集老年人的需求与意见？
2. 如何根据老年人的意见转化为实际活动策划方案？

任务描述

1. 请根据要求，为夕阳红养老院策划具有明确目标的活动方案。
2. 根据方案组织与实施活动，观察记录老年人的活动表现，根据实际情况调整活动内容。

相关知识

一、老年茶话会活动的基本概念

扫一扫

茶话会，从语义学角度而言，是一种以饮茶与交流为核心活动的聚会形式。老年茶话会作为其中一种特定类型，是一种以集会品茶为载体，采用非结构化的自由组织形式，旨在为老年人构建平等发言平台的小型围坐式会议。在该会议场景中，老年人能够围绕相关主题，相互交流见解、分享观点并畅谈情谊，因而也可将其视为“主题沙龙”。

在组织老年茶话会活动时，重点在于借助这一交流形式，广泛收集老年人针对既定主题所表达的意见。其并不强求得出确切统一的结论，而是更侧重于获取多元且与主题相关的观点。从人员构成来看，此类茶话会活动的参与人数通常保持在 6 ~ 10 人，活动时长一般为 30 分钟，在特定情况下，也可延长至 2 小时。

从生理学机制分析，茶叶中含有的咖啡因、茶多酚及芳香油等成分，能够对人体神经系统产生温和的刺激效应，促使个体在精神层面呈现出振奋状态，进而带来愉悦感，并提升思维的敏捷性与开阔性。从社会学意义来讲，老年茶话会不仅能够在心理层面给予老年人满足感与慰藉感，同时在社会互动层面，还具备增进老年人之间的友谊、促进知识传播与共享的功能，是一种适宜常态化开展的老年群体社交活动。

二、老年茶话会活动的分类

根据老年茶话会活动的主题内容，茶话会可分为以下三类。

（一）学习交流类茶话会

老年学习交流类茶话会是专门为老年人打造的，以学习新知识、交流学习心得和生活经验为主要目的的社交活动。在轻松惬意的品茶氛围中，老年人围绕特定的主题展开讨论，分享各自的见解与感悟，既能获取新的知识，又能促进彼此之间的交流互动，丰富精神文化生活。如唐诗宋词品鉴茶话会，老年人一同赏析经典诗词，分享对诗词的理解与感悟；老年绘画技巧交流茶话会，大家可以一起交流绘画经验、技巧，展示自己的绘画作品等。

（二）回顾总结类茶话会

老年回顾总结类茶话会是专为老年人设计的，以回顾过往人生经历、总结生活感悟、分享岁月故事为主要目的的社交聚会活动。在温馨的品茶环境中，老年人围绕特定的回忆线索，畅谈人生中的重要事件、成长历程、经验教训等，不仅能梳理自己的人生脉络，还能在交流中获得情感共鸣，传承生活智慧，为年轻一代留下宝贵的精神财富。如青春岁月茶话会，老年人可以回忆自己的青少年时期，分享校园生活、初恋故事、梦想追求等；职场生涯茶话会，可回顾工作经历，讲述职业生涯中的挑战与成就、职场趣事、团队协作等。

（三）征求调查类茶话会

老年征求调查类茶话会是专门为老年人设计的，以收集老年人对各类事务的看法、需求、意见和建议为核心目的的互动交流活动。在轻松的茶话氛围中，通过组织者引导、问卷填写、小组讨论等形式，让老年人充分表达自身观点，为相关决策制订、服务优化、活动策划等提供依据，切实保障老年人在生活、社会活动等方面的参与权和话语权。如对养老设施配备（养老院设施是否齐全、社区老年活动中心设备是否满足需求）、社区环境改善（绿化布局、道路修缮）等的建议。

三、老年茶话会活动的特点

（一）规模较小

老年茶话会活动的规模一般较小，通常控制在几人到十几人之间；时间也不能过长，尽可能保证参加茶话会的成员都能够有发表自己想法的机会。

（二）氛围温馨

茶话会通常选址在安静舒适的地方，如社区活动中心、温馨的茶室。布置上多采用暖色调，搭配柔和的灯光，营造出惬意的氛围。在这样的环境里，老年人能放松身心，自在交谈，没有压力。

（三）互动性强

互动是茶话会的关键部分。交流时一般会设置自我介绍、小组讨论、经验分享等环节，鼓励老年人积极表达。在学习交流类茶话会中，老年人围绕健康养生知识热烈讨论；在征求调查类茶话会中，通过问卷填写、小组讨论等方式，充分收集老年人的意见。还会安排互动游戏，如猜谜语、击鼓传花等，让老年人在互动中增进感情，活跃气氛。

（四）内容实用

茶话会的内容需要紧密围绕老年人的生活。学习交流类茶话会涉及文化艺术、健康养生、生活技能等实用知识，如智能手机使用茶话会，帮助老年人跟上时代发展；回顾总结类茶话会能帮助老年人梳理人生，分享生活感悟；征求调查类茶话会聚焦老年人在生活服务、社区发展、文化娱乐等方面的需求，为改善老年人生活提供依据。

四、老年茶话会活动策划

（一）明确茶话会活动的目的

举办老年茶话会活动的主要目的是丰富老年人的精神文化生活。许多老年人日常活动单调，茶话会提供温馨欢聚空间，让他们能相聚交流，分享生活点滴，排解寂寞。还能增进社区凝聚力，拉近邻里关系，营造温暖和谐的社区氛围。同时，通过茶话会也能了解老年人的需求，为后续完善养老服务供给、提升服务质量提供依据，助力打造更优质的老年生活环境，让老年人安享晚年。

（二）确定茶话会活动的主题

确定老年茶话会活动的主题，需重点关注老年人需求与活动氛围。主题要饱含情感，能唤起老年人的回忆与对生活的热爱，如“忆旧岁温情，品新茶时光”，让老年人产生共鸣。表述要简洁明了，避免复杂词汇，让老年人一看就懂，迅速知晓茶话会主旨。同时，契合轻松、欢乐的氛围，营造温馨之感，也可结合时节，如蛇年春节举办“金蟒纳福，茶聚贺春”茶话会活动，增添节日喜庆，使老年人更有参与热情。

（三）明确茶话会活动的议题

明确老年茶话会活动的议题，要紧扣茶话会目的与参与者需求。议题应贴合老年人生活，如健康养生、退休生活规划，确保大家有话可说。同时具备讨论价值，避免过于简单或复杂，如探讨如何科学饮食，既能激发老年人的交流兴趣，又能让茶话会有所收获。

（四）确定参加茶话会活动的人员

老年茶话会活动的人员组织方式可以包括自愿报名和定向邀请。工作人员可以通过社区公告栏、微信群、电话通知等多种渠道，广泛发布茶话会的活动信息，包括时间、地点、活动内容等，方便感兴趣的老年人自主报名参与；也可以根据活动主题和目标，有针对性地邀请部分老年人。

（五）确定茶话会活动的选址

在规划老年茶话会活动时，场地的选定可聚焦于养老院内部、酒店场所，或是与经验创造及事件发生紧密相关的现场。此类场地选择不仅有助于老年人通过现场观摩与查看获取更为直观的体验，还能为茶话会增添丰富的内涵与意义。在场地评估过程中，需综合考量一系列关键因素，具体如下。

1. 硬件设施的完备性

茶话会举办场地应具备齐全的硬件设施，涵盖各类基础设备与功能设施，以满足活动的多样化需求。

2. 垂直交通的便利性

场地需配备电梯，确保老年人能够便捷地抵达会场，充分考虑其行动能力与出行便捷性。

3. 无障碍设施设置

针对行动不便的老年人，现场应提供完善的无障碍设施与便利条件，保障他们在活动现场的安全。

4. 卫生设施配备

场地内需设有充足数量的公共卫生间，且卫生间应保持干净整洁，内部设施齐全且功能完好，以满足老年人的使用需求。

5. 工作人员的安全意识

现场工作人员应具备高度的安全意识，熟悉各类安全规范与应急处理流程，能够在活动期间有效保障老年人的人身安全。

6. 医疗保障条件

茶话会现场宜配备常驻医生，以便在紧急情况下能够迅速提供医疗支持。同时，需明确与最近急救中心的距离，确保在突发严重医疗状况时能够及时转送救治。

7. 环境的舒适度

场地的照明条件应适宜，既不过亮刺眼，也不过暗影响活动开展；温湿度需保持在人体舒适的范围内，为老年人营造一个舒适、宜人的活动环境。

（六）老年茶话会活动不同阶段的流程及要求

1. 活动开始阶段

（1）问候与自我展示：以热忱且亲切的态度向到场的老年人致以问候，清晰表明身份，并向他们表达诚挚的感激，感谢其拨冗出席此次活动。

（2）活动要点阐释：详细说明本次活动的宗旨与遵循的规则，确保每位参与者都能明晰活动的目标与流程。

（3）资料用途解读：若备有相关资料，需向老年人透彻讲解资料的用途，使其了解资料对活动的辅助作用。

（4）引导个性自我介绍：请各位参与者进行自我介绍，可围绕与主题相关的趣味话题展开，如最喜爱的动物、本地知名人物、喜爱的本地美食等，借此营造活跃的氛围。

（5）互动内容筹备：提前准备一系列轻松的小笑话、有趣的小故事或互动小游戏，以便适时穿插于活动中；同时准备本地新闻，在交流中向大家请教细节，拉近与参会者的距离。

（6）方言适度运用：倘若能够讲本地方言，可适当说一两句，增添亲切感，但注意把握好度，避免过多使用造成沟通障碍。

（7）脱稿主持要求：所有主持内容务必脱稿，展现自然流畅的主持风格，增强与参会者的互动与交流。

（8）关注参与度差异：仔细观察并区分参会者中健谈与不善言辞的老年人，在活动起始阶段，给予健谈的老年人更多表达机会，带动整体氛围。

（9）互动零食助力：准备多样化的互动零食，如精致茶点等。在某位老年人发言结束后，主持人采用移动策略，走到另一位老年人对面，以真诚的目光直视对方，询问"这位爷爷 / 奶奶，您对此有什么看法呢？"强化交叉互动的引导。

（10）兴趣话题挖掘：通过交流，主动了解参与者最热衷参与的活动、最为关注的话题及最渴望知晓的信息，并以此作为与参会老年人建立紧密联系的纽带。

2. 活动进行阶段

（1）要点提示：为帮助老年人更好地聚焦讨论要点，可充分借助板书或投影等方式适时给予提示。通过这种直观的展示手段，确保他们在讨论过程中思路清晰，紧扣主题。

（2）鼓励式沟通：在整个活动过程中，始终秉持表扬与鼓励的态度。即便发言者阐述的观点与他人有所重复，也应以充满鼓励的口吻给予肯定。积极正向的反馈能够有效激发老年人的参与热情与积极性。

（3）保持中立态度：主持人在活动中需避免表达支持、反对、批评或赞美的具体意见。致力于营造一个开放、包容且中立的交流环境，让每位参与者都能自由地表达自身观点，不受外界评判的干扰。

（4）应对"专家效应"：活动中可能会出现部分对相关问题知识储备丰富、经验充足且热衷于发言的老年人，这种情况可能会抑制其他参会者的参与积极性，形成所谓的"专家效应"。针对此现象，可采用"目光脱离"与"及时穿插"策略。例如，通过适当转移目光，减少对其过度关注；在其发言过程中适时插入新话题或引导其他参会者发言，以此巧妙地控制其发言时间。同时，要格外留意方式方法，避免引起其明显的抵触情绪，确保活动氛围和谐融洽。

（5）适时穿插活动：提前精心设计一系列适宜的活动，当语言交流的刺激度呈现逐渐降低趋势时，及时引入这些活动以调节会议节奏，活跃现场气氛，使活动始终保持一定的趣味性与吸引力，避免单调乏味。

（6）幽默化解尴尬：预先对茶话会中可能出现的各类尴尬状况进行全面预想，并制订相应的应对预案。一旦出现尴尬局面，主持人要能够迅速运用幽默风趣的语言进行化解，缓和紧张气氛，维持活动的顺利进行。

（7）打破集体静默：若出现集体静默的情况，主持人可尝试运用情景提示的方法，如结合当下场景提出相关问题，引导大家思考。或者针对某位参会者展开重点互动，在得到该参会者回应后，顺势征询其他参会者的看法，从而打破沉默，重新激活交流氛围。

（8）交流与资料发放安排：在活动进行过程中，直接的语言交流与资料发放应合理穿插进行，避免集中在某一时间段。这样既能保证信息传递的有序性，又能使参与者在不同形式的活动中保持良好的参与状态。

（9）重要意见复述：当出现参会者讲方言、多人同时发言或者发言人口齿不够清晰等情况时，主持人要特别留意复述其重要意见。确保每位参与者都能准确理解发言内容，避免因沟通不畅导致信息传递出现偏差。

（10）进程提示：适时向参会者提示会议进程，如告知“我们已经进行到一半了”“我们只剩下几个问题待讨论了”“好，我们还有最后两个问题”等。让大家对活动进度有清晰的了解，以便更好地参与后续讨论。

3. 活动结束阶段

（1）暖心总结：主持人对本次茶话会活动进行简要回顾，表扬积极参与的老年人，分享精彩瞬间，并告知下次活动的大致计划，让老年人有所期待。接着，工作人员引导老年人有序离场，一对一陪同行动不便的老年人，确保安全。

（2）贴心赠送：为每位老年人准备一份小礼品，如养生茶包或保健器械。在发放时致以温馨的问候，感谢他们的参与，提升老年人对活动的好感度。

（3）细致清理：待老年人离场后，工作人员清理场地，收拾茶具，将桌椅归位。同时对活动进行复盘，收集意见，为下次茶话会的优化提供参考。

五、老年茶话会活动组织与实施

（一）活动通知的落实要点

1. 适配多元信息发布方式

（1）现场告知：对于居住较为集中的老年群体，可组织志愿者上门或在社区活动中心等场所，以面对面的方式进行通知。这种形式不仅能让老年人直观了解活动内容，志愿者还能耐心解答老年人的疑问，给予细致引导，确保老年人充分理解活动信息。比如社区组织的老年茶话会活动，志愿者可以在老年人日常聚集的地点，清晰传达活动信息。

（2）电话传达：通过电话向老年人通知茶话会事宜，沟通时使用温和、缓慢的语速，确保老年人听清。同时，可询问老年人是否有同行伙伴，一并代为转达。例如，在通知几位经常参加活动的老年人时，电话既能及时送达信息，又能给予老年人关怀问候。

（3）张贴海报：设计色彩鲜艳、文字较大的活动海报，张贴在社区公告栏、老年活动站等显眼位置。海报内容简洁明了，配以温馨的图片，吸引老年人关注。如茶话会海报上印有热气腾腾的茶杯、笑容满面的老年人，让老年人一眼就能了解活动主题。

2. 明确通知核心内容

老年茶话会活动通知不仅要明确活动的时间、地点，还需清晰阐述活动流程、特色环节、注意事项，让老年人提前做好相应准备。例如：“茶话会将于 [具体时间] 在 [具体地点] 举办，活动流程包括品茶交流、健康知识分享，届时将准备适合老年人口味的茶点。此外，建议老年人穿着舒适的服装和鞋子前来参加。”

3. 跟进落实到会情况

在老年茶话会活动举办前，通过电话回访或现场确认等方式，了解老年人的参会意愿和实际到会情况。针对无法参加的老年人，了解具体原因并做好记录；对于不确定是否能参加的老年人，及时跟进确认。避免因到会人数不足而影响茶话会的顺利开展。

（二）会场布置的要点

1. 灵活规划茶话会会场布置

基于茶话会形式的多元性，其会场布置务必灵活且具前瞻性。座位格局可拣选圆形、正方形、长方形、椭圆形等围坐形式，若有需要，亦可规划为半围式。务必规避上下对应式或分散式，以防会议氛围趋于严肃拘谨或散漫无核心。

2. 茶话会现场的氛围营造

在茶话会现场，悬挂横幅能够实现揭示会议主题、渲染会议氛围及为摄影和电视报道提供便利的多重目标。另外，亦可合理运用宣传画、广告、彩色气球等装饰元素，以塑造契合茶话会特质的良好氛围。

3. 茶话会的饮食安排及特殊注意事项

会场内适度摆放饮料和茶水，可使参会者产生亲切自然之感。针对老年人举办的茶话会，对瓜子、花生等零食的使用需谨慎，以防出现噎食等状况。

（三）活动工作者的全面性要求

1. 深度洞悉参会人员的背景特质

在茶话会筹备阶段，活动工作者应广泛收集与参会群体背景相关的资料，积极与经验丰富的同事或当地联络人员进行交流沟通，并依据参会者的特点提前制订针对性的沟通策略与实用技巧。例如，深入了解参会老年人的背景信息，在语言表达、当地历史典故、方言运用及受众普遍关注的热点问题等方面，构建与参会群体的共鸣，营造良好的群体认同感氛围。尤其是方言的运用至关重要，若无法理解老年人的表述，茶话会活动将难以顺利推进。

2. 全面把控进程

对茶话会进程的控制，需从多方面精细把控。首先是对语速、音量的控制，鉴于参会老年人可能存在听力下降的情况，活动工作者发言时语言应保持中速，不快不慢，既避免因语速过快导致大家听不清楚，又防止语速过慢使氛围压抑，同时声音务必洪亮，以确保信息有效传递。其次，要对参会人员的谈话脉络进行有效管控，保证会议严格按照既定主题发展。当有人发言跑题或拖堂时，活动工作者需凭借自身平时积累的知识与良好修养，顺着发言者的意思巧妙地将话题自然过渡到下一个主题，而不是生硬突兀地打断，这体现了对老年人的尊重。最后是时间进度管理，会前需充分准备提纲，将会议主题拆解为多个相关步骤，并规划清晰的时间线，在现场把每位发言人的发言时间控制在合理范围内，使其既能充分表达观点又不冗长啰唆，确保在规定时间内完成既定访谈任务。一旦发现时间控制出现问题，活动工作者应及时灵活调整话题方向与讨论过程，合理把控节奏，不可仓促结束会议；若实际情况有需要，可适当延长访谈时间，保障茶话会圆满完成。

3. 提问与倾听能力

活动工作者的提问能力至关重要。缺乏良好的提问技巧，仅照本宣科，访谈成果必然流于表面。活动工作者应掌握基本提问技巧，凭借专业知识挖掘问题本质。倾听能力同样关键，需认真倾听发言者的显性与隐性表达，识别老年人的非语言行为，通过换位思考深入理解老年人。

4. 互动亲和能力

让老年人在茶话会中畅所欲言存在一定难度，因此建立活动工作者与参会人员间的信任感极为重要。活动工作者需热情且具有亲和力，营造合作氛围，以达成会议目标。

5. 维持自然轻松形象

通常，茶话会活动工作者宜穿着休闲便装，保持微笑，适时展现幽默，把控会场气氛。若茶话会涉及政治或党建话题，主持人着装应稍正式。

6. 提升随机应变能力

茶话会形式自由轻松，难以预见所有细节。活动工作者需依据现场情况灵活调整进程、节奏与导向，可准备小故事备用。

7. 丰富知识储备

活动工作者应提前充分准备与茶话会主题相关的知识，防止出现无法接话或无法把控进程的情况。

六、老年茶话会活动评估

一场茶话会的落幕，并非意味着组织管理工作就此终结，活动的评估总结同样是活动管理中不可或缺的关键部分。借助对活动展开评估，能够清晰地分辨出其中的成功之处与存在的不足，从中归纳经验与教训，这对于提升活动组织策划者的管理能力而言有着举足轻重的意义。

（一）评估内容（表 7-3-1）

表 7-3-1　老年茶话会活动评估内容

阶段	评估内容
活动前	1. 茶话会主题是否贴合老年人的兴趣与需求 2. 目标设置是否合理 3. 是否准备了适合老年人的茶点，如低糖、易消化的糕点和养生茶；是否配备了舒适的座椅、清晰的音响设备；是否准备了用于互动游戏的道具，如猜谜卡片、怀旧照片等 4. 时间是否安排在老年人方便且精力较好的时间段，如上午；地点是否交通便利、环境安静舒适、空间宽敞且无障碍设施，方便老年人进出和活动
活动中	1. 茶话会流程是否紧凑合理，从开场介绍、主题分享、互动游戏到结束环节，是否过渡自然，有无出现冷场、混乱或流程拖沓的情况 2. 主持人是否能用温和、易懂的语言与老年人交流，是否具备良好的控场能力，能否及时引导话题、调动气氛、处理突发状况
活动后	1. 是否实现了活动前设定的目标，如是否有效促进了老年人之间的交流，是否丰富了他们的精神文化生活，是否让老年人感受到温暖和关怀 2. 通过问卷调查、现场交流等方式收集老年人的反馈意见，了解他们对茶话会主题、内容、组织安排、服务质量等方面的满意度，以及他们对未来活动的期望和建议

（二）评估人员

评估人员为所有参会人员，包括老年人及其家属、主持人、志愿者、活动工作者。

活动举例

“金秋茶话，共筑温馨家园”——养老机构征求意见茶话会活动方案

活动背景

为了更好地了解养老院入住老年人的需求与意见，提升服务质量，特策划本次征求意见茶话会。通过轻松愉悦的品茶氛围，鼓励老年人积极表达自身观点，为养老机构的设施改善、服务优化等提供宝贵意见，切实保障老年人的参与权和话语权，营造温暖和谐的养老环境。

活动主题

“金秋茶话，共筑温馨家园”——养老机构征求意见茶话会。

活动时间与地点

1. 活动时间

选择一个阳光明媚的下午，14：30—16：00，确保老年人精力充沛，便于参与。

2. 活动地点

养老机构内的多功能厅或温馨茶室，布置成围坐式，便于交流。

参加人员

1. 老年人

养老机构内的老年人，可自愿报名或定向邀请。

2. 工作人员

养老机构的管理者、护理员、志愿者等。

3. 主持人

一名具有亲和力和良好沟通技巧的主持人，负责引导话题和调节气氛。

活动流程

1. 活动当天安排（表 7-3-2）

表 7-3-2　老年茶话会活动当天安排

活动阶段	时间	活动流程	活动内容
开场准备	活动前 1 小时	1. 场地布置 2. 设备调试	1. 用温馨的装饰布置茶话会场地，如悬挂彩色气球、张贴祝福标语，摆放舒适的桌椅形成围坐式布局，设置专门的茶水区和意见收集区 2. 准备好音响、麦克风、投影仪等设备并调试正常 3. 准备丰富多样的茶点，如各类茶叶、糕点、水果等
		物资准备	1. 准备游戏道具，如猜灯谜的纸条、击鼓传花的花束、抽奖箱和奖券等 2. 准备意见反馈表、笔

续表

活动阶段	时间	活动流程	活动内容
开场致辞	14：30—14：40	开场欢迎	主持人热情欢迎老年人参与茶话会，介绍活动目的是倾听大家的意见以提升养老机构服务质量，简要说明活动流程安排
		领导致辞	养老机构负责人表达对老年人的关怀，强调会重视大家提出的每一条意见，鼓励老年人积极发言和参与游戏
游戏环节	14：40—15：00	规则讲解	主持人介绍猜灯谜游戏规则，在场地内悬挂写有灯谜的纸条，老年人自由选择灯谜进行猜谜，猜出答案后到工作人员处核对，猜对有小奖品
		游戏开展	老年人自由走动猜灯谜，工作人员在旁协助核对答案、发放奖品 
自由交流和茶点品鉴	15：00—15：15	自由交流	老年人一边品尝茶点，一边自由交流近期在养老机构生活的感受、遇到的问题等，工作人员在旁倾听并适时引导话题 
游戏环节	15：15—15：30	游戏开展	开始击鼓传花，老年人依次分享，主持人把控时间和节奏，工作人员记录重要内容 
分组讨论	15：30—15：50	分组与主题发布	将老年人分成若干小组，每组5～6人，主持人宣布讨论主题，如“养老机构设施改进建议”“文化娱乐活动需求”等
		小组讨论发言	各小组围绕主题展开讨论，每组安排1名工作人员记录讨论内容，并适时参与引导，完成后派代表进行发言

续表

活动阶段	时间	活动流程	活动内容
结束环节	15：50—16：00	意见总结	主持人对老年人提出的意见和建议进行总结归纳
		活动结束致辞	主持人感谢老年人的参与，提醒老年人注意安全，宣布活动结束

2. 活动后期跟进

（1）对收集到的意见和建议进行分类整理、深入分析。

（2）根据分析结果制订具体的改进措施和计划，明确责任人和时间节点。

（3）定期向老年人反馈意见处理进展情况，保持与老年人的沟通交流。

物品使用及支出费用

老年茶话会活动物品使用及支出费用见表 7-3-3。

表 7-3-3　老年茶话会活动物品使用及支出费用

物品类别	物品名称	数量	费用 / 元	物品规格	适老化需求
装饰用品	彩色气球	2 袋	16	尺寸适中，环保材质，避免过大或过小，便于抓握和悬挂	避免使用易破裂的气球，防止老年人因气球破裂受到惊吓或伤害
	祝福标语	3 条	15	字体大，颜色对比鲜明，防水材质，防止天气变化导致损坏	标语应悬挂在显眼且易于观看的位置，避免过高或过低，确保老年人能够轻松阅读
茶点	茶叶（普通绿茶、红茶）	各 1 斤	100	选择适合老年人饮用的茶叶，避免过浓或过刺激的茶品	茶叶应温和，避免过浓的茶品，防止老年人因饮用浓茶导致不适
	糕点（如饼干、蛋糕）	3 斤	30	选择软糯易咀嚼的糕点，避免过硬或过甜的点心	糕点应易于咀嚼和消化，避免过硬或过甜，适合老年人的饮食习惯
	水果（苹果、香蕉等）	3 斤	30	选择易剥皮、易咀嚼的水果，避免过硬或过酸的水果	水果应易于咀嚼和消化，避免过硬或过酸，适合老年人的饮食习惯
游戏道具	猜灯谜纸条	50 张	5	字体大，颜色对比鲜明，纸条材质柔软，避免使用锋利边缘的纸张	灯谜纸条应易于阅读，避免使用过小或模糊的字体，确保老年人能够轻松参与猜谜活动
	花束（击鼓传花用）	1 束	10	花束应轻便易持，避免过重或过大的设计	花束应设计为易于传递，避免过重或过大，确保老年人能够轻松参与传递环节
其他	意见反馈表	50 张	10		
	笔	20 支	20		
合计			236		

注意事项

1. 安全保障

确保场地内无安全隐患，配备必要的医疗设备和急救药品。

2. 饮食安排

提供适合老年人的茶水、点心，注意食品安全和卫生。

3. 语言沟通

主持人应具备良好的沟通能力，能够用老年人易懂的语言进行交流。

4. 记录与反馈

认真记录老年人的意见和建议，及时反馈给养老机构管理层，并跟踪实施情况。

活动评估

1. 活动前评估

检查物资准备是否齐全，时间、地点是否得当。

2. 活动中评估

观察老年人的参与度和互动效果，评估主持人的控场能力和语言表达能力。

3. 活动后评估

通过满意度调查收集老年人的反馈意见，评估活动目标的达成情况，为后续改进提供依据。

【练习题】

一、单项选择题（在每小题给出的四个选项中，只有一项是符合题目要求的，请将所选答案的字母填写在括号内）

1. 老年茶话会的核心活动是（　　）。

A. 饮酒谈天　　B. 饮茶与交流

C. 跳舞娱乐　　D. 观看表演

答案：B

解析：老年茶话会，从语义学角度而言，是一种以饮茶与交流为核心活动的聚会形式。

2. 下列哪项不属于老年茶话会活动的分类？（　　）

A. 学习交流类茶话会　　B. 回顾总结类茶话会

C. 竞技比赛类茶话会　　D. 征求调查类茶话会

答案：C

解析：老年茶话会活动主要分为学习交流类、回顾总结类和征求调查类，而竞技比赛类茶话会不属于这一分类。

3. 在策划老年茶话会活动时，以下哪项不是评估场地时需要考虑的关键因素？（　　）

A. 硬件设施的完备性　　B. 场地是否靠近商场

C. 无障碍设施设置　　D. 医疗保障条件

答案：B

解析：在评估老年茶话会活动场地时，需要考虑硬件设施的完备性、无障碍设施设置、医疗保障条件等因素，而场地是否靠近商场通常不是主要关注点。

二、判断题（正确的请在答题括号中画√，错误的画 ×）

1. 老年茶话会活动通常要求得出确切统一的结论。（　　）

答案：×

解析：老年茶话会活动并不强求得出确切统一的结论，而是更侧重于获取多元且与主题相关的观点。

2. 在老年茶话会活动中，参与人数通常保持在 6 ~ 10 人，活动时长一般不超过 2 小时。（　　）

答案：√

解析：老年茶话会活动的参与人数通常保持在 6 ~ 10 人，活动时长一般为 30 分钟至 2 小时。

3. 老年茶话会活动的评估只需要在活动结束后进行。（　　）

答案：×

解析：老年茶话会活动的评估应包括活动前、活动中和活动后的全面评估，以确保活动的有效性和持续改进。

三、论述题

● 请简述老年茶话会活动在社会学上的意义，并举例说明。

老年茶话会活动在社会学上的意义主要体现在以下几个方面。

1. 心理慰藉

茶话会为老年人提供了一个平等发言的平台，让他们能够围绕相关主题相互交流见解、分享观点并畅谈情谊，从而在心理层面给予老年人满足感与慰藉感。

2. 增进友谊

在茶话会中，老年人通过轻松惬意的品茶氛围和互动交流，能够增进彼此之间的友谊，促进社交关系的建立和发展。

3. 知识传播与共享

茶话会作为一个学习交流的平台，老年人可以分享自己的知识和经验，同时也能从他人那里学习到新的知识和技能，从而促进知识的传播与共享。

拓展阅读

老年人与茶文化

1. 茶文化与老年人身心健康

（1）养生功效：茶中蕴含丰富的营养成分，对老年人的健康有诸多益处。以绿茶为例，其富含的茶多酚具有抗氧化、调节代谢的作用，能够帮助老年人延缓细胞衰老，降低心血管疾病的发生风险。相关研究表明，长期饮用绿茶的人群，其体内的氧化应激水平明显降低，血管弹性得以维持。红茶经过发酵，性温且富含茶红素等物质，不仅有助于消化，还能温暖脾胃，特别适合肠胃功能较弱的老年人。冬天的清晨，一杯热气腾腾的红茶，既能驱散寒意，又能促进肠胃蠕动。而黑茶中的益生菌有助于调节肠道菌群，促进消化吸收，对于老年人常见的消化不良问题有一定的改善作用。

（2）修身养性：沏茶、品茶的过程本身就是一种修身养性的体验。对于老年人而言，在闲暇时光，静下心来，按照一定的步骤，将茶叶放入茶壶，注入热水，看着茶叶在水中翻滚、舒展，香气逐渐弥漫开来，这一系列动作能够让他们忘却生活中的烦恼，专注于当下。品茶时，细啜慢饮，感受茶汤在口中的滋味变化，体会茶香在鼻腔中的萦绕，仿佛时间都慢了下来。这种宁静、平和的氛围，有助于老年人舒缓情绪，减轻焦虑和压力，达到身心和谐的状态。据心理学研究，经常参与品茶活动的老年人，其心理状态更加稳定，抑郁情绪的发生率明显降低。

2. 茶话会——老年人社交与心灵慰藉的港湾

退休之后，老年人的生活节奏大幅放缓，子女因工作忙碌难以时刻陪伴在侧，社交圈也逐渐缩小，孤独感悄然而生。在这样的背景下，茶话会成为了老年人生活中的一抹亮色。心理学研究表明，社交活动对于老年人的身心健康极为关键，它不仅能够有效缓解孤独感，还能在一定程度上预防认知能力下降。

在小区或养老院定期举办的茶话会上，老年人围坐在一起，面前摆放着热气腾腾的茶水。在这里，他们可以尽情分享生活中的点滴琐事，讲述过去的经历，交流养生保健的心得。每一次对话、每一个笑容，都能让他们找到归属感，重拾存在感，实现自我价值。

3. 典型案例

2024 年 11 月 9 日，同安区老年食堂举办了一场别开生面的工夫茶沙龙活动。活动伊始，茶艺师向老年人详细介绍了工夫茶的起源与传承，让老年人对这一独特的茶文化有了更深入的了解。接着，茶艺师现场展示了繁复优雅的泡茶仪式，从沸水落壶到茶叶舒展，每一个动作都精准而优美，老人们看得目不转睛。在品鉴环节，老年人在茶艺师的引导下闻茶香、看茶叶，细细品味炭焙铁观音的独特韵味。此次活动让老年人深入体验了工夫茶文化的魅力，丰富了他们的精神生活。

点燃思考

开展一次“我的拿手菜”茶话会，请思考一下需要怎样的组织形式，可以设计哪些议题？

项目八 老年出游活动策划与组织

学习目标

素质目标

1. 树立尊重老年人个性化需求的职业价值观。
2. 培养责任心与团队协作意识，确保老年人在活动中的安全与舒适。

知识目标

1. 了解老年出游活动的分类及功能。
2. 熟悉老年出游活动的安全管理要点。
3. 掌握老年出游活动的策划与组织要求。

能力目标

1. 能够撰写老年出游活动策划方案。
2. 能够根据策划方案组织实施老年出游活动。
3. 能够运用沟通技巧协调多方资源，并合理应对突发状况。

知识导读

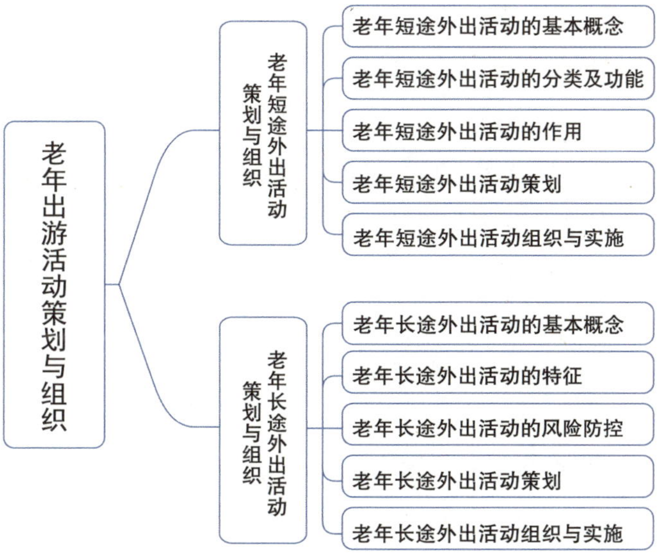

任务一　老年短途外出活动策划与组织

案例导入

济南市某养老机构，计划组织22名老年人（含5名轮椅使用者、8名高血压患者、3名轻度认知障碍者）参加以“银龄踏春·湖光寻韵”为主题的大明湖春日出游活动。大明湖景区作为“泉城明珠”，兼具自然景观与历史文化底蕴，但景区内石板路、拱桥等对老年人行动能力提出挑战。

根据案例，请思考：

1. 如果你是本次出游活动的组织人员，在策划组织活动时应注意哪些方面?

2. 请思考在本次出游活动前应做好哪些准备工作?

任务描述

1. 根据机构本次出游活动主题，策划具体可行的活动方案。

2. 依据方案组织与实施活动。

相关知识

扫一扫

老年外出活动是指老年人为了实现某一目的而在空间上从自己常住地点到异地的过程。参与外出活动可以帮助老年人锻炼体魄，扩大视野，增长知识，陶冶情操，培养集体主义精神等，从而丰富老年人的精神文化生活，增添生活乐趣，对调节老年人身心健康具有良好作用。从本质上讲，老年外出活动是通过适老化、低风险的社会参与，促进老年人实现健康老龄化的目标。

一、老年短途外出活动的基本概念

（一）老年短途外出活动的含义

老年短途外出活动是以满足老年人身心健康、社会参与及文化需求为核心目标，一天内可往返的外出活动，往返车程通常累计不超过3小时。此类活动是结合老年人身心特点设计的非日常性、轻量化、主题化的出游活动，地点选择上通常是公园、农家乐、市内或者市郊的旅游景点等。

（二）老年短途外出活动的核心要素

1. 适老性设计

老年短途外出活动需要根据老年人身体功能定制活动强度，考察活动区域是否具有便捷的休息区。同时需要针对参与老年人的记忆、定向力等认知功能差异，在出游过程中采用视觉、听觉、触觉等多种感官刺激的方式来丰富出游形式。

2. 社会文化属性

老年短途外出活动可以通过挖掘本土文化资源，如曲阜儒家礼仪体验、潍坊风筝手作，增强老年人的文化认同感，传承地域文化。可以通过搭建“祖孙共游”模式，增加代际互动，重建家庭纽带。

3. 目标人群

主要服务 60 岁及以上的老年人，在前期设计策划过程中尤其需要关注高龄、慢性疾病或轻度失能群体的特殊需求。

二、老年短途外出活动的分类及功能

（一）按照活动主题分类

1. 自然生态型

自然生态型活动是以接触自然景观为核心，如山川、河流、湖泊、瀑布、森林、草原、珍稀树种、日出、云海等，达到促进老年人身心放松目的的老年短途外出活动。其具有低强度、高舒适度，适合老年人慢性疾病管理的特点，尤其适合偏好安静环境、需调节情绪的老年人。

2. 文化体验型

文化体验型活动是以地域文化、历史遗产为载体，在活动中满足老年人怀旧与学习需求的老年短途外出活动。其具有知识性与互动性结合，激活老年人社会价值感的特点。一般适合文化程度较高或对历史感兴趣的老年人。

3. 康养疗愈型

康养疗愈型活动是指组织老年人通过特定的环境，如温泉、森林，实现促进老年人健康目的的老年短途外出活动。其具有融入健康管理元素，过程中需要医护协同、严格把控参与者身体健康状况的特点。特别适合有关节炎、呼吸系统疾病的老年人。

4. 社交互动型

社交互动型活动是指以重建社交网络为目标，通过集体任务促进交流的老年短途外出活动。其具有较强互动性、综合性、参与者协作的特点。一般适合社交需求高、孤独感较强的老年人。

（二）按照组织形式分类

1. 机构主导型

机构主导型是指由养老院、社区服务中心等专业机构策划执行的老年短途外出活动，配备有标准化流程和专业照护团队，一般具有安全性较高，风险可控，资源协调能力强的特点。

2. 家庭参与型

家庭参与型是指以家庭为单位组织，强调代际互动的老年短途外出活动，具有灵活性高、情感联结紧密的特点。

3. 商业服务型

商业服务型是指由旅行社或专业老年旅游公司提供定制化服务的老年短途外出活动，具有资源整合度高的特点，但需警惕消费陷阱，提前确认旅行社的资质。

（三）按照参与人群特征分类

1. 健康活力型

健康活力型活动面向身体条件较好、无严重慢性疾病的老年人。在活动设计中，可以适度增加挑战性，融入竞赛元素。

2. 辅助照护型

辅助照护型活动面向轮椅使用者、轻度认知障碍等特殊群体。在活动设计中，可以选择无障碍景区作为出游目的地，出行方式上可以租赁无障碍车辆。

三、老年短途外出活动的作用

（一）身体健康方面

短途外出活动往往涉及一定的身体运动，如散步、慢走等，可以锻炼老年人的下肢肌肉力量和关节灵活性，有助于预防肌肉萎缩和关节僵硬。适度的阳光照射可以帮助人体合成维生素 D，辅助钙吸收，从而减少老年人骨折风险。外出活动还能提高老年人的心肺功能，有助于降低心血管疾病的发生风险。适当的外出活动可以促进老年人肠胃蠕动，加速食物在胃肠道内的消化和吸收过程，有助于预防老年人常见的消化不良、便秘等问题，维持胃肠道的正常功能。

（二）心理健康方面

老年人退休后，社交圈可能会变小，长时间待在家中容易产生孤独感。短途外出活动为老年人提供了与他人交流的机会，从而有效缓解孤独情绪。接触新鲜的事物和场景，能够拓宽老年人的知识面，激发其好奇心和求知欲，有助于满足老年人的精神需求，还能起到延缓认知能力下降，预防阿尔茨海默病等疾病的作用。外出活动中的团队协作，可以增强老年人的自信心和自我认同感，对保持积极向上的心理状态有重要意义。

（三）社交方面

短途外出活动为老年人提供了结识新朋友的平台，有助于扩大社交圈，减少孤独感，获得更多的情感支持。与他人的交流沟通能锻炼老年人的语言表达能力和人际交往能力，有助于老年人保持良好的社交状态，建立支持系统。

四、老年短途外出活动策划

（一）活动目的确定的主要流程及要求

1. 评估老年人的身心状态

根据活动的地点、内容和持续时间，选择招募相关身体素质的老年人。由于外出改变了老年人熟悉的环境，同时需要体力完成活动，所以对老年人的身体素质要求较高，最好在活动前能做好体检工作，评估老年人的认知障碍程度，重点关注记忆力、方向感等关键认知能力，评估老年人的步行耐力、平衡能力，为活动强度的设定提供科学依据。排除一些有严重疾病的老年人，保障老年人的出行安全，同时必须征得老年人家属签字同意。

2. 基础信息收集

可以通过问卷调查、实地走访、与照护者交流等方式深入了解老年人的基本情况，也可以通过老年人出游调查表，了解老年人的个性特征、职业经历、生活经历、兴趣爱好、身体状况、照护级别等信息，从而策划出更具针对性的外出活动。

3. 制订干预目标

根据参与老年人的不同身体状况和认知状况，制订个性化的干预目标。健康活力老年人以提升社交参与度为目标；轻度认知障碍老年人以强化空间定向能力为目标；有慢性疾病老年人以促进情绪调节为目标。

4. 动态优化目标

通过活动过程中工作人员的观察记录及活动效果反馈表了解参与者的感受，根据反馈结果动态调整优化活动目标，不断提升活动质量，也可以增强工作人员的策划活动能力。

（二）活动内容设计要求

1. 慢节奏

在策划老年短途外出活动内容时，需要根据老年人的生理、心理特点，给老年人留出足够的游览、休息、如厕、用餐等时间。避免为了完成参观游览目标，行程安排较满，忽视了老年人的活动体验。

2. 经济性

老年人普遍相对节省，一般会选择经济实惠、性价比高的外出活动。所以，在为老年人安排活动行程时，尽可能选择性价比高、实惠的行程。在景点门票、交通、用餐等方面应尽可能争取到最大的优惠。

3. 高标准

老年人对外出活动的安全保障和服务质量要求较高，在行程安排上要保证安全、舒适，尤其需要注意餐饮安排，需要提供差异化的服务。工作人员要有耐心和细心，时刻关注老年人的安全和健康。

（三）活动时间安排要求

老年短途外出活动一般持续 3 ~ 6 小时，应尽量避免在旅游旺季出行，尽量选择在人流量较小的工作日出行，建议选择在 4 月到 6 月和 9 月到 10 月，这期间天气相对舒适，可以避开春冬季多发的流行性感冒等，夏季多发的细菌性痢疾、中暑等，降低老年人出行患病的概率。

（四）出行方式安排要求

在出行方式的选择上，建议老年人尽量避免自驾出行，因为路上的突发事件往往会让老年人难以应对。如果是乘车，要选择车况较好、座位软硬适中、空间大小合适的车辆，驾驶员要业务精湛、富有爱心，保证老年人坐得安全和舒服。如果外出的目的地需要乘坐电梯，尽量乘坐直梯，注意乘梯安全，半失能老年人要有护理员跟随。老年外出活动应该避免让老年人舟车劳顿，在车上应该时刻关注老年人的身体和心理状态，以便及时采取相应的措施，保证老年人保持良好的状态。

（五）工作人员要求

考虑到老年外出活动时存在较大安全风险，一般为每 3 ~ 5 位老年人配备 1 名工作人员，让老年人时刻在工作人员的视野之内。具体需要根据老年人的照护等级、活动内容、参与活动人数等实际情况来确定是否需要增配照护人员，确保有足够数量的工作人员和医护人员，以应对出游活动中的突发情况，保证老年人在活动中的安全。

（六）活动流程的主要内容

1. 活动前期的准备工作内容

活动前期需要明确工作人员分工，做好信息发布与宣传工作，前往目的地现场勘察规划，确认参加人数及老年人身体状况，准备和采购药品、帽子、水等活动物品，联系对接出行车辆，模拟突发疾病场景，做好人员演练等工作。出发当天应做好以下准备工作。

（1）工作人员应提前到场组织老年人集合，点名，清查人数，组织上车或其他交通工具。

（2）检查老年人携带的物品是否齐全，随身物品、药品等是否完备。

（3）为老年人佩戴统一标识，如帽子、胸牌、马甲等。

（4）提醒老年人上车前不可吃得过饱、过油腻，并备好晕车药，提醒晕车老年人出发前半小时至 1 小时空腹服药。

（5）如果有家属或者志愿者陪同，提醒陪同人员需关照好老年人行踪，保证老年人安全。

（6）向老年人讲清活动流程及注意事项，告知老年人随队有医护人员并携带了急救用药，如果感到不适要及时联系工作人员。

（7）为有需要的老年人准备好手杖和轮椅，为老年人外出保驾护航。

2. 活动过程的主要工作内容

（1）动静结合：外出活动需要一定的体力，围绕主题开展活动时需注意劳逸结合、动静结合，为老年人选择适合休息的场所，多安排休息活动，可以给老年人讲故事、带领做互动游戏，以增加活动的趣味性，活跃气氛，也可避免老年人劳累过度。

（2）照顾全体：老年短途外出活动的参与人数一般不超过 20 人，但由于老年人爱好、性格、体力不同，活动工作人员要时刻关注每位老年人，既要避免有人大声喧哗，影响他人，也要避免有的老年人受到冷落。

（3）避免疲劳：老年人在外出游玩时常会在不知不觉中出现过度疲劳。如果出现乏力、多汗、头晕、眼花、心悸等症状，应尽快休息，不可勉强坚持，对患有心血管疾病的老年人，工作人员更应加强监护。

（4）安全第一：外出时，活动工作人员应避免让老年人涉险，以免发生意外。要备足衣服，携带雨具，不宜坐在阴冷潮湿的石地上，避免受凉致病。

3. 活动结束的主要工作内容

（1）集合，清查人数，组织老年人上车或其他交通工具。

（2）回程途中，活动工作人员可以邀请参与老年人分享外出活动的感想，交流此次活动的心情和收获。

（3）安全把老年人送到目的地，提醒老年人带好个人物品。

（4）做好活动的评价工作，评估总结活动效果、编写活动报告，以便总结经验，更好地举办下次活动。

五、老年短途外出活动组织与实施

（一）老年短途外出活动组织的基本要求

1. 自主参与机制

活动前，活动工作人员应向参与老年人提供图文版活动预告手册，详细介绍目的地实景、活动强度、活动流程等信息，让老年人充分了解活动内容，自主选择是否参与。设置“弹性参与制”，允许老年人中途退出至休息区。可以在老年人自愿的情况下，购买一份意外保险。

2. 环境渐进式适应

活动工作人员在组织首次短途外出活动时可以先选择机构内部或附近花园，让老年人逐渐适应出游活动，后续逐步扩展至社区公园、市郊景区，提升老年人的安全感和参与度。

3. 做好安全应急预案

活动工作人员应充分做好各类突发情况的应急预案，如老年人突发疾病、老年人走失、老年人财产丢失等情况，并配有相关的解决措施，保证活动顺利进行。

（二）老年短途外出活动的带领技巧

1. 态度温和，用真心、细心、耐心关爱老年人

活动工作人员在短途外出活动中要做到用真心、细心、耐心对待老年人，让老年人充分感受到关心。同老年人说话时速度要慢，声音要响亮，态度要亲切、热情和周到。外出活动时，工作人员一定要细心，尤其需要注意照顾行动不便的老年人。车上活动需要根据老年人的状态来开展，一般不建议在途中车内开展较多活动，以免影响老年人休息。在参观游玩时需要注意把控节奏，切记不能走得太快。

2. 学会和老年人交谈，满足老年人的倾诉欲望

老年人都喜欢倾诉自己的人生感悟。工作人员可以结合本次出行活动，主动和老年人聊聊其年轻时游历过的国内外风景名胜等，或者主动聊聊老年人喜好的相关话题，如养生知识、历史或生活经验等。

3. 注意旅途中全方位的安全

工作人员在带领老年人开展外出活动时，要全方位把控活动行程和进度，首要任务是保证老年人安全，做到稳而有序，切实做到走路不观景，观景不走路。遇到上下坡、路滑不平时，更要提醒老年人注意安全，缓慢行走，必要时搀扶老年人行走。活动过程中需随时清点老年人人数，避免出现老年人掉队迷路的情况。

（三）老年短途外出活动的安全管控

1. 活动工作者应充分考虑每位老年人的身体状况，提前准备好必要的物品和药品；应先了解目的地的天气情况，并做好应急预案，活动中定时监测环境温度、湿度，随时调整活动强度；选择具备旅游客运道路运输经营许可证的车辆，临行前检查车辆安全设备，如灭火器、急救包、安全锤等。

2. 外出时要把随行工作人员的电话号码、车牌号、住宿酒店名、房间号等信息提供给老年人，以备不时之需。重要信息需要多次重复，确保老年人记住。

3. 出游时要尽量避免涉险，提醒老年人缓慢行走，若登高，最好持杖，以维持身体平衡，防

止跌倒；同时，应提醒老年人适度饮食，避免加重胃肠负担，引发消化道疾病；制订个性化作息表，预留用药、监测时间，与餐厅签订特殊饮食协议，如低盐、低油、低糖餐。

4. 一般情况下，应避免在晚上组织活动，以保证老年人充分休息；家人和工作人员要做好老年人的购物提醒工作，以免老年人陷入购物陷阱中。

活动举例

一、活动参与对象评估

通过与机构照护人员交流和老年人面谈、查阅健康档案等方式，对参与活动的 22 名老年人的情况进行汇总。在本次参与活动的老年人中，有 5 名轮椅使用者，行动需借助轮椅；8 名高血压患者，需日常监测血压并按时服药；3 名轻度认知障碍者，存在不同程度的记忆力、注意力减退问题。其余老年人身体状况总体良好，但因年龄较大，行动相对迟缓，体力有限。为确保活动安全、顺利开展，对参与活动的老年人进行了全面的身体状况和认知功能评估，了解其行动能力、健康状况、兴趣爱好等，以便在活动策划中充分考虑各类需求。

二、活动策划方案

"银龄踏春·湖光寻韵"短途外出活动方案

活动背景

春天是万物复苏的季节，大自然生机勃勃。大明湖景区景色优美，文化底蕴深厚。组织此次短途外出活动，旨在让老年人亲近自然，感受春天的气息，丰富他们的精神文化生活，同时为有认知障碍的老年人提供更多认知刺激，促进老年人之间的交流互动，提升他们的生活幸福感。

活动目的

1. 亲近自然，感受春日气息，提升老年人的生活幸福感和精神愉悦感。
2. 促进老年人之间的交流与互动，增强社交能力，丰富社交网络。
3. 在欣赏自然景观和历史文化的过程中，激发老年人对生活的热爱和对美好事物的追求。

活动内容

1. 景区游览

根据老年人的身体状况和行动能力，规划合理的游览路线。对于行动较为便利的老年人，可安排步行游览大明湖景区的特色景点，如铁公祠、小沧浪、历下亭等，让他们近距离欣赏湖光水色、古建筑风貌，感受历史文化的韵味；对于轮椅使用者和行动不便的老年人，选择相对平坦、无障碍的游览路线，确保他们的安全与舒适，同时安排专人协助推动轮椅，方便他们观赏风景。在游览过程中，安排志愿者或工作人员担任讲解员，为老年人详细介绍大明湖的历史典故、文化故事和自然风光特点，让老年人在欣赏美景的同时增长知识、开阔视野。

2. 湖畔野餐

在合适的时间，选择一处湖畔草坪，铺上野餐垫，准备一些适合老年人食用的健康食品，如水果、糕点、坚果等，让老年人在湖光山色的环绕中享受野餐的乐趣。野餐过程中，鼓励老年人相互交流、分享自己的生活故事和趣事，增进彼此之间的感情。同时，安排工作人员关注老年人的身体状况和情绪变化，确保他们用餐安全、舒适。

3. 摄影留念

为记录美好瞬间，活动过程中安排专人携带相机，为老年人拍摄照片。在大明湖的标志性景点前，如著名的拱桥、荷花池等，为老年人拍摄个人照、合影等，让他们留下这段难忘的春日回忆。活动结束后，将照片冲洗出来，制作成纪念册，送给参与活动的老年人，让他们可以随时回忆这次愉快的出游经历。

4. 文化互动环节

在游览过程中，设置一些与大明湖历史文化相关的互动问题或小游戏，如猜谜语、诗词接龙等，激发老年人的兴趣和参与度。例如，以大明湖为背景，出一些与之相关的诗句、历史事件等方面的谜语，让老年人分组抢答，获胜组可以获得小奖品。这种方式不仅能增强老年人的记忆力和思维能力，还能更加深入地了解大明湖的文化内涵。

活动时间及计划

活动时间定在 2025 年 4 月 7 日，当天行程安排如下（表 8-1-1）。

表 8-1-1　老年短途外出活动时间及内容

时间	活动内容
8:00—8:20	在养老机构门口集合，工作人员核对参与活动的老年人名单，为高血压患者测量血压，检查轮椅等辅助设备是否正常。安排老年人有序上车，分发晕车药（如有需要）、帽子、挂牌等物品。为每位老年人发放活动标识牌（如带有活动名称和养老机构联系方式的胸牌），方便识别和保障安全
8:20—9:00	乘坐大巴车前往大明湖景区，途中由工作人员介绍活动流程和注意事项，组织老年人进行简单的互动游戏，如自我介绍、唱歌等，营造轻松愉快的氛围
9:00—11:30	到达大明湖景区后，按照预定的游览路线开始参观。在每个景点停留适当的时间，让老年人充分欣赏风景、拍照留念。工作人员和志愿者密切关注老年人的身体状况和安全，特别是在石板路、拱桥等可能存在安全隐患的路段，协助行动不便的老年人通过，确保游览过程安全有序。每游览一段时间，安排 10 ~ 15 分钟休息时间，让老年人补充水分，缓解疲劳
11:30—13:00	湖畔野餐与休息。在湖畔草坪上铺好野餐垫，摆放好食品和茶饮，组织老年人进行野餐。大家一边品尝美食，一边欣赏湖光水色，享受悠闲的午间时光。野餐结束后，为老年人提供适当的休息时间，让他们在草坪上闭目养神或自由交流
13:00—15:00	休息后，继续按照预定路线游览景区的其他景点，并穿插进行文化互动环节，如猜谜语、诗词接龙等小游戏，增加活动的趣味性和参与度。在互动过程中，注意引导老年人积极参与，鼓励他们发挥自己的智慧和创造力，营造欢乐和谐的氛围

续表

时间	活动内容
15:00—15:20	集合，再次核对人数，确保无人员遗漏，回程
15:20—16:00	乘坐大巴车返回养老机构，组织老年人回顾一天的活动经历，分享自己的感受和收获，结束愉快的大明湖春日出游活动。到达养老机构，工作人员协助老年人下车，为高血压患者测量血压，确保老年人身体状况良好后，送老年人回房间休息

活动地点

济南市大明湖景区。

参加人员

22 名老年人，活动工作人员 3 名，养老机构照护人员 5 名（负责全程陪同、照顾老年人），志愿者 5 名（协助轮椅使用），医护人员 1 ～ 2 名。

活动流程

1. 活动前

（1）收集参与活动老年人的身体状况、兴趣爱好等信息，进行评估分析，以确定适合的活动内容和方式。

（2）制订详细的活动方案，包括活动目的、内容、时间、地点、人员安排、安全保障措施等，并提前与大明湖景区管理部门沟通协调，确认景区能够提供必要的协助，如开辟无障碍通道、提供休息场所等，确保活动顺利进行。

（3）根据老年人的身体状况和特殊需求，准备相应的物品，如轮椅、拐杖、药品、急救箱、饮用水、食品等。同时，安排好交通工具，确保车辆的安全性和舒适性。

（4）组织参与活动的老年人进行体检，重点检查血压、心率等指标，确保每位老年人都能安全参与活动。对于高血压患者，提前准备降压药物，并告知其活动中的注意事项。

（5）对活动场地进行实地考察，了解景区内的地形、道路、景点分布等情况，特别关注石板路、拱桥等可能对老年人行动造成困难的区域，制订相应的应对措施。

（6）对工作人员和志愿者进行培训，明确各自的职责和任务，掌握应对突发情况的方法。

2. 活动中

（1）工作人员和志愿者全程陪伴老年人，及时提供帮助和支持。特别是在石板路、拱桥等复杂路段，协助行动不便的老年人安全通过。

（2）全程关注老年人的身体状况和情绪变化，每隔一段时间为高血压患者测量血压，及时发现并处理异常情况。

（3）引导轻度认知障碍老年人参与各项活动，耐心解答他们的问题，给予他们更多的关注和鼓励。

（4）按照活动计划，有序开展各项活动内容，确保活动的连贯性和趣味性。在文化互动环节中，积极引导老年人参与，营造轻松愉快的活动氛围。

（5）安排专人负责拍照和记录活动过程，捕捉老年人的精彩瞬间和欢乐表情，为活动总结和后续回忆提供素材。

3. 活动后

（1）对活动中的物品进行清点和整理，归还借用的设备和物资，妥善处理剩余物品和废弃物，保持活动场地的整洁和卫生。

（2）组织活动总结会议，收集老年人对活动的反馈意见和建议，评估活动的效果和不足之处，为今后类似活动的策划提供经验参考。

（3）整理活动过程中的照片和记录，制作活动纪念册，送给每位参与活动的老年人，让他们可以珍藏这段美好的回忆。

物品使用及支出费用

老年短途外出活动物品使用及支出费用见表 8–1–2。

表 8-1-2　老年短途外出活动物品使用及支出费用

物品及人员名称	数量	费用 / 元	备注
轮椅	5 辆	0	机构已有，保障轮椅使用者的出行
拐杖	8 根	0	机构已有，辅助行动不便的老年人行走
药品	1 套	300	包括常用药品和高血压患者的特殊药品
急救箱	1 个	0	机构已有，配备常用的急救用品，以应对突发状况
饮用水	100 瓶	200	保障老年人充足的饮水
食品	40 份	1 000	包括水果、糕点、坚果等健康食品
活动纪念品	22 份	440	为每位老年人准备具有纪念意义的小礼品
相机	1 台	0	机构已有，记录活动中的美好瞬间
活动标识牌	22 个	110	用于识别参与活动的老年人
大巴租赁	1 辆	1 000	用于往返交通
导游	1 人	100	用于景区讲解
志愿者	5 人	400	用于协助轮椅老年人出行
其他杂费	—	200	用于场地协调等其他费用
合计		3 750	

安全管理

1. 活动开始前，对所有参与活动的老年人进行简单的安全培训，告知他们活动中的注意事项，如遵守秩序、不擅自离开队伍、注意脚下安全等。同时，为每位老年人配备活动标识牌，方便识别和管理。

2. 工作人员全程陪同老年人，密切关注老年人的行动，确保老年人在视线范围内，防止老年人走失或发生意外。

3. 活动现场准备急救药品和设备，医护人员随时待命，如遇老年人突发疾病或受伤，能够及时进行救治。

4. 提醒高血压患者按时服药，活动过程中避免老年人过度劳累和情绪激动，如有身体不适，及时休息并测量血压。

5. 选择安全的活动场地，避开危险区域。在石板路、拱桥等路段，安排工作人员在旁协助老年人通过，防止老年人跌倒。

6. 对于轮椅使用者，确保轮椅的性能良好，使用前进行全面检查。在推行轮椅时，要注意平稳，避免急刹车和急转弯，确保老年人的安全和舒适。

活动评价

1. 过程评价

在活动过程中，工作人员观察老年人的参与度、情绪状态、身体状况等，记录老年人在各项活动中的表现。及时收集老年人的反馈意见，了解他们对活动内容、组织安排的满意度。

2. 效果评价

活动结束后，通过问卷调查、个别访谈等方式收集老年人对活动的反馈意见，评估活动的效果和满意度。了解活动对老年人身心健康、社交互动等方面的影响，总结经验教训，为今后的活动策划提供参考依据。

三、活动操作技能

以活动中的“湖畔野餐”环节为例，展示活动操作技能（表 8–1–3）。

表 8–1–3　湖畔野餐活动操作技能

活动名称	湖畔野餐活动	
使用物品及数量	野餐垫 5 张、水果 50 斤、糕点 30 盒、坚果 20 袋、饮用水 50 瓶、餐具 40 套、垃圾袋 10 个	
场地要求	选择一处湖畔草坪，要求地势平坦、草质柔软、环境优美，且远离水域危险区域，确保老年人在野餐过程中的安全与舒适	
具体操作过程	活动准备阶段（20 分钟）	1. 工作人员提前到达湖畔草坪，选择合适的位置铺好野餐垫，将水果、糕点、坚果等食品分类摆放在野餐垫上，同时摆放好餐具和饮用水 2. 检查垃圾袋是否准备充足，确保野餐过程中产生的垃圾能够及时清理，保持场地的整洁和卫生 3. 通知参与活动的老年人，告知他们野餐的地点和注意事项，如遵守秩序、不随意丢弃垃圾等
	活动进行阶段（60 分钟）	1. 老年人到达野餐地点后，引导他们有序地坐在野餐垫上，为每位老年人分发餐具和食品，鼓励他们品尝各种美食，享受野餐的乐趣 2. 工作人员和志愿者穿梭于各个野餐垫之间，与老人们交流互动，了解他们的需求和感受，及时为他们提供帮助和服务。例如，为行动不便的老年人切水果、倒水等 3. 组织一些轻松愉快的小游戏，如唱歌、猜谜语等，让老年人在野餐过程中充分放松身心，增进彼此之间的感情 4. 关注老年人的身体状况和情绪变化，如发现有老年人身体不适或情绪低落，及时进行安抚和处理，必要时提供急救措施

续表

具体操作过程	活动结束阶段（20 分钟）	1. 野餐结束后，引导老年人将餐具和垃圾放入垃圾袋中，清理场地，恢复草坪的整洁 2. 组织老年人进行简单的伸展运动，放松肌肉，避免长时间坐着导致身体僵硬或不适 3. 引导老年人有序离开野餐地点，返回活动集合点，准备进行下一环节的活动
注意事项	1. 在食品选择上，要注意营养均衡、清淡易消化，避免过于油腻和刺激性的食物。同时，要充分考虑老年人的饮食偏好和过敏史，确保食品安全 2. 在野餐过程中，提醒老年人注意卫生，避免食用不洁食物导致肠胃不适。餐具要经过严格清洗和消毒，确保使用安全 3. 关注天气变化，如遇突发降雨等恶劣天气，要及时采取避雨措施，确保老年人的身体健康和安全	

【练习题】

一、单项选择题（在每小题给出的四个选项中，只有一项是符合题目要求的，请将所选答案的字母填写在括号内）

1. 老年短途外出活动的主要目标不包括以下哪一项？（　　）

A. 促进老年人身心健康　　B. 增强社交互动

C. 提高老年人经济收入　　D. 丰富老年人精神文化生活

答案：C

解析：老年短途外出活动的主要目标包括促进老年人身心健康、增强社交互动和丰富老年人精神文化生活，但不包括提高老年人经济收入。

2. 在策划老年短途外出活动时，以下哪一项不是需要重点考虑的因素？（　　）

A. 老年人的身体状况　　B. 活动的经济性

C. 活动的刺激性　　D. 活动的安全性

答案：C

解析：在策划老年短途外出活动时，需要重点考虑老年人的身体状况、活动的经济性和活动的安全性，但不需要特别考虑活动的刺激性，因为老年活动更注重安全和舒适。

3. 在老年短途外出活动中，以下哪一项是活动工作人员的主要职责？（　　）

A. 提供高风险活动　　B. 全程陪同并提供帮助

C. 安排复杂的活动流程　　D. 忽视老年人的安全

答案：B

解析：活动工作人员的主要职责是全程陪同老年人，密切关注他们的身体状况和情绪变化，及时提供帮助和支持，确保活动的安全和舒适。

二、判断题（正确的请在答题括号中画√，错误的画 ×）

1. 老年短途外出活动需要根据老年人的身体功能定制活动强度。(　　)

答案：√

解析：老年短途外出活动需要根据老年人的身体功能定制活动强度，以确保活动的安全性和适宜性。

2. 老年短途外出活动的地点选择通常包括公园、农家乐、市内或市郊的旅游景点等。(　　)

答案：√

解析：老年短途外出活动的地点选择通常包括公园、农家乐、市内或市郊的旅游景点等，这些地点通常具有较好的适老性和安全性。

3. 老年短途外出活动需要提前做好准备工作，包括体检、物品准备、场地勘察等。(　　)

答案：√

解析：老年短途外出活动需要提前做好准备工作，包括体检、物品准备、场地勘察等，以确保活动的顺利进行。

三、论述题

● 在组织老年短途外出活动时，如何确保活动的安全性？

1. 提前进行体检，确保每位老年人都能安全参与活动。选择安全的活动场地，避开危险区域。

2. 准备急救药品和设备，医护人员随时待命。工作人员全程陪同老年人，密切关注他们的身体状况和情绪变化。对活动场地进行实地考察，了解景区内的地形、道路、景点分布等情况，特别关注石板路、拱桥等可能对老年人行动造成困难的区域，制订相应的应对措施。

拓展阅读

《中华人民共和国旅游法》第二章

第二章　旅游者

第九条　旅游者有权自主选择旅游产品和服务，有权拒绝旅游经营者的强制交易行为。旅游者有权知悉其购买的旅游产品和服务的真实情况。旅游者有权要求旅游经营者按照约定提供产品和服务。

第十条　旅游者的人格尊严、民族风俗习惯和宗教信仰应当得到尊重。

第十一条　残疾人、老年人、未成年人等旅游者在旅游活动中依照法律、法规和有关规定享受便利和优惠。

第十二条　旅游者在人身、财产安全遇有危险时，有请求救助和保护的权利。旅游者人身、财产受到侵害的，有依法获得赔偿的权利。

第十三条　旅游者在旅游活动中应当遵守社会公共秩序和社会公德，尊重当地的风俗习惯、文化传统和宗教信仰，爱护旅游资源，保护生态环境，遵守旅游文明行为规范。

第十四条　旅游者在旅游活动中或者在解决纠纷时，不得损害当地居民的合法权益，不得干扰他人的旅游活动，不得损害旅游经营者和旅游从业人员的合法权益。

第十五条　旅游者购买、接受旅游服务时，应当向旅游经营者如实告知与旅游活动相关的个人健康信息，遵守旅游活动中的安全警示规定。旅游者对国家应对重大突发事件暂时限制旅游活动的措施以及有关部门、机构或者旅游经营者采取的安全防范和应急处置措施，应当予以配合。旅游者违反安全警示规定，或者对国家应对重大突发事件暂时限制旅游活动的措施、安全防范和应急处置措施不予配合的，依法承担相应责任。

第十六条　出境旅游者不得在境外非法滞留，随团出境的旅游者不得擅自分团、脱团。入境旅游者不得在境内非法滞留，随团入境的旅游者不得擅自分团、脱团。

任务二　老年长途外出活动策划与组织

案例导入

曲阜孔庙、孔林和孔府，简称曲阜“三孔”，是中华文化的重要遗产，承载着中国历代对孔子的纪念与儒学的推崇。曲阜“三孔”以其深厚的文化底蕴、悠久的历史背景、宏大的建筑规模及丰富的文物珍藏而闻名于世。为了感受儒家文化，山东济南某单位计划组织 7 位退休的职工用 3 天时间游览曲阜“三孔”。

如果你是该单位负责退休职工工作的人员，单位指派你组织此次外出活动，请思考：

1. 此次外出活动怎样兼顾好退休职工的身体状况和游览喜好？
2. 此次外出活动怎样安排得既经济实惠，又安全可靠？
3. 怎样让此次出游活动更有意义？

任务描述

1. 根据退休职工出游活动的需求，制订外出活动方案。
2. 制订活动的安全保障措施和应急预案。

相关知识

一、老年长途外出活动的基本概念

（一）老年长途外出活动的含义

扫一扫

老年长途外出活动，即 60 岁以上老年人离开惯常居住地参加的外出活动。长途外出区别于短途外出，长途、短途的区分标准主要从时间、空间两个维度考量。短途外出活动的概念在本项目任务一中已经提及，短途外出在时间上主要是指 1 天以内往返，不需要在外住宿；空间上大约离老年人惯常居住地车程≤ 3 小时或半径≤ 200 km 的范围内。而长途外出则指外出时间在 1 天以上，需要在外住宿，或空间上车程＞ 3 小时或半径＞ 200 km 的外出。同时，外出活动区别于旅游，既包括旅游活动，也包括旅游目的之外的其他社会活动。

（二）老年长途外出活动的核心要素

老年长途外出活动的核心要素与短途外出活动基本一致。不同点主要体现在活动组织原则和活动性质上。

1. 老年长途外出活动的组织原则

老年长途外出活动的组织要遵守“非必要不开展”原则。因老年人长途外出不可控因素增多，风险随之加大。因此，除非有充分的理由和必要的条件，否则尽量不开展。

2. 老年长途外出活动的性质

在活动性质上，老年长途外出活动包括以游览风景名胜和放松身心为目的的日常性旅游，也包括有主题的社会活动。活动的行程安排上则更加需要考虑老年人的身体状况、心理和文化特征。出行前要对参与活动的老年人的身体状况、心理状态、文化背景等进行评估。目前，对老年人进行的评估主要指老年人能力评估。

3. 老年人能力评估

老年人能力评估的主要内容包括自理能力、基础运动能力、精神状态、感知觉与社会参与等。评估一般由老年人能力评估师按照《老年人能力评估规范》（GB/T 42195—2022）这一国家标准实施。该标准共6个部分，主要包括评估指标与评分、组织实施、评估结果及3个附录。评估指标包括4个一级指标（自理能力、基础运动能力、精神状态、感知觉与社会参与）和26个二级指标。根据得分，老年人能力被分为5个等级：能力完好、能力轻度受损（轻度失能）、能力中度受损（中度失能）、能力重度受损（重度失能）、能力完全丧失（完全失能）。值得注意的是，老年长途外出活动评估要逐人进行，活动设计和行程安排要考虑到每位成员，做到一人一策。

二、老年长途外出活动的特征

老年长途外出活动的类别、功能与作用与本项目任务一“老年短途外出活动”基本一致。不同点在于，短途外出一般受到时空限制，活动主题和功能与作用等一般相对明确、单一。而长途外出活动因时间跨度相对长、活动空间相对广阔等特点，其目的、目标可能更加多重，活动主题也可能更加丰富，功能和作用也不单一。如一次长途外出活动既可以领略自然风光，也可以游览名胜古迹；既可以游玩，愉悦自身，还可以健身；既可以开展文化体验活动，也可以开展社会调研等履行社会责任的活动。

三、老年长途外出活动的风险防控

老年长途外出活动，在外旅居时间长、活动空间大，较之短途外出风险增加，除应充分做好本项目任务一提及的短途外出活动的风险防控外，还应充分考虑以下风险点及防控策略。

（一）外出前准备不足的风险

1. 常见风险

（1）评估不足：出行前未详细就老年人的自理能力、基础运动能力、精神状态、感知觉与社会参与能力等进行细致评估，或未做到全员评估，没能做到一人一策，准备不足，导致事故发生。

（2）调研不充分：对老年人出行需求调研不充分，出行安排不符合老年人的意愿，引起老年人不满情绪。

2. 防控措施

（1）由老年人能力评估师按照《老年人能力评估规范》进行全员全面评估，做到一人一策。

（2）出行前采取问卷调查或个别访谈法，对老年人的出行需求进行全面预估，充分考虑每位老年人的出行需求。

（二）交通风险

1. 常见风险

（1）交通工具的选择不适合老年人的特点，长途旅行易引发老年人疲惫、不适，导致疾病发作。

（2）交通工具不够舒适，空间狭窄、活动受限，无宽敞舒适座椅，座椅不可调节，安全带损坏，未配备卫生间，无饮水餐食设施等。

（3）行程规划不合理，导致旅途增长。

（4）目的地不适合老年人旅居。

2. 防控措施

（1）长途外出建议乘坐高铁或飞机，缩短旅行时间，减少疲劳；尽量避免夜间航班或夜间长时间乘坐交通工具。

（2）选择活动空间大、安全设施完善、配备卫生间和饮食设施的舒适交通工具。座椅调节至老年人舒适的角度。每隔 1 ~ 2 小时组织老年人起身活动，做抬脚尖、脚踝环绕等动作促进血液循环。及时提醒老年人饮水，根据需要适当进食。

（3）对出行交通线路提前进行规划，做好路线标注，使用导航工具规划线路，缩短旅程，避免堵车，节约时间。

（4）选择地势平缓、气候温和、交通便利的成熟景区，避免高海拔或极端天气地区。

（三）生活风险

1. 常见风险

（1）饮食习惯不符：旅居地饮食习惯与老年人不符，如当地饮食以麻辣为主。

（2）住宿条件不佳：住宿条件不能满足老年人，如住宿酒店临街、靠近夜间娱乐场所等；又如隔音效果不佳，不够安静等。

（3）夜间安全得不到充分保障：居住酒店偏僻，照明设施不足，夜间安全不能充分保障。

（4）衣物、鞋帽准备不足：旅居地气候、气温变化大，衣物、鞋帽准备不充分。

（5）体力差异照顾不周：老年人体力差别大，出行地交通不便导致长时间步行或登高。

（6）思念亲人导致情绪低落：老年人长途外出，离开亲人时间长导致思念亲人。

2. 防控措施

（1）提前考察旅居地就餐点，选择饮食卫生放心餐饮点。根据老年人饮食习惯点餐。饮食以清淡、易消化为主，少食多餐；避免生冷食物及街头摊点。

（2）选择设施完善、夜间安静的酒店居住并提前预订。达到居住酒店，工作人员熟悉周边环境，保证安全。避免老年人夜间独自外出，夜间尽量在照明充足的区域活动。

（3）查询天气预报，关注旅居地天气。根据旅居地气候、气温等情况提醒老年人增减衣物，穿着宽松舒适运动装、防滑轻便运动鞋。准备防晒用品、雨具。有风天气，提醒老年人戴帽，保护头部。

（4）根据老年人的体力，把控每天旅行活动量，宜松不宜紧，避免过度劳累，游览时步行放缓、随时休息。携带保温水杯，随身携带温水保证老年人充足饮水。

（5）与老年人亲属建立常态化联系，每天提醒、帮助老年人与亲属视频、电话联系。

（四）医疗风险

1. 常见风险

（1）突发疾病：长途外出过程中，老年人突发疾病。

（2）慢性疾病管理不当：老年人患有的高血压、糖尿病等慢性疾病管理不当，导致发作。

2. 防控措施

（1）建立老年人家庭医生、近亲属紧急联络人制度。随身携带身份证、医疗卡及紧急联系人信息，提前了解目的地医疗机构位置，保证在出现突发状况时能及时取得医疗支持。

（2）制订防跌倒措施。上下台阶、起身时扶稳支撑物，必要时使用拐杖、登山杖等助行设备辅助。

（3）做好慢性疾病管理和突发疾病及时救助措施。出行团队配备医护人员，提醒帮助老年人规律服药，监测血压、血糖等指标，避免剧烈运动，保证有效的慢性疾病管理。医护人员充分知晓老年人药物存放位置，在老年人突发疾病时，医护人员要及时介入。

（五）经济风险

1. 常见风险

长途外出中突发重大交通事故、疾病等导致老年人发生巨额经济支出等风险。

2. 防控措施

出行前为老年人购买保险。

四、老年长途外出活动策划

老年长途外出活动策划是指活动组织者对整个活动进行全流程规划。规划从谋划活动主题开始，一直到活动总结、跟进等。中间涉及但不限于成员招募遴选、需求评估、老年人能力评估、制订活动计划、活动的组织实施与开展、活动的评估等。活动策划在活动开展前进行，主要目的是做好出行前的准备。准备工作包括以下几个方面。

（一）明确活动目的

在充分考虑“非必要不开展”原则的基础上，对有充分理由和必要条件的老年长途外出活动要明确活动开展的内容和主题，使活动有明确的可达成的目标，避免盲目、无意义。

（二）活动评估

1. 能力评估

对有参与意愿的老年人按照《老年人能力评估规范》进行全员全面评估，做到一人一策。

2. 需求评估

采取问卷调查和个别访谈等方式对参与活动的老年人进行需求评估，充分考虑并尽量满足他们的需求。

（三）活动计划

1.5W2H 分析法

按照 5W2H 分析法（也称“七问分析法”）综合考虑制订活动计划。5W2H 含义如下。

Why：为什么要做某件事？指活动的目的、目标是什么。

What：做什么工作？指活动内容和主题有哪些。

Who：由谁来做？谁负责？指活动组织人员、服务人员怎样安排，具体怎样分工。

When：什么时间做？指列出外出行程。老年人长途外出活动的安排应具体到日、时，尽量详尽。

Where：在哪里做？指选择外出的目的地。要提前确定游览地点、活动地点，要预订游览门票和住宿酒店及餐饮地点等。

How：采用什么方法？指实现活动目的所采取的手段。如交通工具的选择，提前预订机票、车票。可能有哪些风险，怎样做好风险防控等。

How much：做到什么程度？指活动的保障性条件。如需要准备哪些物资，活动费用如何保障等。

2. 活动计划的内容

（1）活动主题：对活动目标、活动内容等进行高度概括，拟定活动名称，并明确活动组织实施范围等。例如，游览曲阜“三孔”，感受儒家文化。

（2）活动背景：活动背景是指活动所处的宏观外部环境，包括社会、经济、政治等因素，它直接影响活动策划的效果。在策划任何活动之前，理解活动背景至关重要，因为这有助于明确活动的目标和意义。

（3）活动目的 / 目标：老年长途外出活动的目的是指活动的总体目的，是通过组织老年人开展长途外出活动要达到的总体效果，通常较为抽象和概括，一般没有具体的量化指标或明确的时间限制。如某次老年长途外出活动的目的可能是愉悦心情、缓解压力、促进健康、增强社交、学习体验风俗文化、调研并解决社会问题等。而老年长途外出活动的目标则是指实现总体目的的阶段性目标和具体手段，代表在特定时间内所追求的成果，是老年长途外出活动分阶段的每个环节要达成的成果，是目的的具体化体现，通常具有明确的时间限制和量化标准。如某次老年长途外出活动某一天上午的活动内容是到景区游览，其目标是安全完成游览并了解景区的历史背景、特征特色、自然与文化价值等。我们在制订老年长途外出活动的目的和目标时，要注意区分。

（4）活动时间：根据老年人特点选择春、秋季气候适宜的时间开展长途外出活动。

（5）活动地点：选择便于老年人行动、能够更好达到活动目的的地点。

（6）活动参与人员：按照自愿、知情同意、能力适合、工作需要等原则确定活动参与人员。

（7）活动组织人员及分工：根据活动规模选择确定活动的组织人员、服务人员、志愿者、专业技术人员等，并在活动开展前进行明确的分工。

（8）活动流程：从活动正式开始到结束的阶段性流程规划。规划内容包括日期、时间（最好精确到时、分）、活动主题、参与人员、组织人员、活动所需物资及活动准备工作等。具体可参照以下表格制订（表 8-2-1）。

表 8-2-1　老年长途外出活动流程规划

日期	时间	活动主题	活动具体内容 / 流程	参与人员	组织人员	活动所需物资	活动准备
年 / 月 / 日	时：分—时：分	“我们出发啦”——集合乘车	时间、地点	全体成员	××（联络方式）	车辆（车型、车身颜色、司机姓名等）	提前对接驾乘人员，组织签到等
……							

（9）活动保障措施：主要包括人力保障（人，即活动组织人员及志愿者等）、经费保障（财，即费用支出计划）、物资保障（物，即所需物品的筹集、使用等）及风险预计和防控措施等。

（10）活动评价方法：对老年长途外出活动进行评价是指运用科学的评估方法和技术，系统地评价老年长途外出活动的实施结果，总结活动实施过程，考察活动是否有效，是否达到了预期目的与目标的过程。老年长途外出活动的评价分为过程评价和结果评价。过程评价是对老年长途外出活动过程的监测，指对活动的每一个步骤、每一个阶段做出的评价。过程评价的目的在于及时发现活动过程中的问题，及时改进。如某次老年长途外出活动某半天的活动内容是到曲阜孔庙游览。要对这半天的游览活动进行评价就是过程评价，评价的内容主要是游览活动进行得是否顺利，是否保证了老年人的安全，有没有达到让参与游览的老年人充分了解曲阜孔庙的历史文化价值的目标，老年人对活动的组织是否满意，等等。通过这一过程评价，及时总结经验教训，及时改进活动的组织。老年长途外出活动的结果评价是指整个外出活动完成后，对活动整体目的达成情况和所取得的效果的评价。如通过整个长途外出活动的开展，参与活动的老年人的身心健康有没有得到改善，社交面有没有得到拓展，对风俗文化的学习体会如何，取得了哪些社会调研成果，等等。老年长途外出活动的评价方法一般包括量表评价、问卷调查、满意度测评等。

五、老年长途外出活动组织与实施

（一）老年长途外出活动组织的基本要求

1. 做好老年长途外出活动的必要性和可行性分析

因老年长途外出活动在外时间相对长，活动空间跨度相对大，不可控因素随之增多，风险也将加大。因此，老年长途外出活动要遵循“非必要不开展”原则，在活动开展前，要通过问卷调查、个别访谈、经济条件评估等方式对老年长途外出活动的必要性和可行性进行分析。重点分析老年人的需求，这些需求是否迫切、合理，需求在现阶段能否得到满足，活动所需的人力、经费、物资能否得到保障等。

2. 做好老年人能力评估及需求预估

由老年人能力评估师按照《老年人能力评估规范》标准，一人一策进行全员评估，对每位老年人的出行需求进行预估，充分考虑怎样更好满足他们的出行需求。

3. 充分预估老年长途外出活动风险并做好防范

老年人参加长途外出活动，风险较其他活动增加，因此做好风险预计并相应制订好防范预案至关重要。老年长途外出活动的风险防控除应充分做好本项目任务一提及的短途外出活动可能存在的风险防控外，还应充分做好长途外出的风险防控。

4. 做好老年长途外出活动的评价、总结和跟进

老年长途外出评价方面，根据活动计划中预定的活动评价方法，对老年长途外出活动的目的、目标达成情况及取得的成效进行评价。最常用、简便的活动评价方法是对参与长途外出活动的老年人进行满意度问卷调查，并征集老年人的意见建议。

老年长途外出活动总结方面，对活动所取得的成效和经验教训进行总结、概述，并形成报告。以此报告向活动主办方或出资方汇报活动开展情况。活动总结亦可展望未来，即基于本次活动取得的经验教训，为未来开展类似的活动提出改进方向。

老年长途外出活动跟进方面，在活动结束后，根据工作需要对参与活动的老年人或老年人团体的意见、需求，活动主办方或出资方对活动的反馈意见，以及活动所取得的经验教训进行持续性跟进。跟进的内容主要包括但不限于以下四个方面。一是保持与参与活动老年人的联系，及时听取他们的意见与建议。二是在活动评估过程中发现的老年人的进一步需求，及时向老年人反馈，并考虑如何在后续活动中给予满足。三是总结活动取得的经验。四是对活动主办方或出资方反馈的意见与建议及时回应等。

（二）老年长途外出活动的带领技巧

1. 细化长途外出活动方案

老年长途外出活动应根据活动进展实际对活动计划中的活动流程进行细化，按细化的方案和保障措施组织开展活动，以确保活动顺利进行。

2. 选择合适的交通方式

对老年人来说，长途外出乘坐交通工具会产生乘坐时间长，活动空间有限，饮食不便等不利条件。因此，老年长途外出活动选择合适的交通方式的考量因素主要有二：一是尽量缩短出行时间；二是交通工具能否让老年人舒适。

3. 降低出行强度

尊重老年人身体、心理特点，在行程安排上尽量降低出行强度和运动量，行程安排宜松不宜紧，运动量宜小不宜大。

4. 关注老年人的精神需求

相较于年轻人，老年人参与长途外出活动的目的更多在于满足精神层面的需求。因此，在老年长途外出活动的带领技巧上应更多考虑满足老年人的精神需求。例如，活动邀请老年人熟悉的亲友同行，更容易让老年人的精神得到满足；活动内容安排上符合外出老年群体退休前的职业领域，更容易引起这些老年人的心理共鸣等。

5. 定时组织老年人开展身体康复性活动

在活动行程中，及时提醒老年人起身活动，促进循环。每天活动结束后，安排老年人温水泡脚、轻度按摩，帮助老年人肌肉和关节功能恢复等都十分有利于老年人身体康复。

（三）老年长途外出活动的安全管控

老年长途外出活动，安全是红线、底线。老年长途外出活动的安全管控首先要做好风险预计并做好防控，还要考虑以下几个方面的问题。

1. 防范环境变化风险

在充分考虑老年长途外出活动旅居地气候、出行、居住、饮食条件的基础上，还要考虑当地环境变化带来的风险。如突发强降雨、强风暴、地质灾害等。如出国外出活动，还应考虑当地是否有社会动荡因素等。

2. 预防感染与过敏

为避免疾病感染，老年长途外出活动要尽量避开人群过度密集的场所，并组织老年人佩戴口罩等防护用品。要充分了解参与活动老年人的过敏原信息，避免老年人产生过敏反应。

3. 定期检查老年人助行工具

对老年人来说，长途外出活动中手杖等助行设备必不可少。作为助行设备，其质量与安全系数至关重要。因此，在老年长途外出活动中，要定期（如每天）对老年人助行设备进行安全检查，重点检查助行设备是否损坏，连接件是否牢固等，以确保助行设备随时能为老年人提供有效支撑。

活动举例

一、活动参与对象评估

山东济南某单位计划组织退休职工前往曲阜开展为期 3 天的主题为“三孔文化之旅”的老年长途外出活动，经前期报名与需求预估。活动开展前，对计划参加此次活动的 7 名退休职工进行评估（表 8-2-2）。评估按照《老年人能力评估规范》标准一人一策进行，评估内容包括但不限于以下表格所示内容。

表 8-2-2 老年长途外出活动参与对象评估

姓名		性别		年龄	
兴趣爱好		文化程度		退休前职业	
老年人能力评估	自理能力				
	基础运动能力				
	精神状态				
	感知觉				
	社会参与思维能力				
评估结果	□能力完好（可以参加活动）、□能力轻度受损（重点照顾可以参加活动）、□能力中度受损（一对一照顾可以参加活动）、□能力重度受损（不能参加活动）、□能力完全丧失（不能参加活动）				

根据评估结果，确定参加活动方式或劝阻参加活动。

二、活动策划方案

“三孔文化之旅”活动方案

活动背景

随着社会经济的发展，银发旅游市场不断扩大，老年人对文化旅游的需求也日益多样化。曲阜是孔子的故乡，拥有丰富的历史文化遗迹。孔庙、孔府和孔林是曲阜最著名的旅游景点，被称为“三孔”。孔庙是祭祀孔子的场所，孔府是孔子后裔的居住地，孔林则是孔子及其后代的墓地。这三处景点不仅展示了儒家文化的深厚底蕴，也是中国古代建筑艺术的典范。组织退休职工赴“三孔”开展文旅活动，既能愉悦老年人身心，也能让老年人在游览风景的同时领略儒家历史文化。

活动目的

1. 通过游览活动，加强体育锻炼，愉悦老年人身心。
2. 认识中国古代建筑。
3. 增进对中国传统文化的了解，增强文化自信。

活动内容

1. 游览活动

游览“三孔”，观赏景区风景，锻炼身体，愉悦精神。

2. 古建筑调研

对“三孔”古建筑进行学习了解，认识中国古代建筑特点。

3. 文化活动

学习儒家文化乃至中国传统文化。

活动时间

2024 年 5 月 20 日—22 日。

活动地点

曲阜“三孔”。

参加人员

“三孔文化之旅”文旅团成员，包括参加活动的退休职工、工作人员和志愿者。

活动计划

“三孔文化之旅”活动计划见表 8-2-3。

表 8-2-3　“三孔文化之旅”活动计划

日期	时间	活动主题	活动具体内容 / 流程	参与人员	组织人员	活动所需物资	活动准备
2024 年 5 月 20 日	9:00—9:30	“我们出发啦”——集合乘车	单位楼前签到，点名核对人员	全体文旅团成员	工作人员、志愿者（提供联络方式）	车辆（车型、车身颜色、司机姓名等）	提前对接驾乘人员；组织签到；明确重点照顾和一对一照顾志愿者；协助老年人搬运行李及登车等

续表

日期	时间	活动主题	活动具体内容 / 流程	参与人员	组织人员	活动所需物资	活动准备
2024 年 5 月 20 日	9:30—11:30	前往曲阜	乘坐旅游公司大巴车前往曲阜	全体文旅团成员	工作人员、志愿者	车辆（同前）	提前确定不拥堵的行驶线路
2024 年 5 月 20 日	11:30—12:00	酒店报到	到达曲阜入住酒店，办理入住	全体文旅团成员	工作人员、志愿者	住宿酒店	提前预约住宿酒店；确定住宿房间等；到达后，工作人员和志愿者协调酒店帮助老年人搬运行李至房间
2024 年 5 月 20 日	12:00—13:00	午餐	组织引导老年人到指定餐厅午餐	全体文旅团成员	工作人员、志愿者	用餐餐厅、午餐券等	提前确定午餐餐厅；发放餐券；引导老年人至指定餐位等；提醒老年人服常用药物
2024 年 5 月 20 日	13:00—14:00	午休	午餐后引导老年人至房间午休	全体文旅团成员	工作人员、志愿者	住宿房间	向老年人清晰介绍午休时长，并提供叫醒服务
2024 年 5 月 20 日	14:00—17:00	游览孔府	酒店门前集合，乘车前往孔府游览	全体文旅团成员	工作人员、志愿者、导游	门票、助行设备等	提前预订门票；对接导游；对重点照顾和一对一照顾对象开展照顾等
2024 年 5 月 20 日	17:00—17:30	集合，乘车返回酒店	孔府门前集合，乘车返回酒店	全体文旅团成员	工作人员、志愿者	车辆（同前）	注意清点人数
2024 年 5 月 20 日	17:30—18:30	晚餐	组织引导老年人到指定餐厅晚餐	全体文旅团成员	工作人员、志愿者	用餐餐厅、晚餐券等	提前确定晚餐餐厅；发放餐券；引导老年人至指定餐位等
2024 年 5 月 20 日	18:30 至次日 8:00	睡前休息及睡眠	文旅团成员各自在酒店房间休息及睡眠	全体文旅团成员	工作人员、志愿者	酒店房间、推拿等个性化需求	睡前有外出需求的安排志愿者陪同；有推拿等个性化需求的提前帮助老年人预约；提醒老年人服常用药物；工作人员注意通信畅通；提供早叫醒服务等
2024 年 5 月 21 日	8:00—8:30	早餐	组织引导老年人到指定餐厅早餐	全体文旅团成员	工作人员、志愿者	用餐餐厅、早餐券等	提前确定餐厅；发放餐券；引导老年人至指定餐位等；提醒老年人服常用药物
2024 年 5 月 21 日	8:30—11:30	游览孔庙	酒店门前集合，乘车前往孔庙游览	全体文旅团成员	工作人员、志愿者、导游	门票、助行设备等	提前预订门票；对接导游；对重点照顾和一对一照顾对象开展照顾等

续表

日期	时间	活动主题	活动具体内容 / 流程	参与人员	组织人员	活动所需物资	活动准备
2024 年 5 月 21 日	11:30—12:00	集合，乘车返回酒店	孔庙门前集合，乘车返回酒店	全体文旅团成员	工作人员、志愿者	车辆（同前）	注意清点人数
2024 年 5 月 21 日	12:00—13:00	午餐	组织引导老年人到指定餐厅午餐	全体文旅团成员	工作人员、志愿者	用餐餐厅、午餐券等	提前确定午餐餐厅；发放餐券；引导老年人至指定餐位等；提醒老年人服常用药物
2024 年 5 月 21 日	13:00—14:00	午休	午餐后引导老年人至房间午休	全体文旅团成员	工作人员、志愿者	住宿房间	向老年人清晰介绍午休时长，并提供叫醒服务
2024 年 5 月 21 日	14:00—17:00	游览孔林	酒店门前集合，乘车前往孔林游览	全体文旅团成员	工作人员、志愿者、导游	门票、助行设备等	提前预订门票；对接导游；对重点照顾和一对一照顾对象开展照顾等
2024 年 5 月 21 日	17:00—17:30	集合，乘车返回酒店	孔林门前集合，乘车返回酒店	全体文旅团成员	工作人员、志愿者	车辆（同前）	注意清点人数
2024 年 5 月 21 日	17:30—18:30	晚餐	组织引导老年人到指定餐厅晚餐	全体文旅团成员	工作人员、志愿者	用餐餐厅、晚餐券等	提前确定晚餐餐厅；发放餐券；引导老年人至指定餐位等
2024 年 5 月 21 日	18:30 至次日 8:00	睡前休息及睡眠	文旅团成员各自在酒店房间休息及睡眠	全体文旅团成员	工作人员、志愿者	酒店房间、推拿等个性化需求	睡前有外出需求的安排志愿者陪同；有推拿等个性化需求的提前帮助老年人预约；提醒老年人服常用药物；工作人员注意通信畅通；提供早叫醒服务等
2024 年 5 月 22 日	8:00—8:30	早餐	组织引导老年人到指定餐厅早餐	全体文旅团成员	工作人员、志愿者	用餐餐厅、早餐券等	提前确定餐厅；发放餐券；引导老年人至指定餐位等；提醒老年人服常用药物
2024 年 5 月 22 日	8:30—10:30	“三孔”之旅分享会	组织引导老年人至会议室开展“三孔”文旅感想交流分享	全体文旅团成员	工作人员、志愿者	会议室	提前对接酒店，确定分享会会议室；提醒老年人准备感想交流发言稿

续表

日期	时间	活动主题	活动具体内容/流程	参与人员	组织人员	活动所需物资	活动准备
2024年5月22日	10:30—12:00	自由活动与自主购物	在工作人员和志愿者的陪同下自由活动或自主购买文旅产品	全体文旅团成员	工作人员、志愿者	市区交通租车、助行设备	对重点照顾和一对一照顾对象开展照顾等，及时返回酒店
2024年5月22日	12:00—13:00	午餐	组织引导老年人到指定餐厅午餐	全体文旅团成员	工作人员、志愿者	用餐餐厅、午餐券等	提前确定午餐餐厅；发放餐券；引导老年人至指定餐位等；提醒老年人服常用药物
2024年5月22日	13:00—14:00	午休	午餐后引导老年人至房间午休	全体文旅团成员	工作人员、志愿者	住宿房间	向老年人清晰介绍午休时长，并提供叫醒服务
2024年5月22日	14:00—14:30	“我们回家啦”——集合乘车	酒店大堂退房，点名核对人员	全体文旅团成员	工作人员、志愿者	车辆（同前）	提前对接驾乘人员；引导协助老年人退房；清点人员；对重点照顾和一对一照顾对象进行协助；协助老年人搬运行李及登车等
2024年5月22日	14:30—16:30	返程	乘坐旅游公司大巴车返回济南	全体文旅团成员	工作人员、志愿者	车辆（同前）	提前确定不拥堵的行驶线路
2024年5月22日	16:30—17:00	抵济及返家	抵达济南单位楼前，有序下车，安排老年人返家	全体文旅团成员	工作人员、志愿者、家属	返家交通工具	帮助老年人搬运行李；提前对接老年人家属迎接或安排专门交通工具送老年人返家

物品使用及支出费用

老年长途外出活动物品使用及支出费用见表 8-2-4。

表 8-2-4　老年长途外出活动物品使用及支出费用

物品名称	数量	费用/元	备注
文旅活动车辆	1 辆	6 000	旅游公司全包
自由活动及抵济返家租车	2 辆	1 000	自由活动期间和抵济返家可能产生的租车费用，实报实销
住宿	11 人	8 800	文旅团老年人、工作人员和志愿者共 11 人住宿费（含早餐）

续表

物品名称	数量	费用 / 元	备注
午、晚餐	11 人	3 300	文旅团老年人、工作人员和志愿者共 11 人午、晚餐费
门票	11 人	1 540	文旅团老年人、工作人员和志愿者共 11 人门票费用
会议室租赁	1 间	500	分享会会议室费用
旅行中饮用水、能量补充食物、应急药物	—	500	正餐外餐饮及备用应急药物
合计		21 640	

风险预估及防控措施

参照本任务相关知识中“三、老年长途外出活动的风险防控”并根据实际情况制订。

活动评价

1. 过程评价

按活动计划，每节活动后，工作人员反思每节活动的开展情况，重点反思活动进展是否顺利、安全，活动组织是否周密、到位，参与活动的老年人满意程度如何，参与活动的老年人有何意见建议等，以及时总结经验教训并改进。

2. 结果评价

整个文旅活动结束后，设计访谈提纲，通过访谈的方式对参与活动老年人的身心状况改善情况，对儒家文化和中华传统文化的学习了解情况，对中国古代建筑的认知情况及活动组织的满意度情况等进行评价。

总结与跟进

对此次文旅活动所取得的成效和经验教训进行总结概述，形成报告并向单位汇报。报告要注重总结活动取得的经验教训，为未来开展类似的活动提出改进方向。文旅活动结束后，根据工作需要对参与活动的老年人的意见、需求和单位反馈的意见等进行持续性跟进并及时回应。

三、活动操作技能

以上述方案中“‘三孔’之旅分享会”为例，展示活动操作技能（表 8–2–5）。

表 8–2–5　“三孔”之旅分享会活动操作技能

活动名称	“三孔”之旅分享会
使用物品及数量	会议室 1 间、会议桌 1 张、椅子 11 把、会标显示屏 1 块、席签 11 个、话筒 11 个、音响 1 套、饮用水 11 瓶
场地要求	环境安静、光线充足、话筒音响设备运转良好的适合召开分享会的会议室

续表

具体操作过程	接送及活动前期（15 分钟）	准备工作做好后，到老年人入住房间引导老年人至会议室按席签就座
	活动导引部分（3 分钟）	工作人员介绍分享会目的及分享发言顺序
	活动核心技能部分（100 分钟）	1. 参加“三孔”之旅的老年人按顺序发言 2. 每位发言人发言后，其他成员做简要回应 3. 一名老年人代表做总结发言
	总结部分（2 分钟）	工作人员收集整理分享会发言稿
注意事项	1. 工作人员和志愿者提前预订会议室，并提前布置会议室：摆放席签、饮用水等，调试会标显示屏、话筒、音响等设备 2. 至少提前 1 天告知老年人准备分享会发言稿 3. 提前确定分享会总结发言的老年人代表，并通知该老年人做好总结发言准备	

【练习题】

一、单项选择题（在每小题给出的四个选项中，只有一项是符合题目要求的，请将所选答案的字母填写在括号内）

1. 老年长途外出活动包括以下哪个组织原则？（　　）

A.“多多益善”原则　　B.“不组织开展”原则

C.“非必要不开展”原则　　D.“尊重出资方”原则

答案：C

解析：因老年长途外出活动不可控因素增多，风险随之加大。因此，除非有充分的理由和必要的条件，否则在活动组织上要遵守“非必要不开展”原则。

2. 老年长途外出活动的特征不包括哪一项？（　　）

A. 时间跨度相对长、活动空间相对广阔

B. 活动的内容相对单一

C. 活动目的、目标相对多重

D. 活动主题更加丰富，功能和作用也不单一

答案：B

解析：老年长途外出活动区别于短途外出活动。短途外出活动一般受到时空限制，活动主题和功能与作用等一般相对明确、单一。而长途外出活动因时间跨度相对长、活动空间相对广阔等特点，其目的、目标可能更加多重，活动主题也可能更加丰富，功能和作用也不单一。

3. 老年长途外出活动可能面临的生活风险不包括哪一项？（　　）

A. 饮食习惯不符　　B. 夜间安全得不到充分保障

C. 思念亲人导致情绪低落　　D. 没有做好体检

答案：D

解析：体检是医疗机构的专业行为，对老年人的能力评估也需要在活动开展前进行。故 D 选项不属于老年长途外出活动中可能面临的生活风险。

4. 老年长途外出活动计划的制订应用的方法是哪一项？（　　）

A.5W2H 分析法（七问分析法）　　B. 按老年人的想法制订计划

C. 按主办方的目的制订计划　　D. 按出资方的要求制订计划

答案：A

解析：老年长途外出活动计划的制订要综合考虑各方面因素，具体应用的方法可按照 5W2H 分析法（七问分析法）进行。

5. 老年长途外出活动的背景因素不包括哪一项？（　　）

A. 社会因素　　B. 经济因素

C. 政治因素　　D. 微观个体因素

答案：D

解析：老年长途外出活动的背景因素主要指活动所处的宏观外部环境，因此微观个体因素不包括在背景因素中。

二、判断题（正确的请在答题括号中画√，错误的画 ×）

1. 老年人能力评估就是运动能力评估。（　　）

答案：×

解析：老年人能力评估的主要内容包括自理能力、基础运动能力、精神状态、感知觉与社会参与等，不只包括运动能力。

2. 老年长途外出活动常见的医疗风险有突发疾病和慢性疾病管理不当导致发作等。（　　）

答案：√

解析：老年长途外出活动常见的医疗风险既需要考虑可能突发疾病，也需要考虑慢性疾病管理不当导致发作。

3. 在老年长途外出活动中，只要参与活动的老年人有医保就可以了，不需要再额外购买保险，增加经济负担。（　　）

答案：×

解析：老年长途外出活动要考虑可能突发重大交通事故、疾病等导致老年人发生巨额经济支出等风险。而医保因保险条款限制可能保障不够全面、保障金额可能不够充足。

4. 老年长途外出活动的组织实施就是制订活动计划。（　　）

答案：×

解析：活动计划是活动实施前的准备，而活动的组织实施要按照计划进行，还要细化实施方案，并考虑评估、总结和跟进等。

5. 老年长途外出活动评价就是结果评价。（　　）

答案：×

解析：活动评价包括结果评价，还包括过程评价。

三、论述题

● 老年长途外出活动流程规划的内容包括哪些?

老年长途外出活动的规划内容包括日期、时间(最好精确到时、分)、活动主题、参与人员、组织人员、活动所需物资及活动准备工作等。

● 请谈谈你对老年长途外出活动结束后跟进的认识。

在活动结束后,根据工作需要对参与活动的老年人或老年人团体的意见、需求,活动主办方或出资方对活动的反馈意见,以及活动所取得的经验教训进行持续性跟进。跟进的内容主要包括但不限于以下四个方面。一是保持与参与活动老年人的联系,及时听取他们的意见与建议。二是在活动评估过程中发现的老年人的进一步需求,及时向老年人反馈,并考虑如何在后续活动中给予满足。三是总结活动取得的经验。四是对活动主办方或出资方反馈的意见与建议及时回应等。

点燃思考

某老旧小区 60 岁以上老年人居多,社区工作者在工作中发现,部分行动能力和经济条件较好的老年人有外出旅行、放松身心的需求。但由于需要在家照看孙辈,无法与熟悉的邻里结伴出游,以及担心旅游机构组织旅游购物等原因无法实现。针对社区老年人的需求,社区打算组织一批在社区内居住的有意愿、有行动能力的老年人结伴到曲阜“三孔”开展为期 3 天的旅游。假如你是一名社区工作者,社区指派你策划此次旅游活动。你打算怎样策划此次老年长途外出活动?请制订一份活动方案。

参考文献

[1] 丁美方，范春玥．老年人活动策划与实施 [M]. 北京：科学出版社，2021.

[2] 付健，菅亚珏，屠其雷．适老活动策划与组织 [M]. 北京：北京理工大学出版社，2021.

[3] 宗玲，唐东霞，李梓伊．“老年活动策划与组织”课程教学设计与实施：以江苏经贸职业技术学院为例 [J]. 江苏经贸职业技术学院学报，2021（6）：22-24.

[4] 唐东霞．论老年活动策划与组织原则 [J]. 江苏经贸职业技术学院学报，2012（2）：34-37.

[5] 林婉玉．老年人活动策划与组织 [M]. 北京：人民卫生出版社，2023.

[6] 朱迪•艾伦 A. 活动策划完全手册 [M]. 王向宁等，译．北京：旅游教育出版社，2006.

[7] 上海市老年教育教材研发中心．老年人智慧生活：进阶篇 [M]. 上海：上海教育出版社，2023.

[8] 中国营养学会．中国居民膳食指南（2022）[M]. 北京：人民卫生出版社，2022.

[9] 吴红磊．智慧社区居家养老模式下老年陪伴机器人设计研究 [D]. 重庆：四川美术学院，2023.

[10] 田丽娜，张宏文．线上线下融合式老年教育课程建设研究与实践：以“智慧助老乐享生活”智能手机课程为例 [J]. 河北开放大学学报，2024，29（6）：57-61.

[11] 张幼敏，赵建业，庄伊泖．基于养老养生防诈活动下的老年社区健康教育管理研究 [J]. 社会与公益，2024（11）：199-201.

[12] 丘林杰，肖雪芹，梁美贵，等．多元化健康教育在社区老年骨质疏松症患者中的应用效果分析 [J]. 中国社区医师，2025，41（2）：102-104.

[13] 张勇．中职老年人服务与管理专业《老年人活动策划与组织》课实训教学调研报告 [D]. 天津：天津职业技术师范大学，2022.

[14] 戚志明．智慧教育助力老年人信息化之路 [J]. 文化产业，2025（7）：148-150.

[15] 张嘉仪．银川：数字赋能开启幸福生活“智慧之门”[N]. 银川日报，2025-02-12（001）.

[16] 毛思洁．让老年人乐享智慧生活 [J]. 宁波通讯，2025（2）：24.

[17] 梁宏姣．生活方式跃迁：从数字技术嵌入到智慧养老适应的实践逻辑 [J]. 哈尔滨工业大学学报（社会科学版），2025，27（1）：74-81.

[18] 刘雨琦．智慧居家养老服务供需问题研究：以 J 省 C 市为例 [D]. 长春：吉林大学，2024.

[19] 白鑫鑫．智慧养老背景下老年人数字融入的小组工作介入研究：以长春市 C 社区为例 [D]. 长春：吉林农业大学，2023.
[20] 唐东霞．老年活动策划与组织 [M]. 南京：南京大学出版社，2019.
[21] 姜燕，朱佩．老年康乐活动策划与组织 [M]. 南京：南京大学出版社，2020.
[22] 张沙骆，刘隽铭．老年人活动策划与组织 [M]. 北京：北京师范大学出版社，2015.
[23] 刘丰彬．老年人科学健身理论与实践 [M] 北京：人民体育出版社，2024.
[24] 刘圣茜．老年人体育锻炼行为与自我认同研究 [D]. 南昌：江西师范大学，2024.
[25] 李平．老年人心理健康问题及应对策略探究 [J]. 吉林广播电视大学学报，2022（6）：121-123.
[26] 马宁．论通过老年文体活动构建和谐老龄化社会 [J]. 戏剧之家，2018（21）：246.
[27] 王福兴，徐菲菲，李卉．老年人主观幸福感和孤独感现状 [J]. 中国老年学杂志，2011，31（13）：2533-2535.
[28] 张沙骆．老年人活动策划与组织 .[M]. 北京：北京师范大学出版社，2021.
[29] 唐东霞，老年活动策划与组织 .[M]. 南京：南京大学出版社，2022.
[30] 张晓琴．社区活动策划 [M]. 南京：南京大学出版社，2021.
[31] 夏晓敬．老年人出行行为研究 [D]. 北京：北京工业大学，2015.
[32] 刘雪宁，刘甲学 .Disinformation 的研究进展、利益分析及应对：基于 CiteSpace 和 5W2H 分析法 [J]. 新媒体研究，2023，9(17)：14-19，37.
[33] 延芝丽，杨支兰，赵慧敏，等．老年人内在能力评估量表的编制及信效度检验 [J]. 中华护理杂志，2024，59（15）：1852-1859.